Bernd Hansen   Claudia Iven

Stottern und Sprechflüssigkeit

Sprach- und Kommunikationstherapie mit unflüssig sprechenden (Vor-)Schulkindern

URBAN & FISCHER
München · Jena

Zuschriften und Kritik an:
Elsevier GmbH, Urban & Fischer, Lektorat Fachberufe, Karlstraße 45, 80333 München

Autoren:
Bernd Hansen
Hasselkamp 32
24119 Kronshagen
Fax: 04 31/8 80 54 95
e-Mail: hansenb@freenet.de

Dr. Claudia Iven
Am Spelzgarten 12
50129 Bergheim-Glessen
Fax: 0 22 38/94 23 70
e-Mail: c.iven@t-online.de

Die Deutsche Bibliothek – CIP-Einheitsaufnahme
Ein Titeldatensatz für diese Publikation ist bei
Der Deutschen Bibliothek erhältlich

Lektorat: Anne Wiehage
Redaktion: Christine Pigors
Herstellung: Detlef Mädje
Titelillustration: Peter Venne mit der Handpuppe „Girl" von Folkmanis-Puppets
Abbildung 1.2 – 1.4: Anke Lukat
Umschlaggestaltung: Spieszdesign, Neu-Ulm
Satz: Bader · Damm, Heidelberg
Druck und Bindung: Krips b.v., Meppel/Niederlande

ISBN-13: 978-3-437-47360-9
ISBN-10: 3-437-47360-3

Aktuelle Informationen finden Sie im Internet unter der Adresse:
www.elsevier.de und www.elsevier.com

Inhaltsverzeichnis

Einleitung

Dieses Buch ist aus unserer Arbeit in der Therapie, der Ausbildung und der Fortbildung entstanden. Unsere therapeutischen Erfahrungen mit Kindern, Jugendlichen und Erwachsenen, die direkt mit Sprechunflüssigkeiten und Stottern konfrontiert sind, aber auch viele Gespräche mit Studierenden und Fortbildungsteilnehmern haben uns dazu bewogen, unseren Weg der Therapie mit unflüssig sprechenden Kindern auch in Buchform zu veröffentlichen und somit unsere Art des Vorgehens transparent zu machen.

Die Entwicklung des flüssigen Sprechens von Kindern, aber auch die Entstehung von Sprechunflüssigkeiten oder Stottern beschäftigen Forscher, Therapeuten[1] und Betroffene seit langem intensiv. Trotz vieler und neuer Erkenntnisse über das sogenannte ‚Phänomen Stottern‘ und über seine Ursachen und Erscheinungsformen existieren keine allgemeingültigen, verbindlichen Therapierichtlinien, die einen sicheren Erfolg versprechen könnten. Diese wird es unserer Meinung nach auch nie geben, da die Bedingungen von flüssigem oder unflüssigem Sprechen in jeder Situation und bei jedem Menschen so verschieden sind, dass ‚Patentrezepte‘ nicht funktionieren können und auch nicht wünschenswert sind.

Die oben angeführten Gedanken erscheinen nur auf den ersten Blick entmutigend. Auf den zweiten Blick wird deutlich, dass eine offene Betrachtungsweise von vermeintlichen Störungsbildern und Therapieformen viele Freiräume eröffnet: Starre Sichtweisen und Therapieabläufe können zugunsten einer wesentlich flexibleren therapeutischen Konzeption aufgegeben werden. So entstehen individuell passende Therapiebausteine, die mit theoriegeleitetem, zielorientiertem Handeln verbunden sind und die Bedürfnisse der individuellen Menschen in den Mittelpunkt stellen.

Im Laufe unserer langjährigen Tätigkeit als Therapeuten und Dozenten haben wir versucht, diese Chancen zu nutzen. Das hier beschriebene Therapiekonzept basiert auf einem systemisch-konstruktivistischen Menschenbild, aus dem heraus die Kinder und ihre Eltern als reflexive, einzigartige und autonom handelnde Subjekte verstanden werden. Therapie ist nach unserem Verständnis ein kooperativer Prozess, dessen Ziel es ist, die größtmögliche kommunikative Sicherheit aller Beteiligten zu erreichen. Damit wird auch eine rein individuumzentrierte Betrachtungsweise, d. h. die eher pathogenetisch orientierte Konzentration nur auf die Person, die stottert, zugunsten einer systemischen Perspektive aufgegeben.

Dabei erfinden wir keine ‚neue‘ Art der Therapie, sondern beziehen uns auf bestehende Theorien und bewährte Vorgehensweisen. Die angestrebte Theorie-Praxis-Stringenz geht auf ein Konzept zurück, das die Methodenintegration in den Mittelpunkt

---

[1] Da die unterschiedlichsten weiblichen und männlichen Formen von Berufsbezeichnngen existieren, erlauben wir uns, diese auch in der ganzen Bandbreite zu verwenden. In diesem Buch stehen daher Begriffe wie Therapeut, ErzieherIn, Lehrer/-in etc. gleichberechtigt nebeneinander.

stellt. Darunter wird kein wahlloses Nebeneinander von Methoden verstanden, sondern die entwicklungspsychologisch begründete und individuelle Auswahl von Therapiebausteinen. Deren Verknüpfung hat immer die vorhandenen Ressourcen und Kompetenzen aller Beteiligten im Blick.

Das vorliegende Buch greift Fragen der Entstehung von Sprechunflüssigkeiten und Stottern auf, erläutert die Grundlagen unseres therapeutischen Handelns, beschreibt unsere Vorstellungen von der Kooperation mit den Eltern und dem weiteren Umfeld, stellt ein dynamisches, therapieleitendes und -begleitendes Diagnosekonzept vor und schildert die von uns langjährig und praktisch erprobten Therapiebausteine.

Um den Leserinnen und Lesern Mut zu machen, die Therapie von kindlichen Sprechunflüssigkeiten ‚anzugehen‘, haben wir dazu eine Vielzahl von konkreten Spielideen, Übungsvorschlägen, Gesprächsleitfäden und Handlungsmodellen aufgeführt. Wir hoffen, dass wir mit unserem Konzept dazu beitragen können, das Handlungsfeld der Therapie mit unflüssig sprechenden (Vor-)Schulkindern umfassender als bisher üblich im Alltag der Sprachtherapie zu verankern.

1 Die Entwicklung flüssigen und unflüssigen Sprechens

1.1
Grundlagen der Sprechflüssigkeitsentwicklung

Das Entstehen von flüssigem oder unflüssigem Sprechen kann nicht losgelöst von der Gesamtentwicklung des Kindes – und darin eingebettet seiner Sprachentwicklung – beschrieben werden. Betrachtet man die Literatur zum Spracherwerb und dessen Störungen, so fällt auf, dass eine Vielzahl von Quellen zu *dieser* Thematik existiert (mit unterschiedlichen Schwerpunktsetzungen z. B. Bruner 1987; Grohnfeldt 1993; Holtz 1989; Szagun 1991; Zollinger 1991), während das Thema der *Sprechflüssigkeit* dort nur am Rande oder überhaupt nicht behandelt wird. Erst seit wenigen Jahren sind Veröffentlichungen zu verzeichnen, die die Entwicklung der Sprechflüssigkeit in den Gesamtprozess des Erwerbs von Sprach- und Sprechkompetenzen innerhalb der allgemeinen kindlichen Entwicklung einordnen (vgl. z. B. Baumgartner 1993, 1997; Johannsen 1991; Peters/Guitar 1991; Starkweather 1987, 1991; Wendlandt 1995). Die hierbei zu beobachtenden Zusammenhänge sollen im Folgenden dargestellt werden.

Kinder durchlaufen ihre (Sprach-)Entwicklung in individuell unterschiedlicher Geschwindigkeit und Ausprägung. Das Wie und Wann dieser Annäherungen an die Erwachsenen-Norm unterliegt einer Vielzahl von Einflüssen, z. B. neurophysiologischen und neuropsychologischen Reifungsprozessen, sensomotorischer Entwicklung oder Stimulationen durch das soziale Umfeld. Auch die Sprechflüssigkeitsentwicklung vollzieht sich vor diesem Hintergrund und verläuft weitgehend parallel zu gesamtsprachlichen Fortschritten. Zu einem frühen Zeitpunkt der Sprachentwicklung, z. B. im Stadium von Ein- bis Zweiwortsätzen, befinden sich die Sprachstrukturen noch auf einem relativ einfachen Niveau, sodass im Vergleich zu späteren Entwicklungsstufen die Anforderungen an die linguistischen Kompetenzen ebenso gering sind wie die Erfordernisse der Sprachproduktionssteuerung. In diesem Stadium ist demnach noch keine sehr große Sprechflüssigkeitskompetenz erforderlich, da die Sprechablaufsteuerung nur für kleine sprachliche Einheiten ausreichen muss.

Im Zuge der Erweiterung von phonologischem, morpho-syntaktischem, semantischem und pragmatisch-kommunikativem Regelwissen und den entsprechend umfangreicheren, inhaltlich anspruchsvolleren und formal komplexeren Sprachstrukturen muss auch die Sprechflüssigkeitskompetenz zunehmen: Respiration, Phonation und Artikulation als sprechmotorische Vollzüge werden ebenso wie die linguistischen, prosodischen und pragmatischen Elemente an die gestiegenen Anforderungen angepasst und ermöglichen es dem Kind, sich in immer komplexeren sprachlichen Mustern auszudrücken. Damit sind wesentlich höhere Anforderungen an Sprachwahrnehmung, -verarbeitung und -produktion verbunden, aber auch an Faktoren wie Sprechgeschwindigkeit, Äußerungsplanung, Sprechablaufsteuerung und -kontrolle. Im Folgenden wenden wir uns der Frage zu, wie diese steigenden Anforderungen bewältigt werden.

Auf der Ebene der Aussprache tragen genauere Höreindrücke und taktil-kinästhetische Wahrnehmungen und Rückmeldungen über die Eigenproduktionen zum Erwerb von phonologischen Regeln und automatisierten Sprechbewegungsmustern bei, die eine flüssige Lautproduktion auch in anspruchsvollen Kombinationen ermöglichen. Es bilden sich *neuromotorische Koordinationsmechanismen*, die in Abhängigkeit von weiteren Einflussfaktoren wie emotionaler Beteiligung, Zeitdruck o. Ä. die Sprechausführung steuern (vgl. u. a. Baumgartner 1997; Fiedler 1992; Starkweather 1987; St. Louis 1991). Auf der Ebene von Morphologie und Syntax wird der Ausbau der Sprechflüssigkeitskompetenz durch den Erwerb von grammatischem Regelwissen und dessen Anwendung in immer komplexeren Satzmustern unterstützt. Die Zugriffsmöglichkeiten auf die so erworbenen Sprach- und Sprechmuster automatisieren sich in dem Maße, wie die Sprach- und Sprechkompetenzen steigen.

> Eine regelgerechte Sprachentwicklung bringt folglich ein ‚normales' Maß an sprachexekutiven Fähigkeiten und Sprechflüssigkeit mit sich.

Auch Überlegungen zur hirnphysiologischen Entwicklung lassen sich in diese Argumentationskette einbeziehen. Die neurophysiologische Reifung des Gehirns vollzieht sich entsprechend den zu bewältigenden Aufgaben, die durch Umweltstimulanz und die Wahrnehmungen der Sinnesorgane bestimmt werden. In diesem Zusammenwirken von Anregungen, aktiver Auseinandersetzung mit der Umwelt und Rückmeldungsprozessen bilden sich differenzierte, regelkreisartig wirkende, selbstregulierende Einheiten (wie von Luria 1970 und Wygotzki 1977 mit dem Begriff der „funktionalen Hirnsysteme" umschrieben). Das neuronale Netzwerk des Gehirns ent-

wickelt sich in Abhängigkeit von den aktiven und passiven Umwelterfahrungen, wie dies von Ayres anhand des Begriffs der „sensorischen Integration" verdeutlicht wird: „Sensorische Integration ist der Prozeß des Ordnens und Verarbeitens sinnlicher Eindrücke (sensorischer Inputs), so daß das Gehirn eine brauchbare Körperreaktion und ebenso sinnvolle Wahrnehmungen, Gefühlsreaktionen und Gedanken erzeugen kann. Die sensorische Integration sortiert, ordnet und vereint alle sinnlichen Eindrücke des Individuums zu einer vollständigen und umfassenden Hirnfunktion" (Ayres 1992, 37). Es ist anzunehmen, dass diese reizabhängige Entwicklung von zentralen Verarbeitungs- und Steuermechanismen für weite Reifungsbereiche gilt. Überträgt man diese Annahme des konstruktiven Wechselspiels zwischen innerer und äußerer Welt (vgl. Fischer 1985, 123) auf das Gebiet der Sprache, so bedeutet dies, dass eine physiologische Sprachentwicklung auf aktiven und passiven Spracherfahrungen beruht und ebenfalls selbstregulierende Systeme für die eigene Sprachanwendung hervorruft.

> Die jeweils altersentsprechenden Erweiterungen der zur Verfügung stehenden Aufnahme-, Verarbeitungs- und Produktionskapazitäten führen zu funktionalen Sprach(steuer)systemen, die einen weitgehend automatisierten Ablauf und damit ökonomische Sprachfunktionen gewährleisten.

Analog lässt sich annehmen, dass bei ungestört verlaufender Sprachentwicklung neben vielen anderen auch funktionale Hirnsysteme zur *Sprechablaufsteuerung* entstehen, die das organische Korrelat der Sprechflüssigkeitskompetenz bilden.

An dieser Stelle gilt es, einem Missverständnis vorzubeugen: ‚Normale' Sprechflüssigkeit bedeutet nicht, dass zu jeder Zeit und unter allen Umständen flüssig gesprochen wird. Vielmehr steht hinter dieser Formulierung die sich immer mehr durchsetzende Erkenntnis, dass normales Sprechen auch normale *Un*flüssigkeiten beinhaltet (vgl. Baumgartner 1997; Hansen/Iven 1996; Johannsen/Schulze 1992; Peters/Guitar 1991; Schulze/Johannsen 1986; Starkweather 1991). ‚Normales‘ Sprechen bedeutet hier ein Sprechverhalten, das in der Bewertung durch die Sprechergemeinschaft nicht auffällig wird. Bei den darin auch miteingeschlossenen Unflüssigkeiten handelt es sich sowohl bei Kindern als auch bei erwachsenen Sprechern beispielsweise um:

- Ganzwortwiederholungen („Ich – ich hätte gerne ein Eis.“)
- Satzteilwiederholungen („Das war – das war gut!“)
- Satzumstellungen und -unterbrechungen aufgrund von Intentionsveränderungen („Ich war gestern – wo gehst du denn hin?“)
- stille Pausen („Das könnte man – – – auch anders sagen.“) oder gefüllte Pausen („Hier sehen Sie -hm- Tabelle 2“) zur inhaltlichen Vorstrukturierung
- sprachliche ‚Zusammenbrüche‘ in Extremsituationen (z. B. als so genannter Blackout bei einem Vortrag vor großem Publikum oder in einer mündlichen Prüfung)

Bis auf die Blackouts sind die meisten dieser Redeunterbrechungen geläufige Sprechanteile und werden teilweise sogar bewusst als rhetorisches Mittel eingesetzt, vor allem Pausen und Wiederholung. Unflüssigkeiten sind natürliche Bestandteile der Sprache und liegen in den meisten Fällen innerhalb der akzeptierten Sprechervarianz.

„Sprechunflüssigkeiten bleiben im Rahmen unseres subjektiven Sprachnormgefühls solange von einer kritischen Bewertung verschont, als sie ein gewisses Maß nicht überschreiten. Wir kategorisieren sie weder als Sprechstörungen im herkömmlichen Sinne noch sanktionieren wir sie. Wir tolerieren viele Sprechunflüssigkeiten, beurteilen sie vielleicht als schlechte Sprechgewohnheit“ (Baumgartner 1997, 206).

Auch innerhalb der Lautsprachentwicklung gehören spannungsfreie Wiederholungen zu den notwendigerweise zu vollziehenden Schritten: Sie bilden das Kernprodukt der Lallphase und stellen hier ein Training und Experimentierstadium dar, welches auf die Sprachproduktion vorbereitet (vgl. Peters/Guitar 1991, 76). Diese Annahme wird auch von der entwicklungspsychologischen Forschung unterstützt (vgl. u. a. Zollinger 1991). In Analogie dazu könnten *entwicklungsgerechte Unflüssigkeiten den Erwerb komplexerer Sprachstrukturen unterstützen, indem sie Sprechpausen zur gedanklichen Vorstrukturierung und Planung bieten.* Sind Unflüssigkeiten somit eine wesentliche Entwicklungsphase auf dem Weg zu flüssigen Sprechmustern? Markieren sie einen normalen Schritt der Sprachentwicklung? Dies ist ein spannender Gedankengang, der von der Pathologisierung kindlicher Unflüssigkeiten wegleitet und in der Beurteilung und Therapie von Redeflussstörungen große Bedeutung erlangt hat.

Anhand des „Modells zur Sprechflüssigkeitsentwicklung“ (Abb. 1.1) möchten wir zusammenfassen, welche Entwicklungsbereiche für den Aufbau einer Sprechflüssigkeitskompetenz bei Kindern im Rahmen ihrer Gesamtentwicklung besondere Bedeutung erlangen.

Die vom Kind individuell erworbene Sprechflüssigkeit und der Prozess dieses Erwerbs sind sowohl von bestimmten Grundlagen auf verschiedenen Ebenen abhängig als auch davon, wie das Kind und seine kommunikative Umwelt mit dieser Basis umgehen.

Die im Folgenden vorgenommene Differenzierung in vier Teilaspekte ist dabei lediglich idealtypisch zu verstehen, um einen besseren Überblick über die einzelnen Wirkungsebenen zu gewährleisten.

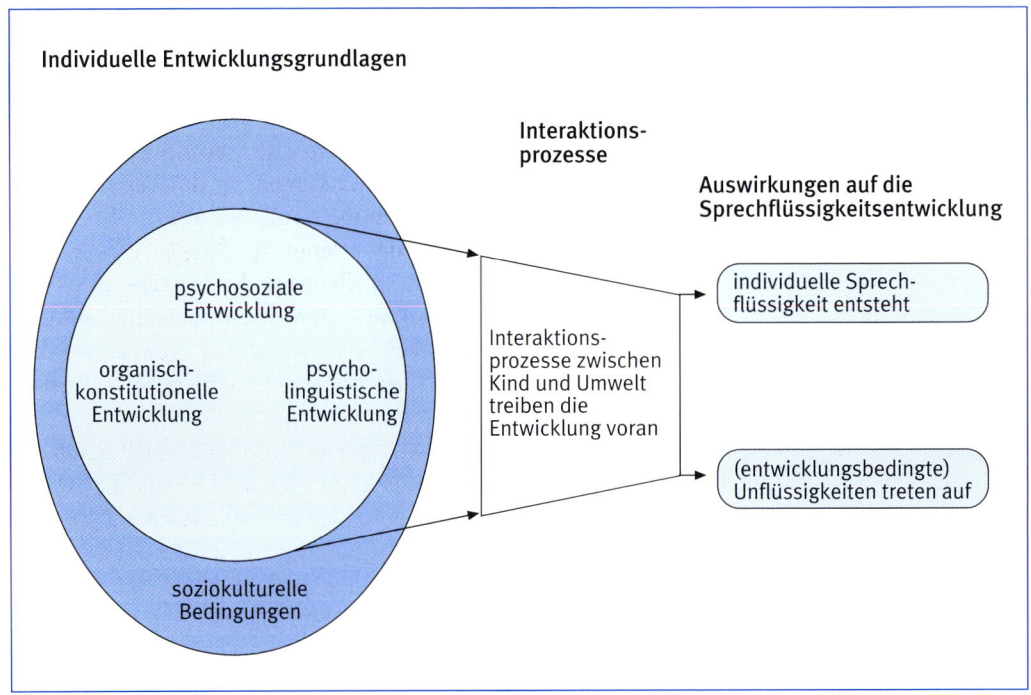

Abb. 1.1 Modell der Sprechflüssigkeitsentwicklung

Organisch-konstitutionelle Entwicklung

Auf der organisch-konstitutionellen Ebene tragen neurophysiologische und neuropsychologische Reifungsprozesse und die Bildung von neuronalen Netzwerken dazu bei, dass immer mehr Wahrnehmungseindrücke erfasst und verarbeitet werden können. In Verbindung mit den sich erweiternden Speicherkapazitäten für Wahrnehmungs-Input und Reaktions-Output bilden sich Kontroll- und Steuerungseinheiten im Sinne von Feedbacksystemen. Diese sind dafür verantwortlich, dass sich Aufnahme und Verarbeitung, aber auch Reaktionen auf innere wie äußere Impulse immer mehr automatisieren und zunehmend geläufiger werden. Das Kind kann immer komplexere Eindrücke angemessen verarbeiten und immer differenziertere Handlungsvollzüge steuern.

Psycholinguistische Entwicklung

Entsprechendes geschieht im Rahmen der psycholinguistischen Entwicklung. Das Kind erwirbt auf allen Sprachebenen immer vielschichtigere Strukturen: Auf der Ausspracheebene schreiten seine Fähigkeiten von der Einzellautbildung bis zu langen, komplizierten Lautketten fort. Im grammatikalischen Bereich erweitern sich die verwendeten Strukturen von Einwortäußerungen bis hin zu verzweigten Nebensatz-Konstruktionen. Parallel erweitern sich semantische Systeme von weitreichenden Oberbegriffen (z. B. „Wau-Wau" für alle Tiere) zu umfangreichen und differenzierten Wortfeldern, die den aktiven und passiven Wortschatz bilden. Auf der pragmatischen Ebene stehen zunehmend größere Variationsmöglichkeiten für die Gestaltung von Sprechmelodie, Sprechtempo, Pausen, Sprecherwechselsignalen, Dialogorganisation etc. zur Verfügung. Mit diesen ständig wachsenden Kompetenzen wird es dem Kind möglich, Kommunikationsregeln zu erfassen und aktiv zu beeinflussen, sodass es nicht nur ein Repertoire an Sprech-Material und Sprachregeln erwirbt, sondern auch die Fähigkeit, aus diesem situativ angemessene und intentionale Handlungsweisen auszuwählen.

Psychosoziale Entwicklung

Die psychosoziale Entwicklung steht in enger Wechselbeziehung zu den soeben genannten Bereichen. Die Kommunikations- und Interaktionsentwicklung des Kindes geht dabei mit seiner sozialen Entwicklung Hand in Hand, d. h. mit der Entstehung seines Selbst- und Fremdbildes, seiner emotionalen Befindlichkeit, seinen Möglichkeiten zur Einschätzung persönlicher Ressourcen, Wünsche, Erwartungen und Anforderungen etc. Diese Bereiche sind regelkreisartig verbunden mit den motorischen und sensorischen Erfahrungen des Kindes mit sich und der Umwelt, mit seinen Möglichkeiten der Integration dieser Erfahrungen, mit seinen Erlebnissen von Fähigkeiten und Grenzen und mit der Kommunikation und Versprachlichung innerhalb dieser Entwicklungsebenen. Das Kind erwirbt hier zunehmend mehr Kompetenzen zur Abstimmung seiner Sprach- und Sprechleistungen auf soziale Bezüge, und damit wird es sicherer in der pragmatisch-kommunikativen Ebene der Sprachverwendung.

Sozio-kulturelle Bedingungen

Übergreifende Einflüsse bestehen zusätzlich in den sozio-kulturellen Bedingungen, in die ein Kind hineingeboren wird und innerhalb derer es heranwächst. Sozio-ökonomische Bedingungen haben Einfluss auf Fördermöglichkeiten, die zur Verfügung stehen oder

eben auch nicht. Normen, Wertvorstellungen, Bewertungen, die in größerem gesellschaftlichen Kontext, aber auch innerhalb der Familie gelten, beeinflussen z. B. die geschlechtsspezifische Sozialisation, aber auch die Erwartungen an das Verhalten und die Erziehung von Kindern. Besondere Bedeutung erlangt in diesem Zusammenhang der Stellenwert der Sprache innerhalb der Familie – und ihrem engeren Umfeld – da dieser die Bewertung von kindlichen Sprachäußerungen entscheidend mitbeeinflusst.

Die oben geschilderte individuelle Entwicklungsbasis prägt nicht nur das allgemeine Sprach- und Kommunikationsverhalten des Kindes und seiner Interaktionspartner, sondern auch den Erwerb einer *entwicklungsgerechten Sprechflüssigkeit.*

> Bei positivem, ungestörtem Verlauf erwerben die Kinder die Fähigkeit, situativ angemessen (sprachlich) zu reagieren und ihre Wortwahl, die Sprechbewegungen, die Äußerungslänge, das Sprechtempo, die Stimmlage und die Sprechanstrengung entsprechend den jeweiligen Absichten, Erfordernissen und emotionalen Beteiligungen zu dosieren.

Der Eindruck von bestehender Sprechflüssigkeit ergibt sich dann, wenn „Kontinuität, Kraft und Geschwindigkeit" (Baumgartner 1997, 205) des Sprechens in der Interaktion ausgewogen und angemessen erscheinen.

Im Folgenden möchten wir darstellen, wie es im Verlauf dieser Entwicklung auch zur Entstehung von Unflüssigkeiten kommen kann, die zunächst in den regelhaften Erwerb von Sprechflüssigkeitskompetenzen eingeordnet werden.

1.2
Wie entstehen Unflüssigkeiten?

Einige Beispiele für ‚normale' Unflüssigkeiten, wie sie im Sprechen jedes Menschen vorkommen, haben wir im vorherigen Abschnitt bereits genannt. Im Folgenden möchten wir beschreiben, durch welche Einflussfaktoren die Unflüssigkeiten ausgelöst werden können, die im Laufe der Sprachentwicklung bei fast jedem Kind auftreten. Solche Redeunterbrechungen werden, um eine Pathologisierung ganz normaler Entwicklungsverläufe zu vermeiden, als *entwicklungsgerechte* oder *altersgemäße* Unflüssigkeit bezeichnet (vgl. Schoor 1992, 107; Schulze/Johannsen 1986, 161 ff; Hansen/Iven 1992, 240, 1996, 167, 1998, 95). Dabei wird nicht nur davon ausgegangen, dass solche Unflüssigkeiten im Rahmen der Sprachentwicklung akzeptabel sind, sondern dass sie einen notwendigen Schritt der sprachlichen Reifung markieren, denn sie gehören „zu einem ganz selbstverständlichen kindlichen Bemühen um sprachliche Korrektur" (Baumgartner 1997, 207). Welche Prozesse liegen aber nun solchen Unflüssigkeiten zugrunde?

Man geht davon aus, dass sich bei etwa 80 % aller Kinder während ihrer Sprachentwicklung Phasen unflüssigen Sprechens finden lassen (nach Froeschels, zit. in Fiedler/Standop 1986, 24). „Somit scheinen diese Unflüssigkeiten, da sie bei fast allen Kindern auftreten, einen *regelhaften*, wenn auch nicht unproblematischen Abschnitt des Spracherwerbs zu markieren" (Hansen/Iven 1992, 240). Phasen unflüssigen Sprechens scheinen bei Kindern in der (Sprach-)Entwicklung demnach eher die Regel als die Ausnahme zu sein und sind offenbar Anzeichen von notwendigen Entwicklungsschritten, nicht von Fehlverläufen oder Abweichungen. Die Überlegungen bezüglich der möglichen Ursachen für dieses verbreitete Entwicklungsphänomen erstrecken sich heute vor allem auf zwei Erklärungsebenen, nämlich die

- organisch-konstitutionellen Faktoren und die
- psycholinguistischen Einflüsse.

1.2.1
Organisch-konstitutionelle Faktoren

Auf organisch-konstitutioneller Ebene sind zwei mögliche Einflussbereiche zu unterscheiden, die das Auftreten von Sprechunflüssigkeiten begünstigen können, nämlich:

- zum einen *Reifungsprozesse* des neuromotorischen Systems
- zum anderen eventuell bestehende oder auftretende *Schädigungen* dieses Systems

Die *Reifungstheorien* beziehen sich dabei entsprechend ihres unterschiedlichen theoretischen Ansatzpunktes auf verschiedene Teilaspekte. So beschreiben Fiedler (1992) und Fiedler/Standop (1986) Phasen in der ZNS-Reifung, in denen es zur Umorganisation von Feedbacksystemen kommt, bei der ein früh entwickelter auditiver Rückmeldekanal durch ein propriozeptives und kinästhetisches Rückmeldesystem abgelöst wird. Kinder kontrollieren die Übereinstimmung ihrer Sprachproduktion mit denen der Umwelt zunächst mittels der auditiven Rückmeldung. Diese Hör-Vergleiche ermöglichen es, Artikulationsweisen auszuprobieren und ihre Bildung zu perfektionieren. In dieser Phase entwickeln die Kinder ein automatisiertes Lautbildungsinventar, welches ihnen künftig zur Sprachproduktion zur Verfügung steht. Diese Sprachkontrolle auf auditivem Weg wird zu einem Zeitpunkt der Sprachentwicklung abgelöst, an dem ein Übergang vom Erwerb der formalen Sprachstrukturen (z. B. Ausspracheregeln) zur kommunikativen Funktion der Sprache (z. B. Informationsvermittlung) stattfindet. Dazu ist es unerlässlich, dass die Sprachproduktion weitgehend automatisiert abläuft, was durch die genannte propriozeptive bzw. taktil-kinästhetische Rückmeldung unterstützt wird. Die Lautproduktion wird nun nicht mehr auditiv kontrolliert, sondern durch die Wahrnehmung der Übereinstimmung der

Zungen-, Lippen-, Kiefer- und Gaumen-segelpositionen und -bewegungen mit den erworbenen Mustern. Sinn dieser oben geschilderten Ablösung ist es, dass sich das Kind im Rahmen von Interaktionen zunehmend auf den Inhalt konzentrieren kann und deswegen die akustische Kontrolle des reinen Sprechvollzugs immer mehr in den Hintergrund tritt. „Genau diese *Übergangszeit von der akustischen Aussprachekontrolle zur kinästhetischen Autoregulation* ist die Phase, in der die normalen Sprechunflüssigkeiten (…) auftreten" (Fiedler 1992, 45). Die Begründung für die momentan mangelnde Sprechablaufkontrolle wird hier also in einem *normalen, aber für das neuromotorische Kontrollsystem schwer zu bewältigenden Reifungsprozess* gesehen.

Einige Autoren geben für diese Phase unflüssigen Sprechens einen Altersbereich vom 2. bis zum 4. Lebensjahr an (vgl. Fiedler/Standop 1986, 24), was jedoch nicht bedeutet, dass nicht auch zu späteren Zeitpunkten Sprechunflüssigkeiten aus anderen, jedoch ebenfalls entwicklungsbedingten Gründen auftreten können.

Einen weiteren Blickwinkel auf normale, aber unflüssigkeitsanfällige Entwicklungsbereiche eröffnet Starkweather (1987, 1991), indem er darauf hinweist, dass die Entwicklung von Sprechflüssigkeitskompetenzen in den Spracherwerb eingebettet ist (vgl. dazu auch Baumgartner 1997 und Kap. 1.1 dieses Buches). Die Sprachentwicklung verläuft aber erfahrungsgemäß nicht immer auf allen Gebieten parallel. Nicht selten eilen z. B. die Kompetenzen in Wortwahl und Satzbau den artikulatorischen Fähigkeiten weit voraus.

Ähnliches kann auch für die Ausbildung von Sprechflüssigkeitskompetenzen angenommen werden, die in bestimmten Entwicklungsstadien (noch) nicht dem erweiterten Wissensspektrum und/oder den größeren gesamtsprachlichen Fähigkeiten des Kindes entsprechen (Starkweather 1991, 385), sodass die Wahrscheinlichkeit des Auftretens

von Unflüssigkeiten erhöht ist. Diese entstehen nach Starkweathers Verständnis also in *Phasen der ungleichmäßigen Entwicklung* verschiedener, sich aber gegenseitig beeinflussender Faktoren: die Funktionen der Sprechsteuerungssysteme und der Sprechmotorikkontrolle erscheinen hierbei den kognitiven und/oder psycholinguistischen Fortschritten noch nicht ausreichend angepasst.

Peters/Guitar (1991) ordnen das Auftreten von Unflüssigkeiten in den Gesamtprozess der kindlichen Entwicklung ein und stellen ebenfalls fest, dass der Erwerb von sprechmotorischen Fähigkeiten immer parallel zu anderen motorischen und sprachsystematischen Lernbereichen verläuft. Somit stehen motorische Aktivitäten und Sprechablaufkontrolle im Wettbewerb um kortikale Steuerkapazitäten: „Die Anforderungen des Spracherwerbs in Zusammenwirkung mit anderen Faktoren können als Konkurrenten um cerebrale Ressourcen angesehen werden, wobei weniger Ressourcen für die flüssige Sprachproduktion verfügbar bleiben" (Peters/Guitar 1991, 77)[1].

Damit wäre auch eine denkbare Erklärung für die Phänomene gegeben, dass Unflüssigkeiten häufig in Zeiten rasanten linguistischen Lernens beobachtet werden und dass sie phasenweise verschwinden und auch wieder erscheinen können. Die vorhandenen zentral verarbeitenden Kapazitäten reichen in Phasen höchster Beanspruchung nicht für alle Anforderungen in gleichem Maße aus, sondern sind dann ungleich verteilt. Ein besonderer Entwicklungsschwerpunkt kann jeweils in demjenigen Bereich liegen, der gerade am stärksten in den Vordergrund drängt. Dies kann z. B. das Lernen von feinmotorischen Bewegungsabläufen beim Malen oder die Aneignung sozialer Verhal-

---

[1] Die der englischen Originalliteratur entnommenen Zitate wurden durch die Autoren übersetzt.

tensweisen während der so genannten ‚Trotz-phase' sein, in der das Kind das Bewusstsein für soziale Regeln und seine eigene Persönlichkeit entwickelt und erweitert.

Neben den denkbaren Einflüssen des sprachentwicklungsabhängigen Erwerbs der Sprechmotorikkontrolle sind noch andere Entwicklungsbereiche bekannt, die ebenfalls auf die Fähigkeit zur Sprechablaufsteuerung einwirken. Hier ist u. a. die Ausprägung der Hemisphärendominanz zu nennen. Sprache ist im kindlichen Gehirn über einen langen Zeitraum bilateral repräsentiert und wird erst im 5.– 6. Lebensjahr allmählich in der (bei den meisten Menschen dominanten) linken Großhirnhälfte verankert. Dieser Lateralisierungsprozess ist, ebenso wie die Umstellung der Feedbacksysteme, ein notwendiger Entwicklungsschritt, der jedoch für die Sprechsicherheit nicht unproblematisch ist, da sich hier bestehende Koordinations-vorgänge verändern. Geschieht die Laterali-sierung der Sprachverarbeitung, besonders der Bewegungskoordination von Sprache, zu langsam oder in nicht ausreichendem Maße, kann es zu Hemisphärenambivalenzen kommen (vgl. Fiedler 1992, 47 ff; Fiedler/Standop 1986, 57 ff; Jäncke 1987; Schulze/Johannsen 1986, 28 ff). Diese können im Bereich der Sprachsteuerung zu dysfunktionalen Mit-aktivierungen der rechten Hemisphäre füh-ren, wodurch die „Autoregulation des Spre-chens" (Fiedler 1992, 50) behindert wird.

Zusammenfassend lässt sich festhalten: Die Unflüssigkeiten, wie sie bei fast jedem Kind im Laufe der Sprachentwicklung auftreten, lassen sich nach heutigem Stand der Forschung als momentane Instabilität des sprechmotorischen Kontrollsystems bzw. als hörbare Reaktion des Organismus auf diese Instabilität bezeichnen (vgl. Nudelman et al. 1991). Die vermuteten Ursachen der Verunsicherungen oder Instabi-litäten der Sprechmotoriksteuerung liegen vornehmlich im Bereich reifungsbedingter, not-wendiger Veränderungsprozesse der Wahrneh-mungsorganisation und der neuromotorischen Koordination.

Den oben beschriebenen Reifungstheorien ist gemeinsam, dass sie als Ursache für die Unflüssigkeiten Interferenzen in normalen Entwicklungsprozessen annehmen und des-wegen in diesen Fällen von entwicklungsge-rechten Unflüssigkeiten auszugehen ist, die keinen pathologischen Prozess, sondern einen wichtigen Abschnitt in der Sprachent-wicklung markieren. Ergänzend dazu besteht jedoch auch die Annahme, dass bei manchen Fällen von Unflüssigkeiten hirnorganische Störungsphänomene zugrunde liegen kön-nen. Solche durch eine Schädigung hervorge-rufenen Unflüssigkeiten werden im Folgen-den als ‚Sprechablaufstörungen' bezeichnet.

Eine Untersuchung zu hirnorganisch bedingten Sprechablaufstörungen stammt von Graichen (1985) und besagt, dass die zeitliche Feinkoordination von Atmung, Stimmgebung und Artikulation bei stottern-den Personen möglicherweise durch eine Schädigung der Thalamusregion beeinträch-tigt ist. Nach dieser Modellvorstellung wird angenommen, dass solche Schädigun-gen allen Stotter-Ereignissen zugrunde lie-gen. Diese „organismische Fehlregulation" (Graichen 1985, 34) findet sich in einer Stu-die von Graichen bei der überwiegenden Zahl der von ihm untersuchten Erwach-senen – ob sich daraus jedoch Rückschlüsse auf die Entstehung von Unflüssigkeiten bei Kindern ziehen lassen, erscheint fraglich. Immer wieder wurde und wird nach (zen-tral-)organischen Ursachen von Redefluss-störungen gesucht (vgl. für einen Überblick Fiedler/Standop 1986, 45 f und Hulstijn/Van Lieshout/Peters 1997; zu Einzelaspekten z. B. Bell-Berti/Chevrie-Muller 1991 mit Thesen zur Verwandtschaft des Stotterns zu ataki-schen Symptomen; Braun et al. 1997 und Webster 1997 zur mangelnden Lateralisie-rung von Sprechsteuerungsfunktionen bei stotternden Personen; Finitzo et al. 1991 zur Hypothese der Durchblutungsstörung im Kortex; Jäncke 1989 sowie Natke/Kalveram/ Jäncke 1997 mit Theorien zu organisch bedingten Störungen der Kehlkopfinnervation bzw. der Stimmeinsatzkoordination etc.).

Ziel dieser Untersuchungen ist häufig, eine alleinige Ursache des Phänomens Stottern zu isolieren, d. h. eine für alle Betroffenen gültige (organische) Erklärung zu finden. Von dieser oft monokausalen Ausrichtung abgesehen beziehen sie sich jedoch zumeist auf Erwachsene, d. h. auf Menschen, die jahre- bzw. jahrzehntelange Erfahrungen mit gestörten Sprechabläufen haben, sodass sich hier Ursache und Wirkung kaum mehr auseinander halten lassen. Welche der Aspekte von Symptomen, die wir bei jugendlichen oder erwachsenen Stotternden beobachten können, sind immer schon da gewesen oder erst später hinzugekommen? Wenn es neuronale Netzwerke gibt, die einen flüssigen Sprechablauf steuern, bilden sich dann nicht durch immer und immer wieder vollzogene unterbrochene Sprechabläufe entsprechend dysfunktionale Steuerungssysteme? Wer will dann entscheiden, ob diese Funktionsbeeinträchtigungen, die bei Erwachsenen nachweisbar sein mögen, schon beim Kind bestanden haben oder das Ergebnis jahrelangen ‚Trainings‘ sind? „Kinder, die stottern, sind keine kleinen Erwachsenen, die stottern. (…) Als Ergebnis läßt sich feststellen, daß Studien über stotternde Erwachsene für Kinder nicht zutreffen“ (Conture 1991, 365).

Zusammenfassend lässt sich festhalten, dass „*im Einzelfall* das Stottern bei oder im Gefolge zerebraler (Vor-)Schädigung (…) auftreten kann“ (Fiedler/Standop 1986, 45), es sich aber *im Regelfall* aus einem Entwicklungsprozess ergibt. Sprechablaufstörungen auf Basis einer hirnorganischen Schädigung sind als isolierte Phänomene relativ selten. Sie treten vielmehr meist als ein Symptom unter vielen in Verbindung mit hirnorganischen Syndromen (z. B. bei Hirnverletzungen oder -schädigungen, Apoplex, Dysarthrie, Aphasie, Zerebralparesen) oder auch bei geistigen Behinderungen auf (vgl. Fiedler/

Standop 1986, 45 f). Bei dieser missverständlicherweise als *organisches Stottern* bezeichneten Störung handelt es sich folglich um ein Begleitphänomen neurologischer Grunderkrankungen, also um „eine konsekutive Störung mit untypischem Entstehungszeitpunkt und geringer intraindividueller Variabilität“ (Kiese-Himmel 1996, 186).

Wie die diagnostische und therapeutische Erfahrung zeigt, lässt sich eine gesicherte hirnorganische beziehungsweise neurologische Verursachung bei Kindern, die ‚nur‘ unflüssig sprechen und keine zusätzlichen oder primären Entwicklungs-, motorischen oder sensorischen Auffälligkeiten zeigen, nur in den seltensten Fällen nachweisen.

Hinweise darauf – keine Beweise dafür! – liegen unter anderem dann vor, wenn:
- von Beginn der Sprachentwicklung an Unflüssigkeiten aufgetreten sind
- deutliche anamnestische Hinweise auf hirnorganische Funktionsstörungen bestehen
- die Symptomatik relativ unverändert und nicht, wie üblich, phasenweise, u. U. auch wochenlang verschwindend auftritt

In den allermeisten Fällen handelt es sich bei den zu beobachtenden Unflüssigkeiten jedoch um die weiter oben beschriebenen entwicklungsbedingten Phänomene.

1.2.2
Psycholinguistische Faktoren

Eine Vielzahl von Entwicklungsunflüssigkeiten lassen sich anhand der zu beobachtenden Symptomatik auf psycholinguistische Faktoren zurückführen, d. h. auf Einflüsse, die sich aus dem Spracherwerb selbst erklären lassen. Dabei finden sich solche Begründungsmuster sowohl bei Kindern mit verzögerter oder gestörter Sprachentwicklung als auch bei solchen, die bisher eine rasante und umfassende Sprachentwicklung durchlaufen haben. Beide Aspekte sollen im Folgenden aufgegriffen und mit den vorhergegangenen Überlegungen zur Entwicklung der Sprechmotorikkontrolle verknüpft werden.

Wer sich mit der Diagnose und Therapie bei *sprechunflüssigen Vorschulkindern* beschäftigt, wird immer wieder die Erfahrung machen, dass sich bei der bisherigen und aktuell bestehenden Sprachentwicklung der Kinder zwei Phänomene in den Vordergrund drängen:

* Auf der einen Seite findet sich eine Vielzahl von Kindern, deren Sprachentwicklung spät begann und dann langsam, unvollständig und schwierig war und deren aktueller Sprachstatus immer noch von verschiedenen Auffälligkeiten geprägt ist.
* Auf der anderen Seite begegnen uns annähernd genauso viele Kinder, die eine sehr frühe, rasche und vollständige Sprachentwicklung vollzogen haben, die sich schnell einen großen Wort- und Formenschatz angeeignet haben und differenzierte Sachverhalte in hochkomplexen Sätzen ausdrücken können.

Ein Zahlenbeispiel, um diese Gruppenverteilung zu dokumentieren: Unter den Klienten, die in einem Zeitraum von 12 Monaten (März 1994 – März 1995) im „Forschungsinstitut für Sprachtherapie und Rehabilitation" der Universität zu Köln vorgestellt wurden, befanden sich insgesamt 18 unflüssig sprechende Kinder im Vorschulalter (3;6 – 6;1 Jahre). Eine Überprüfung der anamnestischen und sprachdiagnostischen Daten ergab, dass neun dieser Kinder nach sehr frühem und schnellem Spracherwerb zum Zeitpunkt der Überprüfung bis auf die Unflüssigkeiten sprachlich unauffällig bzw. über die Altersnorm hinaus entwickelt waren, vor allem im semantischen und grammatikalischen Bereich. Die anderen neun Kinder zeigten deutliche Sprachentwicklungsrückstände, größtenteils als Ausspra-

chestörungen und/oder grammatische Entwicklungsstörungen.

Wie lässt es sich nun erklären, dass offensichtlich Zusammenhänge von Unflüssigkeiten sowohl mit Sprachentwicklungs*problemen* als auch besonders *positiven* Entwicklungsverläufen bestehen können?

Zunächst zum Spracherwerb mit Schwierigkeiten: Aussprachestörungen im Sinne (noch) nicht ausreichend automatisierter Sprechbewegungsmuster unterbrechen flüssiges Sprechen und machen eine bewusste oder unbewusste Korrektur, d.h. einen zweiten, dritten oder vierten Anlauf zur lautgerechten Produktion erforderlich. Eine unsichere Lautbildung kann folglich als Sprechflüssigkeitsunterbrecher wirken. Ähnliches gilt für den Bereich noch nicht ausreichender grammatikalischer Regelkompetenzen: Unsicherheiten über die zu benutzende Form, die Art des folgenden Wortes, Satzteiles oder Satzes kann ebenfalls zu mehreren (Fehl-)Versuchen und damit Wiederholungen führen, was auch für Schwierigkeiten im Bereich der Wortwahl gilt.

Mangelnde oder fehlende linguistische Kompetenzen auf einer oder mehreren Sprachebenen können den Sprechablauf verunsichern, indem sie den Aufbau automatisierter Sprechmuster hemmen (vgl. dazu u.a. Baumgartner 1993, 1997; Hansen/Iven 1996, 1998; Starkweather 1987, 1991; St. Louis 1991).

Damit ist der Bogen zu den oben dargestellten organisch-konstitutionellen Faktoren geschlagen: Sowohl im Bereich der neurophysiologischen und -psychologischen Reifung als auch bei der psycholinguistischen Entwicklung geht es um den Aufbau automatisierter Sprech- und Sprechsteuerungsabläufe. Gelingt dies – evtl. nur phasenweise – nicht in ausreichendem Maße, erhöht sich die Wahrscheinlichkeit des Auftretens von Sprechunflüssigkeiten.

Was geschieht nun aber bei den Kindern, die keine der soeben geschilderten Sprachauffälligkeiten aufweisen, sondern im Gegenteil eine – bis auf die Unflüssigkeiten – sehr positive Sprachentwicklung durchlaufen haben? Auch für die Erklärung dieses scheinbaren Paradoxons bieten sich psycholinguistische Überlegungen an. Neu hinzugewonnene linguistische Fähigkeiten bedeuten auch neue Anforderungen an die Sprechflüssigkeitskompetenz, an die sich das Sprachsteuersystem zunächst einmal gewöhnen muss (vgl. dazu Baumgartner 1993, 64 ff; Conture 1991), bevor es wieder automatisch und flüssig funktionieren kann.

Viele der Unflüssigkeiten, die wir bei Kindern beobachten können, sind Anzeichen solcher Lernprozesse, in denen neu dazugekommene linguistische und/oder kommunikative Elemente integriert werden müssen. Sie sind häufig das Ergebnis von *Such- und Korrekturprozessen,* die zum Spracherwerb dazugehören und einerseits Lernen durch Versuch und Irrtum ermöglichen, andererseits jedoch auch als Sprechflüssigkeitsunterbrecher wirken. „Nicht nur das Sprechenlernen geht ‚wie von selbst‘, auch das Sprechen selbst ist ein automatisierter Prozess, wie das Laufen oder das Fahrradfahren oder später im Erwachsenenalter das Autofahren. (…) Bewußte Gedanken sind eher hinderlich für einen Handlungsablauf, der sich automatisiert hat. So ist auch das erste Sprechen beim Kind noch ein ständiger Versuch, immer wieder neu ‚Tritt zu fassen‘ (…) Später aber wird sich ein sprecherfahrenes Kind – wie ein erwachsener Sprecher – z. B. bei Alltagsunterhaltungen niemals überlegen, welches Wort es als nächstes zu reden habe, wie es auszusprechen sei und wie der Satz konstruiert werden müßte. Lediglich bei neuen Wörtern (für uns Erwachsene sind das z. B. Fremdwörter) wird das Kind merken, daß es eine gewisse Zeit benötigt, bis es über diese spontan in seinem Sprachgebrauch verfügen kann" (Wendlandt 1995, 60 f).

Kinder haben, auch wenn die Sprachentwicklung weit fortgeschritten ist, noch nicht einen so automatisierten und vollständigen Zugriff auf das Sprachsystem, wie wir Erwachsene ihn zur Verfügung haben. Oft haben Kinder zwar eine unbewusste Vorstellung von der Form und Struktur dessen, was sie sagen möchten und haben auch die dazugehörigen Regeln weitgehend internalisiert, können aber nicht immer zuverlässig und geradlinig darauf zurückgreifen (wie man es als Prozess der Übergeneralisierung auch von anderen Ebenen des Spracherwerbs kennt). So kann es z. B. zu mehreren Wiederholungen kommen, wenn ein Kind fragt: „Habt Ihr schon ge-ge-ge-ge-gegessen?", weil es grundsätzlich weiß, dass es Partizipformen von Verben gibt, es aber mehrere interne Korrekturschleifen durchlaufen muss, bis der Zugriff auf die korrekte Form gelingt („Gegesst? Ge-esst? Gessen? Gegessen!"). Neuere Forschungen weisen nachdrücklich auf die Bedeutung dieser Rückmeldungen und internen Korrekturversuche für den Erwerb einer altersgemäßen Sprechflusskontrolle hin (vgl. Kalveram 1991; Natke 1996; Postma 1995).

Darüber hinaus kann auch das Suchen nach dem richtigen Wort dazu führen, dass vermehrte Wiederholungen und Unterbrechungen auftreten: „Ich brauche noch das Dings da – den da – den – den – den Hut – den – den – den für den Ritter – den Helm!" Kinder haben aufgrund der getrennten Abspeicherung von Wortbedeutung und Lautgestalt häufig „Schwierigkeiten mit der situativen Verfügbarkeit von Wörtern" (Füssenich 1997, 101). Neben den eigenaktiven Korrekturprozessen können folglich auch die bei Kindern noch bestehenden Probleme beim spontanen Zugriff auf semantische Systeme zu Unflüssigkeiten führen.

Phasen vermehrter Unflüssigkeiten finden sich bei Kindern, die ansonsten unauffällig sprechen, vor allem zu Beginn des Erwerbs neuer oder erweiterter artikulationsmotorischer, morphologischer, syntaktischer und semantischer

Strukturen. Die Wahrnehmung, Korrektur und Reparatur von (noch) nicht gelungenen Sprechabläufen und das Suchen im System (nach dem richtigen Wort, der richtigen Form etc.) erklärt eine Vielzahl der Unflüssigkeiten, die bei ansonsten kompetenten Sprechern (nicht nur bei Kindern!) zu beobachten sind. Sie treten ebenfalls auf, wenn situative Anforderungen das altersgemäße sprechmotorische System überfordern.

Aber auch die externe Bewertung der kindlichen Sprachprodukte durch die Zuhörer hat einen Anteil an der Auftretenswahrscheinlichkeit für Unflüssigkeiten. Kinder, die einen frühen Sprechbeginn (erste Worte vor dem ersten Geburtstag) und einen rasanten Zuwachs an semantischem und grammatikalischem Repertoire hatten, drücken sich schon früh in linguistisch komplexen Sätzen und fantasievollen Formulierungen aus.

Ein 3;5-jähriger Junge erklärt z. B. zum Bild eines Staubsaugers, dessen Bezeichnung er im Rahmen eines Ratespiels aber nicht erwähnen sollte: „Damit kann man im Wohnzimmer die Teppiche mähen!"

Auch ein hohes linguistisches Niveau innerhalb der Sprecherumgebung des Kindes kann dazu beitragen, dass es sich daran orientiert und seinerseits bemüht ist, sich diesem Sprachniveau anzupassen. „Ein Kind, das in der Familie ziemlich viel Sprache hört, wird naturgemäß seinen Platz in der Familie dadurch suchen, daß es versucht, genauso viel und auf dem selben Niveau zu sprechen" (Starkweather 1991, 388). Gelingt dies, so können solche überdurchschnittlichen Fähigkeiten „bei Eltern und Kind zu erhöhten Erwartungen an Ausdrucksvermögen, Sprachkompetenz, Regelgebrauch etc. führen" (Hansen/Iven 1994, 4), die wiederum für einen hohen Erwartungs*druck* in Sprechsituationen verantwortlich sein können. Dies kann bei einer Divergenz von altersgemäß entwickelten sprechmotorischen und Sprechflüssigkeits-Kompetenzen einerseits und weit darüber hinaus entwickelten semantisch-

grammatikalischen Fähigkeiten andererseits zu einem vermehrten Auftreten von Unflüssigkeiten führen, weil die Kinder mehr Zeit brauchen, um ihre komplexen Satzgebilde vorzuplanen und zu strukturieren und evtl. diese Zeit mit Dehnungen oder Wort-/Silbenwiederholungen füllen. „Obwohl die Kinder keine Schwierigkeiten hatten zu lernen, wie man solche Arten von Sätzen formuliert, überforderte die tatsächliche Produktion dieser Sätze ihre motorischen Fähigkeiten" (Starkweather 1991, 387).

Die organisch-konstitutionellen Faktoren im Zusammenhang mit der psycholinguistischen Entwicklung scheinen nach aktuellem Forschungsstand die ausschlaggebende Rolle beim vermehrten Auftreten von Unflüssigkeiten in der Kindheit zu spielen. Daher bezeichnen wir diese beiden Faktoren als die *primären Erklärungsebenen für die Entstehung von entwicklungsbedingten Unflüssigkeiten*. Die psychosozialen und soziokulturellen Bedingungen, in denen sich ein Kind befindet, haben als *sekundäre Bedingungen* darüber hinaus einen Einfluss darauf, ob die Auftretenswahrscheinlichkeit für diese Unflüssigkeiten groß oder eher gering ist.

Dazu einige Beispiele: Kinder, die in einer von Zeit- und Konkurrenzdruck geprägten Sprecherumgebung aufwachsen (z. B. bei vielen Personen, die häufig gleichzeitig reden, bei wenig Zuhörzeit für das einzelne Kind, bei oft wechselnden Betreuungspersonen o. Ä.) reagieren möglicherweise mit einer schnelleren, lauteren, von mehr Anstrengung gekennzeichneten Sprechweise, die für Unflüssigkeiten viel anfälliger ist als langsames, ruhiges Sprechen. Kinder, die emotional verunsichert sind (z. B. weil sie sich gerade in der psychosozial sehr anspruchsvollen ‚Trotzphase' befinden, oder weil ein Geschwisterkind zur Welt gekommen ist, eine Trennung von einer Bezugsperson verarbeitet werden muss, eine Erkrankung durchgemacht wurde o. Ä.), nehmen sich im Verhältnis zu ihrer Umwelt vor einem veränderten Hintergrund wahr, beurteilen sich und ihre Rolle evtl. anders und üben in dieser Phase mehr Selbstkontrolle ihres – auch sprachlichen – Handelns aus, sodass ein unbeeinflusstes, automatisiertes Sprechen vielleicht häufig von Korrekturbemühungen unterbrochen wird. Ähnliches geschieht bei Kindern, die sich mit ihren Sprechprodukten sehr ehrgeizig an erwachsenen Vorbildern orientieren und daher ständig kontrollieren, ob ihr Sprechen den Anforderungen genügt. Jede mehr oder weniger bewusste Kontrolle des Sprechvorgangs beeinträchtigt die notwendigen Automatisierungsprozesse und erhöht die Auftretenswahrscheinlichkeit für Unflüssigkeiten. Situativer Stress, d. h. positive (z. B. Stolz, Vorfreude, Spannung) oder negative Anspannung (z. B. Angst, Gefühle der Inkompetenz oder Bedrohung), die mit einer Situation verbunden ist, kann ebenfalls flüssigkeitsunterbrechend wirken. Dies geschieht, wenn sich zum einen (Zeit-)Druck auf die Handlungen und das Sprechen überträgt, zum anderen aber auch, weil unter Stress Koordinations- und Steuerkapazitäten in einem erhöhten Ausmaß gefordert werden und große Anforderungen an semantisch-lexikalische, grammatikalische und pragmatisch-kommunikative Fähigkeiten gestellt sind (vgl. Baumgartner 1997, 226 ff; Fiedler 1992, 52 ff; Johannsen 1991, 5; Peters/Guitar 1991, 77 ff; Starkweather et al. 1990, 16 ff).

Die geschilderten primären und sekundären Bereiche erklären sowohl die Entwicklung von normaler Sprechflüssigkeit als auch die Entstehung von entwicklungsgerechten Sprechunflüssigkeiten bei Kindern (vgl. Abb. 1.1). Darauf bezugnehmend werden wir im Folgenden beschreiben, unter welchen Bedingungen sich aus diesen Unflüssigkeiten das komplexe Problem des Stotterns ergeben kann.

1.3 Die Entwicklung des Stotterns

Stottern hat gegenüber den bisher beschriebenen normalen oder entwicklungsgerechten Unflüssigkeiten andere qualitative und quantitative Merkmale, die sich sowohl auf Dauer, Stärke und Häufigkeit der feststellbaren Symptome beziehen als auch auf die mit den Redeunterbrechungen verbundenen Emotionen und Kognitionen. Darüber hinaus hat *Stottern bei Kindern andere Qualitäten als bei Erwachsenen* und somit auch andere diagnostische und therapeutische Erfordernisse. Viele der etablierten Erklärungsversuche des Stotterns beziehen sich auf Beobachtungen und Erfahrungen aus der Therapie mit Erwachsenen und lassen den Entwicklungsaspekt unberücksichtigt: „Wir scheinen daran festzuhalten, den Zugang zum Stottern unter der Straßenlaterne des Erwachsenseins suchen zu wollen, wahrscheinlich, weil dies der bequemste Platz zum Suchen ist. Obwohl es ein logischer und offenbar besserer Ausgangspunkt ist, unsere Suche weit zurück in der zugegebenermaßen schlecht beleuchteten, unüberschaubaren und chaotischen Umgebung der Kindheit zu beginnen" (Conture 1991, 368 f).

Vor diesem Hintergrund versuchen wir, die Zusammenhänge, die zur Entwicklung des Stotterns bei Kindern führen können, näher zu beleuchten. Anhand verschiedener Modellvorstellungen sollen dazu die Verbindungen zwischen Unflüssigkeiten während der Sprachentwicklung und einer sich möglicherweise daraus ergebenden Stottersymptomatik verdeutlicht werden, um nachfolgend die denkbaren diagnostischen und therapeutischen Interventionsbereiche abzuleiten.

In der aktuellen Diskussion sind sich die meisten Fachleute darüber einig, dass Stottern, wenn es bei Kindern auftritt, kein statisches, von vornherein determiniertes Phänomen ist, sondern *Entwicklungscharakter* hat.

> „Bei Kindern ist der Beginn typischerweise sanft ansteigend. Oft gibt es keine ungewöhnlichen Umstände zum Zeitpunkt des Beginns: kein Schock, kein Angsterlebnis, keine Erkrankung oder Verletzung" (Starkweather 1987, 140).

Kinder beginnen gewöhnlich nicht von heute auf morgen mit Sprechblockaden, Atmungsdyskoordination, Mitbewegungen, Vermeidungsstrategien oder ähnlichen für ‚fortgeschrittene Stotternde' typischen Symptomen. Stottern entsteht in der überwiegenden Zahl der Fälle aus den Entwicklungsunflüssigkeiten, wie sie fast alle Kinder im Laufe ihrer Spracherwerbsphase einmal mehr oder weniger deutlich zeigen (vgl. Kap. 1.2). Dabei geht man davon aus, dass aufgrund intra- und/oder interpersoneller Bewertungsprozesse bei Sprechern und Hörern zu irgendeinem Zeitpunkt die Grenze überschritten ist, bei der die vorhandenen Unflüssigkeiten noch als ‚normal', als von der Sprechergemeinschaft tolerierbar empfunden werden. Diese Annahme wird als „Kontinuitätshypothese" (Fiedler 1992, 54; Fiedler/Standop 1986, 9; Starkweather 1987, 178) bezeichnet,

da sie Stottern als ein Phänomen beschreibt, das aus der individuellen Sprechflüssigkeitsentwicklung, mit den darin enthaltenen Phasen der Unflüssigkeit, in fließenden Übergängen entsteht. Starkweather (1987, 141) leitet aus dieser Erkenntnis und den Überlegungen zum Beginn des Stotterns die Frage ab, „ob Stottern überhaupt einen ‚Anfang' hat." Auch wenn sich kein einzelnes, allgemein gültiges Kriterium festlegen lässt, welches definitiv den Übergang von entwicklungsgerechten oder verstärkten Unflüssigkeiten zum tatsächlich chronifizierten Stottern markiert, gibt es doch eine Anzahl von Faktoren, die zu einer solchen Entwicklung beitragen können und die diagnostizierbar sind.

Eine besonders anschauliche Vorstellung davon, welche „Faktorenbündel" (Schulze/Johannsen 1986, 56) für flüssiges Sprechen, aber auch bei der Entstehung von Entwicklungsunflüssigkeiten und bei der möglicherweise beginnenden Chronifizierung in Richtung Stottern eine Rolle spielen, bietet das „Anforderungs- und Kapazitätsmodell" (Johannsen 1991, 1993, beschrieben nach Starkweather 1981, 1987; Starkweather et al. 1990) (Abb. 1.2).

Anforderungen:
– Erwartungshaltung der Bezugsperson
– Anspruchsniveau des Kindes
– Kommunikationsbedingungen, intrafamiliärer Interaktionsstil

Kapazitäten:
– emotionale Stabilität
– Sprechmotorikkontrolle
– kognitive Fähigkeiten
– linguistische Fähigkeiten

Abb. 1.2 Anforderungs- und Kapazitätenmodell für flüssiges Sprechen (nach Starkweather 1990, 12ff, Johannsen 1993, 8ff)

Ursprünglich stehen sich in diesem Modell bestimmte interne und externe *Anforderungen* an das (Sprach-)Verhalten des Kindes und bestimmte *Kapazitäten* zur Bewältigung dieser Anforderungen wie die zwei Schalen einer Waage gegenüber. Wir haben uns hier als Visualisierungsform jedoch für eine *Wippe* entschieden, da sie im Vergleich zum Waage-Modell folgende Vorteile aufweist: Zunächst wird mit einer Waage etwas gemessen, mit einer Wippe jedoch nicht, und die Qualität kindlicher Sprechflüssigkeit oder -unflüssigkeit, auch der gesamten Entwicklung eines Kindes ist nicht im herkömmlichen Sinne ‚messbar‘. Darüber hinaus sind die beiden Seiten einer Wippe deutlicher als Teile einer Einheit zu erkennen als die beiden opponierenden Waagschalen. Und schließlich entspricht die Wippen-Dynamik des Auf- und Abbewegens dem tatsächlichen Verlauf der kindlichen Sprechflüssigkeitsentwicklung eher, da sich hier häufig Phasen der Unflüssigkeiten mit Phasen flüssigen Sprechens abwechseln.

Beim situativen oder habitualisierten flüssigen Sprechen befindet sich diese Wippe im Gleichgewicht: Die normal hohen Anforderungen können vom Kind mit seinen normal entwickelten Kapazitäten bewältigt werden. Dieses Gleichgewicht erweist sich jedoch als störbar und kann in Richtung vermehrter Unflüssigkeiten kippen, wenn:

- zum einen auf der Anforderungsseite zu große Belastungen auftreten, die von den Kapazitäten des Kindes nicht ausgeglichen werden können (Abb. 1.3)
- zum anderen auf der Kapazitätenseite zu gering entwickelte Fähigkeiten bestehen, sodass das Kind bereits mit den ‚normalen‘ Anforderungen überlastet ist (Abb. 1.4)

In beiden Fällen ergibt sich eine Dysbalance, die das Auftreten von Sprechunflüssigkeiten wahrscheinlicher macht.

Überhöhte Anforderungen (Abb. 1.3) können z. B. in ungünstigen Kommunikationssituationen bestehen, situativ beispielsweise bei großen Familienfeiern mit lauter, konkurrenzhafter Sprecherumgebung, oder habitualisiert in ständig von Zeit- und Konkurrenzdruck geprägten Gesprächssituationen innerhalb der Familie. Die Erwartungs-

Abb. 1.3 Modell der Dysbalance bei überhöhten Anforderungen: Sprechunflüssigkeiten werden wahrscheinlicher

Abb. 1.4 Modell der Dysbalance bei gering entwickelten Kapazitäten: Sprechunflüssigkeiten werden wahrscheinlicher

haltungen, die sich im Handeln der Bezugspersonen dem Kind gegenüber zeigen, können ebenfalls unangemessen hoch sein, wenn z. B. ständig ein sehr elaborierter Sprachstil gepflegt und dieser auch vom Kind erwartet wird, oder wenn das Kind mit seinen (sprachlichen) Leistungen ständig an seinen Geschwistern gemessen wird. Aber auch das *Anforderungsniveau des Kindes selbst* kann in diesem Sinne ungünstig wirken, nämlich dann, wenn sich das Kind mit seinen Wahrnehmungen und Bewertungen (z. B. Vergleiche mit der Sprecherumgebung, mit Geschwistern, Freunden oder auch Erwachsenen) ständig an kaum erreichbaren Vorbildern orientiert und sich somit einem großen sprachlichen Leistungsdruck aussetzt.

> Es lässt sich festhalten, dass überhöhte Anforderungen, die extern oder intern, momentan oder dauerhaft auf das Kind einwirken, den Kommunikations- und Sprechdruck erhöhen und damit auch die Wahrscheinlichkeit von Sprechunflüssigkeiten steigt.

Auch bei ganz ‚normal‘ hohen Anforderungen kann es zu vermehrten Sprechunflüssig-

keiten kommen, und zwar dann, wenn der Redefluss des Kindes aufgrund einer oder mehrerer *unzureichend entwickelter Kapazitäten* störanfällig ist (Abb. 1.4). Dies kann z. B. dann der Fall sein, wenn das Kind in einer Phase der emotionalen Verunsicherung steht und sich über seine Rolle unsicher ist. Ein sehr bedeutender Faktor ist in diesem Zusammenhang die Sprechmotorikkontrolle: Kinder, die noch nicht über ausreichend automatisierte Aussprachemuster (z. B. bei Problemen im myofunktionellen/orofazialen Bereich) verfügen, müssen beim Sprechen vieles kontrollieren und ausprobieren, womit die Wahrscheinlichkeit für das Auftreten von Unflüssigkeiten enorm ansteigt (vgl. Hansen/Iven 1998). Auch Kinder, die über einen eher geringen Wortschatz oder über nur wenige Wort- und Satzmuster verfügen oder noch nicht so viel Weltwissen erworben haben, dass sie sich differenziert ausdrücken können, müssen oft lange nach den passenden Begriffen und Formen suchen, sodass auch sie häufige Unflüssigkeiten produzieren (vgl. Kap. 1.2).

In den soeben beschriebenen Modellen sind einige besondere Qualitäten enthalten:

Zum einen fällt auf, dass sich damit *sowohl situative Sprechunflüssigkeiten* erklären lassen (weil es im Moment besonders schwierig ist, etwas Aufregendes unter Zeitdruck zu erzählen, oder weil im Moment die Sprechmotorikkontrolle nicht ausreichend funktioniert) *als auch länger andauernde Phasen* von Unflüssigkeiten (bei längerem Bestehenbleiben der hohen Anforderungen oder der geringen Kapazitäten). Zum anderen findet sich hier auch eine Vorstellung darüber, *warum Unflüssigkeiten bei Kindern phasenweise auftreten und auch wieder verschwinden* können: Hohe Anforderungen können wieder sinken, gering ausgeprägte Kapazitäten können aufgeholt werden, und dann gerät die Wippe wieder ins Gleichgewicht.

Das Wippenmodell enthält deutliche diagnostische und therapeutische Hinweise: Man muss sowohl auf die Anforderungs- als auch auf die Kapazitäten-Seite schauen, wenn man die Unflüssigkeiten des Kindes und die dazugehörigen Kommunikationsbedingungen erfassen will. Man kann auf beiden Seiten therapeutisch ansetzen: mit einer Reduktion der Anforderungen und/oder mit einer Anhebung von Kapazitäten.

Durch seine Anschaulichkeit hat diese Modellvorstellung noch einen weiteren, nicht zu unterschätzenden Vorteil. Sie eignet sich hervorragend als *Gesprächsbasis für Elternberatungen*, weil hier viele Fragen auf nachvollziehbare Weise beantwortet werden: „Haben wir mit unserem Verhalten Einfluss auf die Unflüssigkeiten? Welche Rolle spielt der Gesprächsstil der Familie? Welche Rolle spielen emotionale Belastungen? Was hat die Sprachentwicklung meines Kindes mit den Unflüssigkeiten zu tun? Warum hören die Unflüssigkeiten immer wieder auf und kommen dann wieder?" Solche Fragen lassen sich in den meisten Fällen anhand der dargestellten Modelle für die Eltern durchschaubar beantworten.

Das vorgestellte Modell bietet zunächst, wie auch in Abb. 1.1 dargestellt, nur eine Vorstellung davon, welche Faktoren bei der *Entstehung von Unflüssigkeiten* während der Sprachentwicklung beteiligt sind. Wie geschieht nun der *Übergang zum Stottern*? Welche Faktoren müssen noch hinzutreten, um aus den relativ ungespannten, lockeren, unproblematischen Entwicklungsunflüssigkeiten das komplexe, „individuelle Störungssystem" (Baumgartner 1997, 238) des Stotterns zu machen?

Starkweather (1987, 1990) beschreibt diesen Übergang als einen Prozess, bei dem die ungünstigen, unflüssigkeitsfördernden Ausgangsbedingungen über einen längeren Zeitraum bestehen bleiben, sodass der unausbalancierte Zustand von Anforderungen und Kapazitäten lange Zeit erhalten bleibt. Damit bleiben auch die Unflüssigkeiten, die sich daraus ergeben, über lange Zeit bestehen und können sich schließlich chronifizieren und automatisieren, also zu einem individuellen Sprechermerkmal, dem Stottern werden. Wir wollen im Folgenden näher betrachten, welche aufrechterhaltenden und verstärkenden Faktoren existieren, die das Fortbestehen und die Weiterentwicklung der Symptomatik fördern, bevor wir uns den Möglichkeiten der Unterscheidung von Entwicklungsunflüssigkeiten und Stottern zuwenden.

Das „Dynamische Modell zur Entwicklung des Stotterns" (Abb. 1.5) zeigt eine Zusammenfassung unserer Vorstellung darüber, wie Stottern aus den entwicklungsbedingten Unflüssigkeiten heraus entstehen kann.

Von den ca. 80 % der Kinder, die während ihrer Sprachentwicklung Phasen von Unflüssigkeiten zeigen, finden die meisten ohne irgendwelche Interventionen zu einer individuellen Sprechflüssigkeit, die ein tolerierbares Maß an normalen Unflüssigkeiten mit einschließt. Bei einigen Kindern verstärken sich diese Entwicklungsunflüssigkeiten jedoch. Sie bleiben über einen langen Zeitraum bestehen und verschlimmern sich,

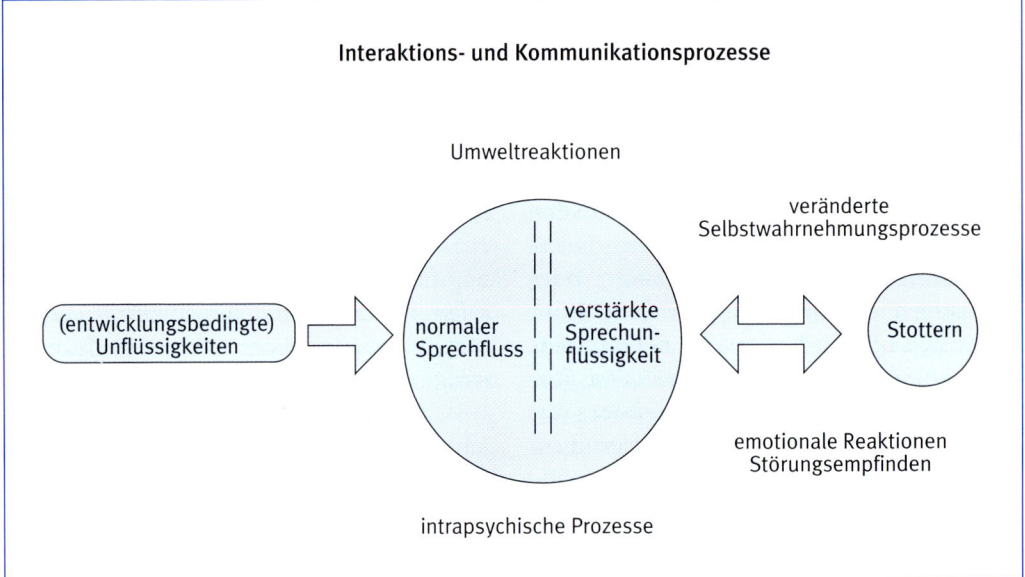

Abb. 1.5 Dynamisches Modell zur Entwicklung des Stotterns

indem sie immer häufiger oder in veränderter Symptomatik auftreten. Für beide Phänomene, sowohl für das Verschwinden des Problems als auch für seine Aufrechterhaltung und Ausweitung, scheinen die *Bewertungsprozesse aller an der Interaktion Beteiligten* von besonderer Bedeutung zu sein.

Im positiven Fall kann man davon ausgehen, dass die Unflüssigkeiten, die das Kind zeigt, sich nicht negativ auf die Einschätzung des Kindes bezüglich seiner Sprecherkompetenzen auswirken und damit das Selbst- und Fremdbild des Kindes nicht ungünstig beeinflussen. Das Kind bewertet sein Sprechen und sich selbst nicht als fehlerhaft oder defizitär. Auch die Bezugspersonen messen das Sprechen des Kindes nicht an der Zahl der Unflüssigkeiten, sondern am Inhalt des Gesagten. Sprachliche Korrekturen, die die Bezugspersonen anbringen, werden hier vom Kind als Hilfsangebote akzeptiert, die ihm die weitere Sprachproduktion erleichtern.

Bei ungünstigem Verlauf kann auf der Basis derselben Entwicklungsunflüssigkeiten ein negativer Regelkreis in Gang kommen: Aufgrund seiner eigenen Erfahrungen und Einschätzungen, aufgrund der erlebten Reaktionen des Umfeldes, aber auch seiner eigenen Reaktionen auf die Unflüssigkeiten (vermehrte Aufmerksamkeit, Aufregung, Angst, Anspannung, Anstrengung) beurteilt das Kind Sprechen als schwierig, als unangenehm. Es fühlt sich sprachlich nicht, beziehungsweise nicht immer, kompetent. Das Kind und seine Bezugspersonen reagieren verunsichert auf die Unflüssigkeiten. Die als Hilfe gedachten sprachlichen Korrekturen werden vom Kind eventuell als restriktive Einschränkung seines Mitteilungsbedürfnisses beurteilt und führen zu erneuter Sprechanstrengung, zu mehr subjektiv empfundenem Zeit- und Kommunikationsdruck und somit wahrscheinlich zu mehr Unflüssigkeiten, die wiederum alle Beteiligten verunsichern. Ein solch ungünstiger Verlauf ist vor allem dann anzunehmen, wenn mehrere kritische Faktoren zusammentreffen, z. B. bei einem Kind, das auf der Kapazitätenseite noch Schwierigkeiten mit der Sprechmotorikkontrolle hat, auf der Anforderungsseite aber ein sehr hohes Anspruchsniveau – des Kindes oder seiner Bezugspersonen – an Handeln und Sprechen herrscht.

Das Selbstbild des Kindes (einschließlich seiner Einschätzung der Sprachkompetenzen) sowie seine Bewertung von außen mit den entsprechenden Rückwirkungen sind also maßgeblich daran beteiligt, ob Phasen unflüssigen Sprechens angstfrei und ohne negative Gefühle bewältigt werden können, oder ob sich die Bewertung aller Beteiligten in Richtung eines bestehenden Problems verschiebt und damit im Sinne „selbsterfüllender Prophezeiungen" (Watzlawick 1991, 91) auch die Wahrnehmung verändert, d. h. die Unflüssigkeiten gegenüber dem Inhalt des Gesagten in den Vordergrund der Wahrnehmung drängen.

> Stottern – als Resultat der Chronifizierung von Unflüssigkeiten – hat folglich nicht nur etwas mit der hörbaren Symptomatik der Redeunterbrechungen zu tun, sondern insbesondere auch mit den dazugehörigen Emotionen und Kognitionen. Wenn ein Kind sein Sprechen und damit sich selbst in seiner Gesamtpersönlichkeit als andersartig, von seinen und den Erwartungen der Umwelt abweichend empfindet, ändert sich die Selbstwahrnehmung dieses Kindes, es entwickelt das so genannte Störungsbewusstsein (zur Kritik an diesem Begriff vgl. Kap. 1.5). Diese Veränderung, das Hinzutreten von Störungsempfindungen und emotionalen Reaktionen auf das Sprechen, markiert nach diesem Verständnis den Beginn des Stotterns.

Die Änderung des Selbstkonzepts, die Wahrnehmung und Bewertung, dass mit dem Sprechen oft oder immer etwas nicht stimmt, dass Sprechen oft nicht gelingt, dass es oft schwierig ist, seinen Wünschen Ausdruck zu verleihen, gehört zur Diagnose Stottern dazu; Kinder, bei denen sich eine solche Selbstkonzeptänderung vollzieht, reagieren mit mehr Kontrolle, mehr Misstrauen, mehr Druck und mehr Anstrengung in ihrem Sprechen und hemmen so einen automatischen, flüssigen Sprechablauf.

Kinder, die diese Reaktion nicht zeigen, die also ohne erkennbare ständige Anstrengung und ohne offensichtliche Beeinträchtigung der Kommunikationsfreude ‚vor sich hin stottern‘, haben die kritische Schwelle zum tatsächlichen, chronifizierten Stottern noch nicht überschritten, denn auch Sprechängste oder „Mitteilungsnot bei subjektiv bedeutsamen und komplexen Inhalten, in kommunikationsverantwortlich erlebter Redesituation" (Schoor 1992, 114) sind in einem gewissen Rahmen alltäglich und gehören zum Sprechen in anspruchsvollen Situationen dazu. Dies gilt besonders für Kinder mit ihrem großen Mitteilungsdrang. Darüber hinaus ist zu beachten, dass viele Kinder, auch wenn sie mit Vermeidungs- oder Anstrengungsverhalten auf ihre Unflüssigkeiten reagieren, dies oft nur in ganz bestimmten, für sie belastenden Situationen (z. B. Stuhlkreis im Kindergarten, Vortrag vor vielen Zuhörern, Sprechen vor einer großen Zuhörerschaft) tun. Man kann also hier von *situativen Störungsempfindungen* sprechen, die offenbar noch nicht zu einem generalisierten Selbstbild „Ich kann nicht gut sprechen, ich stottere" geführt haben, sondern nur zu vereinzelten, situationsabhängigen Reaktionen (vgl. Kap. 1.5). Van Riper sagt in seinen „Letzten Gedanken über das Stottern", dem Resümee seiner therapeutischen und Lebenserfahrungen: „Ich glaube, (…) daß die meisten Kinder, die anfangen zu stottern, möglicherweise später deswegen flüssig sprechen, weil sie auf ihre Verzögerungen, Wiederholungen und Dehnungen nicht mit Anstrengung oder Vermeidung reagieren" (Van Riper 1994, 20).

Es gibt einige problematische Bereiche in der Sprach- und Sprechflüssigkeitsentwicklung, die verstärkte Sprechanstrengungen begünstigen:

- kritisch, restriktiv oder korrigierend empfundene Eingriffe von wichtigen Bezugspersonen in das kindliche, noch nicht der Erwachsenen-Norm gemäße Sprechen

- häufiges Unterbrechen oder Fortführen der kindlichen Äußerungen
- die subjektiv empfundene Erfordernis von schnellem Sprechen (durch situative Bedingungen, Anpassung an sprachliche Vorbilder oder direkte Aufforderungen), Zeitdruck
- Sprachentwicklungsverzögerungen
- Sprachentwicklungsstörungen, hier besonders Aussprachestörungen und Wortfindungsprobleme, aber auch Stimmstörungen, da sie oft mit vermehrter Sprechanstrengung verbunden sind
- Poltersymptomatik, besonders wenn die Kommunikationspartner eine bewusste Verlangsamung oder Korrektur des Sprechens fordern („Sprich langsam!", „Sag es noch mal!")
(nach Perkins 1992, 144 und Peters/Guitar 1991, 61)

Mit den angesprochenen Problembereichen geht beim Kind die Erfahrung einher, dass Sprechen (situativ oder generell) schwierig ist und dass die Kommunikation oft nicht gelingt. Damit ist ein Grundstein zur Entstehung von bewussten Symptomwahrnehmungen gelegt. Als Reaktion darauf wird das Kind wahrscheinlich mit mehr Mühe, mehr bewusster Kontrolle sowie mit mehr Druck und Anstrengung versuchen, die Kommunikationshemmnisse zu überwinden, was für automatisiertes, flüssiges Sprechen kontraproduktiv ist und eher zu mehr Symptomen als zu einer Entlastung des Sprechens führt. Diese Erfahrung begünstigt die regelkreisartige Verfestigung der Symptome, ihrer Wahrnehmung und der emotionalen Reaktionen darauf.

In diesem Zusammenhang möchten wir der trotz vielfach geübter Kritik noch immer bei Laien und Fachleuten weitverbreiteten Ansicht widersprechen, dass das so genannte ‚Störungsbewusstsein' und das Stottern

allein als Resultat der Diagnose durch die Eltern entstehen („Diagnosogene Theorie" von Johnson, 1959).

> Die Frage, ob die Unflüssigkeiten zu irgendeinem Zeitpunkt von den Eltern oder anderen Personen des Umfeldes mit dem Terminus ‚Stottern' belegt werden, ist unerheblich. „Von entscheidender Bedeutung ist vielmehr das Empfinden der Abweichung von einer Erwartungsnorm, der eigenen oder der der Umwelt" (Hansen/Iven 1992, 244) und damit der Aufbau eines defizitorientierten Selbst- und Fremdbildes. Die Verwendung oder Nicht-Verwendung des Begriffs ‚Stottern' ist für die weitere Entwicklung nicht so bedeutsam wie die subjektiven Theorien über das Phänomen Stottern und deren Auswirkungen auf das Handeln, das Erleben und die Interaktion.

Nun stellt das Stottern, wenn es sich bei Kindern entwickelt hat, kein irreversibles, manifestes Problem dar und ist somit nicht fataler Endpunkt einer ungünstigen Entwicklung, was im Modell durch den in beide Richtungen weisenden Pfeil dargestellt wird. *Stottern bei Kindern ist beeinfluss- und veränderbar.* Eine auf die individuellen Bedingungen abgestimmte, kindgerechte Therapie mit einer Kombination aus direkten und indirekten Therapiebestandteilen und einem großen Anteil Elternberatung und Elternarbeit führt „bei jungen Kindern in sehr viel mehr Fällen zu vollkommen normalem Sprechen, als das bei Erwachsenen der Fall ist" (Starke 1994, 8). Die Therapieform, die wir im vorliegenden Buch beschreiben, ist Ausdruck dieser Überzeugung und Erfahrung.

> Stottern bei Kindern lässt sich in den meisten Fällen über die kommunikative Stärkung des Kindes und des Umfeldes, über den Weg der Verflüssigung von Symptomen, der Ausdehnung vorhandener flüssiger Sprechanteile und die Schaffung flüssigkeitsfördernder Kommunikationsbedingungen zurückführen in ein sozial unauffälliges Sprechen, wenn die Therapie früh genug einsetzt und genau auf die Bedürfnisse des Kindes und seiner Familie abgestimmt ist.

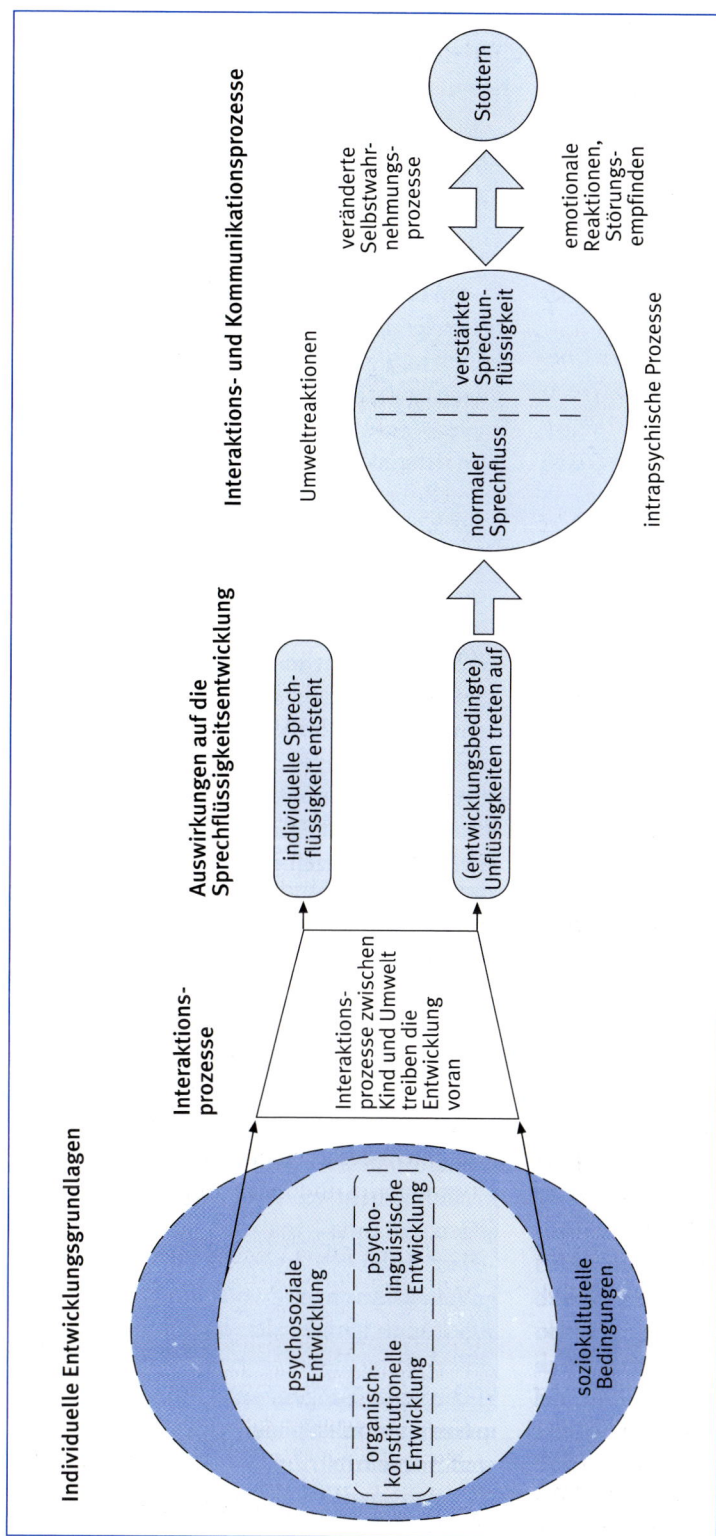

Abb. 1.6 Dynamisches Modell zur Entwicklung der Sprechflüssigkeit, von Unflüssigkeiten und Stottern

Unflüssigkeiten, die bei Kindern, vor allem bei Vorschulkindern auftreten, stellen sich als vielschichtiges Problem dar. Das „Dynamische Modell zur Entwicklung der Sprechflüssigkeit, von Unflüssigkeiten und Stottern" (Abb. 1.6) führt als Überblick die verschiedenen Teilaspekte zusammen und verdeutlicht nochmals die verschiedenen möglichen Wege der Entwicklung und der Therapie.

1.4
Unterscheidung und Abgrenzung: Was ist Stottern und was ist es nicht?

Im deutschsprachigen Raum haben sich lange Zeit sehr mechanistische, von einem medizinisch orientierten Störungsbegriff geprägte Beschreibungen des Syndroms Stottern behaupten können, die sich größtenteils auf eine quantifizierbare Einteilung der wahrnehmbaren Symptome beziehen, wie die folgende Definition von Wirth (1990, 390):

„Stottern ist eine zeitweise auftretende, willensunabhängige, situationsabhängige Redeflußstörung oft nicht bekannter Ursache, die durch angespanntes, stummes Verharren in der Artikulationsstellung (tonisches Stottern), Wiederholungen (klonisches Stottern), Dehnungen sowie Vermeidungsreaktionen (Wortvertauschungen, Satzumstellungen) charakterisiert ist."

Eine solche Definition erscheint zu eingeschränkt und wird weder dem stotternden Erwachsenen noch dem stotternden Kind, geschweige denn den Angehörigen gerecht. In den letzten Jahren haben sich daher mehrere Autoren darum bemüht, sowohl die Symptomebene als auch die Ebene der darum herumgruppierten Bedingungen und Belastungen zu erfassen und für eine Differenzialdiagnose nutzbar zu machen (vgl.

Fiedler/Standop 1986; Johannsen/Schulze 1987, 1992; Schoor 1992; Schulze/Johannsen 1986).

Bei den Beschreibungen der wahrnehmbaren Symptome werden zumeist drei Unterscheidungskategorien genannt:

1. **Normale/entwicklungsbedingte Sprechunflüssigkeiten**

Sie treten bei fast jedem Kind in der Sprachentwicklung auf und zeigen sich auch bei vielen erwachsenen Sprechern als Redemerkmale.

- Wiederholungen einsilbiger Wörter („Ich – ich – ich muss dir was erzählen!")
- Wiederholungen mehrsilbiger Wörter („Ich hatte – hatte keine Angst beim Zahnarzt.")
- Satzteilwiederholungen („Ich kann – ich kann das nicht so gut.")
- Einschübe („Ich – äh – möchte das lieber morgen erledigen.")
- Überarbeitungen von Wörtern („mor – gestern") oder Sätzen („Wo ist – kannst du mir das geben?")
- Vokaldehnungen von weniger als einer Sekunde Dauer und ohne Anzeichen von Anspannung im orofazialen Bereich
- stille Pausen zwischen einzelnen Worten/ Satzteilen zur inhaltlichen Planung

2. **Verstärkte Sprechunflüssigkeiten als Anzeichen eines kritischen Übergangs**

- Lautwiederholungen („I – i – i – ich bin jetzt dran!")
- häufig mehr als zwei Silbenwiederholungen („Ich ma – ma – ma – ma – mache die Tür auf.")
- Vokaldehnungen von mehr als einer Sekunde Länge („Ich kaaaaaaaaann schon Rad fahren!")
- Unterbrechungen, stille Pausen innerhalb eines Wortes („Ich k.........kann gut schwimmen.")

3. Chronifiziertes Stottern

- Vokalersatz durch Schwa-Laut bei Silbenwiederholungen ([bə – bə – bə – bal])
- Wiederholungen mit veränderter Betonung und verändertem Rhythmus („A – a – a – ab – ab – aaaa – aber das will ich nicht!")
- Verwendung von Startern („Hmm – Ich habe dazu keine Lust.", „Ja, also, ja ich heiße Peter.")
- Dehnungen mit Tonhöhen- und Lautstärkeveränderungen
- Atmungs-Unterbrechungen in stillen Pausen
- Blockaden in der Artikulationsposition, Phonationsstop
- Vermeidung von Wörtern („Der wohnt in der Hundehü – hü – haus.")
- Verspannungen von Lippen, Gesicht, Hals
- Mitbewegungen des Körpers
  (Auflistung nach Johannsen/Schulze 1992, 66; Schoor 1992, 114)

Über diese sprachlichen Kriterien hinaus gibt es weitere Anhaltspunkte dafür, dass sich die Unflüssigkeiten eines Kindes verfestigt haben und drohen, zu einem chronischen Stottern zu werden. Dabei rücken vor allem die Entwicklungsaspekte der Auffälligkeiten, die Reaktionen des Kindes und seiner Kommunikationspartner und die kommunikativen Bedingungen, unter denen sich Sprechflüssigkeit oder Stottern entwickeln, in den Mittelpunkt des Interesses.

„Die Gefahr eines chronischen Stotterverlaufs ist bei einem Kind gegeben, bei dem Folgendes zutrifft:

1. DAUER. Die Unflüssigkeiten des Kindes dauern länger als 6 Monate an.
2. VERLAUF. Das Stottern des Kindes hat sich von zunächst spannungsfreien Wiederholungen zu Blockierungen weiterentwickelt. Es treten Mitbewegungen des Gesichts, des Rumpfes oder der Extremitäten auf.
3. ART DER SYMPTOMATIK. In der Untersuchungssituation treten Dehnungen mit Tonhöhen- oder Lautstärkeanstieg und Blockierungen mit sichtbarer Anstrengung auf. Die Eltern bestätigen diese Symptomatik als charakteristisch und häufig beobachtbar.
4. REAKTIONEN DES KINDES. Das Kind selbst zeigt deutliche Reaktionen auf seine Redeunflüssigkeiten, z. B. verbal oder durch Abbruch der Äußerung im Symptom, oder läßt ein Vermeiden bestimmter Laute, Wörter oder Sprechsituationen erkennen.
5. SPRACHENTWICKLUNG UND MUNDMOTORIK. Das Kind hat deutliche Defizite in der Sprachentwicklung und zeigt Auffälligkeiten in der Mundmotorik.
6. EINSTELLUNG DER ELTERN. Die Eltern äußern die Überzeugung, daß das Stottern sich gefestigt hat und sich nicht mehr von alleine zurückbilden wird.
7. FAMILIÄRE BELASTUNG. Mindestens ein weiteres Familienmitglied stottert ebenfalls."
(Johannsen/Schulze 1993, 241)

Wenn eine oder mehrere der genannten Bedingungen erfüllt sind, lässt sich in Verbindung mit den Beschreibungskategorien für die sprachliche Momentan-Symtomatik eine recht präzise Einordnung vornehmen. Für eine individuelle Diagnostik müssen darüber hinaus zusätzliche Informationen erhoben werden, auch, um die individuelle Belastung durch die Unflüssigkeiten/das Stottern zu ermitteln. Das genaue diagnostische Vorgehen wird ausführlich in Kap. 5 beschrieben.

Zum Abschluss der Ausführungen zu möglichen Abgrenzungskriterien möchten wir noch einige Begriffe nennen, die oft mit dem Stottern verknüpft werden, deren Verbindung damit jedoch nach heutigem Forschungsstand nicht ohne Widerspruch bleiben kann, weil sie auf theoretisch ungesichertem Boden stehen oder Ursache und Wirkung verwechseln.

Anmerkungen dazu, was Sprechunflüssigkeit und Stottern bei Kindern nicht ist:

Stottern ist keine Folge von Erziehungsfehlern

Das Verhalten der Eltern stotternder Kinder unterscheidet sich nicht vom Erziehungsverhalten von Eltern, deren Kinder nicht stottern. Die Eltern stotternder Kinder sind nicht generell überbehütend oder restriktiv-strafend, sie zeigen nicht mehr an psychosozialem oder erzieherischem ‚Fehlverhalten‘ als Eltern von flüssig sprechenden Kindern. Es gibt zwar wissenschaftliche Untersuchungen, die einen abweichenden Erziehungsstil bei den Eltern stotternder Kinder nachweisen, aber ebenfalls Untersuchungen, die exakt das Gegenteil belegen (vgl. Schulze 1992, 92 ff; Schulze/Johannsen 1986, 22 ff): Die Annahmen über eindeutige Ursache-Wirkungszusammenhänge müssen also offensichtlich in den Bereich der Spekulation verwiesen werden. Keinesfalls ist das Verhalten der Eltern *auslösend* verantwortlich für das Auftreten von Unflüssigkeiten bei Kindern – obwohl natürlich die Interaktions- und Kommunikationsstrukturen innerhalb der Familie in der Folge einen Einfluss auf die weitere Entwicklung dieser Unflüssigkeiten haben können. Eltern lösen mit ihrem Verhalten die Unflüssigkeiten nicht aus, wirken aber auf sie ein (vgl. dazu vor allem Schulze 1989, 1992). Dies gilt auch für alle anderen Interaktionspartner des Kindes, z. B. Geschwister, Großeltern, Freunde, Therapeuten etc.

Stottern ist keine Neurose

Stottern, wie es bei Kindern auftritt, ist entgegen der weitverbreiteten, tradierten Einstellung *kein primär psychogenes Geschehen*, es basiert nicht auf einer Persönlichkeitsstörung (vgl. Schulze 1992, 94 ff). „Stottern ist nicht das Resultat von Glücklich- oder Unglücklichsein. Es ist das Produkt aus eigenaktivem Sprechenlernen (mit den notwendigerweise enthaltenen Unflüssigkeiten,

Anm. der Verfasser), ungünstigen Umweltbedingungen und organismischer Unreife. (…) Halten wir nochmals fest, daß wahrscheinlich auf der Basis genetisch angelegter, nicht altersgemäß ausgereifter Organsysteme das stotternde Kind die für die Sprechflüssigkeit benötigte linguistische und kommunikative Kompetenz momentan nicht in ausreichendem Maße bereitstellen kann" (Baumgartner 1997, 225, 235).

Zweifelsohne sind psychosoziale Faktoren am Verlauf der Sprach- und Sprechentwicklung beteiligt, von einer Psychopathologie als Auslöser von Unflüssigkeiten kann jedoch nicht ausgegangen werden. Stotternde Kinder sind demnach auch nicht mit pauschalisierenden Persönlichkeitsmerkmalen zu klassifizieren (Wirth 1990, 414, 415: „Stotterer sind introspektiv, vorsichtig, korrekt, formvollendet und gehemmt. (…) Es entwickeln sich Minderwertigkeitskomplexe. Der Stotterer wird zum Einzelgänger, menschenscheu und gerät in depressive Stimmung. (…) Stotternde sind schlechte Gesprächspartner. Sie können schlecht zuhören und auf andere eingehen"). Solche negativen Eigenschaftszuschreibungen sind zum einen stigmatisierend, zum anderen finden sich diese Merkmale bei stotternden Kindern nicht häufiger als bei flüssig sprechenden (vgl. Schulze/Johannsen 1986, 26).

Stottern ist meist nicht die Folge eines Traumas oder Schocks

Von vielen Eltern, aber oft auch von den stotternden Menschen selbst, wird ein traumatisierendes, auslösendes Ereignis als Beginn des Stotterns angegeben (z. B. die Geburt eines Geschwisterkindes, Unfall, Schreckereignis, Streit). „Bei der genauen und hartnäckigen Erforschung der Entstehungsbedingungen zeigt sich, daß die meisten Kinder auch schon vor dem angeführten kritischen Ereignis unflüssig gesprochen haben, es jedoch in zeitlicher Nähe zu dem angeführten Ereignis zu einer Veränderung oder zum

Anstieg bereits vorhandener Sprechunflüssigkeiten gekommen war. Das heißt, daß die angeführten Ereignisse zwar die Verlaufscharakteristik des Stotterns betreffen, nicht jedoch die unmittelbar auslösenden Bedingungen" (Schulze 1992, 96 f). Durch den zeitlichen Zusammenhang liegt es für die Beteiligten nahe, ein traumatisierendes Ereignis anzunehmen, zumal sich auch die tatsächlich verantwortlichen Entwicklungsaspekte als Ursachenannahme bisher noch nicht weit genug durchgesetzt haben. In seltenen Fällen, vor allem, wenn das Stottern ohne vorherige Unflüssigkeiten und bei älteren Kindern auftritt, mag ein traumatisches Ereignis in Verbindung mit den darauf folgenden Reaktionen und Bewältigungen eine Ursache des Stotterns sein, der Regelfall ist dies aber nicht.

Stottern entsteht nicht durch die Nachahmung von Vorbildern

Aus der Entwicklungspsychologie ist bekannt, dass Kinder diejenigen Dinge lernen, die ihnen Fortschritte ermöglichen, ihnen neue Erfahrungen bieten, ihre Neugier befriedigen, ihnen Erfolgserlebnisse verschaffen oder ihr Wissen und ihre Handlungsmöglichkeiten erweitern. Stottern ist demgegenüber anstrengend, unangenehm, wird als peinlich empfunden, verzögert den Sprechablauf, beeinträchtigt die kommunikative Kompetenz etc. Daher wird ein Kind, das ein stotterndes Vorbild hat (z. B. ein Elternteil, Geschwisterkind, Freund oder Freundin), vielleicht einmal probieren, wie das ist, so zu sprechen wie der/die andere. Es wird aber aufgrund der damit verbundenen negativen Erfahrungen dieses Verhalten wahrscheinlich nicht habitualisieren (vgl. Fiedler/Standop 1986, 25 f). In den Fällen, in denen Stottern familiär gehäuft auftritt, ist demnach eher von einer hereditären Disposition auszugehen als von Nachahmungs-Lernen.

Stottern wird nicht bewusst zur Erreichung bestimmter Ziele eingesetzt

Interpretiert man Stottern als bewusste, absichtsvolle Handlung, werden Ursachen und Folgen vertauscht: Stottern beginnt aus einem Entwicklungsprozess heraus und ist demnach kein bewusstes, intentional einsetzbares Handeln. Die Reaktionen auf das Stottern können jedoch einen Verhaltensmodifikationseffekt haben, indem sie im Sinne einer Konditionierung mit Belohnungs- oder Bestrafungsreaktionen (Zuwendung, Blickkontakt, Abwendung, Stirnrunzeln, Redeunterbrechung etc.) das wiederholte Auftreten des Stotterns begünstigen, wobei auch dies meist nicht intentional und bewusst geschieht. Es wäre eine sehr laien-psychologische Interpretation, einem stotternden Kind zu unterstellen, dass es sich der Anstrengung und den unangenehmen Gefühlen, die mit dem Stottern verbunden sind, quasi freiwillig unterzieht, um seine kommunikative Umwelt bewusst zu manipulieren.

Stottern ist keine Atemfehlfunktion

Dies ist nur ein Beispiel dafür, dass Stottern von vielen Praktikern auf monokausale Begründungen zurückgeführt wird (z. B. auf eine Störung der Stimmgebung, Störung der Atmungskoordination, Störung der Zungenbeweglichkeit). Hierbei handelt es sich in den meisten Fällen um Befunde aus Untersuchungen bei Erwachsenen, die diese Symptome zeigten. Neurophysiologisch abgesicherte Hinweise darauf, dass diese Einzelbefunde bei diesen Probanden auch im Kindesalter schon bestanden haben, fehlen ebenso wie Nachweise darüber, dass sich bei Kindern überhaupt schon solche Veränderungen finden lassen (vgl. Schulze/Johannsen 1986, 27 ff). Damit scheinen die oben genannten Symptome, wenn sie bei Kindern auftreten, in den Bereich der Sekundärsymptomatik zu gehören und nicht zu den auslösenden Faktoren. Verkrampfungen der

Sprech- und Mimik-Muskulatur, eine druck-
betonte, hyperfunktionelle Phonation sowie
Veränderungen von Atemrhythmus und
Atemfluss sind eher als Anzeichen von *Selbsthilfeversuchen* zu sehen, mit denen ein Kind
seine Sprechunflüssigkeiten – auf größtenteils unphysiologische Weise – zu überwinden sucht und die in der Folge, bei häufiger
und automatisierter Anwendung, zur Be-
gleitsymptomatik werden können.

Stottern ist kein eindimensionales Phänomen, sondern ein jeweils individuelles
Geschehen. Jedes Stottern ist anders, jedes
Kind ist anders, alle Eltern sind anders.
Deshalb kann Stottern auch nicht abschließend, allgemein gültig und definitiv
beschrieben werden – im Einzelfall können
stets mehrere der oben genannten Problembereiche der organischen, psycholinguistischen und psychosozialen Entwicklung
zusammentreffen. Aber keine dieser Erklärungsebenen ist ausschließlich und alleine
für alle Stottersymptomatiken, für alle
stotternden Personen und alle betroffenen
Familien gültig. Für die Entstehung des komplexen Bildes einer chronischen Stottersymptomatik sind stets eine Vielzahl von auslösenden, aufrechterhaltenden und verstärkenden Faktoren verantwortlich. Einseitige
Zuschreibungen, wie sie in den vorangegangenen Ausführungen zu dem, was Stottern
nicht ist, beschrieben wurden, führen in
diagnostische und therapeutische Sackgassen. Nur eine am Individuum und seinen
Kommunikationspartnern orientierte, methodenintegrierende Diagnose- und Therapie-
strategie kann der Einzigartigkeit der jeweiligen Problematik gerecht werden.

1.5
Zur Bedeutung emotionaler Reaktionen auf das Stottern

1.5.1
„Störungsbewusstsein" – ein nebulöser Begriff

In den vorangegangenen Abschnitten haben
wir Prozesse der Entstehung von Stottern
dargelegt. Der häufig mit dem Stottern in
Verbindung gebrachte Begriff des ‚Störungsbewusstseins' bedarf einer gesonderten
Erläuterung, da er sowohl bezüglich grundsätzlicher Aussagen zum Thema Stottern als
auch bei spezifischen Aspekten des diagnostisch-therapeutischen Vorgehens eine bedeutende Rolle spielt (vgl. van Riper 1986,
224 ff).

Der Begriff ‚Störungsbewusstsein' ist unabdingbar mit dem Begriff ‚Selbstbewusstsein', d. h. sich seiner selbst bewusst werden
und sein, verknüpft und bedarf einer notwendigen, beschreibenden Ergänzung.

Die bei der Beschreibung von Bewusst-
seinsprozessen häufig in den Mittelpunkt
gestellte kognitive Komponente soll von uns
dahingehend erweitert werden, dass:

- Bewusstsein durchaus Emotionen beinhaltet
- ‚Störungsbewusstsein' kein statisch zu ver-
  stehender Begriff ist
- wir bei unflüssig sprechenden Kindern
  immer mit einem inneren Bezugsrahmen
  (sog. subjektiven Theorien) auch bezüglich
  des Themas Stottern zu rechnen haben
- dieser uns häufig nur schwer zugänglich ist
- Störungsbewusstsein, Selbstbewusstsein und
  Selbstwert enge Verbindungen eingehen
- sich ‚Bewusstsein' immer auf das *gesamte*
  beteiligte System bezieht

Bewusstsein kann verstanden werden als die
Fähigkeit, Sinneseindrücke zu einem für uns

sinnvollen Ganzen zu ordnen und die uns umgebende Welt in unserem Gehirn zu rekonstruieren. Nach der Theorie des reflexiven Subjektes sind Menschen prinzipiell bewusstseinsfähig.

Desweiteren ist wichtig zu betonen, dass Bewusstsein auch bedeutet, dass etwas deutlich wird und in den Fokus der Aufmerksamkeit rückt. Die Erfahrung zeigt durchaus auch, dass Kinder oftmals über ein ‚Störungs(un-)bewusstsein' verfügen. Mit diesem Wortungetüm ist gemeint, dass ein Kind oft nur spürt, dass etwas diffus stört und sein Wohlbefinden beeinträchtigt ist, ohne dass unflüssig sprechende Kinder diese Empfindung immer auf ihr Sprechen beziehen und ohne dass sie darüber bewusst reflektieren können oder wollen. Wir können zwar davon ausgehen, dass vermehrte Unflüssigkeiten mehr oder weniger deutlich in das Bewusstsein der Kinder dringen, aber auch davon, dass diese Empfindungen oft von den Eindrücken und Gefühlen des Alltags überlagert werden, sodass das Kind sein Sprechen nicht ständig aufmerksam beobachtet, selbst bewertet oder bewertet haben möchte. Wir müssen uns immer fragen, ob das Kind nicht nur bewusstseinsfähig ist, sondern auch „bewusstseinswillig" (Baumgartner 1997, 231).

Der Begriff ‚Störungsbewusstsein' impliziert im alltäglichen Sprachgebrauch gewissermaßen einen feststehenden Zustand. Er birgt damit die Gefahr, Menschen in reduktionistischer Weise zu beschreiben und uns als TherapeutInnen in einer trügerischen Sicherheit zu wiegen, d. h. Kinder nach nichtstörungsbewusst und störungsbewusst einzuteilen und aufgrund dieser Entweder-oder-Zuschreibung nur ganz bestimmte Unterstützungsformen wirksam werden zu lassen, beispielsweise nach dem Prinzip: Wenn ‚Störungsbewusstsein' vorhanden ist, kann man direkte Therapiemethoden anwenden, wenn dies nicht der Fall ist, hat man sich für indirekte Methoden zu ent-

scheiden. Hinzu kommt, dass der Begriff ‚Bewusstsein' eine eher kognitiv ausgerichtete Beschreibung der Reaktionen des Kindes in den Mittelpunkt stellt. Wir haben uns zu fragen, inwieweit diese Einseitigkeit dem prozessualen und dynamischen Charakter der Entwicklung von Sprech(un)flüssigkeiten, ja der Entwicklung eines Menschen allgemein überhaupt gerecht wird.

Der Begriff ‚Störungsbewusstsein' als etwas, was wir als TherapeutInnen beim Kind unbedingt verhindern sollen, wirkt durch seine Kombination von Störung und Bewusstsein derart manipulierend, dass er als Schreckgespenst schlechthin gesehen wird. Zudem wird durch seine Verwendung im Sinne einer Polarisierung der Eindruck geweckt, dass wir Kinder vor dem Hintergrund ihrer Empfindungen bezüglich der Sprechunflüssigkeiten in Kategorien einteilen könnten. Diese Betrachtungsweise widerspricht jeglicher Form eines ganzheitlichen Menschenbildes, der Betrachtung des Lebens als individuellem, interaktivem und hochkomplexem Wachstumsprozess und fördert in ihrer suggestiven Kraft nur weiter die Ängste vor dem Phänomen Sprechunflüssigkeit.

Die Reaktionen von Kindern auf Sprechunflüssigkeiten und soziale Rückmeldungen können sehr unterschiedlich sein und hängen von biologischen, psychischen und sozialen Bedingungen ab. Wir dürfen nicht vergessen, dass, wenn etwas stört, dieses auch immer emotionale Auswirkungen zeigt. Genau um diese Auswirkungen soll es im folgenden Abschnitt gehen.

1.5.2
Emotionen als Begleiter von Denken und Handeln

Gefühle oder Emotionen sind immer als mehrdimensionales Geschehen zu betrachten. Denken und Handeln, körperliche Zustände und Empfindungen können Ausdrücke von Emotionen sein. Hinzu kommt, dass Emotionen auch immer soziale Wirkungen haben. Denken wir nur an die Beispiele der Angstreaktionen von Eltern, deren Kind sich in einer starken Sprechblockade befindet, oder auch an das Kind selbst, das sich bezüglich seiner sozialen Selbst- und Fremdeinschätzung Gedanken macht über Schuld und Versagen.

Nach Hülshoff (1999, 14) sind Emotionen „körperlich seelische Reaktionen, durch die ein Umweltereignis aufgenommen, verarbeitet, klassifiziert und interpretiert wird, wobei eine Bewertung stattfindet". Wenn wir nach dem Sinn von Emotionen fragen, so begegnen uns drei verschiedene Ebenen:

- die biologische (vegetative Funktionen, limbisches System usw.)
- die psychische (Aspekte wie Biografie, Entwicklung, Selbstwert, Interaktionen zwischen verschiedenen emotionalen Anteilen)
- die soziale (kommunikative Prozesse, Beziehungsmuster, Familie, Gruppe, Kultur)

Auf diesen unterschiedlichen Ebenen spielen Emotionen eine Rolle und hier manifestiert sich auch ein *Störungsempfinden*, eine Verunsicherung und Irritation des stotternden Kindes. Wie stark dieses Störungsempfinden sich ausprägt, hängt zum einen ab vom Umgang des Kindes mit Belastungen und zum anderen davon, welche Bewältigungsformen das Kind wählt.

Wichtig ist, dass Kinder nur wenn sie ihre eigenen Gefühle auch bewusst erleben können und dürfen, sich auch später in andere Menschen hineinversetzen können. Wir müssen uns fragen, was passiert, wenn ein unflüssig sprechendes Kind dieses bewusste Erleben nicht erfahren darf, weil über das Thema Stottern und über die damit verbundenen Ängste in der Familie nicht gesprochen wird oder aber durch Bagatellisieren („Ist doch nicht so schlimm!" „Das gibt sich

wieder!") seine Gefühle nicht ernst genommen werden.

Eine Störung im emotionalen Erleben, egal ob aus dem intrapsychischen oder sozialen Kontext heraus entstanden, führt häufig zu einem Ungleichgewicht und dem Verlust von Selbstkontrolle und Kontrollüberzeugung. Dazu die Aussage eines 6-jährigen Kindes: „Das Stottern kommt einfach plötzlich."

Tatsache ist, dass wir die Bedeutung von Emotionen nur im jeweiligen Kontext sehen können. Auch Kinder betrachten ihre Welt im Licht ihrer Gefühle und bewerten die Geschehnisse, die ihnen widerfahren, emotional.

Entscheidend ist, dass wir Gefühle nicht nach gut oder schlecht einteilen sollten, sondern stattdessen der Kontextabhängigkeit Bedeutung verleihen und nach ‚angemessen‘ oder ‚unangemessen‘ fragen können. Wir fragen einerseits nach dem ‚Wie‘ dieser aufgetretenen Emotion, andererseits aber auch nach dem Sinn, dem so genannten ‚Wozu‘. Dies bringt uns dazu, in jeder Situation die Bedeutung einer Emotion als einzigartig zu betrachten. Das heißt, wir können auftretende Gefühle bei Sprechunflüssigkeiten ständig aus verschiedenen Blickwinkeln sehen. Dies bedeutet, dass ein stotterndes Kind gleichzeitig als ängstlich, sensibel, schamhaft, aufmerksam oder bewusstseinsfähig beschrieben werden könnte. Vor dem Hintergrund des ‚Wozu‘ betrachtet könnte auch sein scheinbar dysfunktionales Handeln im Rahmen einer Familie stützend wirken, indem durch das Symptom ‚Stottern‘ von anderen Gefühlen abgelenkt wird. Da wir im Sinne des Konstruktivismus nicht die Wirklichkeit an sich sehen, sondern nur von uns konstruierte Bilder der Wirklichkeit – dies gilt übrigens auch für die Kinder, die stottern – legen wir auch emotional die Welt nach unseren Stimmungen aus.

Es gibt im Bereich des sozialen Verhaltens und Handelns und der emotionalen Befindlichkeit keine allgemeingültige Wahrheit, sondern jeder Mensch hat seine vorläufig richtige, weil passende Erklärung gefunden. Dabei können neue Deutungs- und Erklärungsansätze für das Kind und sein Umfeld hilfreich und befreiend sein. So kann z. B. durch Umdeuten das Störungsbewusstsein auch als Sprach- und Kommunikationssensibilität gedeutet werden. Tatsache ist, dass die erlebte Kindheit maßgeblich zum emotionalen Erleben beiträgt. Wie die Familie mit Gefühlen umgeht, ist ein Faktor, der in seiner Bedeutung nicht unterschätzt werden darf.

Stotternde Kinder sind, wie wir alle, im Alltag, im Wirklichkeitserleben sowie im sozialen Kontakt facettenreichen, unterschiedlichen und schnellen wechselnden Stimmungen ausgesetzt. Manchmal sind sie sich ihrer Gefühle bewusst, manchmal haben sie auf eher vorbewusster Ebene nur ein dumpfes ‚Gefühl im Bauch'. Die Stimmungslage kann häufig schwanken zwischen mehr oder weniger bewusst. So kann sich eine Wutreaktion nach einer Sprechblockade nicht nur auf diese beziehen, sie kann gleichzeitig auch Angst oder Schuldgefühle auslösen, z. B. in Bezug auf vermutete oder tatsächlich vorhandene Ansprüche an die (sprachliche) Leistungsfähigkeit. Andererseits reagieren Kinder auf viele Symptome scheinbar gar nicht.

Das gesamte Spektrum der Gefühle hat seine Berechtigung. Problematisch wird es nur, wenn das Kind in einem Emotions-, Reaktions- und Handlungsmuster von Angst, Spannung, Druck, Scham und Vermeidung verharrt. Dann werden Stottern und das Störungsempfinden zunehmen und das Selbstwertgefühl wird sich einschränken. Wichtig ist, dass das Bewusstsein bei Kindern, das heißt auch das Bewerten des Selbst, keine rein kognitive Angelegenheit ist, sondern emotionale Komponenten mit hineinspielen. Störungsbewusstsein, Selbstbewusstsein und Selbstwertgefühl hängen eng miteinander zusammen. Das heißt, die Integration aller in uns schlummernder Gefühle, die Erkenntnis unseres Selbst, auch der Schattenseiten, die Akzeptanz dieser Phänomene und der bewusstere Umgang mit unseren Gefühlen tragen zum Aufbau eines positiven Selbstwertgefühls und Selbstbewusstseins bei.

Was geschieht nun bei der Bewusstseinsbildung, auch der eines von Sprechunflüssigkeit betroffenen Kindes? Zunächst werden sogenannte vorbewusste Sinneseindrücke wahrgenommen, die dann emotional bewertet werden. Dies führt zu einer bewussten Aufmerksamkeit im Sinne einer attentiven Wahrnehmung sowie zur Handlungsplanung, Handlungssteuerung und entsprechendem Handlungsvollzug. Das Ergebnis dieser Handlung wird im Sinne einer Rückkopplung wieder bewertet. Für bewusstes Erleben und unsere Aufmerksamkeit ist die Zusammenschaltung von Wahrnehmung, Gedächtnisinhalten und Gefühlen von entscheidender Bedeutung. Bewusste Prozesse beinhalten immer nur einen kleinen Teil unseres Daseins. Vor allem ungewohnte, neue Eindrücke und Fertigkeiten, die wir noch nicht beherrschen, erfordern unsere bewusste Aufmerksamkeit. Bezogen auf diese Eindrücke und Fertigkeiten können die Kinder sich nicht aussuchen, ob sie mit Angst reagieren.

> Auf das Stottern bezogen bedeutet dies, dass hier nicht von einem Störungsbewusstsein im eigentlichen Sinne gesprochen werden kann, sondern eher von veränderten Selbstwahrnehmungsprozessen, emotionalen Reaktionen und Störungsempfindungen.

2 Grundlagen des therapeutischen Handelns

2.1 Menschenbild und idiographisches Selbstverständnis

Unserer Sicht des Phänomens Stottern und der davon direkt oder indirekt Betroffenen sowie unserem Selbstverständnis als Therapeuten und Beratern liegen bestimmte erkenntnis- und wissenschaftstheoretische Annahmen zugrunde, die wir in diesem Kapitel darstellen möchten, da sie die Basis unseres gesamten therapeutischen Handelns bilden.

„Ob wir über Menschen forschen, ob wir sie diagnostizieren, unterrichten, erziehen, therapieren oder beraten, bei keiner dieser Tätigkeiten arbeiten wir ohne grundsätzliche Vorstellungen vom Menschen" (Mutzeck 1996, 37). Ausgangspunkt der theoretischen Überlegungen und praktischen Vorgehensweisen muss folglich das *Menschenbild* sein, das ihnen zugrundeliegt. Im Rahmen unserer Gegenstandsbetrachtung verstehen wir das Individuum als reflexives Subjekt, das in der Lage ist, lebenslang zu lernen und zielgerichtet, autonom und eigenverantwortlich zu handeln (vgl. Mutzeck 1988, 55, 72 und 1991, 100). Diese Sicht des Menschen orientiert sich zum einen an Theorien zum „Radikalen Konstruktivismus" (vgl. von Glasersfeld 1991; von Foerster 1991), zum anderen an den daraus entwickelten Ansätzen zur systemischen Theorie und Therapie sowie der kooperativen Beratung.

Der *radikale Konstruktivismus* stellt eine philosophische Denkrichtung dar, die davon ausgeht, dass sich der Mensch nicht in einer objektiven, ‚fertigen', allgemein gültigen und unabhängig von ihm existierenden Welt befindet, sondern dass er sich seine jeweils individuelle Wirklichkeit durch die Organisation und Interpretation seiner Erfahrungen und Wahrnehmungen selbst erschafft bzw. konstruiert (vgl. von Glasersfeld 1991, 23 ff). „Menschen handeln also nicht aufgrund der Informationen, die ihnen die soziale und situative Umwelt gibt, sondern aufgrund der internen Bilder, die sie sich von der Welt und sich selbst machen" (Mutzeck 1996, 45). Die eigene Konstruktion der Wirklichkeit hat eine handlungsleitende Funktion, da sie die Basis für Interpretations-, Entscheidungs- und Handlungsprozesse bildet. In diesem Theorierahmen wird jede subjektive Beschreibung einer sozialen Wirklichkeit und jede Handlung als gleichberechtigt und subjektiv ‚wahr' oder ‚sinnvoll' akzeptiert und als eigenaktive Konstruktion verstanden (vgl. Pallasch et al. 1993, 74). „Unsere Aufmerksamkeit für das, was wir empfinden, und unsere damit verknüpfte Deutung und Erwartung werden (…) mithilfe eines ideellen Rahmens geordnet, der das Ergebnis früherer sozialer Interaktionen ist. Anders ausgedrückt, die Wahrnehmung ist ein aktiver Prozess, bei dem wir auf unsere soziale Geschichte zurückgreifen, um dem, was wir gegenwärtig empfinden, eine Bedeutung zuzuweisen" (Molnar/Lindquist 1995, 21).

Im Bezugsrahmen *systemischer Theorien* werden die Person, die sich ihre Wirklichkeit konstruiert, und die Bedingungen dieser Konstruktion im Rahmen der sozialen

Bezüge näher betrachtet. Die Systemtheorie grenzt sich hierbei deutlich von monadischen und mechanistischen Wissenschaftstheorien ab, in denen die Erklärungen für beobachtbare Phänomene in den Eigenschaften von Objekten und Personen sowie in Kausalzusammenhängen gesucht werden. Das systemische Verständnis bemüht sich demgegenüber um eine zirkuläre Sichtweise der regelkreisartigen Beziehungen zwischen den Objekten und Personen: „Mechanische Ursache-Wirkungsbeziehungen wandeln sich zu Vorstellungen von einem *wahrscheinlichen* Zusammenhang zwischen Einflußgrößen" (Weiss/Haertel-Weiss 1995, 21). Die systemische Denkweise hat, nachdem sie in den Naturwissenschaften einen nachhaltigen Paradigmenwechsel bewirkt hat (von der isolierten Betrachtung von Einzelphänomenen zum Verständnis der Wechselwirkungen in komplexen Ökosystemen), auch die Sozial- und Kommunikationswissenschaften beeinflusst. Kommunikation und Interaktion werden nicht länger in „Sender-Nachricht-Empfänger"-Modellen beschrieben, sondern als zirkuläres Geschehen auf der Basis der jeweils individuellen Wirklichkeitskonstruktionen.

Jede an einer Interaktion beteiligte Person ist ein eigenständiges „soziales System, welches eine eigene, für sich selbst subjektiv ‚richtige' Sicht der Wirklichkeit entwickelt" (Pallasch et al. 1993, 74) und als Organisationsrahmen aufrechterhält. Durch Interaktionen mit anderen Individuen (d. h. ebenfalls eigenständigen, autonomen Systemen) kommen dynamische Wechselbeziehungen zustande, die sich beeinflussen, Reaktionen auslösen und Anpassungsleistungen sowie den kommunikativen Austausch über gemeinsame, übergreifende Strukturen erforderlich und möglich machen (vgl. Pallasch et al. 1995; Heidtmann 1995). Das sich selbst organisierende System Mensch steht also in kommunikativen Bezügen zu anderen autonomen Systemen und

bildet mit diesen gemeinsame soziale Systeme (z. B. Familie, Schulklasse, Freundeskreis, Verein, Kollegium, Team etc.), in denen neben den individuellen auch gemeinsame Wirklichkeitskonstruktionen bestehen.

In enger Beziehung zu diesen erkenntnis- und wissenschaftstheoretischen Grundlagen stehen als handlungsleitende Strukturen die „*Subjektiven Theorien*" (Mutzeck 1988). Es ist davon auszugehen, „daß das Verhalten von Menschen zu einem wesentlichen Teil auf Zielorientierung, Planung, Entscheidung und Sinnhaftigkeit beruht und somit eine Handlung darstellt" (Mutzeck 1996, 47). Der mentale Prozess, der die Handlung subjektiv sinnvoll macht und ihr eine interne Bedeutung zuweist, wird als die Bildung subjektiver Theorien bezeichnet. Darunter wird die subjektiv konstruierte Innensicht des Menschen verstanden, d. h. „dessen Kognitionen über sich und seine Welt und dessen untrennbar damit verbundenen Emotionen und Volitionen" (Mutzeck 1988, 72).

Subjektive Theorien sind ein wichtiger psychischer Mechanismus, um die Welt um uns herum begreifen und in unsere Denkkategorien einordnen zu können. Die Einordnungs- und Verstehensprozesse, die ihnen zugrunde liegen, tragen unter anderem zu unserer Orientierung und unserem Wohlbefinden bei, weil sie uns ermöglichen, aufgrund der Vorerfahrungen Abläufe und Situationen zu beurteilen, einzuschätzen und vorherzusehen, sodass wir uns in einem kalkulierbaren, weitgehend zuverlässigen Umfeld bewegen können (vgl. Iven 1994, 226). Darüber hinaus bilden sie auch einen zentralen Faktor für Bewältigungsprozesse, d. h. den Umgang mit Krisen und Belastungen (vgl. Hansen 1996, 39 f und Kap. 1.5).

„Die ‚Innensicht' und die damit zusammenhängende Reflexion der ‚Außensicht', die Wahrnehmung und das Erleben der Umwelt sind als die entscheidenden Faktoren der Handlungssteuerung zu sehen" (Mutzeck 1988, 58). Im Sinne dieser Konzeption und der ihr zugrunde liegenden Handlungstheorie wird der Mensch als autonome und verantwortliche Person begriffen, die durch ihr zielgerichtetes Tun ihren Handlungsraum aktiv-kognitiv strukturiert und dabei auf ein differenziertes, im Laufe ihres Lebens erworbenes Wissen zurückgreifen kann. „Das dieser Darstellung zugrundeliegende Menschenbild lehnt es ab, Menschen als Objekte zu betrachten, denen Wege zur Lösung ihrer Probleme und zur Umsetzung von Handlungszielen verordnet werden können. Vielmehr ist der Mensch als reflexives Subjekt zu sehen, das in der Lage ist, an Interaktionsprozessen aktiv teilzunehmen und über Zielorientierung, Planung, Entscheidung und Sinnhaftigkeit seine Handlungen steuert" (Hansen 1996, 41).

Was bedeuten diese Theorien nun konkret für unser (sprach-)therapeutisches Selbstverständnis?

- Sprachliche Auffälligkeiten werden nicht mehr vorrangig durch die (quantitativ messbare) Art, Häufigkeit und Schwere der Symptome definiert, sondern es werden die individuellen Entstehungs- und Wirkungsbedingungen sowie die Lebensbedeutsamkeit des Problems, die subjektiv empfundenen Belastungen und die Bewältigungsstrategien der Betroffenen und ihrer Angehörigen mit berücksichtigt (vgl. Iven 1995, 249).
- In einer vertrauensvollen, offenen und angstfreien Atmosphäre wird ein Austausch von subjektiven Theorien und deren Bedeutung für die individuellen Handlungskonzepte möglich. Im Rahmen dieser von Wertschätzung und Akzeptanz geprägten Reflexion können Anstöße zur Umbewertung, Rekonstruktion und evtl. Umstrukturierung der eigenen subjektiven Theorien erfolgen.
- Die persönlichen Ressourcen zur Bewältigung und zur Handlungsleitung, die Selbstwirksamkeitserwartung, die Reflexionsfähigkeit, Autonomie und Verantwortung werden bewusst gemacht, verstärkt und gegebenenfalls erweitert (vgl. Hansen 1996, 51 f).
- Der „Therapeut konstruiert eine Wirklichkeit, der Patient eine (oder mehrere) andere. Diese zusammen schaffen eine therapeutische Wirklichkeit, die den Patienten dazu anregen kann, eine durch seine Struktur bestimmte Änderung in Gang zu setzen" (Hargens/Grau 1991, 83).
- Die Therapie- und Beratungsangebote haben zum Ziel, in einem gemeinsamen Prozess und auf der Basis einer vertrauensvollen Beziehung den Menschen, die unsere Unterstützung suchen, Hilfen zur persönlichen Entwicklung, Perspektiven für Veränderungen und Lernprozesse anzubieten, die sie in eigener Verantwortung annehmen oder ablehnen können (vgl. Heidtmann/Lorbeer-Andresen/Piepgras 1993, 2 f) und werden in diesem Sinne als pädagogische Therapie verstanden.
- Als Therapeuten verstehen wir uns als Begleiter und Unterstützer von selbstkompetenten und eigenaktiven Menschen; die gemeinsame Zielsetzung ist die Erweiterung von (sprachlich-kommunikativen) Ressourcen und Handlungsmöglichkeiten.

Dieses therapeutische Selbstverständnis verschreibt sich einer weitreichenden *Kompetenzorientierung* und geht davon aus, dass Kinder und Eltern prinzipiell in der Lage sind, Probleme eigenständig zu bewältigen und auf diesem Weg von uns so viel Unterstützung und Hilfe bekommen können, wie sie brauchen. Dennoch gilt: „Eine oberflächlich ressourcenorientierte Haltung kann leicht zur Ausblendung der Dynamik des ‚Schattens' von Leid, Trauer und Aggression führen" (Brandau/Schüers 1995, 30). Diese Gefühle dürfen wir in der Therapie nicht vernachlässigen, weil sie untrennbar mit der Persönlichkeit des Menschen verbunden sind und einen Teil seiner Kompetenzen bilden. In diesem Sinne gibt es bezüglich des Kompe-

tenzmodells mit seiner Lösungs- und Zielorientierung und diesen ‚Schattenseiten' kein
‚Entweder-oder', sondern ein ‚Sowohl-als-
auch'.

An diese Prämissen schließen sich die Forderungen nach *idiographischer Sichtweise*
und *Individualisierung* an. Jede sprachliche
Auffälligkeit hat ihre eigene biografische Vor-
geschichte und ihre eigene aktuelle Problematik. Deshalb erscheint es für deren Verständnis wenig sinnvoll, ständig nach
interindividuellen ‚Gleichheiten' zu suchen:
In jedem Einzelfall bestehen individuell einzigartige Konstellationen. Jeder direkt oder
indirekt Betroffene „ist anders; und man
behandelt nicht alle (Klienten und Angehörigen) gleich, indem man sie alle gleich behandelt, denn sie brauchen alle und auch noch
nach Phasen und Situationen unterschiedlich etwas anderes" (Struck 1996, 13). Die
individualisierende Perspektive ermöglicht
eine interaktionale Betrachtungsweise von
individuellen Problemfeldern und steht
damit im Gegensatz zu teilweise mechanistischen und individuum*zentrierten* Vorstellungen, in denen der Einzelne weitgehend isoliert von seinen sozialen Bezügen betrachtet
wird und die Menschen als Träger bestimmter Eigenschaften oder Defizite verstanden
werden (vgl. Füssenich/Heidtmann 1995,
102).

Eine idiographische Theorie bemüht sich
vielmehr um „Erklärungsversuche von Teil-
phänomenen, einzelnen Dimensionen (und)
einzelnen Phasen eines individuell *unterschiedlichen* Phänomens" (Motsch 1992, 23,
Hervorhebung durch die Verfasser). Diese
Individualisierung erfordert als Konsequenz
ein diagnostisch-therapeutisches Konzept,
das nicht nur das „individuelle Störungssystem" (Baumgartner 1997, 238) erfasst,
sondern auch die immer ebenfalls vorhandenen Ressourcen und Kompetenzen berücksichtigt. Dies bedeutet eine Abkehr von
verbindlichen Programmen, die eine feste,
unveränderbare Abfolge von Handlungsver-

schreibungen vorsehen und eine Hinwendung zu Konzepten, die es ermöglichen, die
im Einzelfall bedeutsamen Teilschritte flexibel auszuwählen und einzusetzen. Die Aufgabe des Therapeuten besteht in einem solchen Konzept darin, eine therapeutische
Beziehung zu schaffen, in der Selbstreflexion
und eigengesteuerte Handlungsalternativen
möglich werden (vgl. Iven 1995, 247).

Im folgenden Kapitel werden wir uns
damit befassen, wie diese Anforderungen an
die Gestaltung des therapeutischen Prozesses
und an die Therapeutenpersönlichkeit in der
Praxis Bedeutung gewinnen und realisiert
werden können.

2.2 Personale Kompetenzen der Therapeuten

Von Geburt an haben wir alle ein bestimmtes
Selbstkonzept entwickelt. Dieses Bild „So bin
ich" ist im Laufe unseres Lebens immer kom-
plexer geworden und verändert sich ständig.
Unser eigenes Selbstbild trifft in allen Kommunikationssituationen (also auch in Therapie und Beratung) auf das Selbstbild der Kinder, der Eltern, der Angehörigen etc. Wenn
wir uns dessen bewusst sind, bemerken wir
zum einen, wie wichtig individuelle Zugänge
zum vermuteten Selbstbild der Interaktionspartner sind, zum anderen aber auch, wie
bedeutsam es ist, sich mit dem eigenen
Selbstbild auseinanderzusetzen. Diese Auseinandersetzung bildet die Voraussetzung
dafür, dass sich eine eigenständige, in sich
stimmige Therapeutenpersönlichkeit und
ein individuelles therapeutisches Selbstverständnis entwickeln können.

Folgende Fragen können dabei eine Hilfe
bieten:
- Welche Anforderungen stelle ich an mich?
- Welche Anforderungen stellen ‚andere' an
  mich?

- Wie gehe ich mit eigenen Gefühlen der Kompetenz oder Inkompetenz um?
- Wie gehe ich mit Belastungen um?
- Welche Interaktionsprozesse habe ich in meiner Familie erlebt?
- Wie gestalte ich Interaktionsprozesse heute?
- Welches Selbstbild habe ich?
- Was vermute ich, welches Bild ‚andere‘ von mir haben?
- Decken sich diese Bilder oder gibt es Unterschiede?
- Welches Menschenbild habe ich?
- Was verstehe ich unter Erziehung, Therapie, Beratung etc.?
- Wie reagiere ich körperlich oder psychisch auf Sprechunflüssigkeiten?
- Wie reagiere ich auf meine eigenen Sprechunflüssigkeiten und wie auf die von ‚anderen‘?

Diese Fragen können uns helfen, uns selbst auf den Weg zu begeben, wie es auch die Menschen tun, die unsere Hilfe in Anspruch nehmen. Sprachtherapie ist immer Kommunikationstherapie, sie findet zwischen Menschen statt. Der dabei entstehende Dialog und die sich aufbauende Beziehung werden getragen von therapeutischen Grundhaltungen wie Echtheit, Wärme und einfühlendes Verstehen. Unter Echtheit versteht man die Selbstkongruenz des Therapeuten, d. h. dass er sich seiner Gefühle und Erfahrungen bewusst ist und diese in die Therapie mit einbringt. Wärme meint die positive Wertschätzung des Klienten, das Respektieren der jeweiligen Wirklichkeitskonstruktionen. Als einfühlendes Verstehen wird eine Haltung bezeichnet, die sich um ein nicht wertendes Nachvollziehen und Reflektieren der mitgeteilten Wirklichkeitskonstruktion bemüht. Gemeinsam ist diesen drei Komponenten, dass sie dem persönlichen Erleben der Beteiligten angemessen sind (vgl. Hargens/Grau 1996; Mutzeck 1996; Rechtien 1988; Rogers 1958; Schwab 1980). „Nur in einer vertrau-

ensvollen, offenen und angstfreien Atmosphäre, die von gegenseitiger Akzeptanz und Wertschätzung geprägt ist, sind Anstöße zur Rekonstruktion und eventuell Umstrukturierung der eigenen Subjektiven Theorien möglich. Dabei werden persönliche Ressourcen zur Bewältigung und zur Handlungsleitung, die Selbstwirksamkeitserwartung, die Reflexionsfähigkeit, Autonomie und Verantwortung bewusst gemacht, verstärkt und gegebenenfalls erweitert" (Hansen 1996, 51 f).

Um diese Grundhaltungen in den Therapiealltag einbringen zu können, erweisen sich folgende Kompetenzen und Therapeutenaktivitäten als besonders hilfreich.

Therapeutenkompetenzen

Therapeuten sollten über eine genaue Beobachtungsgabe verfügen sowie über differenzierte Wahrnehmungsfähigkeiten, auch der eigenen Gefühle. Da Sprachtherapie immer auch Kommunikationstherapie ist, ist Reflexionsfähigkeit bezüglich sozialer Prozesse, Rollenflexibilität und Konflikt- und Chaostoleranz erforderlich. Sie sollten Therapie- und Beratungsprozesse kreativ und kontextsensibel gestalten können und sich der Möglichkeiten, Probleme und Grenzen dieser Prozesse bewusst sein. Therapeutisches und beraterisches Handeln wird von Ressourcenorientierung und Kompetenzannahmen getragen.

Therapeutenaktivitäten

Direktes, persönliches Ansprechen

Der Therapeut spricht das Kind und seine Begleiter in direkter Rede und mit Namen an (Nicht „Wie geht's?", sondern „Wie geht es dir, Felix?"). Die Person, Situation und Sichtweisen der Ratsuchenden werden direkt angesprochen („Was bedeutet das für Ihre

Situation?"). Es ist sinnvoll, Verallgemeinerungen und Pauschalisierungen zu vermeiden (wie etwa: „Wir machen das schon.", „Man wird sehen.").

Anteilnahme empfinden und zeigen

Diese wohl grundlegendste Aktivität des Beraters setzt sich aus drei Kompetenzen zusammen:

- *Anteilnehmendes Interesse zeigen*: Dies kann durch einfaches Fragen bzw. Nachfragen geschehen, aber auch durch eine zugewandte Körperhaltung, Nicken oder Zustimmungsäußerungen signalisiert werden. Das positive Zuhörverhalten wird durch die Zurückhaltung von Selbsterlebtem und den Verzicht auf wertende Kommentare unterstützt. Formulierungen wie „Das kenne ich, das geht mir auch oft so!" drängen den Ratsuchenden aus der Erzähler- in die Zuhörerposition!
- *Bedingungslose positive Zuwendung geben*: Die Anteilnahme des Therapeuten sollte von Beurteilungen und Bewertungen der Gedanken, Gefühle oder Verhaltensweisen der Gesprächspartner frei bleiben. Positive Zuwendung wird deutlich, wenn der Therapeut die Mitteilungen der Eltern und des Kindes nicht bewertet oder in Frage stellt. Dazu sollten Formulierungen mit „Ja, aber …" vermieden werden, aber auch Kommentare mit den Worten doch, trotzdem, eigentlich, denn oder wirklich („Haben Sie Angst vor der Einschulung Ihres Sohnes?"; anstatt: „Warum haben Sie eigentlich vor der Einschulung Ihres Sohnes Angst?").
- *Zeit geben*: Der Therapeut kann allen Beteiligten das Gefühl vermitteln, sich Zeit nehmen zu dürfen für die intensive Bearbeitung von Erlebtem, die Suche nach Orientierungen und den Entwurf von Handlungsalternativen. Dies kann z. B. durch Hinweise zu Beginn der Sitzung verdeutlicht werden, aber auch durch die Aufforderung oder die Erlaubnis, noch

länger bei wichtigen Inhalten zu verweilen. Dazu gehört auch, dass wir uns selber erlauben, uns Zeit nehmen zu dürfen und dass wir uns darum bemühen, das Tempo und Zeitgefühl des Kindes zu beachten, wenn es z. B. etwas noch einmal tun oder länger bei einer Handlung verweilen möchte. Das Zulassen von Pausen ist für die Interaktionspartner ebenfalls wichtig, weil es Raum für Selbstwahrnehmung bietet und wir die nächsten Aktivitäten des Kindes abwarten können, um seinen Bedürfnissen möglichst umfassend gerecht zu werden. Auch damit wird dem Kind die Option eingeräumt, sein eigenes Tempo zu finden und frei (d. h. ohne Zeit- oder Konkurrenzdruck) darüber verfügen zu können.

Verbalisieren von Gefühlen

Von zentraler Bedeutung für den Bewältigungsprozess sind die emotionalen Anteile des Erlebens. Der Therapeut sollte daher versuchen, die Gefühle der Beteiligten in möglichst vielen Nuancen vom inneren Bezugsrahmen des Gegenübers her wahrzunehmen und ihnen das so Wahrgenommene verständlich wiederzugeben. Wir verbalisieren die emotionalen Erlebnisinhalte der Eltern und Kinder und machen damit deutlich, dass diese Emotionen berechtigt und erlaubt sind. Damit wird eine differenziertere Wahrnehmung und Verarbeitung der Gefühle ermöglicht.

Ansprechen von Gedanken

Neben der Verbalisierung der Gefühle durch den Therapeuten ist es auch wichtig, zur Verbalisierung der mit der Problemsituation zusammenhängenden kognitiven Abläufe zu motivieren. Durch Fragen nach Gedanken und Vorstellungen gelingt diese Verbalisierung leichter („Wenn Sie sich vorstellen, das Stottern Ihres Kindes wäre weg, was wäre dann?" „Was hast Du gedacht, als du beim Memory verloren hast?").

Konsens finden

Zur Transparenz und Konkretisierung trägt auch der so genannte *Dialog-Konsens* bei, in dem alle Beteiligten miteinander abgleichen, ob sie sich gut und genau genug verstanden haben, um auf diese Weise eine weitere Absicherung der therapeutischen Kommunikation zu erreichen (vgl. Mutzeck 1996, 69 ff).

Wir sollten uns darum bemühen, aus diesen Grundhaltungen heraus die individuellen „inneren Landkarten" (Palmowski 1995, 67) aller Beteiligten zu verstehen. Als Therapeuten verfügen wir dabei über Landkarten, die ein großes Gebiet umfassen, jedoch rela-

tiv wenig Details über individuelle Gegebenheiten enthalten. Die Eltern und das Kind verfügen demgegenüber über Landkarten, die eine große Fülle an individuellen Details verzeichnen, jedoch nur das relativ kleine Gebiet der eigenen Betroffenheit umfassen.

Wenn wir nicht nur unsere, sondern auch die Landkarten der anderen Beteiligten so weit wie möglich verstehen möchten, müssen wir in der Lage sein, die Perspektive zu wechseln und von unserer subjektiven Betrachtung zu abstrahieren. Das Modell der „Aspekte des sprach- und kommunikationstherapeutischen Handelns" (Abb. 2.1) ver-

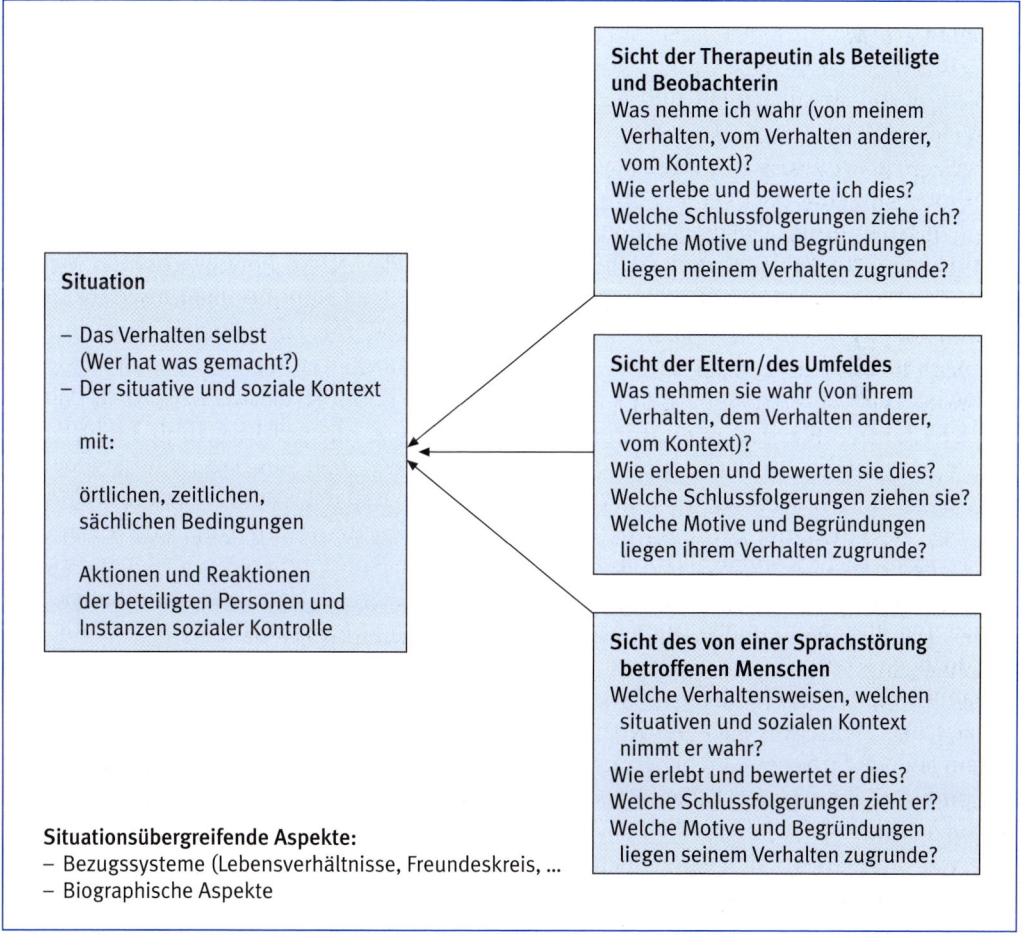

Abb. 2.1 Aspekte des sprach- und kommunikationstherapeutischen Handelns (mod. nach Mutzeck 1996, 52)

deutlicht diese verschiedenen Ebenen des Perspektivenwechsels in einem Überblick.

Mit diesen grundlegenden Forderungen an therapeutisches Handeln sind bestimmte Merkmale einer pädagogischen Therapie im Allgemeinen und für die Therapie mit Kindern im Besonderen verbunden, die im Folgenden beschrieben werden.

2.3 Kommunikations- und Interaktionsorientierung der Therapie

Menschen haben im Allgemeinen die Fähigkeit, in einen handelnden, wechselseitigen Austausch mit den Personen und Objekten ihrer Umwelt zu treten (Interaktion) und dabei Wahrnehmungen, Informationen, Emotionen, Nachrichten etc. aufzunehmen, vor dem Hintergrund der bereits gemachten Erfahrungen zu interpretieren, sich selbst aktiv, zielgerichtet und situationsangemessen zu äußern und Verständigung herbeizuführen (Kommunikation). Sprachliche Fähigkeiten sind dabei nur *ein* möglicher Bestandteil von Kommunikation und Interaktion. Die verbale Sprache als Regel- und Zeichensystem ist für kommunikatives Handeln und für eine Verständigung nicht notwendigerweise erforderlich: Kommunikation gelingt, wenn auch mit unterschiedlichen Erschwernissen und Einschränkungen, auch ohne das gesprochene Wort, z. B. mit gehörlosen, geistigbehinderten, mehrfachbehinderten oder aphasischen Menschen, oder mit Menschen, die ein anderes Sprachsystem beherrschen als wir und in vielen anderen Fällen. *Kommunikation und Interaktion* beschreiben die Fähigkeit von Individuen, sich sprachlich und/ oder nicht sprachlich *in Beziehung zu setzen* (vgl. Wendlandt 1995, 10) und beinhalten sprachsystematische, nichtsprachliche und

sozial-emotionale Fähigkeiten (vgl. Motsch 1993).

Die kommunikativen und interaktiven Fähigkeiten entwickeln sich bei Kindern im Wechselspiel mit den sozialen Kommunikationen und Interaktionen, die sie erleben und von Anfang an durch ihre Aktionen und Reaktionen beeinflussen und aktiv mitgestalten (vgl. Bruner 1987; Dornes 1993; Papousek 1994; Reimann 1993; Zollinger 1991). Die Kommunikationsprozesse, die Kinder erleben und eigenaktiv gestalten, sind der Motor ihrer Entwicklung.

Kinder lernen Kommunikation, *bevor* sie Sprache erwerben, und sie entwickeln kommunikative Kompetenz *und* Sprache durch die dialogische Struktur der Interaktion, d. h. durch das Dasein und das Zusammensein mit anderen in kommunikativen Bezügen und im gemeinsamen Handeln, Verständigen und Problemlösen der Interaktionspartner (vgl. Füssenich 1987; Heidtmann 1990; Heidtmann/ Lorbeer-Andresen/Piepgras 1993; Motsch 1989; Papousek 1994; Reimann 1993; Zollinger 1991). „Der heranwachsende Mensch benötigt (…) Kommunikationserfahrungen, um selbst ein kompetenter Kommunikationspartner werden zu können" (Motsch 1989, 77). Kinder lernen in solchen Alltagssituationen eigenaktiv, gefühl- und lustvoll, mit Freude am Tun, aus selbstgesteuertem Antrieb und eigener Neugier, am Modell, durch Versuch und Irrtum, durch Handeln, Erfahren, Interpretieren und Kategorisieren. Durch diese sozialen Lern-, Handlungs- und Erfahrungsprozesse, die kommunikativ und interaktiv sind, entwickelt sich das Kind mit all seinen Fähigkeiten und Fertigkeiten und als eigenständige Persönlichkeit weiter.

Für den Erwerb von kommunikativen und interaktiven Fähigkeiten braucht das Kind keine Förderprogramme oder Ähnliches, sondern ‚nur' eine emotional warme, wohlwollende und intuitiv seinem Entwicklungsprozess angepasste kommunikative Beziehung, die „den kindlichen Grundbedürfnissen nach Anerkennung und Liebe, nach Erfolg und Wertsein, nach Bewegung, Spiel, Körperkontakt, Nähe, Ansprache, Zuhören" (Struck 1996, 38) gerecht wird. Entwicklungsfortschritte ergeben sich durch den handelnden, spielerischen und/oder sprachlichen Dialog, der von der „Vorstellung, das Verhalten des Kindes sei zweckgerichtet und seine Laute und Gebärden seien Versuche der Verständigung" (Heidtmann 1990, 12) initiiert wird. Durch die Kooperation beim Lösen dieser Verständigungs-Aufgabe lernt das Kind rasch, auf bestimmte Signale hin eine bestimmte Reaktion zu erwarten: Das Kind zeigt durch seine Laute oder Gesten, dass es etwas möchte, die Bezugsperson versucht zu erschließen, was das sein könnte und reagiert entsprechend. Durch die Vertrautheit und die häufige Wiederkehr solcher Situationen werden sie sowohl für das Kind als auch für die Bezugsperson vorhersehbar und zuverlässig, sodass neue, bedeutungsvolle und unterscheidende Elemente in diese Kommunikation eingeführt und anhand der Vorerfahrungen eingeordnet werden können. Dadurch ergibt sich ein ständig wachsendes Repertoire an Bezugsrahmen, in denen soziale Interaktionen erprobt, bewertet und weiterentwickelt werden können (vgl. Bruner 1987, Heidtmann 1990).

Diese Grundüberlegungen zur Kommunikationsentwicklung lassen sich auf die Konzeption einer Sprachtherapie mit Kindern, aber auch auf Sprachtherapie generell übertragen.

> Eine vertrauens- und verständnisvolle, angstfreie, akzeptierende und nichtwertende Beziehung ist Träger einer gelingenden, symmetrischen Kommunikation, die wiederum den Motor möglicher Entwicklungsprozesse bildet, indem sie einen zuverlässigen Rahmen für das Erproben von Handlungsalternativen bereitstellt. Ein kommunikations- und entwicklungsorientiertes Konzept grenzt sich von mechanistischen Übungsprogrammen ab, in denen die Angleichung an normative Lern- und Leistungs-

> standards durch das Trainieren von nicht oder mangelhaft vorhandenen Funktionen erreicht werden soll (vgl. Iven 1995, 254).

Vielmehr steht die *Beziehung* im Mittelpunkt und es werden therapeutische Lern-, Handlungs- und Erfahrungsräume eröffnet, um Entwicklungsprozesse anzustoßen, zu fördern und zu begleiten. Die Berücksichtigung der Autonomie und Selbstkompetenz von Kindern, aber auch von allen anderen Klienten, ist hierbei ein handlungsleitendes Prinzip. „Sprachtherapie als kommunikativer Prozeß muß daraufhin überprüft werden, ‚inwieweit den beteiligten Individuen Möglichkeiten offen bleiben, ihr Handeln, ihre Bedürfnisse, ihre Interessen selbst zu bestimmen und inwieweit in Gleichheit und Gegenseitigkeit die einzuhaltenden Normen, Spielregeln, die einzugehenden Verpflichtungen und zu übernehmenden Aufgaben mitbestimmt und immer wieder neu oder modifiziert definiert werden können' [Bönsch 1991, 46]" (Heidtmann/Lorbeer-Andresen/Piepgras 1993, 2 f).

2.4 Konsequenzen für eine entwicklungsorientierte Therapie mit Kindern

Eine therapeutische Begleitung von Kindern beinhaltet im Rahmen unseres systemischen und kommunikationsorientierten Verständnisses immer auch den Einbezug der Eltern und des weiteren Umfeldes. Welche zentrale Rolle die Beratung der Eltern im Therapieprozess spielt, beschreiben wir ausführlich im Kap. 4. Im Folgenden wenden wir uns zunächst den Grundüberlegungen zu, welche übergreifenden Therapieprinzipien in der Arbeit mit Kindern im Mittelpunkt stehen müssen.

Entsprechend unserer Grundannahmen zum Menschenbild und unserem therapeutischen Handeln steht unsere Arbeit mit den Kindern unter der Prämisse der Entwicklungsorientierung. Ein solcher Ansatz von Sprach- und Kommunikationstherapie stellt „ein Denksystem dar, begründet auf wissenschaftlichen Gesichtspunkten und wertorientierten Entscheidungen. Sie kann nie zu einem operationalisierten Programm werden. Sie ist eine Konzeption und keine einfach übertragbare Methode; sie kennt keine simplen Lösungen, Schemata oder Rezepte" (Dannenbauer/Künzig 1991, 175).

Therapie ist ein gemeinschaftlicher Kommunikationsprozess. Tragendes Element für die Formulierung und Erreichung gemeinsamer Ziele, d.h. das „konstruktive Miteinander" (Haffner 1995, 26), ist der Aufbau einer von Achtung, Wertschätzung und Vertrauen getragenen Beziehung, wobei diese Qualitäten für alle Interaktionspartner gelten. Auch wenn Erwachsene in manchen Bereichen einen gewissen Entwicklungsvorsprung haben, können sie trotzdem eine auf Symmetrie beruhende Beziehung mit einem Kind eingehen. Das hierbei bestehende *Prinzip von Gleichheit und Gegenseitigkeit* wird z.B. durch die gegenseitige Akzeptanz von Bedürfnissen, Wünschen und Widerständen, durch die Möglichkeit des Rollenwechsels und durch die gemeinsame Gewinnung von Sinn und Zielen des Handelns verwirklicht. Gemeinsame, zuverlässige Absprachen, Verhandlungen und Kompromisse ermöglichen eine vertrauensvolle, angst- und zwangfreie Atmosphäre, in der das *Erleben von Kompetenzen* im Mittelpunkt steht und mit Unsicherheiten gelassen umgegangen werden kann. Die Gestaltung einer pädagogischen Therapie richtet sich folglich auf die Wirksamkeit der *Erziehung* durch *Beziehung*.

Innerhalb dieser Konzeption hat die sprachliche Kommunikation ebenfalls eine beziehungsstiftende Funktion, da sich das Kind auf der Basis des bestehenden Vertrau-ens aktiv und ohne Scheu sprachlich äußern kann, widerspricht, nachfragt und zu fordern wagt (vgl. Dannenbauer/Künzig 1991, 173).

Folgende übergreifende Therapie-Prinzipien leiten das gemeinsame Handeln von Therapeut und Kind:

- Kommunikationsbezogenheit
- sprachorientierte Konzeption
- Strukturierung kindgemäßer sprachlicher Lehr- und Lernsituationen
- Beachtung der Eigenwilligkeit und Eigenaktivität des Kindes
- Berücksichtigung der individuellen Merkmale kindlicher Spracherwerbsprozesse und Störungssysteme
- Interaktion
- sprachliches Vorbild
- Input vor Output
- Bedürfniszentrierung
- Kreativität
- ,Sprachlernen so nebenbei' (vgl. Baumgartner/Füssenich 1997, 6)

Zu allem was wir tun brauchen wir die *Zustimmung des Kindes*. Wenn sich das Kind nicht freiwillig und motiviert am Kommunikations- und Therapieprozess beteiligt, können sich keine stabilen, überdauernden Veränderungen ergeben, sondern höchstens isolierte ,Pseudo-Fortschritte' ohne Transferwirkung (wenn z.B. ein Kind in der Übungssituation die Bildung eines zuvor nicht beherrschten Lautes vollzieht, dies aber nicht in kommunikative Bezüge überträgt, weil die Einsicht in die Sinnhaftigkeit des Transfers nicht hergestellt werden konnte).

Sprechen „lernt sich ,wie von selbst'" (Wendlandt 1995, 60) und wird ebenso wie die kommunikativen Fähigkeiten im vertrauten, geborgenen (sprachlichen) Umgang miteinander erworben. Sprache und Sprechenkönnen entwickeln sich, indem sie angewandt werden. Kinder lernen Sprechen nicht über den Kanal der kognitiven, reflektierten Wissensvermittlung, sondern durch die Motivation zum und die Freude am gemeinsamen Sprachhandeln mit den Bezugspersonen. Somit muss sich eine entwicklungsorientierte Sprachtherapie auch deutlich von therapeutischen Methoden abgrenzen, bei denen die Reproduktion vorgegebener Sprachstrukturen im Vordergrund steht. Sprachsystematische Übungen, in denen normgerechte Laut-, Wort- oder Satzmuster isoliert anhand von Bildmaterial o. Ä. eingeübt werden, führen bestenfalls zu einer „kontrollierten Kunst- oder Übungssprache" (Dannenbauer 1991, 203), die sich kaum in die freie Kommunikation des Alltags überführen lässt. Diese Formen des *pattern drill* (vgl. Dannenbauer 1991, 1997; Dannenbauer/Künzig 1991) erweisen sich für die Sprach- und Kommunikationstherapie also als unzulänglich und müssen durch sinnvolle Kommunikationsbezüge ersetzt werden: „Das Kind lernt die Benennung nicht durch unmittelbares sofortiges Nachsprechen dessen, was die Bezugsperson sagt. Eine Benennung ist für das Kind vielmehr etwas, was an einer bestimmten Stelle in den Dialog hineingehört" (Heidtmann 1990, 15).

Diese Erkenntnisse über die Sprachentwicklung lassen sich auf Therapieprozesse übertragen.

> Therapie versteht sich in diesem Sinne als ein entwicklungsorientiertes Angebot von individuell ausgerichteten Erfahrungen, die für das Kind subjektiv bedeutsam, sinnvoll, motivierend und erfreulich sind.

Folgende Merkmale zeichnen eine individualisierte, an den Bedürfnissen des Kindes orientierte Therapie aus:

- Sie geschieht auf der *Basis einer qualitativen Diagnostik*, d. h. nicht aufgrund von statusdiagnostischen Vergleichen mit einer fiktiven Norm, sondern als Beobachtung und Einschätzung von individuellen Lern- und Entwicklungsbedingungen, um längerfristig oder aktuell bestehende Belastungen und Problembereiche, aber auch

Fähigkeiten und Ressourcen aufzudecken. Ziel einer so verstandenen Diagnostik ist nicht die Feststellung von Defiziten, sondern die Erhebung eines „Inventars der kommunikativen Möglichkeiten" (Motsch 1989, 87).

- Sie zielt auf die *individuelle Begleitung* des Kindes und seiner Bezugspersonen zur Unterstützung entwicklungsfördernder Erfahrungs- und Lernprozesse. Dies schließt auch die Berücksichtigung der jeweils individuellen Befindlichkeit des Kindes und seiner Begleitpersonen ein.
- Sie orientiert sich an den Erkenntnissen über die allgemeine kindliche (Sprach-) Entwicklung und bietet dem Kind strukturierte Handlungskontexte, in denen es ihm ermöglicht wird, sprachliche Fortschritte zu erzielen. Sprachtherapie versteht sich in diesem Sinne als „inszenierter Spracherwerb" (Füssenich 1997, 112; vgl. auch Dannenbauer 1997; Dannenbauer/Künzig 1991; Haffner 1995), in dem die nächsten Schritte der Entwicklung auf der Grundlage der idiographischen Entwicklung des Kindes, der qualitativen Diagnostik und der Anforderungen des Spracherwerbs geplant und angeboten werden.
- Sie *verzichtet weitgehend auf isolierte sprachsystematische Übungen* (im Sinne eines *pattern drills* (vgl. Dannenbauer 1991). Gemäß der Betonung von Kommunikation und Entwicklung und unter dem Primat der Beziehung soll die Therapie zielorientierte, geplante und strukturierte Situationen im Sinne von *Sprachhandlungsspielräumen* (vgl. Bahr-Nondorf 1996; Kleinert-Molitor 1989) zur Verfügung stellen. Die gemeinsamen Aktivitäten sind vorstrukturiert, regen zu gleichberechtigter Kommunikation und Interaktion an, bieten Möglichkeiten für sprachliches Modellverhalten und beinhalten die sachliche Notwendigkeit zur Erprobung sprachlicher Elemente. Das Kind wird nicht direkt zu Verbalisierungen aufgefor-

dert, sondern wird als aktiv lernendes Wesen gesehen, das sich selbst korrigieren, nachfragen und wiederholen kann, wenn solche Handlungsweisen situativ angemessen sind und es dies wünscht, ohne durch Druck dazu veranlasst worden zu sein (vgl. Heidtmann 1990, 33). Die angestrebte Therapieform entspricht mit diesen Grundgedanken dem Prinzip der *Entwicklungsproximalen Sprachtherapie* (vgl. Dannenbauer 1997; Dannenbauer/Künzig 1991; Haffner 1995), die sich von strukturellen Übungsformen völlig abgrenzt und statt dessen mit einem gezielten, intensiven und flexiblen Angebot der sprachlichen Zielstrukturen in kindgemäßen Interaktionssituationen arbeitet.

- Als äußere *Vermittlungsform* für Lerninhalte wird das *Spiel* gewählt, da es die kindgemäße Form des Handelns, Lernens und Begreifens darstellt. Das „Spielgeschehen als Sprachlernort" (Kleinert-Molitor 1996, 222) ist entwicklungsorientiert und berücksichtigt die Besonderheiten im kindlichen Lernen, Realitätserleben und Denken. Dabei strukturieren wir „eigene und kindliche Handlungsangebote so, daß das Kind häufig flüssig spricht, die dafür notwendige motorische, kognitive und emotionale Sicherheit gewinnt und demzufolge in Zukunft noch flüssiger sprechen wird" (Baumgartner 1997, 281).

- Das *Angebot sprachlicher Alternativen* geschieht nicht über Vorschriften, die gemacht werden, sondern durch *konsequentes Modellhandeln*. In einer positiven therapeutischen Beziehung enthalten „unsere Verhaltensmuster, Einstellungen und Lösungswege einen hohen Anreiz zur Nachahmung" (Baumgartner 1997, 272 f). Im Gegensatz zu einer instruktiven Aufforderung: „Sprich langsamer!" bietet unser sprachliches Vorbild dem Kind auf einer zunächst rezeptiven Ebene die Möglichkeit, Zielvorstellungen und Realisationsformen zu erfahren und sie anschließend im dialogischen Handeln zu erproben (vgl. Baumgartner a. a. O.).

- Die Eltern, Geschwister und das weitere *Umfeld* des Kindes werden so weit als möglich und erforderlich *in die Therapie mit einbezogen*, weil sich dadurch vielfältige Vorteile ergeben. Zum einen wird die Therapie dadurch lebensweltnäher und natürlicher, zum anderen werden die Personen des Umfeldes sicherer im Umgang mit der Problematik. Über die Funktion der Entlastung und Absicherung des Umfeldes hinaus erleichtern diese Faktoren den Transfer von therapeutischen Inhalten in den Alltag, weil das personale Umfeld des Kindes über Fortschritte und Entwicklungen gut informiert wird und sie entsprechend unterstützen kann.

3 Konzeptionelle Grundlagen zur Förderung der Sprechflüssigkeit von Kindern

Wir legen an dieser Stelle *kein feststehendes Konzept* und *keinen allgemein gültigen Methodenkanon* für die Arbeit mit unflüssig sprechenden Kindern und ihren Eltern vor. Trainings-, Übungs- oder Therapieverfahren, die eine feste Abfolge von Teilschritten und der dabei zu verwendenden Materialien vorsehen, und die folglich nicht nach individuellen Bedingungen für die Entstehung und jetzige Ausprägung der Problematik unterscheiden, sondern nur einen oder wenige Einflussfaktoren berücksichtigen, sind mit unserem individualisierenden Therapieverständnis nicht zu vereinbaren. Stattdessen verfolgen wir mit unserer Konzeption eher ein ‚Baukasten-Prinzip‘, das *individuellen Schwerpunktsetzungen angepasst* werden kann und mit allen Beteiligten und der Therapie im Fluss bleibt. Diese offene Konzeption und die daraus abgeleitete Diagnose- und Therapiepraxis stellen weniger ein Handlungsschema im Sinne eines statischen, vorab festgelegten Plans dar, als vielmehr eine therapeutische Grundhaltung, d. h. ein strukturierendes, *handlungsleitendes Prinzip* (vgl. Iven 1995, 245).

Sprachtherapie ist immer Kommunikationstherapie und vollzieht sich in einer vertrauensvollen Beziehung. Die Kontaktaufnahme, die ersten Gespräche und unsere beraterischen und therapeutischen Bemühungen sind nicht nur Mittel zum Zweck, sondern stehen immer unter dem *Primat des Beziehungsaufbaus.* Das bedeutet, dass sich unsere Informationsbedürfnisse der Vertrauensbildung und der Akzeptanz der Wünsche, Bedürfnisse und Widerstände der Eltern und

Kinder unterordnen müssen: Wir gestalten einen *gemeinsamen Kommunikations- und Interaktionsprozess,* der auf Kooperation beruht. Beratung oder Therapie ist nicht etwas, was in einseitiger Richtung vom Therapeuten/Berater zum Betroffenen oder seinen Angehörigen fließt, sondern basiert auf einer horizontalen, symmetrischen Beziehungsgestaltung, in der die Beteiligten ihr jeweiliges Expertentum anerkennen. So sind die Kinder und Eltern die Fachleute für ihre Alltagspraxis und Alltagskommunikation sowie für ihre subjektiven Theorien, wir sind die Fachleute für sprach- und kommunikationstherapeutische Fragestellungen. Ein gemeinsamer, förderlicher Therapie- und Beratungsprozess kommt dann zustande, wenn alle Beteiligten sich freiwillig und vertrauensvoll darauf einlassen und eine tragfähige, den Therapiezielen angemessene Beziehung aufbauen können. Die Bedingungen, Haltungen und Kommunikationsstrukturen, die wir hierzu anbieten, sind dabei von entscheidender Bedeutung.

Um die Sicht- und Vorgehensweisen innerhalb eines solchen Selbstverständnisses zu verdeutlichen, bezeichnen wir den Rahmen unseres therapeutischen Handelns als *Netz,* dessen Fäden sich durch alle Therapieebenen ziehen. Der Begriff des Netzes erscheint uns dabei besonders treffend, da er folgende Grundüberlegungen einprägsam illustriert:

- dass es sich bei den zu untersuchenden und bestehenden Bedingungen nicht um statische Elemente handelt, sondern um individuell bedeutsame Komponenten, die für jeden betroffenen Menschen anders geartet sind (die Flexibilität des Netzes)

- dass trotz der Informationen, die wir im Diagnose- und Therapieprozess gewinnen, Unsicherheiten bestehen bleiben können und dürfen (im Sinne der Löcher im Netz)
- dass sich bei der Beobachtung, in der Kommunikation mit den Betroffenen und im therapeutischen Vorgehen schwerpunktartige Verknüpfungen zeigen können (die Knoten des Netzes)
- dass möglichst viele Informationen, Einschätzungen, Meinungen etc. der an diesem Prozess beteiligten Personen zusammengetragen werden (als Verbindungsfäden des Netzes) und dass diese so weit wie möglich offen, flexibel und wertneutral gehandhabt werden
- dass diagnostische, therapeutische und beraterische Anteile immer wieder veränderbar und den Bedürfnissen der Beteiligten anzupassen sind (als Option, Teile des Netzes aufzulösen und neu zu knüpfen, wenn es veränderten Anforderungen angepasst werden soll) (vgl. Hansen/Iven 1994, 6)

Bevor wir im Praxisteil die therapeutisch-didaktische Umsetzung dieser Konzeption in realisierbare Therapiebausteine darstellen, beschreiben wir einige der ‚Knotenpunkte‘, die unsere therapeutische Grundhaltung kennzeichnen, genauer. Die folgenden Überlegungen betreffen Basisbereiche der Therapie, die für ein kommunikations-, interaktions- und entwicklungsorientiertes Vorgehen von besonderer Bedeutung sind.

3.1 Besonderheiten der Therapie mit unflüssig sprechenden Kindern

Es gibt einige Faktoren, die die Unterstützung unflüssig sprechender oder stotternder Kinder *grundlegend vom sprach- und kommunikationstherapeutischen Vorgehen bei stotternden Erwachsenen unterscheiden.* Eine Konzeption für Kinder kann und darf nicht daraus bestehen, dass man methodisch-didaktische Prinzipien, die sich bei Erwachsenen bewährt haben (Non-Avoidance-Ansätze, Sprechkontrollierungsverfahren, verhaltenstherapeutische Ansätze, Entspannungstechniken etc.), leicht oder gar nicht modifiziert auf Kinder überträgt. Vielmehr muss eine kindgerechte Therapie an ganz bestimmten Grundlagen orientiert sein.

3.1.1 Kinder lernen anders

Kinder lernen nicht so sehr durch Erklärungen, Kognitionen und Reflexionen, sondern primär durch aktive Erfahrungen, die sie in ihre schon bestehenden Wahrnehmungs-, Denk- und Interpretations-Strukturen integrieren. Sie organisieren und ordnen die Eindrücke innerhalb und außerhalb ihres Organismus im Prozess der sensorischen Integration und lernen durch die Einordnung von Erfahrungen, was sie bedeuten (vgl. Ayres 1992, 16 f). Kinder lernen „allein durch den Erfolg ihrer Handlungen" (Donaldson 1991, 123), wobei ‚Erfolg‘ hier mit ‚Effekt‘ gleichzusetzen ist, da auch – oder besonders – so genannte Misserfolge im Sinne des Erfahrungslernens bedeutsam und effektiv sind. Es ist vor allem die Bereitschaft zu Versuch und Irrtum, d.h. der ständige *autonome* Antrieb, etwas wieder und wieder zu probieren, bis es endlich funktioniert und in das eigene Handlungsrepertoire integriert werden kann, wodurch die Lernentwicklung des Kindes vorangetrieben wird. „Kinder erzeugen jedes Verhalten, einschließlich des sprachlichen, im Sinne des Autonomiepostulats insoweit selbst, als sie nur in ihr Sprachsystem das integrieren, was ihrem Selbst- und Weltverständnis entspricht" (Baumgartner 1995, 129).

Das *Spiel* ist hierbei die *kindgemäße Form des Handelns* und repräsentiert die kindliche Lebenswelt. Im alltäglichen Spiel erprobt das Kind seine Handlungsmöglichkeiten, formt sie seinen Bedürfnissen entsprechend aus und integriert sie in seine kommunikativen und interaktiven Bezüge. Kinder lernen im Gegensatz zum weitgehend abstrakten, kognitiven Lernen der Erwachsenen vorrangig durch das *Erfahren und Begreifen im Spiel* (vgl. Bahr/Nondorf 1996, 172).

Spiele weisen nach Bruner (1987) häufig den Charakter von so genannten Formaten auf, d. h. sie sind strukturierte, routinemäßige Abläufe, die als Hilfssystem des Spracherwerbs bezeichnet werden. „Das Spiel wird vor allem deswegen zum idealen Format, weil für Spiel und Sprache gleiche Bauprinzipien gelten. Ebenso wie die Sprache hat das Spiel eine Tiefenstruktur, die über einen längeren Zeitraum relativ konstant bleibt, während an der Oberfläche zahlreiche Realisierungen wechseln" (Hansen/Heidtmann 1998, 6). Das Kind lernt zunehmend, im Spiel gemeinsame Handlungen sprachlich zu bewältigen.

Wenn dieses handelnde Lernen auf das therapeutisch gewünschte Sprachlernen übertragen werden soll, ergibt sich, dass auch hier die einzig effektive Vermittlungsebene das Spiel mit seinen Möglichkeiten zur Erfahrung sprachlicher Alternativen ist. „Während des Spiels (…) fühlt sich das Kind selbstsicher und frei, und das beeinflußt auch seine Art zu sprechen. Die Welt des Spiels ist seine Welt. Es wird mit sich selbst und anderen in zusammenhängenden Sätzen reden, statt mit den üblichen Ein-Wort-Antworten auf unsere Fragen zu reagieren. Alles, was viele unflüssig sprechende Kinder brauchen, um sich zu heilen, ist ein Bad in der kommunikativen Freiheit" (Dell 1994, 40).

Das Spiel hat in der Therapie die Rolle eines Erlebnisraumes, in dem neben alltagsrelevanten auch therapeutische Erfahrungen integriert werden können. „Das Kind ist ,Experte' seiner eigenen Verhaltensweisen, seiner Art und Weise, mit Personen und Gegenständen umzugehen. Sein Verhalten ist die Grundlage, auf welcher die Regeln für gemeinsames Handeln (Spiel) aufgebaut werden. (…) Die Spielhandlung selbst steht im Mittelpunkt des Geschehens. Sie leitet und motiviert in erster Linie die Spielpartner. Erst in zweiter Linie werden mit dem in Gang kommenden (Spiel)Vorgang (Sprach)Ziele verknüpft" (Kalde 1995, 16 ff). Wenn wir unsere Art der Therapiegestaltung als entwicklungsorientiert verstehen möchten, ist eine Orientierung an kindlichen Lernbedingungen und damit am Spiel unverzichtbar (vgl. Kap. 2.4).

3.1.2
Therapeutische Konsequenzen

In der pädagogischen Sprachtherapie mit Kindern stehen nicht die Methoden im Mittelpunkt, sondern die „sprachheilenden Interaktionen" (Baumgartner 1995, 126), die in den Beziehungen zwischen Kind, Therapeut und Bezugsperson realisiert werden können. Möchte man der „Zufälligkeit und Einzigartigkeit jedes Sprachlernprozesses und der gegebenen Lebendigkeit eines Kindes" (Baumgartner/Füssenich 1997, 6) in der Therapie gerecht werden, so wird die individuelle therapeutische Beziehung wichtiger als Handlungsanweisungen oder Übungsformen. „Die Wahrnehmung der augenblicklichen Therapiesituation bringt Biegungen in die Geradlinigkeit einer vorgedachten, wissenschaftlich begründeten Methode. Wir hegen Zweifel daran, daß Therapiemethoden im Sinne festgelegter Vorgehensweisen der Natur einer Sprachstörung, ihres Trägers und dessen Therapeuten angemessen sind" (a. a. O., 7).

In der individualisierten Therapie mit Kindern muss folglich die gemeinsame, spielerische, eigenaktive und eigenmotivierte *Interaktion* im Vordergrund stehen. „Sprach-Handlungs-Spielräume" (Bahr/Nondorf 1996, 169), in denen die Kinder in eine selbstbestimmte und lustvolle Auseinandersetzung mit den therapeutischen Angeboten und der Therapeutenpersönlichkeit treten können, lassen sich hierbei als Erfahrungs- und Lernumgebung nutzen. Folgende Faktoren sind dabei allgemein, aber auch speziell in der Therapie von unflüssig sprechenden Kindern von besonderer Bedeutung:

Entwicklungsorientierung

Das Wissen um die Ebenen und Prozesse der individuellen kindlichen Entwicklung fließt in die Therapie ein und trägt dazu bei, Über- oder Unterforderungen zu vermeiden. Ziel der Therapie ist es, das Kind zum nächstmöglichen Schritt der Entwicklung zu befähigen und zu ermutigen.

Kommunikationsorientierung

Die gemeinsame Beziehung, das gemeinsame Spiel und das Kommunizieren darüber (sprachlich oder nichtsprachlich) stehen im Mittelpunkt. Die Verständigung über das gemeinsame Handeln ist wichtiger als die sprachliche Form.

Berücksichtigung der Lebenswelt des Kindes

Die Themen des Spiels orientieren sich an den realen Erfahrungen des Kindes, um seine Motivation zu fördern und sein Interesse zu wecken (z. B. Dinosaurier, weil sie gerade aktuell sind, Themen wie Schule kurz vor der Einschulung, Krankenhaus, wenn

eine Operation bevorsteht, jahreszeitliche Ereignisse etc.).

Das Spiel als Motivations- und Lernobjekt

Das Spiel, in welcher Form es auch auftritt (als Symbol-, Konstruktions-, Rollen-, Puppen-, Bewegungs-, Regelspiel o. Ä.), ist eine natürliche Interaktionsform und entspricht den Bedürfnissen des Kindes nach Initiative, Selbsttätigkeit, Mitteilung und Austausch. Der Spaß beim Spielen und das Einführen von neuen Elementen wie Regeln, Sprachformen o. Ä. führt zur Aktivierung von Lernprozessen.

Modellverhalten als natürliche Form der Vermittlung

Sprachliche und nicht-sprachliche Handlungsalternativen werden nicht vorgeschrieben, sondern im Prinzip des ‚Modeling‘ *angeboten*: Wird die Anwendung bestimmter Satzstrukturen angezielt, muss diese Struktur besonders oft angeboten werden; wird eine Verlangsamung des Sprechens angestrebt, müssen wir als Therapeuten unser eigenes Sprechen betont verlangsamen (zur besonderen Bedeutung des Modellverhaltens und den Wegen der Realisierung vgl. Kap. 3.4).

Weitgehender Verzicht auf bewusste Reflexionen

Vor allem bei jüngeren Kindern, die noch kein ausgeprägtes Störungsempfinden haben, empfiehlt sich der Verzicht auf Reflexionen auf der Meta-Ebene („Wenn du immer langsam sprichst, kannst du viel flüssiger reden!"), weil dadurch zum einen der Spielcharakter der Interaktion unterlaufen wird, was zu Demotivationen führen kann. Zum anderen wird dadurch die bewusste Aufmerksamkeit auf den Sprechablauf gelenkt, was flüssigkeitsunterbrechend wirken kann. Die dem Kind unbewusste Einbettung von sprechkontrollierenden Alternativen in ein subjektiv sinnvolles Spiel (vgl. Kap. 7.3 und 7.4) ist dem kindlichen Lernprozess eher angepasst und entspricht auch mehr der kindlichen Motivationslage.

Stottern ist erlaubt!
Sprechkontrollierende Alternativen, die von uns als Modell angeboten und in das Spiel integriert werden, müssen nicht in der selben Qualität vom Kind nachvollzogen werden. Wir bieten keinen Ersatz für das Stottern an, der ab sofort konsequent für dieses eingesetzt werden soll. Die sprachlichen Veränderungen, die das Kind vollzieht, geschehen vielmehr auf freiwilliger Basis und in Übereinstimmung mit dem Spielinhalt. Wenn im Eifer des Spiels oder der Erzählung Unflüssigkeiten auftreten, werden diese nicht sanktioniert, sondern allenfalls mit noch deutlicherem Modellverhalten beantwortet.

> Die grundsätzliche Zielsetzung der Therapie mit unflüssig sprechenden Kindern ist es, ihnen einerseits im Spiel Erfahrungen mit flüssigerem Sprechen zu ermöglichen und andererseits dafür Sorge zu tragen, dass möglichst oft sprechflüssigkeitsfördernde Bedingungen herrschen.

Dazu gehört es, das Kind und sein Umfeld soweit zu entlasten, dass eine gewisse Gelassenheit von Eltern und Kind gegenüber den Unflüssigkeiten oder dem Stottern entsteht. Häufig stellt sich diese Gelassenheit schon allein dadurch ein, dass wir mit einer Therapie beginnen und von nun an die Verantwortung mittragen. Es wird etwas getan, die Eltern fühlen sich nicht mehr hilflos, und für alle Beteiligten ist das Problem nicht mehr ganz so groß. Für weitere *Entlastung* sorgt eine Sensibilisierung des gesamten Systems für günstige/ungünstige Kommunikationssituationen und günstiges/ungünstiges Zuhörerverhalten, sodass alle Familienmitglieder besser einschätzen können, wann Kommunikation gelingen kann und wann dies schwierig wird.

Die Kindertherapie und die Elternberatung haben übereinstimmend das Ziel, das *Handlungsrepertoire zu erweitern*, indem Handlungsalternativen konstruiert und erfahren werden können. In diesen Alternativen werden Erleichterung, Entlastung, Hilfen und Unterstützung alltagsnah erlebt, eingeordnet und damit wiederholbar. Die Einstellung gegenüber den Unflüssigkeiten ändert sich, wenn sich die Problemsicht relativiert, indem wir als Therapeuten die Perspektiven und Aktivitäten auf flüssiges Sprechen lenken.

Eine Ausdehnung und ein Transfer des flüssigen Sprechens wird dann denkbar, wenn möglichst oft möglichst flüssigkeitsfördernde Bedingungen hergestellt werden: vom Kind selbst, indem es sein Sprech- und/oder Kommunikationsverhalten verändert, oder von den Bezugspersonen, indem sie bestimmte Umgebungsbedingungen positiv beeinflussen. Wenn dies als Resultat der gemeinsamen Bemühungen im Therapieprozess gelingt, wird es möglich, eventuell ungünstige Entwicklungsverläufe zu verhindern, umzukehren oder zumindest abzuschwächen.

Dieser letzte Gedankengang führt zu einigen grundsätzlich notwendigen Überlegungen darüber, welche therapeutischen Vermittlungsformen für Kinder *sinn*voll sind und wie sie in eine Therapiekonzeption überführt werden können, in der eine innere Stimmigkeit der Argumentation und der Durchführung erkennbar ist.

3.2 Direkt versus indirekt? Kriterien für eine sinnvolle Methodenintegration

Traditionell wird in der Stottertherapie zwischen den so genannten direkten und indirekten Methoden unterschieden. Als direkte Methoden werden diejenigen bezeichnet, die eine *unmittelbare* Beeinflussung des kindlichen Sprechmusters vorsehen; indirekte Methoden versuchen dies *mittelbar*, indem das Kommunikationsverhalten der Bezugspersonen und/oder psychologische, psychosoziale oder psycholinguistische Faktoren verändert werden (vgl. Schoor 1992, 108 f). Vor allem bei Konzepten für die Therapie mit unflüssig sprechenden Kindern werden diese beiden Grundrichtungen üblicherweise voneinander abgegrenzt. Diese Trennung erscheint uns künstlich und wenig praxisorientiert, da die Entscheidung für ausschließlich eine Richtung immer die Möglichkeiten und Vorteile der jeweiligen anderen außer acht lässt. In einem Konzept von individuell auszuwählenden Therapie-Bausteinen, wie wir es hier darstellen, möchten wir im Gegenteil dafür plädieren, beide Anteile zu nutzen und miteinander zu verbinden.

In unserer Therapiepraxis lösen sich die Grenzen zwischen direkten und indirekten Zugangsweisen auf, da beide Bestandteile in einer einzelfallorientierten Konzeption integriert werden können und müssen. Um diese Anteile jedoch für die Leser zu verdeutlichen, werden wir hier zunächst die beiden Aspekte aus einer gewissen kritischen Distanz heraus betrachten und beschreiben. Letztendlich handelt es sich aber bei beiden Facetten um *Bausteine auf dem Weg zur Veränderung des Stotterns,* die entsprechend den individuellen Bedingungen miteinander verknüpft werden.

3.2.1
Indirekte Methoden

Unter indirekten Methoden versteht man alle diejenigen Maßnahmen, die darauf abzielen, das Sprechen des Kindes durch Veränderungen in seinen Kommunikationsbedingungen zu beeinflussen, ohne auf das Sprechmuster direkt einzuwirken. Hier finden sich sowohl Ansätze, die das Kind in die Therapie einbe-

ziehen als auch solche, die ausschließlich Elternberatung beinhalten. Beide Ausrichtungen setzen unterschiedliche Schwerpunkte in der Therapie, die hier kurz dargestellt werden sollen.

Wenn *mit dem Kind* selbst indirekt gearbeitet wird, bedeutet dies, dass bestimmte Kommunikationsmerkmale beeinflusst werden, die bei positiver Ausprägung sprechflüssigkeitsfördernd wirken. Dazu gehören Elemente wie:

- die Kommunikations- und Sprechfreude des Kindes
- Entspannung und entspannte Atmung
- spieltherapeutische Ansätze
- Erweiterung der Dialogfähigkeit und der kommunikativen Kompetenzen
- Reduzierung der kommunikativen Verantwortlichkeit
- Abbau negativer Bewertungen und Gefühle
- Aufgreifen weiterer Entwicklungsrückstände, besonders von Sprachentwicklungsstörungen
- Unterstützung basaler Kompetenzen in den Bereichen von Sensorik, Motorik, Soziabilität
- Einbezug aller Kommunikationskanäle (Gestik, Mimik, malen, kneten, begreifen …)
  (vgl. Hansen/Iven 1992, 264; 1994, 9; Schoor 1992, 126 ff)

Solche indirekten Ansätze oder Therapieanteile findet man in vielen Konzepten, die für stotternde (Vor-)Schulkinder entworfen worden sind, z. B. bei Fernau-Horn (1973), Iwert (1992), Katz-Bernstein (1992, 1992a), Wendlandt (1980). Häufig werden sie durch Phasen der Elternberatung und Elternarbeit ergänzt, um auch das kommunikative Umfeld des Kindes einzubeziehen.

Darüber hinaus gibt es jedoch auch Therapiekonzepte, die ausschließlich mit den Eltern der betroffenen Kindern arbeiten und das Kind selbst nur zu diagnostischen

Zwecken beobachten. Solche ‚Elterntrainings' finden sich z. B. bei Scherer (1995), Randoll/Jehle (1990) und in den meisten Eltern-Ratgebern, z. B. bei Irwin (1990), Nagl-Jancak/Thabet (1989) oder Richter (1990).

Nach diesen Konzepten werden u. a. folgende Schwerpunkte gesetzt:

- Information der Eltern über normale Unflüssigkeiten und Stottern
- verstärkende und aufrechterhaltende Faktoren
- Gefühle und Einstellungen der Eltern gegenüber ihrem Kind und dem Stottern
- die Eltern-Kind-Interaktionen und das Erziehungsverhalten
- Belastungen und Schuldgefühle der Eltern
- allgemeine ungünstige Kommunikationsbedingungen
- Aufbau von sprechflüssigkeitsfördernden Kommunikationsbedingungen
- Aufbau von günstigem Zuhörverhalten
- Erarbeitung von Rückmelde- und Korrekturmöglichkeiten
- Reaktionen auf flüssiges und unflüssiges Sprechen
- elterliche Sprach- und Sprechcharakteristika etc.
 (vgl. Schulze/Johannsen 1986, 115 ff; Schulze 1993; Wendlandt 1995)

Zum speziellen Thema der Zusammenarbeit mit den Eltern und den grundlegenden Kritikpunkten im Umgang mit Eltern-Ratgebern verweisen wir auf das Kapitel zur „Kooperativen Elternberatung" (Kap. 4) und besonders auf Kap. 4.4, in dem wir die Problematik der schriftlichen Elternratgeber diskutieren. Die konkreten therapeutischen Methoden, die der Stärkung der kindlichen kommunikativen Sicherheit und seiner Kommunikationspartner dienen, werden im Rahmen unserer Darstellungen der einzelnen Therapiebausteine im Kap. 7 erneut und detailliert aufgegriffen. Hier bleibt festzuhalten, dass sich die indirekten Methoden allgemein um eine Förderung der kommunikativen Kompetenzen des Kindes und/oder seiner Bezugspersonen bemühen. Sie setzen dabei auf die Entlastungsfunktion dieser Kompetenzen für den Sprechablauf und gehen davon aus, dass entspanntere und angemessenere Kommunikationsweisen auch entspannteres, flüssiges Sprechen nach sich ziehen.

3.2.2
Direkte Methoden

Unter dem Begriff der direkten Methoden werden diejenigen Maßnahmen zusammengefasst, die unmittelbar am Sprechmuster des Kindes ansetzen. Die Veränderung des Sprechmusters wird dabei auf unterschiedlichen Wegen angezielt, nämlich durch die Ausdehnung der immer auch vorhandenen flüssigen Sprechanteile (Fluency-Shaping), durch den Aufbau veränderter, flüssiger Sprechweisen (Sprechmuster-Veränderung) oder durch die Beeinflussung und den Abbau der Unflüssigkeiten (Stotter-Modifikation). Auch diese unterschiedlichen Zugangsweisen gehen in der Therapiepraxis Hand in Hand, müssen aber zunächst zur Verdeutlichung der verschiedenen Schwerpunktsetzungen kurz getrennt dargestellt werden.

Der *Fluency-Shaping-Ansatz* geht davon aus, dass in der Sprache des unflüssig sprechenden Kindes immer auch Anteile von flüssigem Sprechen enthalten sind, die systematisch ausgedehnt werden können. Dies geschieht auf der Basis der Ermittlung der *Sprechleistungsstufe*, auf der das Kind flüssig spricht (vgl. Stoll 1992 sowie Kap. 5). Diese basale Sprechflüssigkeit wird auf der ermittelten Stufe gefestigt und nach und nach auf anspruchsvollere Sprech- und Kommunikationssituationen übertragen. Zu dieser Art des Vorgehens finden sich eher schematische und funktionsorientierte Trainingsprogramme, vor allem aus dem angloamerikanischen Raum z. B. bei Boberg/Kully (1985), Ryan/van Kirk (1982), Shine (1984) und als deutschsprachige Adaptationen z. B. bei Randoll/Jehle (1990). Eine ähnliche, aber didaktisch offenere Zielsetzung verfolgen Therapiekonzepte, in denen anhand der Sprechleistungsstufen (Stoll 1992) individuell ausgewählte Spiele angeboten werden, deren sprachliche Struktur mit Modeling- und Feedback-Strategien (vgl. Kap. 3.5) ergänzt wird. Auch hier gilt das Prinzip des hierarchischen Aufbaus der Anforderungen.

Methoden zur *Sprechmuster-Veränderung* basieren auf der Erkenntnis, dass bestimmte Sprechmerkmale mit Stottern nicht vereinbar sind. Zu den bekanntesten und effektivsten Elementen gehören z. B. folgende symptomreduzierende Techniken:

- eine Verlangsamung des Sprechtempos
- weiche Stimmeinsätze bei Vokalen
- geringer Druck bei der Konsonantenbildung
- Atmungskontrolle
- rhythmisiertes oder betont melodisches Sprechen
- weiche, entspannte Stimmführung etc. (vgl. Weikert 1992, 271)

Diese Sprechkontrollierungselemente werden *Jugendlichen* und *Erwachsenen* meist als kognitive Übungsformen angeboten, die als Ersatz für das stotternde Sprechen eingesetzt und kontinuierlich angewandt werden sollen. Dies geschieht u. a. in Form der mittlerweile existierenden Computerprogramme zur Unterstützung der Stottertherapie (z. B. CAFET von Goebel 1989), im Rahmen von Intensivtherapien (z. B. Pape 1992; Prüß 1992) oder als übungstherapeutischer Anteil in ambulanten Therapieformen. *Bei Kindern* muss die Vermittlung und Unterstützung solcher Sprechvarianten naturgemäß anders erfolgen, da sie nicht primär durch Erklärungen und Reflexionen lernen, sondern in der handelnden, aktiven Auseinandersetzung mit den Dingen ihrer Umwelt. Ein sprechtech-

nisches Angebot für Kinder muss dementsprechend im Rahmen von Sprachhandlungsspielräumen eingeführt und etabliert werden, um der Lern- und Erlebniswelt des Kindes zu entsprechen. Es müssen also Spiel- und Kommunikationssituationen geschaffen werden, in denen die sprechtechnischen Veränderungen für das Kind sinnvoll und reizvoll zum Spielgeschehen dazugehören und durch unser Modellverhalten gestützt werden (vgl. Kap. 3.5). Zum konkreten Vorgehen in der Therapie mit Kindern vgl. Baumgartner (1991, 1997), Hansen/Iven (1992) und unsere Ausführungen zur Therapie in Kap. 7.

Nicht am Sprechen, sondern „ausschließlich am auftretenden oder herannahenden Symptom" (Starke 1996, 1) setzen die *Stotter-Modifikationsansätze* an. Sie beziehen sich unmittelbar auf das einzelne Stotterereignis und bieten Möglichkeiten, das Stottern weicher zu gestalten: „Wir suchen immer nach den leichteren Formen, den entspannteren Varianten unseres Stotterns" (Baumgartner 1997, 277). Der bekannteste Vertreter dieses Ansatzes ist Van Riper, der sich allerdings in seinen Ausführungen hauptsächlich auf Jugendliche und Erwachsene bezieht. Dabei werden bestimmte Vorstellungshilfen und Techniken angeboten, die es erleichtern, den Block zu überwinden, Iterationen zu beenden oder ohne Symptome in die nächste Äußerung zu starten (vgl. Van Riper 1986, 107 ff). Die Veränderungen, die sich dadurch für das Sprechen ergeben, bestehen vor allem in der Auflösung der immer gleichen Stotterzwänge und in dem Gefühl, dem Stottern nicht machtlos gegenüberzustehen, sondern es variieren zu können. Sie ermöglichen somit primär ein selbstbewusstes, flüssiges Stottern und sekundär eine ganz erhebliche Entlastung des Sprechens und der Kommunikation (vgl. Starke 1996). Sehr einfühlsame und nachvollziehbare Umsetzungen dieses Prinzips für (Schul-)Kinder finden sich u. a. bei Dell (1994) und Baumgartner (1991, 1997).

3.2.3
Die künstliche Trennung als historisch gewachsenes Phänomen

Letztendlich lässt sich die Unterscheidung von direkten und indirekten Vorgehensweisen nur historisch erklären: Zu Beginn der sprachheilpädagogischen Forschung hat man aus der Perspektive eines medizinischen Verständnisses des Stotterns vorrangig übungstherapeutische Verfahren entwickelt, d. h. direkte Methoden: „Unter Bezeichnungen wie ‚Respirations- und Sprachgymnastik' (vgl. Lehweß 1868), ‚Tactir- und Athemübungen' (vgl. Ruff 1885) oder ‚Athem-, Stimm- und Sprachgymnastik' (vgl. Coën 1891 a und b) werden Übungen zur Stimmhaltedauer, zur Reduktion des Sprechtempos durch Dehnung der Vokale und zum rhythmisierten Sprechen vorgeschlagen" (Iven 1993, 122). Ausführliche Sprech-Übungsanleitungen, die sich besonders auf die Stimmführung, den Einsatz von Vokaldehnungen und ein weiches Verschleifen der Konsonanten beziehungsweise den sanften Kontakt bei der Plosivbildung beziehen, wurden von A. und H. Gutzmann (1891, 1910, 1912) entwickelt. Parallel dazu und im Zuge der Erweiterung des Wissens über psychologische Phänomene und im Rahmen der damals aktuellen tiefenpsychologischen Perspektive mehrten sich jedoch auch Stimmen, die sich von den Artikulationsübungen strikt abgrenzten und stattdessen eine rein psychotherapeutische oder psychoanalytische Therapie forderten (z. B. Laubi 1907, 1910).

Die Kontroverse zwischen Anhängern direkter oder indirekter Vorgehensweisen wurde Anfang des Jahrhunderts in Fachzeitschriften zum Teil äußerst emotional ausgetragen: „ (…) dürfen wir die Kussmaul'sche Definition des Stotterns (…) ruhig ad acta legen. (…) können wir Gutzmann nicht dankbar genug sein, daß er uns diese auf physiologischen Grundsätzen aufgebaute Behandlungsmethode geschaffen hat. So segensvoll aber die von diesem Forscher eingeführten Kurse für stotternde Volksschüler gewirkt haben, so wird doch jeder Arzt zugestehen, daß die dort geübte Pauschalbehandlung (…) nicht das Ideal einer rationellen Behandlung darstellt" (Laubi 1910, 202 f). Und in der Erwiderung: „Es hat mir eine große Freude gewährt, daß mein alter Freund und Mitarbeiter Laubi durch meinen Aufsatz zu einer Gegenäußerung veranlaßt worden ist; und wenn es nicht leicht Mißverständnissen unterliegen würde, so hätte ich am liebsten auf diese Gegenäußerung gar nicht geantwortet, da die strittigen Punkte tatsächlich derart sind, daß eine Einigung darüber aufgrund der Freud'schen Anschauungen zwischen uns unmöglich ist. (…) Soll man wirklich zu einer derartigen Verallgemeinerung, die offensichtlich auf einer völligen Unkenntnis auf diesem Gebiete beruht, stillschweigen oder sie gar billigen? (…) Er zeigt aber gerade wie fast alle Schüler Freuds die leidige Sucht, alles aus dem berühmten einen Punkt heraus zu kurieren" (Gutzmann 1910, 204, 209).

Ähnliche Argumente und Vorwürfe an die jeweils andere Seite, auf dem entscheidenden Auge blind zu sein, treten oft dann wieder in Erscheinung, wenn Stotter-Forscher oder -therapeuten neue Methoden vorstellen und sie gegen die schon bestehenden abgrenzen müssen und „zu beweisen versuchen, warum das von ihnen vorgeschlagene therapeutische Konzept der ‚Königsweg' für die Klienten sei" (Wendlandt 1994, 69). Dabei wird nach wie vor mit harten Bandagen und persönlichen Angriffen für die ‚einzig richtige' Sichtweise gestritten, z. B. in einer Rezension von 1997 zu einem Buch, dessen Autor das Stottern ausschließlich als „psychologische Verhaltensstörung" (Hartmann 1994, VI, zit. in Van Borsel 1997, 70) bezeichnet: „Sein Versuch, eine verwirrende Störung wie das Stottern mit einigen Ähnlichkeiten zu einer anderen unerklärten Störung (Dyslexie) zu erklären, kann natürlich nicht in einer sehr überzeugenden Theorie resultieren. (…) Die Erklärung (…) ist höchst spekulativ. (…) Dies ist sicher ein Buch, das Forscher nicht in ihrem Regal finden möchten" (Van Borsel 1997, 70 f). Und in der Erwiderung heißt es: „Die Schlüsse, die in meinem Buch gezogen werden, fassen bekannte Prinzipien aus verschiedenen Nachbardisziplinen zusammen, die offensichtlich außerhalb der Fachkenntnisse des Rezensenten liegen" (Hartmann 1997, 71).

Die schon früh sich abzeichnende „Phase der gegensätzlichen Positionen" (Motsch 1992, 23) und die damit zusammenhängende methodische Unterscheidung der sprechtechnischen, d. h. direkten, und psychologisch-kommunikativ orientierten, d. h. indirekten, Zugangsweisen hat sich folglich im Prinzip bis heute gehalten, wobei je nach Zeitgeist mal die eine, mal die andere Ausrichtung populärer war (zum Überblick über die historische Entwicklung vgl. Braun 1997; Iven 1993; Motsch 1992; Orthmann/Scholz 1983).

Die Begründung für die Präferenz der einen oder anderen therapeutischen Vorgehensweise war und ist immer abhängig von den zugrunde liegenden Ursachenannahmen. Eine Abgrenzung von einerseits ‚somatogenen‘ und andererseits ‚psychogenen‘ Erklärungstheorien ist nach wie vor gebräuchlich.

Betrachtet man das Stottern eines Kindes als Folge und Anzeichen einer „Kommunikationsstörung zwischen ihm und seinen ersten Beziehungspersonen" (Katz-Bernstein 1992, 41), wird der Therapieschwerpunkt im psychosozialen Bereich liegen. Wird das elterliche Sprach- und Erziehungsverhalten als stotter(mit)verursachend angesehen, steht die Veränderung dieses Elternverhaltens im Mittelpunkt der therapeutischen Bemühungen (z. B. Johnson 1959; Scherer 1995; Randoll/Jehle 1990). Wird das Stottern als Ausdruck einer kindlichen Neurose begriffen, müssen vorrangig psychotherapeutische Maßnahmen ergriffen werden (z. B. Fernau-Horn 1973; Iwert 1992; Westrich 1992). Versteht man Stottern als reine Störung des sprechmotorischen Vollzugs, ergeben sich daraus sprechtechnische Übungstherapien (z. B. Pape 1992). Alle diese Konzepte beinhalten zwar jeweils *einen* wichtigen Aspekt der Stottertheorie und -therapie, aber sie laufen Gefahr, die korrespondierenden Aspekte außer Acht zu lassen. Die Anwendung von generalisierten oder zu einseitigen Therapie-Programmen wird immer dann schwierig, wenn die individuellen Klientenbedürfnisse nicht zu diesen schematischen Vorgaben passen: „Solche Programme eignen sich oft für bestimmte Stotterer oder für bestimmte Aspekte bestimmter Stotterer; jedoch treten Probleme auf, wenn Ausnahmen von der Regel oder neue Informationen auftauchen, die Zweifel am vorgeschriebenen Programm aufkommen lassen" (Conture 1990, 13).

Wenn man die historische Entwicklung des Umgangs mit dem Phänomen Stottern betrachtet, so fällt auf, dass heute die Ansätze, die das Stottern monokausal betrachten und therapieren, zumindest kontrovers beurteilt werden, obwohl (oder weil?) sie ein in sich geschlossenes Theorie- und Praxisgebäude liefern, in dem die Handlungsabläufe und Schritte zur ‚Heilung‘ vorgezeichnet sind. Darüber hinaus werden die Autoren, die für die Therapie bei (Vorschul-)Kindern ausschließlich indirekte Verfahren für möglich halten (z. B. Bindel 1996; Katz-Bernstein 1992; Scherer 1995), durch die Erfolge mit Therapien, die auch direkte Anteile integrieren und sich auch im deutschsprachigen Raum immer mehr durchsetzen, mehr und mehr widerlegt (vgl. Schoor 1992, 109).

Beide Zugangsweisen haben Vor- und Nachteile: Bei nur indirektem Vorgehen besteht leicht die Gefahr, dass sich am Therapieende die Selbstsicherheit, Kommunikationsstärke und soziale Integration des Kindes verbessert haben, die Unflüssigkeiten aber nach wie vor bestehen bleiben, weil sie sich bereits im Sprechablauf automatisiert haben. Werden nur direkte Methoden angewandt, ist unter Umständen am Ende der Therapie flüssiges (Übungs-)Sprechen realisierbar, aber die Kommunikationsmöglichkeiten sind immer noch eingeschränkt, weil Bewertungsprozesse, die mit dem Stottern und dem Sprechen einhergehen, nicht ausreichend berücksichtigt wurden. Die Trennung beider Bereiche und die ausschließliche Entscheidung für nur einen davon scheint also wenig schlüssig und scheitert in der Realität auch immer wieder, nämlich dann, wenn *ein* Therapeut *eine* Methode verfolgt, die dann für *jeden* stotternden Menschen passen muss. Die einseitige Orientierung an einer immer nur begrenzt wirksamen Methode stößt mittlerweile deutlich auf Kritik: „Allzu schnell lassen sich die Menschen (Stotternde und Therapeuten in gleichem Maße) von der Faszination einer speziellen Methode zum Abbau des Stotterns verführen, sie werden – oft ohne es selbst zu merken – zu Götzenanbetern, schieben der Methode selbst die Macht zur Veränderung des Stotterns zu" (Wendlandt 1994, 69).

In Abgrenzung zu dieser methodischen Einschränkung auf Teilaspekte gab und gibt es immer wieder Bestrebungen, die unterschiedlichen Elemente und Schwerpunkte therapeutischer Interventionen zu verknüpfen, um so „ein integriertes Gesamtkonzept zu erstellen, in welchem der individuell unterschiedlichen Ätiologie und Pathogenese Rechnung getragen wird" (Iven 1993, 122).

Die Ansätze, die sich um eine differenziertere und multifaktorielle Sicht- und Vorgehensweise bemühen, wurden und werden weithin anerkannt (z. B. Baumgartner 1991, 1992; Van Riper 1986; Wendlandt 1984, 1987a, 1987b), obwohl den Therapeuten hier aufgrund der vielfältigen Erklärungsansätze und offeneren Methodenstruktur keine Entscheidungen abgenommen werden. Die zugrunde liegende idiographische Betrach-

tung des Stotterns als jeweils individuelles Phänomen führt zu mehrdimensionalen Konzepten, in denen das „Zieldenken vor dem Methodendenken" (Motsch 1992, 36) steht und die verschiedenen Schwerpunkte und Vorgehensweisen für jeden einzelnen Klienten neu ausgewählt werden müssen. Die hier enthaltene Forderung nach größtmöglicher Offenheit für die Bedürfnisse aller Betroffenen und die enorme Bandbreite der denkbaren Veränderungsprozesse führt in der therapeutischen Konsequenz zu einem *Konzept der Methodenintegration.*

3.2.4
Kriterien für eine sinnvolle Methodenintegration

Um unser Verständnis einer sinnvollen Methodenintegration zu veranschaulichen, greifen wir den Begriff des *Netzes* nochmals auf. Methodenintegration bedeutet nicht wahlloses Durch- oder Nebeneinander von unterschiedlichen Therapieansätzen und Methoden, sondern beschreibt ein grobmaschiges Netz von Beobachtungsebenen, Entscheidungsfaktoren und Einflussmöglichkeiten, die miteinander verknüpft sind und an dem sich sowohl die Therapeuten als auch die Klienten orientieren können, um zu einer gemeinsamen, verantwortungsvollen Zielbestimmung und Gestaltung des Therapieprozesses zu gelangen.

Das *Konzept der Methodenintegration* beinhaltet dabei folgende Möglichkeiten:
- zur individuellen Entscheidung für Schwerpunktsetzungen (individuell stark oder schwach geknüpfte Knotenpunkte im Netz)
- zur Anpassung an die individuellen, aktuellen, internen oder externen Druck- und Zugkräfte (Flexibilität des Netzes)
- zur zielorientierten Auswahl, Überprüfung und Anpassung der Therapiebausteine (Knoten, die nicht halten oder zu fest

geknüpft wurden, können wir lösen und neu knüpfen)
(vgl. Abb. 3.1)

In der methodenintegrierenden Therapie des Stotterns geht es nun darum, aus der Bandbreite der zur Verfügung stehenden Therapieansätze und -methoden diejenigen auszuwählen, die mit den Bedürfnissen des jeweiligen Klienten am besten übereinstimmen. Dabei müssen Angebote auf der Symptomebene und Angebote zur psychosozialen Unterstützung notwendigerweise ineinander greifen (und tun dies nach systemischem Therapieverständnis auch, da man grundsätzlich nicht nur ein Element der Gesamtpersönlichkeit beeinflussen kann): „Die Veränderung des Sprechens kann aber erst dann dauerhaft Fuß fassen und über den Stand nur kurzzeitig wirkender Effekte hinauskommen, wenn sich auch Einstellungen und Gefühle mitwandeln" (Wendlandt 1994, 68).

Die weithin anerkannten Therapiebausteine, die sich als therapeutisch wirksam erwiesen haben und aus denen die individuelle Auswahl von Schwerpunkten getroffen werden kann, nehmen auf die verschiedenen Einwirkungsbereiche Bezug und integrieren direkte und indirekte Therapieanteile. Überträgt man diese Vorstellung der Therapie*bausteine* bzw. der „Veränderungsprinzipien für den Abbau des Stotterns" (Wendlandt 1994, 29) auf die Therapie stotternder oder unflüssig sprechender Kinder, so lassen sich bestimmte Einzelaspekte unterscheiden, die bei unterschiedlichen Problemstellungen und zu unterschiedlichen Therapiephasen mehr oder weniger bedeutungsvoll werden können.

Die Spiele und Sprachspielhandlungen, die wir gestalten, bieten dem Kind und den begleitenden Bezugspersonen immer eine Verbindung von verschiedenen Anteilen. Die Kinder erleben im Spielzusammenhang:

- Freude am gemeinsamen Handeln, an der Kommunikation und am Sprechen

- eine vertrauensvolle und entspannte Beziehung
- größtmögliche Freiheit von Sprech- oder Kommunikationsdruck
- Abbau von Sprech- oder Kommunikationsängsten
- uns Therapeuten als Sprechflüssigkeitsmodell
- Experimentieren mit verschiedenen Stimm- und Sprechweisen, was auch die Erfahrung mit unterschiedlichen Formen unflüssigen Sprechens beinhalten kann (vgl. Kap. 3.4, 7.5, 7.9)
- die intensive Erprobung von sprechflüssigkeitssteigernden Sprechweisen
- positive Rückmeldungen für flüssiges Sprechen
- die entspannende Wirkung eines reduzierten Sprechtempos
- eine gesteigerte Selbstwahrnehmung für weiche Stimmeinsätze und ruhige Atmung
- den Umgang mit Sprechpausen und Regeln des ‚Turntakings'
- die Bedeutung des Zuhörens
- eine entspannte, gleichberechtigte Dialoggestaltung
- den Wechsel von Anspannung und Entspannung
- Überforderungen zu vermeiden und die Komplexität der eigenen Äußerungen zu reduzieren
- den angemessenen Umgang mit kommunikativem Stress
- sich selbst als kompetenten (und flüssigen) Kommunikations- und Sprechgestalter
- kommunikative Sicherheit

Gerade bei Kindern gehört zu einer umfassenden Therapie nicht nur die Arbeit mit dem Kind, sondern auch der Einbezug des näheren und weiteren Umfeldes. Außer den genannten Therapieaspekten treten folglich immer auch die Bereiche der Elterninformation, Elternberatung, Elternanleitung und der Umfeldarbeit in den Mittelpunkt des therapeutischen Handelns.

Grundsätzlich lässt sich festhalten, dass unter dem Begriff der Methodenintegration die Bereiche der Modifikation des Sprechens, der gesamtkörperlichen Entspannungserfahrung, der emotionalen Verarbeitung und der Förderung der kommunikativen Kompetenzen unter individueller Schwerpunktsetzung miteinander verknüpft werden. Zur konkreten Umsetzung und zur Darstellung der verschiedenen Verfahren verweisen wir auf die folgenden Kapitel zur Therapiemethodik und -didaktik.

An dieser Stelle möchten wir noch zu mitunter geäußerten Kritikpunkten Stellung nehmen. Konzepte der Methodenintegration, der Einzelfallorientierung oder des ‚Bausteinprinzips‘ sehen sich immer wieder dem Vorwurf ausgesetzt, zu unspezifisch oder beliebig zu sein. Als eine Folge dieser kritischen Stimmen gibt es mittlerweile Therapieentwürfe, die im Bemühen um eine individualisierte, aber möglichst detailliert vorgezeichnete Therapie aus einer Vielzahl von getrennt betrachteten Ätiologiefaktoren therapeutische Kausalzusammenhänge konstruieren. Dabei werden Einflüsse, die im Einzelfall immer in Wechselwirkung miteinander stehen, isoliert und im Sinne einer Kausalkette mit scheinbar direkt aus den Ursachenannahmen ableitbaren Therapiemethoden verbunden. Ein Modell, das auf der Basis von künstlich getrennten Dispositionsfaktoren in direkter Linie getrennte Ursachen und Formen von Unflüssigkeiten identifiziert und ebenfalls geradlinig isolierte Therapiemaßnahmen zuordnet, entspricht nicht dem Konzept der Methodenintegration, sondern bleibt im alten Ursache-Wirkungsprinzip verhaftet (vgl. Schoor 1995). Das dort erkennbare Bemühen, die Individualisierung vorab genau zu planen, birgt viele Widersprüche, berücksichtigt die Kenntnisse über das Störungs*system* des Stotterns nicht ausreichend und ermöglicht durch die Struktur der isolierten Handlungsstränge nur schwer eine tragfähige Vernetzung denkbarer Interventionsebenen. Die scheinbare Entscheidungssicherheit, die in solchen ‚Detail-Modellen‘ durch die Vorab-Konstruktion jedes denkbaren Einzelfalles vermittelt wird, lebt vor allem davon, dass bestimmten einzelnen Faktoren der aktuellen Symptomatik sowohl dezidierte Ursachenannahmen als auch konkrete Therapieschritte zugeordnet werden, was sich jedoch im diagnostisch-therapeutischen Alltag als wenig tragfähiges Konstrukt erweist: Wir wissen oft nicht, an welchem Punkt des Kontinuums zwischen entwicklungsgemäßen Unflüssigkeiten und Stottern sich das Kind befindet, ebenso wie wir oft unsicher darüber sind, welche Einflüsse und Entwicklungen im Einzelfall dazu beigetragen haben, dass die uns vorgestellte Problematik entstanden ist. Eine solche (Schein-)Sicherheit ist jedoch für Therapieentscheidungen auch oft nicht erforderlich: Wir können an den Anforderungen des individuellen Problems orientiert *immer* therapeutisch und beratend aktiv werden, auch wenn wir die spezifischen Bedingungen (noch) nicht genau kennen (vgl. Hansen/Iven 1996).

Wir möchten dem Vorwurf der Beliebigkeit oder des unspezifischen Vorgehens anders begegnen. Wir tun wir dies, indem wir unser diagnostisch-therapeutisches Handeln spezifizieren und genau beschreiben, sodass deutlich wird, was unter welchen Umständen für welches Kind an geeigneten Möglichkeiten zur Verfügung steht. Eine Therapiekonzeption auf der Basis der idiographischen Theorie muss sich bewusst eine offene Grundposition erhalten, in der die Abstimmung auf die Bedürfnisse der einzelnen Therapeuten oder Klienten realisierbar ist. Das therapeutische Handeln wird hierbei theoriegeleitet begründet und kann entsprechend der jeweils aktuellen Bedingungen und Notwendigkeiten flexibel gestaltet werden. Daher erscheint es wenig hilfreich, einem fest umrissenen und vorprogrammierten Therapieplan zu folgen: Die Methodenintegration stellt demgegenüber eine Möglichkeit dar, in

der die professionellen Angebote mit spontanen und improvisierten Ideen und mit
aktuellen Wünschen und Bedingungen des
Kindes sinnvoll verknüpft werden können
(vgl. Kannicht 1995).

Nach unserem Verständnis bedeutet
Methodenintegration keinesfalls das wahl-
lose Experimentieren mit prinzipiell gleich-
rangigen Therapie-Elementen, als das sie
häufig missverstanden wird (vgl. Iven 1993).
Methodenintegration bedeutet vielmehr eine
*entwicklungspsychologisch begründete Aus-
wahl* auf der Basis einer *qualitativen Diagnostik*. Die ausgewählten Schritte werden im
Sinne der Förderdiagnostik und des hypothesengeleiteten Vorgehens ständig überprüft
und gegebenenfalls verändert und angepasst.
Das daraus resultierende flexible Verfahren
ist somit für jeden Klienten hochspezifisch
und integriert in jeweils unterschiedlicher
Gewichtung möglichst alle bedeutsamen
Einflussebenen. In der Praxis und nach systemischem Therapieverständnis werden dabei
immer verschiedene Ebenen gleichzeitig
beeinflusst und miteinander verknüpft.

> Direkte und indirekte Anteile stellen keine
> unvereinbaren Gegensätze dar, sondern ergän-
> zen sich sinnvoll in den jeweiligen Sprachspiel-
> handlungen und bilden integrative Bestandteile
> der Therapie. Aus diesem Grunde kann die tra-
> ditionelle Dichotomie aufgegeben und vom
> Prinzip der Therapiebausteine im Sinne der
> „Veränderungsprinzipien" (Wendlandt 1994)
> abgelöst werden.

3.3 Modellvorstellung eines entwicklungs- und kommunikationsorientierten Therapiekonzepts

Wie wir bereits einleitend zum dritten Kapitel festgestellt haben, möchten wir im Sinne
unseres therapeutischen Selbstverständnisses

hier kein Konzept aufeinander aufbauender
Therapieschritte aufzeigen, sondern vielmehr das *Prinzip der Therapie-Bausteine*
näher erläutern. Neben der grundlegenden
Vorstellung des Mehr-Ebenen-Modells des
therapeutischen Handelns (Abb. 3.1), in dem
alle Diagnose- und Therapiebestandteile aufgehoben sind, erweist es sich für die Darstellung des Umgangs mit den verschiedenen
Therapie-Bausteinen als günstig, eine zweite
Modellvorstellung zu entwickeln, die dem
Baustein-Charakter eher Rechnung trägt und
den Aufbau des gemeinsamen Therapieprozesses mit dem Bau eines Hauses vergleicht.

Grundüberlegungen zur Planung des Hauses

Möchte man ein Haus bauen, ist es wichtig,
dass man etwas hat, auf dem das Gebäude
sicher stehen kann: Das Haus braucht ein
Fundament. Im Fall unseres Therapie-Hauses
wird das Fundament von den Bestandteilen
gebildet, die unverzichtbar sind; dazu gehören bestimmte Vorannahmen und Grundhaltungen, aber auch bestimmte Thera-
pie-Bestandteile, die immer vorhanden sein
müssen. Auf diesem Fundament des Grund-
verständnisses und der Grundelemente können dann mit Bausteinen in wechselnder
Größe und Anzahl die Wände des Hauses
errichtet werden, damit sie das Dach des
Hauses tragen können, das von den Erwartungen und Therapiezielen gebildet wird.

Im Folgenden beschreiben wir unsere Konzeption der Therapiegestaltung als gemeinsamen Bauprozess.

Baubeginn: Das Fundament

Im Fundament des Hauses werden die Elemente vereint, ohne die das Haus nicht stehen könnte, d. h. ohne die unsere Form des
therapeutischen Denkens und Handelns

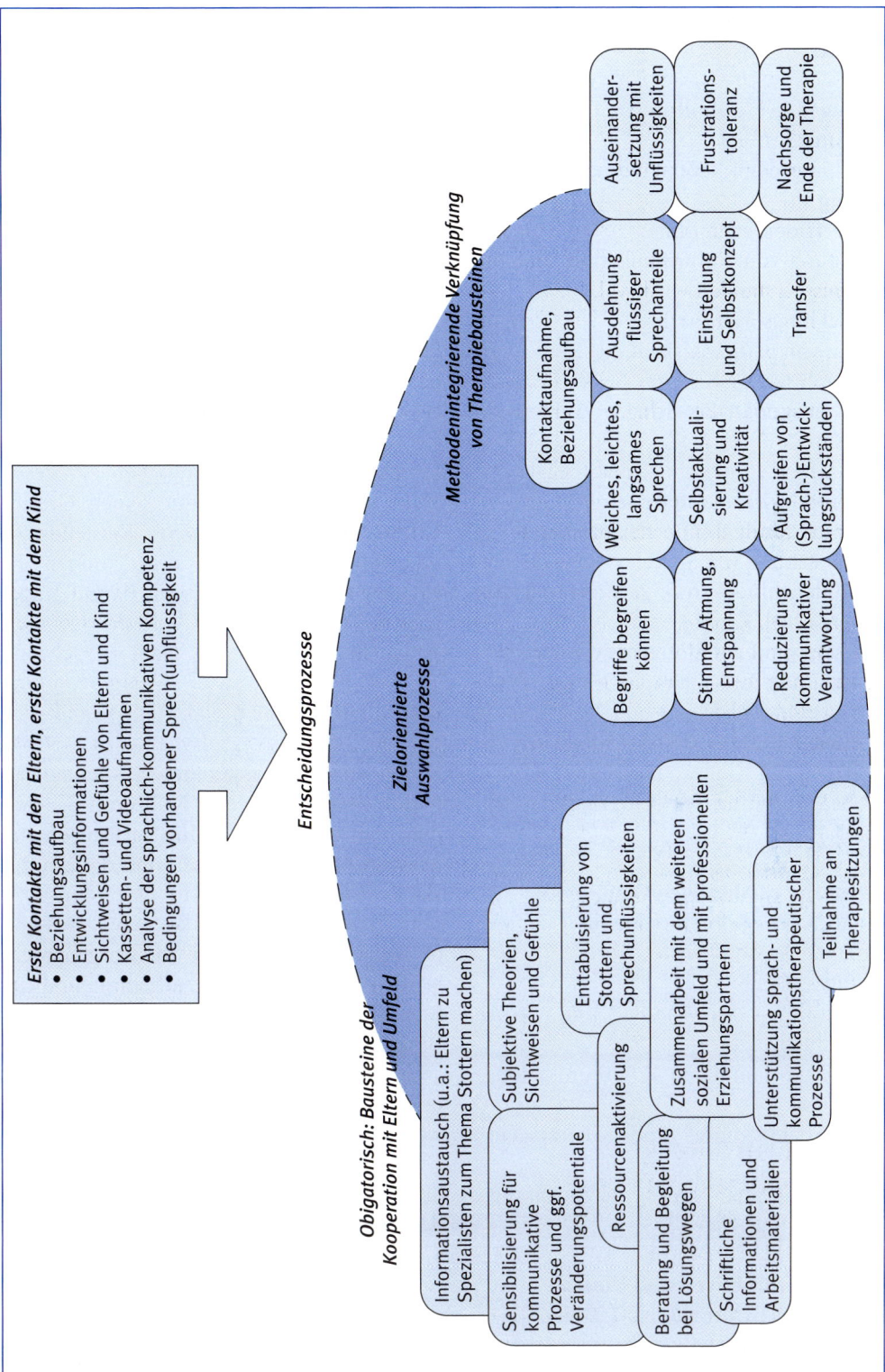

Abb. 3.1 Mehr-Ebenen-Modell des therapeutischen Handelns

nicht funktionieren würde. Dazu gehören im Einzelnen:

Grundlegende Werthaltungen
- das Menschenbild
- Gestaltung der Klienten-Therapeuten-Beziehung
- Kooperationsverständnis
- Bedeutung von Kommunikation und Interaktion
- Entwicklungsorientierung
- Abkehr von pathologisierenden Konzepten
- idiographisch orientiertes Selbstverständnis in Diagnose, Beratung und Therapie (vgl. Kap. 2)

Theoretische Grundannahmen
- zur Entwicklung der Sprechflüssigkeit
- zur Entstehung von Sprechunflüssigkeiten
- zur Entwicklung und Ausformung des Stotterns (vgl. Kap. 1)
- zur Prävention des Stotterns (vgl. Kap. 6)
- zur Beratung und Therapie bei Sprechunflüssigkeiten (vgl. Kap. 4 und 7)
- zu therapeutischen Notwendigkeiten in der Arbeit mit Kindern (vgl. Kap. 2.4, 3.1)
- zur Bedeutung des Modellverhaltens (vgl. Kap. 3.4)

Elemente der qualitativen Diagnostik
- diagnostisches Selbstverständnis
- Kontaktaufnahme
- Elterngespräche
- Beobachtung des Kindes und seiner Sprechflüssigkeit
- Analyse des familiären Kommunikationsverhaltens
- Differenzialdiagnose und Therapieentscheidung
- Therapierelevanz der diagnostischen Ergebnisse (vgl. Kap. 5)

Kooperation mit Eltern und Umfeld
- kooperatives Beratungsverständnis
- offene und wertschätzende Beratungshaltung

- Aufgreifen der subjektiven Theorien
- Ressourcen- und Lösungsorientierung
- gegenseitige Unterstützung in einem gemeinsamen Prozess
- Sensibilisierung für kommunikative Prozesse
- Eltern zu Fachleuten für Sprechunflüssigkeiten und Stottern machen
- Therapietransparenz (vgl. Kap. 4)

Dieses Fundament mit seinen Elementen führt zu einer ganz bestimmten Grundhaltung in der therapeutischen Beziehung (vgl. Kap. 2) und zu einer ganz bestimmten Ausgestaltung der diagnostischen, beraterischen und therapeutischen Prozesse. Wenn das Fundament mit seinen Grundhaltungen, grundlegenden Einstellungen und Wissensgrundlagen steht, können die einzelnen Steine der Therapie darauf aufgebaut werden.

Die Bausteine

Neben den unverzichtbaren Elementen des Fundaments gibt es eine Reihe von Bausteinen, die je nach individueller Problematik ausgewählt werden können und die in ihrer Größe und der Häufigkeit ihres Einsatzes sehr unterschiedlich sein können. Dabei gibt es Bausteine, die immer wieder gebraucht werden (z. B. die Kontaktaufnahme und der Beziehungsaufbau, diagnostische Anteile, Beratungsgespräche und der Baustein „Nachsorge und Beenden der Therapie"), und andere, die nur gelegentlich eingesetzt werden.

Folgende Therapie-Bausteine können in der Therapie mit unflüssig sprechenden Kindern wichtig werden (vgl. Kap. 7):
- Baustein „Kontaktaufnahme und Beziehungsaufbau"
- Baustein „Begriffe begreifen können"
- Baustein „Weiches, leichtes und langsameres Sprechen"

- Baustein „Ausdehnung und Automatisierung der flüssigen Sprechanteile"
- Baustein „Konkrete und offene Auseinandersetzung mit Unflüssigkeiten und Stottern"
- Baustein „Stimme, Atmung und Entspannung"
- Baustein „Selbstaktualisierung" und „Kreativität"
- Baustein „Einstellung und Selbstkonzept"
- Baustein „Frustrationstoleranz"
- Baustein „Reduzierung der kommunikativen Verantwortung"
- Baustein „Aufgreifen weiterer (Sprach-) Entwicklungsrückstände"
- Baustein „Transfer"
- Baustein „Nachsorge und Beenden der Therapie"

Der große Vorteil der Therapie-*Bausteine* gegenüber einem starren Therapie*konzept* liegt darin, dass anhand der individuellen Bedürfnisse frei ausgewählt werden kann, welche Bausteine für das Kind und seine Kommunikationspartner wichtig sind, zu welchem Zeitpunkt sie günstigerweise eingesetzt werden können, welche miteinander kombiniert werden sollen, wie viel man jeweils von einer Sorte Steine benutzt und welche für das einzelne Kind möglicherweise ganz unbedeutend sind. Die jeweils entstehenden Häuser sind unterschiedlich groß, brauchen unterschiedlich lange Bauzeiten und sind alle unterschiedlich zusammengesetzt.

Das Baustein-Pinzip zeichnet sich durch eine enorme Flexibilität aus, die sich nicht zuletzt darin zeigt, dass je nach Bedarf z. B. immer wieder ein Diagnose- oder Beratungsstein eingefügt werden kann. Wenn wir als Therapeuten oder die Betroffenen mehr an Informationen oder Hilfen brauchen, liegt das Material dafür bereit. Darüber hinaus bieten die Therapie-Bausteine zusätzlich den Vorteil, dass wir auswählen können, welche *unseren* Möglichkeiten besser entsprechen

und mit welchen wir nicht gut zurecht kommen – auch das ist eine Voraussetzung für eine offene, transparente Therapie. Wir möchten zur näheren Erläuterung drei Beispiele geben für die große Bandbreite dessen, was innerhalb eines Baustein-Prinzips möglich ist:

- Bei einem Kind, das entwicklungsgerechte Unflüssigkeiten zeigt und sich an der „Schwelle zur Sprechflüssigkeit" (Hansen/ Iven 1996, 174) befindet, steht die Kooperation mit den Eltern im Mittelpunkt: Hier wird man neben der Beobachtung des Kindes und seiner Entwicklung viele Beratungsgespräche über den Verlauf der Sprach- und Sprechflüssigkeitsentwicklung führen, den Eltern Sicherheit im kommunikativen Umgang mit ihrem Kind und seinen Unflüssigkeiten vermitteln, das Augenmerk auf flüssige Sprechanteile richten etc. Das Therapiehaus, das in diesem Fall entsteht, wird dementsprechend aus einigen Diagnose- und sehr vielen Elternberatungssteinen gebaut. Weitere Steine werden in diesem Fall wahrscheinlich nicht gebraucht, können bei Bedarf aber jederzeit hinzugenommen werden.
- Ein Kind, das entwicklungsgerechte Sprechunflüssigkeiten und Artikulationsprobleme zeigt, braucht neben der diagnostischen Abklärung und weiterer Entwicklungsbeobachtung eventuell eine Förderung der mundmotorischen Fähigkeiten (vgl. Hansen/Iven 1998), aber keine spezifische Förderung der Sprechflüssigkeit. Dieses Therapiehaus wird also vorrangig aus den Steinen der Diagnostik, der Elternberatung und aus vielen Steinen zum Aufgreifen weiterer Entwicklungsrückstände bestehen – auch hier sind vermutlich kaum andere Bausteine erforderlich.
- Bei einem Kind, dessen Symptomatik sich bereits verfestigt hat, kann es notwendig sein, von sehr vielen Therapiebausteinen sehr viele Exemplare zu verbauen und

somit ein sehr vielschichtiges, großes, komplexes Haus entstehen zu lassen. Auch hierbei werden individuelle Schwerpunkte möglich, wenn das Kind z. B. immer wieder viele Entspannungsanteile und Hilfen zum flüssigen Sprechen braucht, aber aufgrund seiner Persönlichkeitsstruktur und der familiären Kommunikation wenig an Unterstützung im psychosozialen Bereich.

Wer baut mit? Die Bauarbeiter

Neben der großen Vielfalt der Kombinationsmöglichkeiten bietet ein Baustein-Prinzip auch den Vorteil, dass in verschiedenen Therapiephasen viele verschiedene Personen mitbauen können. Die zentralen ‚Bauarbeiter' sind das Kind und der Therapeut, sie haben den größten Anteil. Sehr viele Bausteine werden von den Eltern hinzugefügt, und je nach Bedarf sind es mal ErzieherInnen, LehrerInnen, Großeltern, Geschwister, Freunde, PraktikantInnen, ÄrztInnen, ErgotherapeutInnen, KrankengymnastInnen etc., die einen oder mehrere Steine zum Bau beitragen (vgl. Kap. 4.6). Bei manchen Kindern sind es viele und vielfältige Kontakte mit Personen des weiteren Umfeldes, die zustande kommen, bei manchen Kindern bezieht sich der Kooperationsbereich nur auf das engere familiäre Umfeld.

Gemeinsames Ziel: Das Dach

Das Bauen auf einem sicheren Fundament mit vielen verschiedenen Bausteinen und vielen verschiedenen Baupartnern ist natürlich kein Selbstzweck, sondern dient dem Ziel, den im Einzelfall bestmöglichen Diagnose-, Beratungs- und Therapieprozess zu gestalten. Um das Prinzip der Methodenintegration nochmals aufzugreifen: Wir verstehen den beschriebenen ‚Hausbau' nicht als wahlloses Aufeinanderschichten von beliebi-

gen Steinen, die zufällig gerade in unsere Hände fallen, sondern als professionellen Prozess der begründeten und individualisierten Auswahl der jeweils bedeutsamen Elemente. Im Therapie-Haus geht es also darum, die Steine sinnvoll aufeinander zu legen, damit sie ein Dach tragen können, das aus den verschiedenen Therapie*zielen* besteht:

- größtmögliche kommunikative Sicherheit und Kompetenz aller Beteiligten
- größtmögliche Sprechflüssigkeit des Kindes
- Wahlfreiheit beim Aufgreifen und Anwenden von Therapie-Inhalten
- subjektive Zufriedenheit mit dem Erreichten bei allen Beteiligten
- Sprechflüssigkeit als Mittelpunkt des Interesses, wenig/keine Aufmerksamkeit auf ‚normale' Unflüssigkeiten
- Autonomie des Kommunikationssystems: Eltern, Kind und weitere Kommunikationspartner können mit der erreichten Sprechflüssigkeit und evtl. verbliebenen Unflüssigkeiten umgehen und brauchen keine weitere therapeutische Unterstützung mehr (vgl. Kap. 7.14)

Auch beim Dach des Hauses besteht in unserer Modellvorstellung ein hohes Maß an Flexibilität, weil die Therapie-Ergebnisse immer unterschiedlich sein können. Die Bandbreite dessen, was erreicht werden kann, erstreckt sich von einer umfassenden Sprechflüssigkeit (einschließlich der im Sprechen jedes Menschen immer auch enthaltenen ‚normalen' Unflüssigkeiten) über gelegentliche Verunsicherungen der Sprechflüssigkeit in besonders anspruchsvollen Situationen bis hin zur Akzeptanz und Bewältigung von verbliebenen Sprechunflüssigkeiten oder Stottern. Daher möchten wir als Therapieziel auch nicht simplifizierend nur die Sprechflüssigkeit benennen, obwohl sie natürlich das Hauptziel der therapeutischen Bemühungen ist. Das Erreichen der individuell und situativ *größtmöglichen* Sprechflüssigkeit und kommunikativen Sicherheit sowie die Autonomie des Kindes und seiner Kommunikationspartner im Umgang mit der erreichten Sprechflüssigkeit oder auch weiterbestehenden Unflüssigkeiten und Stottersymptomen erweisen sich in diesem offenen Konzept als tragfähiger. So können neben den Bausteinen auch die Therapieziele den individuellen Bedingungen angepasst werden – für unser Haus bedeutet das: Es gibt kein Dach, dessen Art und Größe vorgegeben ist und das auf alle (unterschiedlich großen und verschieden gestalteten) Häuser passen soll, sondern einen Dachstuhl, der der jeweiligen Hausgröße und -form angepasst werden kann und mit den Materialien gedeckt wird, die für dieses spezielle Haus passen.

3.4
Sprachliches Modellverhalten als natürliche Form der Vermittlung

Wie wir in den Kapiteln 2.3 und 3.1 bereits kurz angesprochen haben, stellt das (sprachliche) Modellverhalten grundsätzlich ein tragendes Element der Therapie dar. Die Rolle des Therapeuten, seines Verhaltens und seiner Sprache ist in vielen Veröffentlichungen bereits dargestellt worden. Zum Beispiel wird das Thema aus Sicht der Psychotherapie in der bereits klassischen, von Petzold (1987) herausgegebenen Zusammenstellung behandelt. Methodisch-didaktische Hinweise für therapeutisches Sprach- und Modellverhalten werden u. a. von Mutzeck (1988, 1996) beschrieben. Eine sehr anschauliche Bearbeitung aus der Perspektive der systemischen Beratung und Therapie, in der therapeutisches Handeln als lebendige und bedeutsame Konversation beschrieben wird, die eigenaktive Veränderungen anbahnt und begleitet, findet sich bei Efran/Lukens/Lukens (1992).

Die herausragende Bedeutung des Modellierens in der Sprachtherapie wird u. a. bei Baumgartner/Füssenich (1997) und Dannenbauer/Künzig (1991) dokumentiert und durch die sehr praxisorientierte Darstellung der Umsetzung des Modeling-Konzepts in der *entwicklungsproximalen Sprachtherapie* bei Haffner (1995) ergänzt. Diesen zumeist interaktions- und/oder handlungstheoretisch fundierten Entwürfen ist gemeinsam, dass sie betonen, dass sich dauerhaft stabile Veränderungen nur ergeben können, wenn sie in einer vertrauensvollen Beziehung erarbeitet werden, von den Partnern der therapeutischen Kommunikation freiwillig angenommen werden und für sie eine subjektiv sinnvolle Ergänzung und Alternative darstellen.

Dass sprachliche Modelle, die in einem für das Kind sinnvollen Sprach-Handlungsspielraum wirken, sehr schnell übernommen werden, ist nicht nur aus der Therapie, sondern generell aus den Erkenntnissen zur Kindersprachentwicklung bekannt (vgl. Baumgartner/Füssenich 1997; Bruner 1987; Füssenich 1987, 1990; Motsch 1989, 1993; Szagun 1991; Zollinger 1991, 1996). Die Initiierung und der weitere Verlauf des Spracherwerbs geschehen immer im Rahmen der Handlungen und Interaktionen zwischen dem Kind und seinen Kommunikationspartnern. Die dabei entstehende dialogische und spielerische Kooperation (vgl. Welling 1988, 170) wird von Prozessen der gegenseitigen Imitation getragen und fördert den Aufbau von Regelkompetenzen auf allen Sprach- und Kommunikationsebenen.

Ein einfaches Beispiel, wie ein (auch) sprachliches Modell auf das Erleben und Empfinden einwirkt und die Reaktions- und Verbalisierungsmöglichkeiten erweitert, verdeutlicht diesen Prozess von Rezeption, selbstmotivierter Annahme und Übernahme in das eigene Sprach- und Handlungsschema.

Bei einem Angelspiel werden reihum kleine Papp-Fische aus einem Aquarium gefischt. Das Kind reagiert enttäuscht, wenn es eine leere Angel hochzieht. Im nächsten Durchgang zieht die Therapeutin absichtlich ebenfalls eine leere Angel hoch und reagiert freudig: „Oh, ich habe ja einen unsichtbaren Fisch gefangen! Das ist ja etwas ganz Seltenes!" Nachdem das Kind zunächst über die unerwartete Reaktion überrascht ist, macht es sich die darin enthaltene positive Komponente zueigen und freut sich in der Folge nun auch über leere Angeln, d. h. „unsichtbare Fische".

Die hier stattgefundene Umbewertung eines negativen Erlebnisses (leere Angel = Misserfolg) in ein positives (leere Angel = besonderer Glücksfall) führt dazu, dass das Kind sowohl die angebotene emotionale Reaktion als auch die dazugehörige Sprachstruktur übernimmt und aufgrund ihrer positiven Komponente wahrscheinlich in ähnlichen Spielsituationen erinnern und reproduzieren kann.

Die Übernahme von neuen, subjektiv und situativ sinnvollen sprachlichen Angeboten des Modells ist nun kein spezifisch sprachtherapeutisches Geschehen: Nichts anderes passiert im alltäglichen, kommunikativen Spracherwerb von Kindern im Dialog mit ihren Bezugspersonen. Die sprachliche Mutter-Kind-Interaktion, die als *Motherese* oder *Baby-Talk* bezeichnet wird, ist geprägt von vielen Wiederholungen, Nachahmungen, vereinfachten und gegenstandsbezogenen Sätzen und von Erweiterungen der kindlichen Äußerungen (vgl. Rustin/Botterill/Kelman 1996, 107 ff; Wendlandt 1995; Zollinger 1991, 48 ff). Das dabei angeregte spielerische und selbstverständliche Lernen im Dialog, bei dem das sprachliche Modell dem Kind Angebote für die nächste Stufe der Entwicklung bietet, hat im therapeutischen Bereich seine Entsprechungen gefunden, indem die Beeinflussung der Sprache des Kindes im Spiel, in einem kommunikativ-interaktiven Prozess und durch die Methoden des Feedbacks und des Modelings initi-

iert wird (vgl. Baumgartner 1997, 272 ff; Dannenbauer 1997, 189 ff; Dannenbauer/Künzig 1991, 179 ff; Haffner 1995, 96 ff; Wendlandt 1995, 62 ff). In einer kommunikations- und entwicklungsorientierten Sprachtherapie stehen hierbei die strukturierten, spielerischen Modell-Anreize im Vordergrund. Eine Sprachtherapie, die nach den Prinzipien des Modellierens verfährt, versteht sich demnach nicht als Übungsraum für Reparaturmaßnahmen oder als unstrukturierter Spielraum, sondern als Rahmen für gezielte und „absichtsvolle Sprachbeziehungen" in denen „sprachheilende Interaktionen zielorientierte und direktive kommunikative Beeinflussungssituationen sind" (Baumgartner 1995, 131).

In der Therapie mit unflüssig sprechenden Kindern kommt dem therapeutischen Modellverhalten auf zwei Ebenen besondere Bedeutung zu:

- Zum einen kann man mithilfe des eigenen Sprachmodells dem Kind (und in gemeinsamen Spielsituationen auch den anwesenden Eltern) Angebote für flüssigkeitsförderndes Sprachverhalten machen, z. B. für anstrengungsfreies, weiches Sprechen ohne Zeitdruck, mit ausreichenden Pausen etc. Ziel ist hier ein flüssiges Sprechen.
- Zum anderen kann man durch das Modellieren von Stotterereignissen eine direkte Auseinandersetzung mit dem Thema und der eigenen Symptomatik anregen und dem Kind sprachliche Alternativen andeuten, mit denen es seine Symptome flüssiger gestalten kann. Ziel ist hier ein flüssiges Stottern.

Obwohl beide Bereiche in der Therapie oft Hand in Hand gehen, stellen wir sie im Folgenden kurz getrennt dar, um die unterschiedlichen Einflussmöglichkeiten und Vorteile zu verdeutlichen.

3.4.1
Modelle für flüssiges Sprechen

Wenn man einem Kind vermitteln möchte, dass es angenehm und stimmig ist, weich, entspannt und ruhig zu sprechen, sollte man diese Sprechmerkmale auch in der eigenen Sprechweise verwirklichen. Ein Therapeut, der schnell, gehetzt und unruhig spricht, wird dem Kind nicht verdeutlichen können, warum z. B. eine etwas verlangsamte Sprechweise vorteilhafter für es wäre. Daher ist eine ruhige, entspannte Therapiesituation, in der eine vertrauensvolle und ungestörte Interaktion entstehen kann, die Basis für Erfahrungen mit flüssigem Sprechen.

Das Angebot weicherer und damit flüssigerer Sprechweisen geschieht durch den Einsatz bestimmter Sprach-, Sprech- und Kommunikationsmerkmale:

- „Zugewandte, freundliche, ruhige, nichtstrafende Aufnahme der kindlichen Sprachprodukte;
- aktives, konzentriertes und interessiertes Zuhören, das dem Kind glaubwürdig und beständig den Eindruck vermittelt, für die planenden, ausführenden und kontrollierenden Sprachprozesse ausreichend Zeit zu haben;
- häufiges Signalisieren, den Inhalt verstanden zu haben;
- Konzentration auf Sprachinhalte und -formen, die die Sprachkompetenz des Kindes nicht überschreiten. Verwendung angemessener syntaktischer Strukturen, Äußerungslänge und Wortwahl;
- Sprechen mit langsamer, aber noch natürlich klingender Sprechgeschwindigkeit. Diese Sprechhilfe ist einfach, nachgewiesenermaßen aber die wirkungsvollste;
- Suchen nach einem, dem individuellen Sprecherleben gemäßen, weichen, lockeren Sprechen, das uns selbst deutlich als entspannt beeindruckt (manchmal hilft ein

Absenken der Stimme und ein leiseres Sprechen);
- Bemühung um einen besonders angenehmen, sanften Stimmeinsatz am Satzanfang, dem Ort, an dem am häufigsten gestottert wird;
- leichtes Dehnen des ersten Vokals des ersten Wortes von Zeit zu Zeit; das erleichtert den Übergang zum folgenden Konsonanten;
- Beachten der natürlichen Sprechpausen; wir nutzen sie als Momente, in denen auch wir spüren, wie der eigene Atem angenehm fließt."
(Baumgartner 1997, 273 f)

> Wichtig beim Einsatz solcher Sprech- und Kommunikationsprinzipien ist es, sie situativ gut einzubinden, damit sie nicht aufgesetzt, künstlich oder technisch wirken. Die ruhige, sanfte Art des Sprechens sollte ganz selbstverständlich zur Therapiesituation gehören und alle Handlungen begleiten. Darüber hinaus bietet sich dadurch auch eine sinnvolle Möglichkeit des korrektiven Feedbacks, indem unflüssige Äußerungen des Kindes weich und gedehnt aufgegriffen werden können:
> Kind: „Ka – ka – ka – kann ich mal die Schere haben?"
> Therapeut: „Sicher, die kaaann ich dir holen."
>
> Kind: „Ich hab eben a – a – a – ein komisches A – a – a – auto gesehen!"
> Therapeut: „Was war denn das für ein Aaauto? Vielleicht von der Feuerwehr?"

Zur konkreten Umsetzung des Modellierens in vorstrukturierten, geplanten Therapiesettings verwenden wir häufig Geschichten, Tiere oder Symbole, die Spielsituationen entstehen lassen, in denen ein weiches, leicht verlangsamtes und spannungsfreies Sprechen sinnvollerweise dazugehört. Dies sind z. B. Zeitlupenspiele, Schnecken, Bären, Spiele zum Anschleichen oder Flüstern, Raumfahrt etc. In den Kap. 7.3 und 7.4, in denen die Einführung und Festigung des flüssigeren Sprechens beschrieben wird, geben wir detaillierte Anregungen für die Spiele und dazugehörigen Materialien, die wir dazu in der Praxis erprobt haben.

Hier bleibt festzuhalten, dass es beim Modellieren darum geht, dem Kind die Option für eigene Erfahrungen zur Verfügung zu stellen, innerhalb derer das Kind sich aber frei entscheiden kann, ob und inwieweit es dieses Angebot umsetzen möchte. Das bedeutet, dass *wir* mit unserem Sprech- und Kommunikationsvorbild die oben genannten Prinzipien möglichst konsequent einhalten müssen, aber dem Kind die Wahl lassen, wann und wie es sich darauf einlässt. Es ist bekannt, dass allein die Verlangsamung der Sprechgeschwindigkeit der Bezugspersonen und die Einführung von Sprechpausen bewirken können, dass sich die Stotterrate bei den Kindern erheblich verringert, ohne dass die Kinder selbst langsamer sprechen (vgl. Baumgartner 1997, 275; Kelly/Conture 1992; Zebrowski 1995). Eine langsame, ruhige Sprech- und Kommunikationsumgebung ermöglicht es dem Kind, seine Sprechabläufe *ohne Zeitdruck* zu planen und zu koordinieren, sodass die Wahrscheinlichkeit von Unflüssigkeiten sinkt.

Diese Annahmen bestätigen sich in der täglichen Therapiepraxis: Es ist nicht erforderlich, dass sich die Kinder mit ihrem Sprechen vollständig an unser Modell anpassen. Offenbar reicht oft schon das Schaffen eines entspannten, sanften Spracherfahrungsraumes aus, um den Kindern flüssigeres Sprechen zu ermöglichen (zu den direkten Konsequenzen dieser Erkenntnisse für die Beratung der Bezugspersonen des Kindes nehmen wir in Kap. 4 Stellung). Die Erfahrungen mit einem leichteren, weicheren, druckfreien Sprechen, die die Kinder in den strukturierten „flüssigkeitsfördernden Situationen im Sprach-Erlebnispark der Sprachtherapeutinnen/Sprachtherapeuten" (Baumgartner 1993, 81) machen, führen meist dazu, dass die Kinder innerhalb kürzester Zeit im Rahmen der Therapie flüssig spre-

chen. Offenbar stellt diese Erfahrung das von Dell (1994, 40) beschriebene „Bad in der kommunikativen Freiheit" dar, das bereits viel an Entlastung des Kindes und seines Sprechvorganges bewirken kann. Im Mittelpunkt der weiteren therapeutischen Begleitung muss dann die Stärkung der kommunikativen Sicherheit stehen sowie die Beratung der Eltern und des weiteren Umfeldes, damit solche sprechflüssigkeitsfördernden Situationen erkannt, analysiert und möglichst oft gezielt hergestellt werden können.

3.4.2
Modelle für das eigene und anderes Stottern

Neben dem Modellieren von flüssigem Sprechen ist es oft sinnvoll und entlastend, auch das Stottern des Kindes oder andere Stotterformen *in den Mund zu nehmen*. Wenn es gelingt, dies beiläufig und nebenbei geschehen zu lassen, signalisiert dies dem Kind, dass Unflüssigkeiten nicht dramatisch sind und dass sie keine Sanktionen nach sich ziehen. Häufig kann man über einen solchen Anstoß das Thema Stottern auch ganz direkt ansprechen: „I – i – ich möchte gerne etwas mit d – d – d– –dir spielen. Oh, da hab' ich ein bisschen gestottert!" oder wenn das Kind den Begriff ‚Stottern' noch nicht kennt oder verwendet: „Oh, da bin ich ein bisschen gestolpert beim Sprechen! Das passiert mir manchmal. Passiert dir das auch schon mal?" Meist antworten die Kinder darauf zustimmend und räumen ein, auch manchmal beim Sprechen Schwierigkeiten zu haben.

Dabei zeigen auch junge Kinder häufig ein erstaunliches Reflexionsniveau und können verblüffend genau beschreiben, was während des Stotterns geschieht. Einige Beispiele dazu: „Dann geht das Sprechen nicht weiter." (Matthias, 6;5 Jahre) „Dann drückt es so im Hals, das wird ganz eng." (Phillipp, 4;9 Jahre)

„Ich muss das dann immer wieder sagen, da kann ich gar nicht aufhören, bis ich keine Luft mehr kriege." (Peter, 5;2 Jahre)
„Das ist wie eine Wäscheklammer in meinem Hals, die geht dann zu." (Michael, 7;3 Jahre)
„Das passiert immer am Anfang. Das ist wie ein Berg, den man nicht raufkommt. Aber wenn man das geschafft hat, geht danach alles leichter." (derselbe Michael)

Viele Kinder antworten mit der vor allem immer wieder für die Eltern, die oft bisher ein Gespräch zu diesem Thema vermieden haben, erstaunlichen Offenheit: „Ja, ich stottere auch."

Wenn man das Wort ‚Stottern' umgehen möchte, weil das Kind es vielleicht noch nicht kennt oder weil man die damit verbundene Stigmatisierung abschwächen möchte und nach einem etwas neutraleren Begriff sucht, kann man Vergleiche aus anderen motorischen Vollzügen verwenden, die Kinder gut verstehen können: stolpern, holpern, stehen bleiben, stecken bleiben, klemmen, o. Ä. In der englischsprachigen Fachliteratur und Therapiepraxis gibt es für das Umgehen des Stotter-Begriffs, den vor allem viele Eltern als beunruhigend empfinden, einen sehr schönen und vor allem weichen Terminus: *bumpy speech*, zu Deutsch etwa *holpriges Sprechen*. Leider gibt es kein so weiches, angenehmes, positiv besetztes Äquivalent in unserer Sprache, wir müssen uns mit Annäherungen abfinden, wie z. B. „Knubbel-Sprache", wie der 5-jährige Florian sein Sprechen bezeichnete.

Das Einführen von Stottersymptomen in die Alltagskommunikation und das offene, möglichst unbelastete Gespräch darüber, egal, welchen Terminus man dafür verwendet, verfolgt zwei Ziele: Zum einen wird damit das Stottern als Problem benannt und enttabuisiert, d. h. aus der ‚Darüber-spricht-man-nicht-Perspektive' geholt. Das entlastet die Kinder und ihre Eltern meistens sehr, weil man so verdeutlicht, dass das Stottern des

Kindes nichts Ungewöhnliches ist, dass man das Problem kennt und Möglichkeiten zum Umgang damit zur Verfügung hat. Darüber hinaus zeigt man dem Kind damit, „daß es nicht der einzige ist, der so spricht, wie es spricht. Es zeigt ihm, daß man absichtlich stottern kann, daß Stottern nicht unfreiwillig geschehen muß, daß Stottern kein Fluch und keine Krankheit ist" (Dell 1994, 29). Wir setzen damit einen bewussten Gegenpol zu den bisherigen Erfahrungen des Kindes, das gelernt hat, dass auf seine Unflüssigkeiten entweder angestrengtes Nicht-Reagieren-Wollen oder strafende Reaktionen folgen, wie die Aufforderung zur Verbesserung, zu mehr Konzentration, oder Hänseleien, aber keine wirklichen Hilfen. Dieser Erfahrung stellen wir unsere Modifikationsmöglichkeiten, unsere Hilfsangebote und unsere Erklärungen gegenüber.

Zum anderen können dem Kind mit dem Modellieren des Stotterns auch ganz gezielte Hinweise auf Möglichkeiten der Modifikation seines Stotterns gegeben werden, mit denen *weicheres Stottern* angeboten wird. Auch dies geschieht vorrangig durch die Methoden des erweiternden und/oder korrektiven Feedbacks, also z. B.:
Kind: „Da sitzt der im B – b (deutlicher Block) – boot."
Therapeut: „Stimmt, er sitzt im Bo – bo – boot (weiche Wiederholungen)."

Kind: „I – i – i – ich bin dran!"
Therapeut: „Und danach bin iiiich (weicher Stimmeinsatz, leichte Dehnung) wieder dran."

Viele Therapeuten scheuen davor zurück, das Kind so direkt mit seinem Stottern zu konfrontieren. Vielleicht geschieht das aus der Befürchtung, das Kind dadurch zu verletzen oder zu verunsichern. Bei der Therapie von anderen Sprach- oder Sprechstörungen gibt es solche Vorbehalte jedoch nicht: das Kind mit Ausspracheproblemen z. B. bekommt Lautfehlbildungen demonstriert, auch solche, die es selber bildet, damit es die richtige Lautbildung erkennen lernt. Dies kann sogar richtig Spaß machen, wenn dabei Unsinn herauskommt, wie etwa im Rahmen der ‚inszenierten Missverständnisse' in der Therapie phonologischer Störungen (vgl. Hacker 1997): „Im Garten wächst eine schöne Hose." Dieser Effekt kann in der Stottertherapie genauso genutzt werden, wenn ganz bewusst und absichtlich Stottern produziert wird und z. B. das Kro-kro-krodil auf den Ka-ka-kakadu trifft und sie dann auch noch dem E-e-elefant begegnen und vielen anderen Tie-tie-tieren.

Wir haben oft die Erfahrung gemacht, dass das Demonstrieren von Stotterformen und ein Gespräch darüber, welche davon beim Kind zu hören sind, ob es sie mal vormachen kann, ob es sich so anhört wie beim Therapeuten etc., die Beziehung nicht be-, sondern entlastet, weil die Kinder sich und ihr Problem ernstgenommen fühlen. Es ist aus unserer Sicht den Versuch wert: Reagiert das Kind positiv und offen auf unser Stottern, können wir in der Therapie direkt damit umgehen und das Problem sowie seine Lösungsmöglichkeiten ansprechen. Reagiert das Kind abwehrend oder verständnislos („Nö, das ist mir noch nie passiert."), können wir mit dem Modellieren von flüssigem Sprechen und flüssigem Stottern arbeiten und dem Kind damit Beispiele sprachlicher Veränderungen geben.

Beide Formen des Modellierens (für flüssigeres Sprechen und flüssigeres Stottern) zeichnen sich durch hohe therapeutische Wirksamkeit aus, die sich in einigen Punkten zusammenfassen lässt:

- Das Kind macht Erfahrungen unter sprechflüssigkeitsfördernden Bedingungen und kann dadurch entspannt und flüssig sprechen.
- Möglicherweise anwesende Bezugspersonen teilen diese Erfahrungen und können sie im Rahmen ihrer Möglichkeiten in den Alltag transferieren.

- Zeit- und Kommunikationsdruck werden systematisch reduziert, wodurch ein anstrengungsfreies und flüssigeres Sprechen ermöglicht wird.
- Häufige und mit positiven Rückmeldungen verbundene Erfahrungen mit flüssigem Sprechen innerhalb und außerhalb des Therapieraums geben dem Kind und seinen Eltern mehr kommunikative Sicherheit, die sich in weiteren Situationen ebenfalls flüssigkeitsfördernd auswirkt.
- Das Modellieren von Stotter-Ereignissen in der therapeutischen Kommunikation enttabuisiert das Stottern und macht es natürlicher, selbstverständlicher, und damit weniger bedrohlich und unverständlich.
- Durch das Angebot von weicheren Stotterformen schafft man dem Kind Wahlmöglichkeiten: es ist dem Stottern nicht mehr hilflos ausgeliefert, sondern kann es aktiv beeinflussen.
- Ein lockerer, entspannter und offener Umgang mit dem Stottern vermindert den Druck, den Kind und Eltern oft verspüren. Sie bekommen durch unser Modellverhalten vermittelt, dass Stottern nichts Unangenehmes oder Peinliches sein muss, sondern dass man darüber reden und damit umgehen kann.
- Unser therapeutisches Modell hat auch Modellfunktion für die Kommunikationspartner des Kindes: Durch das gemeinsame Erleben von sprechflüssigkeitsfördernden Situationen und der darin entstehenden Sprechsicherheit des Kindes werden wichtige Hinweise für allgemein positive Kommunikationsbedingungen gegeben, die im Alltag erkannt und umgesetzt werden können.

Die Entlastung des Kindes und seiner Kommunikationspartner durch die Reduktion unterbrechender Faktoren und das gezielte Angebot von Strukturen, in denen flüssiges Sprechen oder flüssigeres Stottern ermöglicht wird, kann als übergreifendes Ziel im Konzept des Modeling sowie der gesamten Therapie formuliert werden.

Diese Zielsetzung bildet die Basis für das gesamte therapeutisch-didaktische Vorgehen, wie es im Folgenden für die Bereiche der Eltern- und Umfeld-Kooperation, des diagnostischen Prozesses und der Beeinflussung des kindlichen Sprechens beschrieben wird.

4 Die Kooperation mit den Eltern und dem weiteren Umfeld

Die Kooperation mit den Eltern – und in der Erweiterung auch mit anderen Bezugspersonen des Kindes – und ihre Beratung bildet in unserer Therapiekonzeption einen essenziellen Bestandteil. Um den Stellenwert der Beratung zu verdeutlichen, muss zunächst eine Begriffsbestimmung erfolgen.

4.1 Kooperieren als pädagogisch-therapeutischer Prozess: konzeptionelle Grundlagen

Ein *pädagogischer Begriff von Kooperation* geht über das, was allgemein darunter verstanden wird, hinaus. Er meint nicht das Zusammenarbeiten oder Zusammenwirken, wie es z. B. am Arbeitsplatz im gemeinsamen Produktionsprozess zu finden ist. Er meint auch nicht die von einigen Vertretern der Kooperativen Pädagogik postulierte Kooperation auf der Basis einer ‚Conditio sine qua non‘, nämlich der gemeinsamen Zielvereinbarung auf Grundlage gemeinsamer Werte (vgl. Schönberger 1987). Auf dem Fundament eines systemisch-konstruktivistischen Menschenbildes (Kap. 2.1) wird der Begriff des Kooperierens als aktiver, individueller und interaktionaler Prozess weiter gefasst: Wir sind mit Hargens (1998, 68) der Meinung, dass es unvermeidlich ist, zu kooperieren, auch wenn die Art der Zusammenarbeit von bereitwillig bis widerspenstig variieren kann. Jegliche Kommunikation und Interaktion ist Kooperation: Man kann nicht nicht kooperieren.

Damit wird jede Kontaktaufnahme einer Person aus deren Sicht zu einem sinnhaften und bedeutungsvollen *Angebot* zur Kooperation. Wir als Therapeuten haben die Verpflichtung, dieses Angebot *so,* wie es gemacht wird, zu erkennen und kooperativ darauf zu reagieren (vgl. Hargens/Grau 1996, 228 ff). Bereits der erste telefonische Kontakt, den die Eltern herstellen, ist als deren Kooperationsangebot zu betrachten, das wir aufgreifen und auf das wir unsererseits mit weiteren Angeboten reagieren können. Das Angebot der Klienten ist für uns als *Auftrag* zu verstehen: „die Kundin weiß am besten, was sie will und wir haben immer den (…) Auftrag, zumindest mit dieser Kundigkeit zu kooperieren, um der Kundin hilfreich zu sein, ihr Ziel zu erreichen – oder um deutlich zu machen, daß es sich um einen Auftrag handelt, den wir nicht erfüllen können oder wollen“ a. a. O., 230). Diese Akzeptanz der ‚Kundigkeit‘ der Klienten beinhaltet unter Umständen auch, dass wir eine therapeutische Unterstützung einleiten können, obwohl die Eltern zeitweise oder grundsätzlich einen relativ engen Kooperationsrahmen gesteckt haben und aufgrund ihrer individuellen Bedingungen nur wenig oder gar keine Zeit für Beratungsgespräche aufbringen können oder wenig Bedürfnis danach haben. Die Kooperation zwischen Eltern und Therapeut ist grundsätzlich offen für alle Bedingungen und variabel in seiner Gestaltung und Entwicklung. Die Aufgabe des Kooperierens wird immer wieder neu gestellt und immer wieder neu gelöst, entsprechend den jeweils aktuellen Bedürfnissen der Beteiligten.

Pädagogisches Beratungsverständnis

Auch der *pädagogische Begriff der Beratung* hat eine vom Alltagsverständnis abweichende Bedeutung. Er meint nicht, dass hier jemand, der ratlos ist, von jemand Kompetentem einen Rat bekommt und diesen dann befolgt. Pädagogische Beratung ist „ein interaktioneller Prozeß, an dem beide, der Klient und der Therapeut, teilhaben. (Er) ist nicht etwas, das der Therapeut dem Klienten – als einem passiven Empfänger dieser Leistung – angedeihen ließe" (deShazer 1991, 97). Als pädagogisch kann die Beratung deshalb bezeichnet werden, weil ihre Ziele die Initiierung von Entwicklungsprozessen, die Ermöglichung von (Lern-)Erfahrungen und die Erprobung von selbstständigen, alltagsrelevanten Handlungsschritten sind und sie Wachstum, Entwicklung und Reifung der Persönlichkeit anstrebt (vgl. Rogers 1958). Die beschriebene Akzeptanz der Kundigkeit und die gegenseitige Anerkennung des jeweiligen Expertentums – die Eltern als Fachleute für ihre Alltags- und Erziehungspraxis, wir als Fachleute für sprach- und kommunikationstherapeutische Fragestellungen – führen zu einer eher horizontalen Beziehungsgestaltung, die als symmetrisches Verhältnis charakterisiert wird (vgl. Mutzeck 1996, 53 ff; Hargens/Grau 1996 236 ff).

Was zeichnet die kooperative Beratung, wie wir sie verstehen, aus?

Zunächst einmal ist Beratung ein Teilbereich allgemeiner menschlicher Kommunikation. Jeder Mensch ist im Rahmen seiner Interaktionen mit den Mitmenschen schon einmal beraterisch tätig gewesen, Beratung ist Teil

des Alltags. Übergreifendes Ziel des ‚Ratsuchenden' ist es, in einer persönlichen Angelegenheit Klarheit über Wünsche und Handlungsmöglichkeiten zu gewinnen. Grundlage für eine solche Alltagsberatung ist das Vertrauensverhältnis zwischen den Kommunikationspartnern, die Bereitschaft zur Öffnung aufseiten des ‚Ratsuchenden' und Interesse am Problem sowie die Bereitschaft zur Mitarbeit am Lösungsprozess aufseiten des ‚Ratgebers' (vgl. Rechtien 1988, 27 ff).

Die *professionelle Beratung* unterscheidet sich, obwohl viele Überschneidungsbereiche bestehen, in einigen Punkten deutlich von der nichtprofessionellen Beratung im Alltag. Professionelle Beratung ist als „vertrauensvolle, zielgerichtete, nach Rat suchende Interaktion (…) ein pädagogisch-psychologischer Prozeß der Hilfe unter sachkundiger Anwendung von (wissenschaftlichen) Theorien und Methoden" (Mutzeck 1996, 5). Kooperative Beratung versteht sich als gemeinsamer, partnerschaftlicher Lösungsprozess, der die Kompetenzen der Klienten einbezieht, unterstützt und erweitert.

Voraussetzungen für diesen Prozess sind:
- Motivation des Ratsuchenden zur Beratung, Freiwilligkeit und Bereitschaft zur Mitarbeit
- Wahl- und Entscheidungsfreiheit des Klienten, Respektierung seiner Bedürfnisse und Widerstände
- Methoden- und Gestaltungskompetenz des Beraters
- Kooperationsbereitschaft von Ratsuchendem und Berater
  (vgl. Mutzeck 1996, 7)

Ziel der kooperativen Beratung ist es, sich auf methodisch gestalteter Gesprächsbasis *miteinander zu beraten*, um die individuelle Sicht des Problems bewusst zu machen, Veränderungsbedürfnisse zu ermitteln, subjektiv bedeutsame Zielsetzungen und alltagsorientierte Handlungswege zu finden, diese zu erproben und die gemachten Erfahrungen gemeinsam zu reflektieren (vgl. Mutzeck 1996, 84 ff). Auf der Basis des zugrunde liegenden Menschenbildes steht dabei im Vordergrund, die Eigenbemühungen und Kompetenzen des Ratsuchenden zur Bewältigung zu unterstützen und zu erweitern und Prozesse der Selbstauseinandersetzung und Selbsterkundung zu ermöglichen und zu intensivieren, damit die Selbsthilfefähigkeiten unterstützt werden (vgl. Rechtien 1988, 136 ff).

„Beratung als eine Form erzieherischen Handelns bewegt sich zwischen den Polen einer gezielten Beeinflussung und direkten Lenkung einerseits und einer Selbststeuerung und Hilfe zur Selbsthilfe andererseits" (Mutzeck 1996, 6 f). Welchem dieser beiden Pole sich das Beratungsgespräch zuneigt, ist sowohl von den jeweiligen Klientenbedürfnissen und Vorstellungen abhängig als auch von der Beraterpersönlichkeit und ihrem Selbstverständnis. Natürlich kann es in Beratungsgesprächen auch direktive und asymmetrische Anteile geben, z. B. wenn wir Eltern Informationen über mögliche Dispositionsbereiche und Entwicklungen geben oder von Seiten der Eltern, wenn sie uns Informationen über ihr Kind oder ihre Sicht des Problems geben. Diese Anteile entstehen aus den unterschiedlichen Kompetenzen der Beteiligten, sollten aber unserem Verständnis nach eingebettet sein in eine kooperative Grundhaltung, die die *Beratungsbeziehung* prägt.

Die Beziehung, die Ratsuchender und Berater miteinander eingehen, ist durch ein Geben und Nehmen auf der Basis gegenseitiger Achtung und Wertschätzung gekennzeichnet. Die gegenseitige Kompetenzzuschreibung und die auf beiden Seiten offene Wahrnehmung sind Voraussetzung dafür, dass sich die Kommunikationspartner vertrauensvoll aufeinander einlassen können. „Beide sollen ihre Bereitschaft, Fragen zu beantworten, Selbstauskünfte zu geben, bekunden" (Mutzeck 1996, 60). Wie man eine

offene, wertschätzende und akzeptierende Grundhaltung im Beratungs- und Therapieprozess entwickeln und umsetzen kann, haben wir in Kap. 2.1 und 2.2 dargelegt.

Das Verständnis von Beratung als kooperativem Prozess wendet sich auch gegen die Entstehung von weitreichenden therapeutischen Abhängigkeiten. Die Gefahr der Asymmetrie ist groß, da sich die Eltern mit einem bestimmten Leidensdruck und mit einer deutlichen Kompetenz*erwartung* an uns wenden. Dieser Gefahr können wir entgegenwirken, indem wir den Eltern unseren Respekt vor ihrer Person und ihren bisherigen Lösungsversuchen zeigen, die auch Ausdruck von sehr kompetenten Bewältigungsprozessen sein können. Mit dieser Grundhaltung können wir auch die Selbstaktivierungskräfte der Eltern unterstützen, mit ihnen gemeinsam Wege aus der von ihnen oft empfundenen Passivität finden und damit ihre Unabhängigkeit und Selbsthilfekompetenz fördern.

Zum Verhältnis von Beratung und Therapie

Die oben beschriebenen Merkmale der kooperativen Beratung lassen deutlich die Nähe zur klientenzentrierten Gesprächstherapie (vgl. Rogers u. a. 1942, 1986) erkennen. Vor allem die Vertreter dieser psychotherapeutischen Richtung ziehen wenige oder keine Grenzen zwischen Beratung und Therapie: Beide Begriffe werden weitgehend austauschbar benutzt und beziehen sich auf *alle hilfreichen Kontakte und Gesprächsformen,* „die darauf abzielen, (dem Klienten) bei der Änderung seiner Einstellungen und seines Verhaltens zu helfen" (Rogers 1972, zit. in Rechtien 1988, 32). Dabei entsteht immer dann eine *helfende Beziehung,* wenn „mindestens einer der Beteiligten das Ziel hat, das Wachstum, die Entwicklung, die Reifung, verbesserte Funktionen oder Fähigkeiten zur

Bewältigung des Lebens des anderen zu fördern (…). Mit anderen Worten: Eine helfende Beziehung kann definiert werden als eine Beziehung, in der einer oder alle der Beteiligten anstreben, daß es zu einem größeren Bewußtsein, mehr Ausdrucksmöglichkeiten und funktionellerem Gebrauch der latenten inneren Ressourcen des Individuums kommt" (Rogers 1958, 6). Auch bei der so verstandenen Beratung steht also die *Beziehung* als tragendes Element im Mittelpunkt der therapeutischen Aufmerksamkeit, muss vom Therapeuten und Berater bewusst und professionell gestaltet werden und hat entscheidenden Einfluss auf den Verlauf des gesamten therapeutisch-beraterischen Prozesses (vgl. Grawe zur „Beziehungsperspektive" 1995, 775 f.).

Die Art der Beziehungsgestaltung kann nach diesem Verständnis sehr variabel sein. Jeder und jede von uns ist aufgefordert, mit dem eigenen Kompetenzrahmen verantwortlich umzugehen, eigene Grenzen zu erkennen, die Zusammenarbeit mit anderen Fachkräften anzustreben und so das Konzept der Kooperation auch auf den Bereich der Interdisziplinarität auszudehnen.

Die Berücksichtigung der eigenen Kompetenzgrenzen beinhaltet auch, dass wir uns darüber im Klaren sein müssen, dass wir keine klassische Familientherapie durchführen und dies selbstverständlich auch nicht dürfen, sofern wir darin nicht ausgebildet sind!

> Das Kind wird nicht als Symptomträger und Indikator einer gestörten Familienkommunikation angesehen, sondern es werden im Sinne einer systemischen Sichtweise vielfältige Kommunikationsprozesse auf ihre Wechselwirkungen hin beobachtet und beschrieben, ohne einen der Beteiligten als Ausgangspunkt oder Träger des Problems zu definieren. Eine solche Haltung wird dem Kooperationsgedanken und den Anforderungen an eine helfende therapeutische Beziehung eher gerecht.

Trotzdem greifen sowohl Beratungs- als auch Therapieprozesse in das bestehende familiäre Gleichgewicht ein, indem die gewohnten Handlungsweisen, Einstellungen, Interpretationen und Reaktionsformen genau beobachtet, hinterfragt und gegebenenfalls verändert werden. Da diese Veränderungen jedoch nicht durch Verhaltensverschreibungen zustande kommen, sondern durch die beraterisch begleiteten, aber eigenaktiven Bewältigungsschritte der Familienmitglieder, werden sie nicht als Bedrohung des Ist-Zustandes empfunden, sondern als positive Erweiterung des Handlungsrahmens. Dieser lösungsorientierte und kurztherapeutische Vorgang der Umdeutung (vgl. Dallos 1992, 150 ff; Hargens/Grau 1996; deShazer 1996, 85 ff; Weiss/Haertel-Weiss 1995, 117 ff) wird dem Familiensystem aufgrund der positiven Bewertung der ‚neuen' Interaktionen wieder zu einer anderen Balance verhelfen, nun aber nicht mehr unter dem Vorzeichen der Hilflosigkeit oder Passivität gegenüber den Belastungen, sondern als Ausdruck der Fähigkeit zur Veränderung und aktiven Gestaltung von Bewältigungsprozessen.

Katz-Bernstein (1992, 41) fasst anschaulich zusammen, welche Haltung gegenüber den Eltern in einem kooperativen Beratungsverständnis zum Tragen kommt. Neben dem Bemühen um einfühlendes Verstehen werden folgende inneren Einstellungen ausgedrückt:

- „Ich akzeptiere Ihre Art
- Ich will Sie nicht belehren
- Ich möchte mit Ihnen zusammenarbeiten
- Ich unterstütze Ihre Arbeit
- Ich brauche Ihre Unterstützung auch für meine Arbeit
- Wenn Sie es wünschen, können wir versuchen, gemeinsam eine Lösung für ein Problem zu finden"

Nochmals zur Verdeutlichung: Wir sind *keine Familientherapeuten und nicht per se als Ehe- oder Familienberater* tätig, obwohl wir unser

Wissen und unsere Fähigkeiten in diesem Bereich natürlich durch Fort- und Weiterbildungen erweitern können.

Wir sind als Sprach- und Kommunikationstherapeuten *Experten für das Thema Stottern und Kommunikation*, und wir müssen die Kompetenz der Eltern für die Verwirklichung ihrer Erziehungsmöglichkeiten unter ihren Bedingungen anerkennen. Daher können wir nicht einfach unsere Wertvorstellungen zum Maßstab nehmen und den Eltern Vorgaben für Erziehungsziele und -stile machen. Wir können aber die (Erziehungs-)Probleme, die die Eltern von sich aus schildern, mit ihnen gemeinsam erörtern und Zielvorstellungen und Lösungsmöglichkeiten entwickeln, die den individuellen Bedingungen angepasst sind.

Es gilt, die Eltern „grundsätzlich als Menschen und als (Haupt-)Erzieher des Kindes (zu) akzeptieren" (Katz-Bernstein 1992, 36). Wir können im Sinne der therapeutischen Echtheit und Ehrlichkeit unsere eigenen Einstellungen und Gefühle beschreiben und begründen, ohne von den Eltern zu erwarten, dass sie diese übernehmen müssen. Verhaltensänderungen, die wir oder die Eltern für erforderlich halten, werden durch die „Interaktion zwischen den Eltern und den Therapeuten und den Einsichten, die sich Eltern aus dieser Arbeit holen" (Katz-Bernstein 1992a, 388) ermöglicht, die *Eltern haben aber andererseits auch das Recht, „sich durch diese Gespräche nicht ändern zu müssen"* (Katz-Bernstein 1992, 37; Hervorhebung durch die Verfasser).

4.2 Kooperative Beratung mit Eltern unflüssig sprechender Kinder

In der Literatur zur Therapie des kindlichen Stotterns wird der Elternberatung ein unterschiedliches Gewicht beigemessen, je nachdem, wie die Rolle der Eltern bei der Entstehung und Aufrechterhaltung des Stotterns eingeschätzt wird. So finden sich „Trainingsprogramme", in denen den Eltern die ausschließliche Verantwortung für die Entstehung und Aufrechterhaltung des Stotterns zugeschrieben wird. Die Vertreter dieser „Trainingsprogramme" propagieren die Elternarbeit als alleinige Therapieform, zum Teil, ohne das Kind je zu Gesicht bekommen zu haben (sic!), z.B. Scherer (1995), oder nach lediglich diagnostischen Kontakten mit dem Kind, z.B. Randoll/Jehle (1990). Vor allem im angloamerikanischen Raum findet man ebenfalls Konzepte des umgekehrten Extrems, d.h. mit der ausschließlichen Einwirkung auf das Sprechen des Kindes und äußerst begrenzten oder gar keinen Elternkontakten, in denen sie über die Therapie informiert werden, z.B. das „Monterey Sprechtrainingsprogramm" (Ryan/vanKirk 1982) oder das „Speech Motor Improvement Programm" von Riley/Riley (1991, 1995).

In unserer Konzeption möchten wir uns von solchen eher eindimensional ausgerichteten Programmen abgrenzen. Gerade in der Therapie von stotternden Kindern ist es erforderlich, eine individuell abgestimmte *Verbindung von intensiver Elternbeteiligung und Therapie mit dem Kind* umzusetzen. Diese Verbindung ist vor allem deshalb notwendig, weil nicht nur *eine* Seite der Eltern-Kind-Beziehung von der Stotterproblematik betroffen ist, sondern die kommunikativen Verunsicherungen *beider* Seiten einen Großteil des Problems ausmachen. Die Eltern unflüssig sprechender oder stotternder Kinder sind oft extrem verunsichert darüber, wie sie mit diesem Thema umgehen sollen. Bei vielen anderen Entwicklungs- oder Erziehungsproblemen wissen die Eltern sehr gut, was sie tun können. Beim Phänomen des Stotterns haben sie hingegen häufig die Erfahrung von Hilflosigkeit gemacht. Außerdem machen sie sich zumeist große Sorgen über die zukünftige Entwicklung ihres Kindes. Diese Gefühle der Unsicherheit gilt es in vielen Gesprächen aufzugreifen.

Große Bedeutung erlangt die Beratung der Eltern auch dadurch, dass durch umfassende Informationen zusätzliche Verunsicherungen weitgehend abgebaut und bei den Eltern eine gelassenere, ruhigere und sicherere Haltung gegenüber den Unflüssigkeiten erzielt werden kann, womit auch präventive Zielsetzungen verfolgt werden können (vgl. Kap. 6).

Die individuelle Abstimmung des Ausmaßes und der Intensität der Eltern(mit)-arbeit ist dabei von vielen Bedingungen abhängig, so z. B. von den zeitlichen und organisatorischen Möglichkeiten der Eltern, der Eltern-Kind-Beziehung, den wechselnden therapeutischen Bedürfnissen, den Wünschen und Bedürfnissen des Kindes etc. Übergreifend lassen sich jedoch einige Prinzipien der Kooperation mit den Eltern stotternder Kinder formulieren. So möchten wir Eltern nicht als so genannte Ko-Therapeuten in unser Konzept einbinden. Es widerspricht unserem Kooperations- und Therapieverständnis, die Eltern dazu anzuleiten, mit dem Kind spezielle Übungen durchzuführen, da hiermit erhebliche Rollendiskrepanzen verbunden sind (vgl. Dehnhardt/ Ritterfeld 1998, 129 f). Wir betrachten die Eltern eher als Partner in der Beratung und Therapie, die ihre eigenen Kompetenzen zur Kommunikationsgestaltung mitbringen und die für das Kind nicht als Therapeuten, sondern als Interaktions- und Beziehungspartner fungieren.

Zu den Inhalten der so verstandenen Kooperation verweisen wir auf Kap. 4.3.

Verschiedene Ebenen der Kooperation

In verschiedenen Therapiestadien und je nach den aktuellen Bedürfnissen der Eltern, des Umfeldes und der Berater können unterschiedliche inhaltliche Schwerpunkte in den Vordergrund rücken: der Informationsaustausch, die Suche nach Lösungswegen und Ressourcen, Beratung und Begleitung bei Handlungsschritten sowie Zeit und Raum für eine emotionale Auseinandersetzung.

Informationsaustausch

Die umfassende Information der Eltern ist ein zentrales Element der Beratung. Zielsetzung ist es, die Eltern bezüglich der Phänomene von Sprechunflüssigkeiten und Stottern zu *Fachleuten in eigener Sache* werden zu lassen, damit sie im Umgang mit den Sprechunflüssigkeiten ihres Kindes, aber auch im Umgang mit ihren eigenen Reaktionen und Emotionen sicherer werden. Die Eltern werden hier über mögliche Entstehungsfaktoren und über verstärkende oder aufrechterhaltende Einflüsse informiert, damit sie Überlegungen darüber anstellen können, welche der denkbaren Bedingungen bei ihrem Kind und in ihrer Kommunikation wirken. Dadurch wird auch eine sehr individuelle Problembeschreibung erleichtert. Gleichzeitig müssen wir die Eltern auch umfassend über unser Therapiekonzept und über mögliche therapeutische Maßnahmen informieren. Im Rahmen des Informationsaustausches fließen nicht nur Informationen an die Eltern, sondern in umgekehrter Richtung auch an uns. So gewinnen wir neben den Entwicklungs- und anamnestischen Daten auch Informationen über Wünsche, Zielvorstellungen, Problembeschreibungen und Gefühle, die für die weiteren Beratungsprozesse von grundlegender Bedeutung sind.

Die Suche nach Lösungswegen und Ressourcen

Diese Suche hat zum Ziel, mit den Eltern gemeinsam *Veränderungsmöglichkeiten* für Problembereiche zu suchen. Im Gespräch werden Alternativen erarbeitet, die die vorhandenen Ressourcen aktivieren. Durch den weiteren Austausch über Handlungsmöglichkeiten, ihre Umsetzung im Alltag und die gemachten Erfahrungen werden Veränderungen ermöglicht und unterstützt.

Beratung und Begleitung bei Handlungsschritten

Häufig ist es sinnvoll, sich mit Eltern über sprechflüssigkeitsfördernde oder -hemmende Bedingungen zu verständigen und zu versuchen, Handlungsmöglichkeiten aufzubauen und zu etablieren, die die Sprechflüssigkeit des Kindes wirksam unterstützen. Grundlage für solche Handlungsänderungen stellt die Information und Motivation der Eltern dar, und zwar durch die gemeinsame Analyse – evtl. durch Videounterstützung – von natürlichen Interaktionsprozessen, z. B. beim Spiel, bei Mahlzeiten etc. Aufgabe ist es, mit den Eltern *alltagsrelevante Handlungsalternativen* zu erarbeiten und Mut zur Veränderung zu machen. Dazu kann z. B. auch die Sensibilisierung für Rückmeldungen und Formen des Modellierens gehören oder das Einüben von positivem Zuhörerverhalten im Rollenspiel (vgl. Wendlandt 1995).

Zeit und Raum für eine emotionale Auseinandersetzung

Da Sprechunflüssigkeiten und Stottern nicht nur kognitiv-rational erfahren und bewältigt werden, erlangen immer auch emotionale Prozesse in der Beratung Bedeutung. Handlungs- und lösungsorientierte Vorgehensweisen lassen häufig vergessen, dass Beratung auch einen Raum entfalten soll, in dem alles so sein darf, wie es subjektiv erlebt wird. Eine oberflächlich zielorientierte Haltung kann leicht zur Ausblendung der Dynamik von Gefühlen wie Trauer, Freude, Wut, Aggression, Stolz o. Ä. führen. Wir sind als Therapeutinnen dazu angehalten, Zeit und Raum zur Verfügung zu stellen, in dem die Eltern diese Gefühle wahrnehmen und bei ihnen verweilen können.

Die hier beschriebenen vier Ebenen der Kooperation werden im Folgenden auf Eltern unflüssig sprechender oder stotternder Kinder bezogen, um ihren Stellenwert im Beratungs-Alltag zu konkretisieren. Bei den angesprochenen inhaltlichen Schwerpunkten handelt es sich um Möglichkeiten, die nicht automatisch für alle Eltern Bedeutung haben und für alle Beratungen gelten müssen. Sie stellen vielmehr eine Option für Themen und Inhalte dar, die oft von den Eltern, manchmal von den Therapeuten in die Beratungsgespräche eingebracht werden. Die weitere inhaltlich-methodische Konkretisierung, d. h. das ‚Wie‘ der Beratung, erfolgt dann in einem nächsten Schritt in Kap. 4.3.

Subjektive Theorien aufgreifen

Eltern haben immer bestimmte Annahmen darüber, wie das Stottern entstanden ist, unter welchen Bedingungen es sich verändert, und welche Auswirkungen es in Zukunft haben wird. Vor allem die Gedanken über zukünftige Entwicklungen sind dabei oft mit großen Ängsten verbunden, z. B. über die Bewältigungsleistungen, die ein stotterndes Kind in der Schule oder Ausbildung erbringen muss. Die große Besorgnis der Eltern, die häufig zwischen den Partnern variiert, muss ernst genommen und in den Beratungsgesprächen aufgegriffen werden, indem wir über die Werthaltungen, Wünsche, emotionalen Belastungen und deren Auswirkungen auf die jetzige Situation sprechen sowie über Veränderungsmöglichkeiten und Einflussbereiche, die sich aus der therapeutischen Intervention und Begleitung ergeben können.

Eltern zu ‚Spezialisten‘ für das Thema Stottern machen

Informationen, die man über eine bestimmte Problemstellung hat, entlasten bei der Bewältigung, indem sie die Entscheidung über förderndes oder hinderliches Handeln erleichtern. Eigene Gefühle und Reaktionen lassen sich vor dem Hintergrund von neuen Informationen besser einordnen und interpretieren. Die oft bestehenden Unsicherheiten im kommunikativen Umgang miteinander können durch gezielte Informationen ebenfalls wirksam reduziert werden: Eltern können sicherer mit belastenden Situationen umgehen, wenn sie z. B. mögliche Handlungsweisen bereits einmal angesprochen und erprobt haben oder vielleicht sogar im Rollenspiel erfahren konnten.

Entlastung von Schuldgefühlen: über mögliche Entwicklungsbedingungen und verstärkende bzw. aufrechterhaltende Faktoren informieren

Mit der Betonung des Entwicklungsaspekts des Stotterns kann man erreichen, dass die Eltern von ihren häufig sehr ausgeprägten Schuldgefühlen entlastet werden. Man kann die Einflüsse der Eltern auf die Weiterentwicklung von Unflüssigkeiten ansprechen, ihnen aber auch verdeutlichen, dass sie an dem ersten Auftreten der Unflüssigkeiten nicht schuldhaft oder verursachend beteiligt waren (vgl. Kap. 1.2), sondern dass es sich dabei höchstwahrscheinlich um entwicklungsgerechte und notwendige Prozesse gehandelt hat, die in der Folge unter eine Reihe von ungünstigen Einflüssen geraten sind. Damit werden die Einflüsse und Schuldgefühle der Eltern nicht bagatellisiert, aber in ihrer Bedeutung für das Phänomen deutlich verringert.

Eltern aus belastenden Vorurteilen entlassen

Die Eltern selbst, aber auch viele Personen des Umfelds, treffen oft negative Eigenschaftszuschreibungen gegenüber stottern-

den Personen und ihren Familien: ‚Stotterer' werden als psychisch labil bezeichnet oder als Personen, die nicht in der Lage sind, ihre Gefühle angemessen zu äußern; die Ursache des Stotterns wird häufig im fehlerhaften Erziehungsverhalten der Eltern gesehen; Eltern und Kinder bekommen gut gemeinte, aber in der Regel wenig hilfreiche Ratschläge (z. B.: „Lasst Euer Kind ausreden!", „Tun Sie so, als würden Sie nichts bemerken!") von Verwandten, Freunden, Fachleuten etc. Die Belastung, die dadurch auf die Eltern und das Kind wirkt, ist die Annahme, dass die Eltern im Umgang mit den Unflüssigkeiten etwas falsch gemacht haben müssen, dass sie die Bedürfnisse ihres besonders sensiblen Kindes nicht beachten, und dass sie sich nur ‚richtig' verhalten müssten, dann würde das Stottern schon wieder verschwinden. Auch hier kann man mit den Informationen darüber, dass Eltern *zwar Einflüsse auf die Entwicklung, aber keine Schuld am Entstehen von Unflüssigkeiten* haben, viel zur Entlastung beitragen und den Eltern Hilfen für ihre Argumentation im Umgang mit diesen Vorurteilen bieten.

Ressourcen entdecken

Aufgrund des mit dem Stottern verbundenen emotionalen Drucks fällt es Eltern oft schwer wahrzunehmen, wann Kommunikationsprozesse gelingen, wann das Kind flüssig spricht, wann Kommunikation unbelastet verläuft etc. Durch die ständige Beschäftigung mit einem Problem kann sich das Problem auch verstärken – dies gilt übrigens auch für die Therapie selbst.

Ein Ziel der Beratung ist es folglich immer auch, die Perspektive auf die *Kommunikationskompetenzen* aller Beteiligten zu lenken. Durch ressourcenorientierte Anregungen kann man dazu beitragen, dass der Blick sich auch auf positive Wahrnehmungen richtet. Bestimmte Frageformen, die an die „zirkulären Fragen" der systemischen Beratung und Therapie angelehnt sind, unterstützen diesen Prozess. Dazu gehören z. B. Fragen nach Ausnahmen („Was ist anders, wenn Ihr Kind flüssig spricht?", „Wann finden Sie das Sprechen Ihres Kindes gut oder angenehm?") oder Fragen nach Kompetenzen („Wie haben Sie es geschafft, so viel Ruhe herzustellen?", „Wie haben Sie es geschafft, positive Rückmeldungen für flüssiges Sprechen zu geben?").

Grundlegende Literatur zu solchen Problemlösungsansätzen und deren Anwendung in der Beratungspraxis findet sich z. B. bei Eberling/Hargens 1996; Gruntz-Stoll 1994; Hansen 1996; Iven 1994, 1995; Keeney 1987; Mutzeck 1996; Palmowski 1997; deShazer 1995, 1996; Walter/Peller 1994 und Weiss/Haertel-Weiss 1995.

Ängste und Unsicherheiten wahrnehmen und ansprechen

Eltern haben oft ambivalente Gefühle gegenüber der Therapie: Einerseits wünschen sie sich, dass etwas unternommen wird. Andererseits können sie die damit verbundenen Veränderungen und Anforderungen im Vorfeld nicht gut einschätzen und sind deshalb verunsichert, was auf sie und ihr Kind nun zukommt. In diesem Zusammenhang sind Informationen über therapeutische Vorgehensweisen und Grundhaltungen von großer Bedeutung, weil sie den Eltern einen Überblick darüber verschaffen, was sie von uns erwarten können, was von ihnen erwartet wird und dass wir bemüht sind, uns mit der inhaltlichen und organisatorischen Therapiegestaltung an ihren Bedürfnissen und Möglichkeiten zu orientieren. Eine solche Auftragsklärung über Erwartungen und Ziele beider Seiten trägt zur Vermeidung von Missverständnissen bei, da sie einen Abgleich von ‚Angebot und Nachfrage' ermöglicht (vgl. Walter 2000).

Mitunter sind Eltern auch verunsichert darüber, ob bestimmte therapeutische Anforderungen für sie selbst und ihr Kind nicht eine Überforderung darstellen. Wenn wir überzeugt sind, dass auch ein zunächst kritisch bewertetes Therapieangebot sinnvoll ist, können wir mögliche Vorbehalte der Eltern auch ins Positive kehren, indem wir die Sichtweise „Das klappt bestimmt nicht, das wird er nicht mitmachen" im Sinne der systemischen Beratung erweitern und die Eltern fragen, was gegeben sein müsste, damit die vermuteten Schwierigkeiten *nicht* auftreten und wie man die Situation so gestalten und vorbereiten könnte, dass das angestrebte Ziel erreicht werden kann. Auch hier sind ressourcenorientierte Frageformen (s. o.) eine sinnvolle Unterstützung. Durch ein gedankliches Vorab-Handeln und durch die Auseinandersetzung mit Handlungsalternativen im Gedankenexperiment kann vieles an Unsicherheiten im Vorfeld vermieden werden, weil man eventuell vorhandene Ängste aufgreifen und in lösungsorientierte Handlungen umsetzen kann.

Enttabuisierung der Themen „Unflüssigkeiten" und „Stottern" auch innerhalb der Familie

Der Hinweis, der vielen Eltern von Laien oder Fachleuten gegeben wird, einfach nicht auf die Unflüssigkeiten zu reagieren, ist aus kommunikationspsychologischer Sicht nicht haltbar. Das angestrengte Bemühen, nicht zu reagieren, *ist bereits eine Reaktion,* ebenso wie kaum merkliche, nonverbale Verhaltensweisen wie Zuwenden, Aufnahme oder Abbruch von Blickkontakt, Blinzeln, Abbruch der bisherigen Tätigkeit etc. Es erfolgen also immer mehr oder weniger deutliche Signale von Eltern und Kind, es wird aber nicht darüber gesprochen.

Diese Tabuisierung macht es dem Kind und den Eltern nicht einfacher, mit dem

Problem umzugehen. Eltern verzichten oft auf einen direkten Kommentar oder das Ansprechen des Stotterns, um die Gefühle des Kindes nicht zu verletzen. Kinder sprechen das Thema von sich aus lange nicht an, weil sie merken, dass die Eltern nicht darüber sprechen mögen – denn sonst hätten diese längst etwas gesagt. Durch diesen Teufelskreis, der durch die Rücksicht auf die Gefühle des anderen entsteht, wird das Stottern immer mehr zum Tabuthema. Etwas, worüber man nicht sprechen darf, wird, wenn es immer wieder auftritt, immer wichtiger und bedrohlicher. Das Kind fragt sich – bewusst oder unbewusst – warum seine Eltern ihm nicht helfen, so wie sie es bei andern ‚Missgeschicken' auch tun. Es muss etwa sehr Schlimmes sein, wenn man nicht darüber sprechen darf.

Es ist wichtig, den Eltern Mut zu machen, diesen Teufelskreis zu durchbrechen und damit für Entlastung für sich und das Kind zu sorgen (vgl. Kap. 4.3).

Blickwinkel für Sprechflüssigkeit erweitern

Dem Prinzip der „Selbsterfüllenden Prophezeiungen" (Watzlawick 1991) folgend bestimmt die Vorannahme, dass Stottern wieder auftreten könnte, die Wahrnehmung des Sprechens: Die Eltern warten schon auf das nächste Symptom, und das tritt dann natürlich auch auf, sodass die Befürchtungen der Eltern bestätigt werden und die nächste Kommunikationssituation wiederum von ‚Stottererwartungen' belastet wird. So werden eventuell, wenn die Situation sich zuspitzt, nur noch auftretende Unflüssigkeiten wahrgenommen und kaum noch der Inhalt des Gesagten.

Diesen Teufelskreis aus Vorannahmen, Erwartungen, Wahrnehmungen und Bewertungen von Kommunikationen können wir z.B. dadurch unterbrechen, indem die Eltern

dazu angeregt werden, ganz bewusst ihre Wahrnehmung auf die *flüssigen Sprechanteile* ihres Kindes zu richten und Situationen und Bedingungen zu schildern, in denen flüssig gesprochen wird. Wie bei den oben geschilderten Unterstützungsprozessen für neue Blickwinkel sind auch hier Fragen nach Ausnahmen und Kompetenzen hilfreich. Oft kann auch die Aufgabe sinnvoll sein, aus einer Sprachprobe den – meist sehr geringen – prozentualen Anteil von Unflüssigkeiten zu ermitteln und so das Überwiegen der flüssigen Äußerungen zu erkennen, um bei den Eltern einen Perspektivenwechsel zu ermöglichen: weg von der Wahrnehmung des Problems, hin zur Wahrnehmung von Kompetenzen, flüssigem Sprechen und günstigen Kommunikationsbedingungen.

Perspektiven schildern

Therapeuten müssen mit den Eltern offen über Perspektiven der Therapie sprechen. Die Eltern haben ein berechtigtes Interesse daran zu erfahren, welche Chancen für ein völliges Verschwinden der Symptomatik bestehen und welche Therapieziele erreichbar sind. Ein offener Austausch darüber, was die Eltern von der Therapie erwarten können, ohne damit ein pauschales und unbegrenztes ‚Heilungsversprechen' abzugeben, das bei den Eltern Hoffnungen erzeugt, die vielleicht nicht einlösbar sind, kann eine positive Motivation erzeugen. So wecken wir keine unrealistischen Aussichten, wie z.B. eine ‚Heilung' in wenigen Wochen, die in vielen stationären Intensiv-Maßnahmen zugesagt wird. „Diese schnelle und dauerhafte Heilung (…) ist leider ein Märchen. (Niemand) kann das Stottern dauerhaft ‚wegzaubern'" (Oertle 1998, 96). Eine differenzierte Einschätzung der individuellen Bedingungen, aber auch der therapeutischen Grenzen verhilft den Eltern dazu, ihre eigenen Einflussmöglichkeiten und Hilfestellungen besser einzuschätzen.

> Letztendlich zielen alle diese Bereiche auf einen Punkt ab, nämlich die Eltern im Umgang mit ihren Gefühlen, Bewertungen, Kommunikationen, Gesprächspartnern, Reaktionen etc. sicher zu machen, sodass Gefühle der Hilflosigkeit und des Ausgeliefertseins gegenüber dem Stottern reduziert werden können und sich Perspektiven für wirksame Handlungsalternativen entwickeln. Wie für das Kind gilt die Zielsetzung der kommunikativen Sicherheit und Autonomie auch für die Eltern.

4.3
Inhalte der Kooperation mit den Eltern

Anhand einiger zentraler Fragen, die immer wieder gestellt werden, möchten wir exemplarisch die inhaltliche Bandbreite des Beratungsbedarfs erläutern und die Möglichkeiten beschreiben, die uns in der Therapiepraxis helfen, diesen Anforderungen gerecht zu werden.

Was haben wir falsch gemacht? Sind wir schuld am Stottern unseres Kindes?

Eltern machen sich oft Vorwürfe, dass sie in der Erziehung des Kindes einen Fehler gemacht haben könnten, der das Stottern verursacht hat. Durch viele Personen ihres Umfeldes, aber auch durch Aussagen von Fachleuten werden diese Schuldgefühle noch verstärkt (wenn z. B. das Stottern des Kindes als Neurose auf der Basis „spezifischer traumatischer Milieueinwirkungen" (Richter 1969, 16) beschrieben wird oder in Elternratgebern die Ursache des Stotterns in der „gluckenhaften, übertrieben ängstlichen Fürsorge seiner Mutter" (Nagl-Jancak/Thabet 1989, 35) gesehen wird). Die weit verbreitete

Einschätzung, dass Stottern die Folge von Erziehungsfehlern oder psychischen Auffälligkeiten der Eltern oder des Kindes ist, kann dazu führen, dass die Eltern sich und ihr Verhalten kritisch hinterfragen und ihre Eigenanteile äußerst negativ bewerten.

Fragt man die Eltern nach konkreten Situationen, so bekommt man eine große Bandbreite von Gegebenheiten geschildert, in denen Eltern das Gefühl bekommen haben, falsch und damit stotterverursachend reagiert zu haben.

Dazu einige Beispiele:

• „Er hat mir einen Korb mit Wäsche, die ich gerade gebügelt und gefaltet hatte, umgeworfen und zerwühlt. Da habe ich das erste Mal richtig laut und böse mit ihm geschimpft und danach hat das Stottern angefangen."

• „Ich hätte nicht zulassen dürfen, dass sie an den Polypen operiert wird. Ich hatte solche Ängste, dass dabei etwas schief gehen könnte, und dann ist auch wirklich der Narkoseunfall passiert, und sie hat anschließend nicht mehr sprechen können. Wenn ich nur die Operation verhindert hätte!"

• „Ich bin mit ihm unter einer Brücke hindurchgegangen, als darüber ein Zug fuhr. Darüber hat er sich so erschrocken, dass er seitdem stottert. Wenn ich ihm doch nur die Ohren zugehalten hätte, dann würde er normal sprechen!"

• „Wir haben ihn bei Oma gelassen, und da ist er von der Schaukel gefallen. Als wir ihn abends abholen kamen, hat er gestottert."

Viel an Entlastung kann hier die Information über primär reifungs- bzw. entwicklungsbedingte Einflüsse auf die Entstehung von Unflüssigkeiten bringen. Zumeist bieten wir dazu die Modelle an, die wir in Kap. 1 zur Erklärung der Sprechflüssigkeits- und -unflüssigkeitsentwicklung erstellt haben. Auch das Kreismodell der Einflussfaktoren von Schulze (1992, 87) oder das Wippe-

Modell nach Starkweather (s. Abb. 1.2 – 1.4) machen deutlich, dass das Handeln der Eltern *ein* Faktor unter vielen anderen ist und nicht ursächlich für das Entstehen von Unflüssigkeiten verantwortlich gemacht werden kann. Wenn die Eltern über solche Modelle hinaus noch Informationen haben möchten, kann man ihnen auch Texte empfehlen, in denen von der üblichen Vorurteilslage und Schuldzuschreibung abgewichen wird und die Eltern von ihren unangenehmen Gefühlen entlastet werden. Mit den Forschungsergebnissen, die Schulze (1992) in seinem Artikel „Stottern und familiäre Interaktion" benennt, wird deutlich, dass sich die Erziehungsstrukturen der Eltern stotternder Kinder nicht von denen der Eltern flüssig sprechender Kinder unterscheidet und dass Erziehungsziele und Elternpersönlichkeiten in beiden Gruppen mit der gleichen Variabilität vertreten sind. Auch der Artikel von Baumgartner (1997) ist für interessierte Eltern empfehlenswert, da er den Entwicklungscharakter des Stotterns betont und viele der beobachteten Symptome in den Rahmen physiologischer Prozesse einordnet, sodass die Eltern hier ebenfalls entlastet werden. Auf die besondere Problematik der schriftlichen Elternratgeber gehen wir in einem Exkurs in Kap. 4.4 noch ausführlich ein.

Wenn man den Eltern über die oben genannten Informationen hinaus vermitteln kann, dass ihre Reaktionen auf die Unflüssigkeiten nicht als kontraproduktive Fehlreaktionen angesehen werden, sondern als ihre *Hilfsversuche und -angebote*, die mehr oder weniger gut funktioniert haben, nimmt man ihnen einen großen Teil der Schuldgefühle. Die bisher sehr negativ besetzten Gefühle gegenüber dem Stottern und den Versuchen, damit umzugehen, werden als aktive Form der Bewältigung bewertet und nicht mehr in Kategorien wie ‚falsch' oder ‚richtig', ‚gut' oder ‚schlecht' eingeordnet. Mit einer lösungsorientierten Grundhaltung bleibt man nicht in der Analyse dessen, was in der Vergangenheit problematisch war, stecken, sondern wendet sich im Sinne einer Kompetenzzuschreibung den Dingen zu, die bereits funktionieren oder die veränderbar sind.

Ziel dieser Haltung den Eltern gegenüber ist die Reduzierung von Schuldgefühlen und die Aktivierung der eigenen Möglichkeiten, Veränderungen zu erreichen, und zwar in kleinen Schritten, zukunftsorientiert und alltagsrelevant. Durch die vielen Informationen, die zwischen uns und den Eltern fließen, und durch das von uns vermittelte Vertrauen in die Kompetenzen der Eltern zur eigenverantwortlichen Bewältigung, können wir die vorherige Problemorientierung weitgehend in eine Lösungsorientierung umwandeln. „Dabei werden persönliche Ressourcen zur Bewältigung und zur Handlungsleitung, die Selbstwirksamkeitserwartung, die Reflexionsfähigkeit, Autonomie und Verantwortung bewußt gemacht, verstärkt und gegebenenfalls erweitert" (Hansen 1996, 51 f).

Wie sollen wir auf die Unflüssigkeiten reagieren?

Eltern bekommen aus ihrem persönlichen Umfeld, aber auch von Fachleuten als Ratschlag immer wieder zu hören, dass sie sich über die Unflüssigkeiten nicht aufregen sollen, dass sie sie gar nicht beachten und einfach so tun sollen, als hätten sie nichts bemerkt. Nun ist seit langem aus der Kommunikationspsychologie bekannt, dass man nicht Nicht-Reagieren kann (Watzlawick/Beavin/Jackson 1969; s. auch Kap. 4.2). Jede Kommunikation ist von wechselseitigen Aktionen und (manchmal unbewussten, ungesteuerten) Reaktionen geprägt. Allein die Aufforderung „Reagiere bewusst gar nicht, wenn das Kind stottert" führt zu der paradoxen Situation, dass man die Stottersituationen gezielt wahrnimmt und sein eigenes Handeln beobachtet und kontrolliert. Dies führt häufig zu Anspannungen und unnatürlichen

Reaktionen und eben nicht zur erwarteten, entspannten Umgangsweise mit dem Problem. Die Gefahr, dass die Stottersymptome mit Double-Bind-Verhalten beantwortet werden, ist ungeheuer groß: Auf das Stottern des Kindes wird im Bemühen, nur ja keine direkte Reaktion zu zeigen, verbal vielleicht tatsächlich nicht reagiert (indem Bemerkungen, Hinweise, Kritik, Hilfsangebote etc. unterbleiben), während unbewusst trotzdem gestisch-mimische oder Körper-Reaktionen erfolgen, z. B. Hinwendung zum Kind, Aufblicken, Wegblicken, Luftanhalten, Unterbrechung der eigenen Tätigkeit, Stirnrunzeln etc., wie man auf Video-Aufnahmen von der Interaktion mit stotternden Personen sehr gut beobachten kann.

Aufgrund dieser kommunikationspsychologischen Tatsachen ist der Hinweis, das Stottern zu ignorieren, für Eltern nicht realisierbar. Im Gegenteil bedeutet es vermehrten kommunikativen Stress, sich in der Stottersituation so unter Kontrolle zu halten, dass man seine Betroffenheit nicht durch direkte Reaktionen verrät. Eltern berichten immer wieder, wie sehr es sie belastet, nicht reagieren und damit auch nicht helfen oder ihren eigenen Gefühlen Ausdruck verleihen zu dürfen. Unser Hinweis ist dann häufig, es doch einfach einmal auszuprobieren, was passiert, wenn Eltern doch reagieren, indem sie z. B. nach einer von starker Symptomatik geprägten Erzählung eine Rückmeldung über ihre Gefühle geben, bevor sie den Inhalt des Gesagten aufgreifen und kommentieren.

Bei einer starken Blockierung lässt sich z. B. sagen: „Da hast du aber viel Kraft zum Sprechen gebraucht" oder auch „Das war anstrengend zu erzählen, aber das war ja auch ganz spannend mit dem Zauberer im Kindergarten!" Diese Möglichkeit, die soeben hörbar gewordenen Belastungen zu verbalisieren, ohne sie zu dramatisieren und ohne sich danach noch lange damit zu beschäftigen, entlastet Eltern und Kind. Hier bietet sich eine natürliche Reaktionsform, in

der die Eltern sich nicht zu verstellen brauchen und dem Kind nicht der Eindruck vermittelt wird, dass sich etwas ganz ‚Schlimmes' ereignet hat. Man ‚verbietet' Eltern ja auch nicht, auf ein Stolpern, auf eine verzeichnete Linie, auf das Fallenlassen eines Glases o. Ä. zu reagieren. Eine klare, direkte und der kindlichen Persönlichkeit angemessene Reaktion auf ein Ereignis, das auftreten *kann*, danach aber auch wieder verschwindet, ist sicher günstiger für die Kommunikationsentwicklung und das Kommunikationsverhalten als die sehr problematischen Double-Bind-Verhaltensweisen, die mit dem (fruchtlosen) Bemühen um Nichtreaktion verbunden sind.

Was sollen wir sagen, wenn unser Kind fragt, warum es stottert?

Die meisten Eltern befürchten, dass ihr Kind sie ganz direkt fragen könnte, warum es stottert, oder haben bereits die Erfahrung gemacht, dass sie auf diese Frage nur schwer eine Antwort finden konnten. Die Eltern können beispielsweise erklären, dass man viele Dinge erst lernen muss (z. B. Laufen, Rad fahren, Malen) und dass das Sprechen etwas sehr Kompliziertes ist, sodass es manche Kinder etwas langsamer lernen als andere. Vielleicht kennt das Kind auch noch andere Kinder, die mit dem Sprechen Schwierigkeiten haben, die z. B. lispeln, andere Aussprachestörungen oder grammatikalische Auffälligkeiten zeigen, sodass sich für das Kind eine sprachliche Analogie herstellen lässt.

Wenn die Eltern dazu ermutigt werden können, die Unflüssigkeiten als Lernphase auf dem Weg zur Sprechflüssigkeit zu sehen, können sie dies wahrscheinlich auch dem Kind vermitteln. Oft hilft es den Eltern ebenfalls, wenn wir mit ihnen gemeinsam nach Bildern und Beispielen suchen, die verdeutlichen, dass niemand alles gleich gut kann und dass man auch mit kleinen Problemen (z. B. Brille, Zahnklammer, Ungeschick beim Malen, Laufen, Balancieren) ein vollwertiger, liebenswerter Mensch ist. Vielleicht können die Eltern ihrem Kind auch von eigenen Unzulänglichkeiten berichten, die sie manchmal belasten oder früher belastet haben, aber ihr Selbstwertgefühl nicht beeinträchtigen (wenn z. B. ein Elternteil erst sehr spät schwimmen oder Rad fahren gelernt hat, wenn man in einem Schulfach besonders schlecht war, wenn man wegen irgendeines Ereignisses im Freundeskreis gehänselt wurde).

Bilderbücher zum Thema „Anderssein", („Zicke-Zacke, jedem seine Macke"; „Elmar"; „Lisa hat so große Füße"; „Das kleine Ich bin Ich", vgl. Kap. 7.9) können ebenfalls eine große Hilfe sein und das Gespräch mit dem Kind über seine Gefühle anregen. Dadurch eröffnen Eltern ihrem Kind die Möglichkeit, Gefühle wie Angst, Trauer, Wut, Scham, aber auch Freude, Stolz oder Zufriedenheit wahrzunehmen und bei ihnen zu verweilen, ohne sie zu bagatellisieren oder schnell wegzudrängen.

Darüber hinaus ist es immer eine hilfreiche Unterstützung (unerheblich, ob das Kind seine Gefühle im Zusammenhang mit dem Stottern direkt verbalisiert oder nicht), die Kompetenzen des Kindes in sprachlichen und anderen Bereichen hervorzuheben. Dabei sollten die Eltern darauf achten, nicht nur den Lern-/Leistungsbereich zu berücksichtigen („Das hast du gut gemacht/gemalt/gebaut …"), sondern auch soziale und kommunikative Fähigkeiten zu erwähnen („Schön, dass ihr euch wieder vertragen habt."; „Es macht Spaß, mit dir zu spielen" …).

Im sprachlichen Bereich lassen sich gegenüber der Empfindung, dass das Sprechen oft schwierig ist und nicht gut gelingt, deutliche *Kontrapunkte der sprachlichen Kompetenz* setzen durch bewusstes Loben, wenn Sprechakte gelingen („Das hast du aber schön erzählt!", „Ich habe gerne zugehört.", „Das war angenehm für meine Ohren." oder wenn das Kind z. B. beim Rollenspiel mit einer Puppe flüssig spricht: „Die Puppe hat eine schöne Stimme/kann gut sprechen/kann tolle Sachen erzählen"). Dasselbe gilt auch, wenn andere sprachliche Fähigkeiten erkennbar werden, z. B. singen, Abzählverse, Fingerspiele oder Gedichte aufsagen, Sprechspiele wie „Ich sehe was, was du nicht siehst" o. Ä. Auch hier steht das Kompetenzmodell im Mittelpunkt, nämlich die Betonung von gelungenen Kommunikationsprozessen und die Erfahrung von sprachlich-kommunikativen Fähigkeiten und deren positiver Bewertung.

Sehr hilfreich ist es, wenn auch die Eltern das Kompetenz-Konzept unterstützen. Eine Möglichkeit, ihnen dies nahe zu bringen, ist das *Sprechflüssigkeitstagebuch*. Dazu werden die Eltern gebeten, die Situationen, in denen das Kind flüssig gesprochen hat, zu dokumentieren. Die Form der Dokumentation kann dabei sehr unterschiedlich sein, je nachdem, was den Eltern zeitlich und organisatorisch möglich ist. So ist z. B. denkbar, dass die Eltern pro Woche drei sprechflüssige Situationen in Stichworten festhalten, dass sie pro Tag mehrere Situationen schildern oder für jeden Tag eine Gesamtwertung der Sprechflüssigkeit in eine Art Wochenplan eintragen. Auch hier kann es sich als sehr günstig und unterstützend erweisen, wenn die Eltern mit dem Kind über diese Form der Sprechflüssigkeits-Dokumentation sprechen und dem Kind mitteilen, welche Situation sie notiert haben. So können in der Familie Gespräche über die Kompetenzen des Kindes entstehen und die Konzentration der Kommunikationspartner rückt von der Wahrnehmung von Unflüssigkeiten ab und wendet sich der Wahrnehmung von Sprechflüssigkeit zu. Gleichzeitig wächst bei allen Beteiligten aber auch die Wahrnehmung für sprechflüssigkeits*fördernde* Situationen und Handlungen, sodass diese immer öfter angeboten werden können. Wenn diese Aufmerksamkeitsverlagerung in der Therapie und der familiären Kommunikation gelingt, ergibt sich eine wirkungsvolle Unterstützung für flüssiges Sprechen.

Was sollen wir sagen, wenn unser Kind fragt, warum es zur Therapie kommt?

Die Beantwortung dieser Frage hängt nicht vom Alter des Kindes ab, sondern von den bisherigen emotionalen Reaktionen auf Symptome und dem Grad der bisher vollzogenen Auseinandersetzung mit dem Thema „Stottern" (vgl. Kap. 1.5). Die Bandbreite der Möglichkeiten reicht von „Da gibt es jemanden, der gerne wissen möchte, womit Kinder in deinem Alter gerne spielen. Dort ist ein Spielzimmer, da kannst du vieles ausprobieren" über „Weil dein Sprechen manchmal nicht so gut klappt und damit du lernen kannst, wie das Sprechen einfacher geht" bis hin zu „Damit wir zusammen etwas gegen dein Stottern tun können".

Wichtig bei der Beratung der Eltern über den Umgang mit dieser Frage ist es, an ihr Gespür dafür, was und wie viel ihr Kind wissen möchte, zu appellieren – das können die Eltern aufgrund ihrer Kenntnisse gut einschätzen und dann die für ihr Kind passende Begründung auswählen. Es gibt in jedem Alter Kinder, die sich schon sehr viele Gedanken über ihr Sprechen und die manchmal dabei auftretenden Schwierigkeiten gemacht haben. Mit diesen Kindern kann man direkt über das Stottern sprechen, vielleicht mit der Hilfestellung von umschreibenden Formulierungen wie „Hängenbleiben" oder „Stolpern". Andere Kinder sprechen trotz vieler Unflüssigkeiten recht unbelastet vor sich hin – hier sollte man sehr genau die individuellen Reaktionen und Bewältigungsformen beobachten und indirekter vorgehen.

Eltern müssen ihr Kind nicht belügen, sie müssen aber auch nicht immer alles sagen, was sie wissen: Es macht wenig Sinn, das Kind mit etwas zu konfrontieren, was es selbst nicht als Problem wahrnimmt. Andererseits sollte man das Ziel der Stottertherapie aber auch nicht verschweigen oder beschönigen, wenn das Kind schon sehr genau weiß, um was es geht, sich bisher nur nicht getraut hat zu fragen, was wir nach unseren Erfahrungen bei sehr vielen Kindern vermuten können.

Was können wir zu Hause tun?

Zumeist haben die Eltern vor und während der Therapie das Bedürfnis, selbst auch zum Gelingen beizutragen bzw. ihr Kind in seiner Sprechflüssigkeitsentwicklung zu unterstützen. Wie wir bereits in Kap. 4.2 dargestellt haben, betrachten wir Eltern nicht als unsere Ko-Therapeuten, denen wir Übungsaufgaben mit nach Hause geben möchten, die dann im Sinne von ‚Hausaufgaben' mechanistisch ausgeführt werden müssen. Stattdessen folgen wir auch in diesem Bereich der Ressourcenorientierung, indem wir zunächst mit den Eltern die Bedingungen analysieren, in denen unbelastete, entspannte Kommunikationsformen vorherrschen und flüssiges Sprechen gelingt. Wenn so einige Voraussetzungen für flüssiges Sprechen ermittelt werden konnten, werden die Eltern darin unterstützt, diese Bedingungen bewusst wahrzunehmen und kontinuierlich auszubauen. Damit können Eltern an ihren Alltagserfahrungen anknüpfen und müssen sich nicht neue, ‚verschriebene' Handlungsweisen aneignen.

Häufig zielt die Suche nach Handlungsmöglichkeiten auch auf den Bereich der Reduzierung kommunikativer Unsicherheiten und Belastungen. Dazu ist es zunächst erforderlich, die Bereiche, die zu Kommunikationsdruck führen können, herauszufiltern. Eine an Schulze/Johannsen (1986, 106) orientierte Auflistung gibt den Eltern einige

Beispiele für Belastungsfaktoren, die sie zum Teil bei sich wieder entdecken oder schon als problematisch benannt haben, von denen sie sich jedoch auch zu ihrer Entlastung abgrenzen können.

Allgemeine Ursachen für umweltbedingte Belastungen und Unsicherheiten

- unregelmäßige Planung und Ablauf von Alltagsaktivitäten, z. B. bei Mahlzeiten, Schlafenszeiten, Freizeitaktivitäten, Fernseherlaubnis etc.
- Handlungsabläufe, die unvorhersehbare Hektik und Zeitdruck hervorrufen, z. B. Termine, über die das Kind vorher nicht informiert wurde, zu wenig eingeplante Zeit bis zur Abfahrt in den Kindergarten, o. Ä.
- ständige Veränderungen in der Zusammensetzung der Konstellation von Bezugspersonen (Verwandtenbesuch, Abwesenheit von Eltern/Elternteilen, häufiger Wechsel von Bezugspersonen wie Au-Pair-Mädchen oder Tagesmüttern, unvorhersagbarer Wechsel der Personen und Zeiten, von bzw. in denen das Kind zum Kindergarten gebracht oder von dort abgeholt wird etc.)
- wiederkehrende Erwartungen und Ansprüche, die das Kind nicht erfüllen kann, z. B. das Zimmer aufzuräumen, sich nicht mit den Geschwistern zu streiten, sich vor den Mahlzeiten die Hände zu waschen etc.
- geringe Zuwendungszeit für das Kind, geringe ausschließliche Zuwendungszeit für das Kind, wenn z. B. die Familie immer alles gemeinsam unternimmt, immer die Geschwisterkinder mit anwesend sind etc.

Spezifische Ursachen für kommunikativen Druck und Unsicherheiten

- ungünstiges Zuhörverhalten in der Familie, z. B. wenn alle sich oft ins Wort fallen, wenig Rückmeldungen gegeben werden, die dem Kind wichtige Inhalte ignoriert werden etc.

- elterliche Sprach- und Sprechcharakteristika, z. B. hohes Sprechtempo, sehr hohes linguistisches Niveau etc.
- verbales Bombardement, das viele Belehrungen, Argumentationen, Erklärungen und vor allem Fragen beinhaltet, die vom Kind komplexe Antworten auf hohem Sprachniveau erfordern
- konkurrenzhafte Sprecherumgebung, die z. B. dann gegeben ist, wenn mehrere Geschwister um die Aufmerksamkeit der Eltern oder anderer Zuhörer konkurrieren

Allein schon das gemeinsame Besprechen dieser Belastungsfaktoren führt oft dazu, dass Eltern erleichtert feststellen, dass vieles von dem, was hier als problematisch benannt wird, bei ihnen nie oder nur sehr selten passiert. Zwei der genannten Bereiche werden von den Eltern sehr häufig als für sie und ihre Familie zutreffend beschrieben, nämlich der *Zeitdruck* und die *konkurrenzhafte Sprecherumgebung*. Auf beide Faktoren werden wir im Folgenden wegen ihrer großen Bedeutung näher eingehen.

Zeitdruck im Alltag

In jeder Familie entsteht hin und wieder Zeitdruck, etwa wenn sich Termine häufen, wenn man sich mit der zur Verfügung stehenden Zeit für bestimmte Aufgaben verschätzt hat und wenn plötzlich ‚etwas dazwischen kommt‘.

In manchen Familien ist Zeitdruck jedoch nicht die Ausnahme, sondern die Regel: „Bei uns ist jeden Morgen der Teufel los.“, „Er zieht sich nie schnell genug an, wenn wir los müssen.“, „Wir kommen immer zu spät weg.“ Solcher Zeitdruck entsteht leicht, wenn die Erwachsenen eine andere Vorstellung von Zeiteinteilung und Handlungsabläufen haben als Kinder, wenn viele Dinge gleichzeitig erledigt werden müssen, oder auch, wenn viele Aktivitäten in einem engen Zeitrahmen nacheinander koordiniert werden müssen. Wenn dann einmal eine Verspätung aufgetreten ist, kumuliert der Zeitverzug immer mehr. Das ist oft der Fall, wenn für Kinder (und Erwachsene) in der Familie eine Fülle von Freizeitaktivitäten organisiert werden müssen: montags Schwimmen und Fußball, dienstags Judo und Tennis, mittwochs Musikschule und wieder Fußball usw. Es lohnt sich, mit den Eltern gemeinsam zu überlegen, ob eine derartige Anhäufung von Terminen für Vor- und Grundschulkinder sinnvoll ist und ob sich nicht einiges reduzieren ließe, sodass Kinder und Eltern mehr *freie* Zeit gewinnen, in der sie ihre eigenen Zeitvorstellungen verwirklichen können. Bei der Vermeidung von alltäglichem Zeitdruck lohnt auch das Nachdenken über Möglichkeiten zur Veränderung des Zeit*rahmens*, indem man z. B. früher ankündigt, dass die Abfahrt zum Kindergarten bevorsteht oder dem Kind auf einer Uhr zeigt, wann es fertig angezogen sein sollte. Im Sinne der Ressourcenorientierung ist es auch hier hilfreich nachzufragen, wann wenig oder kein Zeitdruck herrscht, wann alle oder die einzelnen Familienmitglieder genügend Zeit haben, und unter welchen Bedingungen es gelingt, sich mehr Zeit zu verschaffen, damit diese Bedingungen dann bewusst öfter hergestellt werden können oder man sie bewusster genießt, wenn sie sich ergeben.

Konkurrenzhafte Sprecherumgebung

Die Kommunikationssituationen in vielen Familien können von einem hohen Maß an Stress und Konkurrenz belastet sein. Die klassische Mittags- oder Abendbrottisch-Situation ist häufig gekennzeichnet von großem Kommunikationsdruck, weil alle etwas Spannendes oder Wichtiges zu erzählen haben und vor allem die Kinder untereinander und mit den sich unterhaltenden Eltern konkurrieren. Nun können Eltern natürlich nicht einfach auf Tischgespräche verzichten oder die Geschwister zum Schwei-

gen auffordern, damit das unflüssig sprechende Kind ohne Konkurrenz- und Zeitdruck zu seinem Rederecht kommt.

Stattdessen ist auch hier meist die Suche nach Situationen ohne Kommunikationsdruck erfolgreich, aus denen dann Konsequenzen für den Alltag gezogen werden können. Viele Kinder sprechen z. B. viel flüssiger, wenn sie sich der Aufmerksamkeit ihrer Zuhörerschaft sicher sind und wenig Zeitdruck herrscht.

Dementsprechend können die Eltern versuchen, für die Gesamtfamilie bestimmte Kommunikationsregeln zu erproben und festzulegen, die die Situation für alle entspannen. Die wichtigste dieser Regeln lautet: „Einer nach dem anderen!" Wenn die Eltern es schaffen, für *alle* Beteiligten die Abmachung zu etablieren, dass man sich gegenseitig aussprechen lässt, reduziert sich der Sprechdruck ganz erheblich. Die Einführung und Einhaltung dieser Regel ist jedoch schwer, besonders, weil die Erwachsenen oft selbst nicht daran gewöhnt sind, das Ende der Äußerung der anderen abzuwarten, sondern schon starten, wenn der Partner noch spricht. Dass das so ist, können die Eltern im Rollenspiel beim Beratungsgespräch oder bei der Analyse von alltäglichen Kommunikationssituationen erfahren. Hier können sie auch ausprobieren, wie man sich die Einführung dieser Regel mit Spaß erleichtern kann. So kann man z. B. das Rederecht mit einem Spielzeug, einem Modellauto, einem ‚Erzählstein' o. Ä. symbolisieren – wer den Gegenstand gerade hat, darf erzählen, wer ‚reinspricht', muss ein Pfand zahlen (z. B. in Form eines Gummibärchens an die Kinder, wenn die Erwachsenen ‚gepatzt' haben, in Form von Gummibärchen-Abzug, wenn die Kinder sich nicht an die Regel gehalten haben). Die Einführung dieser Regel kostet vor allem in temperamentvollen Familien mit mehreren Kindern am Anfang viel Kraft und Konzentration, aber der Versuch lohnt sich, vor allem, weil eine solche temporäre Regelung, die sich zunächst nur auf den Abendbrottisch beschränken kann, erfahrungsgemäß schnell zur allgemeinen Kommunikationsregel wird, weil alle die damit verbundene Entlastung spüren und genießen können.

Wie können wir die Wartezeit bis zum Beginn der Therapie überbrücken?

Wenn im Rahmen der Diagnostik ein Therapiebedarf festgestellt wurde, die Therapie aber noch nicht sofort beginnen kann, kann die Wartezeit sinnvoll genutzt werden. Das wichtigste Angebot ist es, den Eltern die Möglichkeit einzuräumen, jederzeit beim Auftreten von Schwierigkeiten oder Fragen telefonisch Kontakt aufzunehmen. Eine andere gute Möglichkeit zur Überbrückung von Wartezeiten ist auch die Einrichtung von *Elternabenden*, an denen Eltern von Kindern mit ähnlicher Problematik teilnehmen können. Solche Elternabende haben für uns Therapeuten den zeitökonomischen Vorteil, dass Inhalte, die ansonsten in mehreren Einzelsitzungen thematisiert würden, in einer Sitzung für viele Eltern zugänglich werden. Darüber hinaus können Eltern hier bereits vor Beginn der Therapie kommunikations- und sprechflüssigkeitsfördernde Verhaltensweisen kennen lernen und erproben, die so schon im Vorfeld ihre Wirkung entfalten können. Zusätzlich beinhalten die Gruppentreffen auch einen *Selbsthilfeaspekt*. Durch den persönlichen Erfahrungsaustausch, den die Eltern hier untereinander pflegen können, werden bereits alltägliche Problemsituationen, Lösungsvorschläge und Handlungsalternativen besprochen und angeregt. Wenn über diese positiven Effekte hinaus auch noch konkrete Selbsterfahrungsanteile eingeführt werden (z. B. Spiele, bei denen die Eltern durch sehr hohes Sprechtempo selbst sprechunflüssig werden oder die Aufgabe, eine Auflistung mit Situationen, in denen das Kind flüssig gesprochen hat, zusammenzu-

stellen), stellt die so gefüllte Wartezeit für alle Beteiligten eine Bereicherung der Zusammenarbeit dar. Einige Anregungen für Selbsterfahrungsmöglichkeiten haben wir im Anhang aufgeführt. Eine umfassende Materialien- und Ideensammlung dazu findet sich auch bei Wendlandt (1995).

4.4 Ein Exkurs: Zum Umgang mit schriftlichen Elternratgebern

Die Art der therapeutischen und beraterischen Zusammenarbeit mit den Eltern, wie wir sie hier beschreiben, ist sehr intensiv und zeitaufwendig. Sicher ist unter organisatorischen Bedingungen, die die Umsetzung eines so umfangreichen Konzepts erschweren, die Versuchung groß, die Eltern mit einem schriftlichen Ratgeber zu ,versorgen' und damit zumindest einen Teil des Informationsbedarfs abzudecken. Auch eventuell entstehende Wartezeiten lassen sich scheinbar gut mit der Lektüre von Ratgebern und dem Umsetzen der darin enthaltenen Ratschläge füllen.

Im Rahmen unseres Konzeptes sind wir mit dem Einsatz der bekannten Ratgeber jedoch sehr zurückhaltend, weil (fast) alle einen entscheidenden Nachteil haben: Sie berücksichtigen die individuelle Problematik nicht, sondern dogmatisieren sowohl Ursachenmodelle als auch die von ihnen vertretenen therapeutische Ansätze. Oft finden sich ,Patentrezepte' für angeblich symptomreduzierende Handlungsweisen, die für die einzelne Familie nicht relevant sind oder sich unter den alltäglichen Bedingungen nicht umsetzen lassen, sodass als Effekt nur größere Frustrationen entstehen. Im Folgenden haben wir einige der uns besonders fragwürdig erscheinenden Aussagen herausgegriffen, die in vielen Elternratgebern zu finden sind und statt der erhofften Hilfestellung oft nur vermehrte Unsicherheiten bewirken.

Den Eltern und der häuslichen Situation wird oftmals ein stotterverursachender Faktor zugeschrieben: „Ein gestörtes Verhältnis in der Familie, vor allem bei der Mutter-Kind-Beziehung, ist einer der häufigsten Gründe, die zum Stottern führen" (Nagl-Jancak/Thabet 1989, 8). Es werden nach einem ‚quasi-individualisierten' Vorspann Merkmalskategorien und Eigenschaftszuschreibungen für stotternde Kinder und ihre Eltern geschaffen, die eine deutliche Vorurteilslage erkennen lassen: „Kein Kind gleicht dem anderen, jedes hat seine eigene Persönlichkeit und lebt in einer ganz bestimmten, spezifischen Situation, auf die in der Therapie selbstverständlich eingegangen werden muss. Trotzdem gibt es bestimmte Merkmale, die typisch sind und auch immer wiederkehren und daher eine Einteilung, wie ich sie in diesem Buch vornehme, erlauben" (ebd., 19). Diese einleitende Darstellung macht ein zentrales Dilemma dieses Buches deutlich: Es wird eine so genannte ‚Double-Bind-Situation' für die Leser aufgebaut, in der zwar die Einzigartigkeit eines jeden Menschen, einer jeden Situation und jeder Interaktion bejaht, letztendlich jedoch im Sinne eines „Ja, aber"-Prinzips negiert wird. Dies hat weitreichende Folgen für den gesamten Inhalt des Buches: Es herrscht ein psychologisches ‚Schubladendenken' vor, in dem die Betroffenen in stigmatisierende Kategorien eingeteilt werden, wie z. B. „Das gehemmte Kind" (ebd., 21), „Das angepasste Kind" (ebd., 52), „Die ehrgeizige Mutter aus der Mittelschicht" (ebd., 88), „Die ehrgeizige Mutter aus der Arbeiterschicht" (ebd., 120) etc.

Andere Anleitungen für Eltern bauen ein System von Hinweisen auf, die es unbedingt und ausschließlich zu beachten gilt, um Erfolg zu haben. Sie sind gekennzeichnet durch Formulierungen wie „Auf keinen Fall dürfen Sie …, Sie müssen …, Sie sollen nicht …, Sie dürfen niemals …" etc. Hier entsteht ein *Diktat der Ratschläge*, das zusätzlichen Druck in der Kommunikation verursachen kann durch die Ausschließlichkeit der Hinweise, z. B. „Auf keinen Fall dürfen sie dem Kind gegenüber Äußerungen gebrauchen, die sich auf sein Sprechen beziehen, wie etwa ‚Sprich langsam!', ‚Sprich deutlich!', ‚Sag's nochmal!' usw. (…) Das absolute Nichtbeachten des Stotterns beinhaltet auch, daß in Anwesenheit des Kindes niemals Bemerkungen über die Redeflußunterbrechungen gemacht werden dürfen" (Scherer 1995, 33 f.). Auch hier finden sich wieder ‚Double-Bind'-Mechanismen. Zum Thema „Der Ton macht die Musik. Deshalb: Vermeiden Sie, mit Ihrem Kind im Befehlston zu sprechen!" (ebd., 153) wird in ebendiesem Befehlston die strikte Einhaltung von *Maßregeln* gefordert wie „*Auf keinen Fall* sollen Sie Befehle aussprechen, die sich auf das Sprechen des Kindes beziehen" (a. a. O., Hervorhebung durch die Verfasser). Der Autor selbst benutzt den ‚Befehl', damit die Eltern genau *diese* Kommunikationsform zu unterlassen lernen – von symmetrischer, kooperativer Kommunikation kann hier wohl kaum die Rede sein. Der eigene Anspruch der „partnerschaftlichen Elternarbeit" (ebd., 32) wird nicht eingelöst, weil der Autor in seiner komplementären Sicht immer besser als die Eltern weiß, was getan werden muss.

Darüber hinaus erscheint es sehr einseitig, die Therapie *alleine durch Elternarbeit* zu gestalten und vor allem *ohne Einbezug des Kindes* zu entscheiden, was das Kind und seine Eltern brauchen und sich pauschal gegen therapeutische Maßnahmen, die das Sprechverhalten des Kindes beeinflussen, zu wenden. Eine Beobachtung des Kindes und seiner Kommunikationsmöglichkeiten findet nicht statt, es wird in die Therapie nicht einbezogen: „Es hat sich sogar als günstig erwiesen, die Eltern alleine zur Beratung einzuladen" (ebd., 32). „Nicht eine Übungstherapie (…) ist angesagt. Entscheidend für den Therapieerfolg werden die Einstellungen und Konsequenzen der Gesprächspartner sein" (ebd., 22). Eine direkte Intervention beim Kind birgt laut Scherer sogar „kontraindikative Gefahren" (ebd., 23) – eine Methodenintegration oder die Berücksichtigung der individuell bedeutsamen Handlungsebenen kann hier nicht stattfinden.

In einem sehr verbreiteten Elternratgeber wird den Eltern ebenfalls die alleinige Verantwortung für das Entstehen, aber auch für das Verschwinden des Stotterns zugeschrieben: „Es gibt keinen Zweifel daran, daß das Kind mit höchster Wahrscheinlichkeit aufhören wird zu stottern, wenn alle Personen in der Umgebung des Kindes das Richtige tun" (Irwin 1990, 11). Die therapeutische Verantwortung wird hier ausschließlich an die Eltern delegiert – „Das Buch (…) wird bei konsequenter Arbeit auch zu dem versprochenen Erfolg führen" (Lang im Vorwort zu Irwin 1990). Abgesehen davon, dass wir unbedingte Heilungsversprechen (auch hier ohne irgendeine Form der qualitativen Diagnostik!) für äußerst fragwürdig halten, wird den Eltern hier eine Erfolgszusage gemacht, die im Falle des Bestehenbleibens der Symptome bei ihnen große Schuldgefühle hinterlassen kann: Wenn das Kind weiterhin Symptome zeigt, liegt die Schuld bei den Eltern, da sie nicht konsequent genug waren oder nicht adäquat reagiert haben. Die Zusage, dass die Eltern alleine durch ‚richtiges' Handeln einen Abbau der Symptomatik herbeiführen können, birgt darüber hinaus die Gefahr, dass frühe, professionelle und präventiv wirkende Diagnostik, Beratung und Therapie nicht wahrgenommen werden.

Ein weiterer, ebenfalls häufig empfohlener Ratgeber wurde von Richter (1990) verfasst und wendet sich an Eltern und Erzieher stotternder Kinder. Auch dieser Ratgeber enthält eine Vielzahl von Typisierungen und Eigenschaftszuschreibungen der betroffenen Eltern und Kinder und hier vor allem „Die gestörte Mutter-Kind-Beziehung" (Richter

1990, 35): „Verständlicherweise wird sich besonders die Mutter über die gezeigte Sprechweise erregen und vielleicht überängstlich reagieren" (ebd., 45). Insgesamt bleibt Richter hier weitgehend einem Stigma-Konzept verhaftet, wenn er die ‚Psychopathologie' der stotternden Kinder beschreibt („Die seelische Gesamtverfassung der zum Stottern neigenden Kinder ist meist von der normgerechten Charakterausformung in irgendeiner Weise abweichend" (ebd., 27) oder entwicklungsgerechte Unflüssigkeiten mit dem pathologisierenden Begriff des „physiologischen Stotterns" (ebd., 43) beschreibt. Das Festhalten an der Unterteilung von physiologischem und „echtem Stottern" (ebd., 52) erscheint aus heutiger Sicht fragwürdig – man bezeichnet ja auch bei der motorischen Entwicklung von Kindern die Krabbelphase nicht als ‚physiologische Dyspedie'. Die Vorschläge an die Bezugspersonen beziehen sich entsprechend den Ursachenannahmen vorwiegend auf Verhaltensvorschriften („Korrigieren Sie auf keinen Fall …", „Lassen Sie das Kind auf keinen Fall merken …", „Sprechen Sie in Gegenwart des Kindes nie …", „Sie müssen …", ebd., 51) und schematische Sprechübungen (gemeinsames Sprechen, Vor- und Nachsprechen, Reime und Verse, Bildbeschreibungen, Nacherzählen etc., ebd., 60 ff), die kaum Platz für kindliche Eigenaktivitäten und Handlungsspielräume lassen.

Diese Beispiele zeigen, dass wir uns sehr genau darüber informieren müssen, was in den Ratgebern über die Rolle der Eltern, das Störungsbild und die ‚richtige' Art der Behandlung ausgesagt wird. Der Entschluss, Ratgeber als Ergänzung der Elternberatung und -information einzusetzen, beinhaltet das Risiko von Missverständnissen oder Fehlinformationen, welches jedoch verringert werden kann, indem aus den Gesamtwerken nur die Teile weitergereicht werden, die für die einzelne Familie bedeutsam sind. So brauchen z. B. Eltern, die ein sehr einfühlsames

Kommunikationsverhalten zeigen, keine Ratschläge für ‚richtige' Fragehaltungen.

Generell erscheint es uns problematisch, Eltern, die bezüglich der Sprechunflüssigkeiten ihres Kindes verunsichert sind, mit einem Ratgeber alleine zu lassen, weil eine Abstimmung auf die individuelle Situation von einem Buch nicht geleistet werden kann. Eltern, die sich einem schriftlichen Ratgeber zuwenden, tun dies nicht, um sich grundlegend und prophylaktisch über die Sprechflüssigkeitsentwicklung zu informieren, sondern weil sie ein großes Problem haben: Sie vermuten, dass ihr Kind stottert, und nicht, dass es altersgemäße Unflüssigkeiten zeigt. Eine persönliche und individuelle Beratung hilft hier mehr als die Pauschalinformationen, wie sie in vielen Ratgebern zu finden sind.

Beim Einsatz von schriftlichen Ratgebern, gleichgültig, in welchem Umfang, muss immer mit den Eltern darüber gesprochen werden, welche Informationen für sie besonders bedeutsam waren, welche Hinweise ihnen weitergeholfen haben und was ihnen unklar geblieben ist. Dadurch verringert sich die Gefahr, dass die Eltern unter den Druck geraten, sich Sichtweisen anzuschließen, die für ihre spezielle Ausprägung der Problematik und ihre Bewältigungsmöglichkeiten nicht notwendig oder sogar kontraproduktiv sind.

Ein Zitat einer Mutter als Beispiel: „Wir haben uns immer bemüht, uns genau an die Vorschriften des Ratgebers zu halten und unserem Kind möglichst keine Grenzen in der sprachlichen Kommunikation zu setzen. Aber das Kind, das da beschrieben wird, ist nicht unser Kind: Unser Kind reagiert nicht so, wie es da steht – jetzt wissen wir gar nicht mehr, was wir tun sollen."

Die zunehmende Verbreitung von Elternratgebern und die immer noch bei vielen Laien und professionellen Helfern verbreitete Strategie des Abwartens hat zu dem Phänomen geführt, dass immer häufiger Eltern zu uns kommen, die eine Vielzahl von Selbsthilfeversuchen hinter sich haben, die aber nicht den gewünschten Erfolg hatten. Es ist keine Seltenheit, dass dadurch Zeiten des eher unspezifischen Ausprobierens entstehen, die bis zu zwei Jahren dauern, bevor professionelle Hilfe in Anspruch genommen wird, wodurch wertvolle Zeit für frühe und gezielte Interventionen verschenkt wird. Ein Elternratgeber kann professionelle Hilfe unterstützen, aber nicht ersetzen!

Für den behutsamen und begleiteten Einsatz von Elternratgebern ist aus unserer Sicht das 1995 von der Bundesvereinigung Stotterer-Selbsthilfe e.V. durch Ruth Heap herausgegebene Buch „Wenn mein Kind stottert. Ein Ratgeber für Eltern" empfehlenswert. Hier haben erfahrene Therapeutinnen zu den meisten Fragestellungen, die Eltern bewegen, praxis- und adressatenorientiert Stellung genommen. Auch finden sich hier viele Hinweise darauf, was Eltern tun können, wo sie Informationen oder Rat bekommen, wie sie sich selbst und ihren Kindern helfen können und woran sie eine gute Therapie und einen guten Therapeuten erkennen. Den Eltern wird dadurch viel Mut gemacht, das Problem offen, fachkundig und aktiv anzugehen.

Als Ergänzung dazu empfehlen wir den ebenfalls in der Bundesvereinigung Stottererselbsthilfe e.V. von Stephan Baumgartner veröffentlichten Ratgeber „Wenn Ihr Kind stottert", vor allem, weil hier die wichtige Unterscheidung getroffen wird, dass Stottern und Unflüssigkeiten nicht dasselbe sind und auch Hilfen für den Fall angeboten werden, dass sich beim Kind *kein* Stottern zeigt, sondern (entwicklungsgemäße) Unflüssigkeiten. Aber auch für diesen Ratgeber gilt: Man sollte die Eltern damit nicht alleine lassen.

4.5
Wenn die Kooperation mit den Eltern an Grenzen stößt

Aus vielen Fortbildungen mit FachkollegInnen wissen wir, dass die Kooperation mit den Eltern oft als besonders schwierig empfunden wird. Häufig begegnen wir Einschätzungen wie: „Wir erreichen die Eltern nicht, die lassen sich in unserer Einrichtung nicht blicken.", „Die Eltern kommen nicht, auch nicht, wenn man sie dazu einlädt.", „Die Eltern wollen ihr Kind nur abgeben und dann mit der Therapie nichts mehr zu tun haben.", „Die Eltern sind immer so schwierig!".

Vieles von dem, was hier angesprochen wird, kann für die Elternarbeit ‚vor Ort‘ zutreffen. Wir haben in unserer Arbeit mit den Eltern stotternder Kinder aber immer wieder die Erfahrung gemacht, dass es gerade diese Eltern sind, die sehr an einer Mit- und Zusammenarbeit interessiert sind, die das Problem zutiefst selbst berührt und die genaue und umfassende Informationen und Hilfen haben möchten. Stottern löst viel mehr persönliche Betroffenheit aus als z. B. Lispeln, sodass sich eine ‚Abgabementalität‘, wie sie bei anderen Störungsbildern vielleicht bestehen könnte, beim Phänomen Stottern kaum findet. Störungserleben und Leidensdruck sind bei den Eltern oft sehr intensiv, sodass sie sich auch engagiert um Entlastungen und die Unterstützung therapeutischer Prozesse bemühen. In vielen Fällen ist also die motivationale Grundhaltung der Eltern sehr positiv und sie sind von sich aus sehr offen und bereit, sich auf Anregungen und Vorschläge einzulassen und aktiv an der Problembewältigung mitzuarbeiten.

Trotzdem stößt man auch hier mitunter an Grenzen unterschiedlichsten Charakters, wenn die Bedingungen für eine sinnvolle Kooperation mit den Eltern nicht stimmen, wenn Eltern nicht so mitarbeiten können, wie sie es gerne möchten, oder wenn in der Therapie unvorhergesehene Begleitprobleme auftreten. Einige der Bereiche, in denen Elternarbeit trotz aller Akzeptanz der individuellen Gegebenheiten schwierig werden kann, werden im Folgenden exemplarisch aufgegriffen.

Organisatorische Grenzen

In den Bemerkungen über unser Grundverständnis einer kooperativen Elternberatung (Kap. 4.1) haben wir bereits angesprochen, dass die offene, akzeptierende und wertschätzende Haltung gegenüber den Eltern auch dann zum Tragen kommt, wenn die Eltern nur einen geringen oder auch einmal über einen gewissen Zeitraum gar keinen Organisationsrahmen für direkte Kontakte oder Elterngespräche herstellen können oder wollen. Das kann z. B. dann der Fall sein, wenn in der Familie ein Baby geboren wurde, wenn erkrankte Angehörige gepflegt werden, wenn die Eltern durch andere Aktivitäten (beruflich, Hausbau o. Ä.) sehr eingespannt sind oder wenn persönliche Probleme die konzentrierte Aufmerksamkeit für die Therapiebelange behindern. In solchen Fällen ist es durchaus denkbar, die Elternkontakte kurzfristig oder über längere Zeiträume telefonisch durchzuführen, mit den Eltern günstige Sprechzeiten zu vereinbaren oder auch einmal Hausbesuche vorzuschlagen, sodass die Eltern nicht alleine den Organisationsaufwand tragen müssen.

Neben diesen familiär bedingten Grenzen kann es auch dazu kommen, dass organisatorische Rahmenbedingungen, die sich bei genauerem Hinsehen oft als ‚hausgemacht‘ erweisen, die Kooperation behindern.

Zwei Beispiele dazu sollen dies erläutern: In einem Sonderkindergarten haben die Erzieherinnen darüber geklagt, dass kaum Eltern zu einem lange angekündigten und liebevoll vorbereiteten Elternfrühstück gekommen sind. Von außen betrachtet scheint es jedoch fraglich, wie es Eltern, die berufstätig sind oder andere Kinder und Familienmitglieder zu betreuen haben, möglich machen sollen, in der Woche zum Frühstück in den Kindergarten zu kommen. In sprachtherapeutischen Praxen wird ebenfalls oft gesagt: „Die Eltern kommen nicht zu unseren Terminen." Auch hier liegt das Problem häufig nicht bei den Eltern, sondern am vorgeschlagenen Termin: Eltern können sich nicht ohne weiteres zu einem festgesetzten Termin einfinden, und sie kommen oft nicht zu Elternabenden, weil sie keine Betreuung für die Kinder finden oder finanzieren können. Eine flexiblere Zeitplanung könnte es in solchen Fällen erleichtern, den Eltern ein Angebot zu machen, das sie auch wahrnehmen können.

Auch auf der Therapeutenseite können organisatorische Grenzen bestehen. So ist es z. B. belastend, nach einem anstrengenden Tag, an dem man abends müde und erschöpft ist, noch ein Elterngespräch durchzuführen, weil dies den Eltern ein großes Bedürfnis war oder weil man selbst es für besonders dringend hält. Auch hier wäre es günstiger, das (zeitliche) Problem offen anzusprechen und mit den Eltern nach Alternativterminen zu suchen oder ein Telefongespräch zu führen, in dem die akuten Fragen schon einmal besprochen werden können.

Grenzen der fachlich-inhaltlichen Kompetenz

Manchmal konfrontieren uns die Eltern mit Fragestellungen, die wir nicht spontan beantworten können oder deren Beantwortung weit über das hinausgeht, was wir im Rahmen der Sprachtherapie leisten können. So kann es zum Beispiel sein, dass die Eltern eine ganz spezifische Auskunft haben möchten, die wir nicht ohne Nachschlagen und weitergehende Informationen geben können,

z. B. über Therapieverfahren, die uns nur aus der Literatur bekannt sind. Der Umgang mit solchen ‚Wissenslücken' ist relativ einfach, weil dies offen angesprochen werden kann und die Eltern die Antwort beim nächsten Mal erhalten, wenn Zeit genug war, sich kundig zu machen.

Komplizierter und eventuell unangenehmer ist es, wenn die Eltern in der Beratungssituation z. B. Ehe- und Familienprobleme ansprechen und sich von uns einen Rat bei Partnerschaftskrisen, Geschwisterrivalitäten, weitergehenden Erziehungsfragen o. Ä. erhoffen. Dahinter steht das große Vertrauen, das die Eltern in unsere pädagogische und beraterische Kompetenz haben und das sie auf Bereiche außerhalb der Sprachtherapie ausdehnen. In einer solchen Situation ist ein ‚Verschieben' von Beratungsaufgaben sicher eher hinderlich: Es ergeben sich keine Veränderungen, wenn ein Klient, der sich in der Beratung bei der Sprachtherapeutin befindet, erst einen Psychotherapeuten aufsuchen muss, um aufgekommene emotionale Bedürfnisse und Empfindungen zum Thema machen zu können. Grundsätzlich sollten wir die Klienten also nicht ‚wegschicken', wenn sie unser Angebot einer vertrauensvollen Beziehung ernst nehmen, freiwillig erweitern und für sich nutzen möchten.

Die Grenze ist da erreicht, wo wir uns als Berater *nicht mehr kompetent*, sondern unsicher fühlen und aufgrund unserer Ausbildung und Kenntnisse nicht mehr professionell urteilen und raten können. Wenn die Eltern so viel Vertrauen zu uns haben, dass sie tiefgreifende Problembereiche ansprechen können, ist die Beziehung in den meisten Fällen auch tragfähig genug, um die eigene Überforderung eingestehen zu können und die Eltern an fachkundigere Stellen wie Erziehungs- oder Eheberatungsstellen oder psychotherapeutische Einrichtungen zu verweisen. In einer offenen und vertrauensvollen therapeutischen Beziehung sollten auch die Eltern in der Lage sein zu akzeptieren, dass es kompetenter ist, sie zur Annahme von zusätzlichen therapeutischen Hilfen zu motivieren, als sie auf einer zu geringen Basis von Kenntnissen und Methoden selbst beraten oder gar therapieren zu wollen. Darüber hinaus kann das Erleben von Kompetenzgrenzen natürlich auch den motivierenden Effekt haben, dass man sich entsprechende Fähigkeiten in Fort- und Weiterbildungen aneignet.

Emotionale Grenzen

An emotionale Grenzen stoßen wir immer dann, wenn wir Erziehungshaltungen oder Umgangsformen beobachten, die wir nicht unterstützen möchten. Dazu gehört es zum Beispiel, wenn Eltern ihre Kinder in unserem Beisein oder mit unserem Wissen schlagen, sie durch Kommentare oder Handlungen herabwürdigen oder die Kindern auf andere Weise offensichtlich physisch oder psychisch belasten. Manchmal kommt es auch vor, dass wir als Therapeuten unangenehm berührt sind, weil die Eltern uns und unsere Fachkenntnisse ‚benutzen‘ und gegen den Partner oder andere Familienmitglieder oder Lehrer und Erzieher einsetzen („Siehst du, ich hab dir doch gesagt, dass ich Recht habe – die Therapeutin sagt das ja auch!"). Auch in einem solchen Fall ist, wie bei den bereits angesprochenen Grenzfällen auch, das offene Ansprechen das Mittel der Wahl. Wir müssen den Eltern Auskunft über unsere Gefühle und über die Grenzen unserer Akzeptanz geben, damit sie sich daran orientieren können. Wir werden damit in den meisten Fällen nicht verhindern können, dass die betreffenden Verhaltensweisen außerhalb des Therapieraums weiterhin praktiziert werden, wir können aber den Therapieraum und damit den Raum für das Kind davon freihalten. Auch hier gilt, was bereits im Zusammenhang mit der Enttabuisierung des Stotterns angesprochen wurde: Ein Problem *nicht*

anzusprechen, beseitigt das Problem nicht, sondern macht es unter Umständen noch größer.

Einige zusammenfassende Bemerkungen sollen hier unsere Beschreibung der kooperativen Elternberatung vorerst abschließen, bevor sie in den Rahmen des diagnostisch-therapeutischen Vorgehens integriert wird. Die Realisierung unseres Konzepts erfordert ein hohes Maß an Flexibilität, mit der es an die Bedingungen der Eltern *und* des Therapeuten immer wieder angepasst werden muss. Dabei müssen wir Grenzen bei uns und den Eltern akzeptieren, trotzdem immer neue Angebote machen und Kompromisse suchen, mit denen sich alle arrangieren können. Dies beinhaltet auch, dass manchmal unkonventionelle Wege gegangen werden müssen, damit *so viel an Zusammenarbeit wie möglich* entstehen kann. Da der Stellenwert der Kooperation mit den Eltern für die Therapie von Sprechunflüssigkeiten bei Kindern sehr groß ist, müssen wir Wege und Möglichkeiten finden, sie im Rahmen der individuellen Bedingungen und auch gegen bestehende Schwierigkeiten ein- und durchzuführen. Das verlangt bewusstes, zielgerichtetes Engagement für die Elternarbeit: „Es erfordert viel Gefühl, Takt und persönliche Reife, bis sich der eigene Stil bei der Elternarbeit entwickelt; schöne und auch negative Erfahrungen gehören einfach dazu" (Katz-Bernstein 1992, 37).

4.6
Kooperation mit dem weiteren Umfeld der Kinder

Neben den engsten Familienmitgliedern, die einen Großteil der Kommunikation des Kindes mitgestalten, treten immer auch weitere Personen in das beraterische und therapeutische Blickfeld. Um nicht nur das Kind und

seine nächsten familiären Kommunikationspartner und -möglichkeiten zu betrachten,
ist es zusätzlich erforderlich, eine Analyse der
weiteren Beziehungsverhältnisse vorzuneh-
men und der Frage nachzugehen, welche
zusätzlichen, für das Kind *kommunikativ
bedeutsame Personen* den Alltag mitbestim-
men. Mit dieser Analyse erweitert man die
Betrachtung des Familien-Systems auf das
weitere Umfeld, das so genannte ‚individuelle
Mesosystem‘ (vgl. Bronfenbrenner 1981).

Zu berücksichtigen ist in diesem Kontext,
dass der Wunsch nach Kontaktaufnahme
zum weiteren Umfeld von drei Seiten ausgehen kann, die alle ihre eigenen Bedürfnisse
einbringen: Von der Therapeutenseite, von
den Personen des weiteren Umfeldes und
auch von den Eltern. Die Intentionen können
dabei sehr unterschiedlich sein. Auch wenn
es primär um einen gegenseitigen Austausch
von Informationen und Unterstützungsmöglichkeiten geht, können im Einzelfall
auch Prozesse der ‚Parteienbildung‘ zustan-
dekommen, die sich auf die weitere Kooperation eher ungünstig auswirken können. Dies
kann z. B. der Fall sein, wenn die Eltern von
institutioneller Seite zur Therapie gedrängt
werden („Nun unternehmen Sie doch endlich mal etwas!“) oder auch umgekehrt, wenn
die Therapie zur Verfolgung der Elterninte-
ressen instrumentalisiert werden soll („Sagen
Sie der Erzieherin doch mal, wie sie mit meinem Kind umgehen soll!“). Auch wenn sie
nach unserer Erfahrung eher selten auftreten,
müssen solche Prozesse erkannt und in die
Beratung einbezogen werden.

Die Beziehungsverhältnisse und -formen,
die im Einzelnen für das Kind von kommunikativer Bedeutung sind und sein *persönliches Beziehungsnetz* bilden, lassen sich in
zwei Hauptgruppen zusammenfassen:
- zum einen sind dies Personen des weiteren
  familiären Umfeldes
- zum anderen die professionellen Erziehungspartner (Erzieherinnen, Lehrerinnen)

Die für die Kooperation mit diesen Gruppen
wichtigsten Gesichtspunkte stellen wir nachfolgend dar.

Weiteres familiäres Umfeld

Offensichtlich zum kommunikativen Umfeld
des Kindes zugehörige Personen sind die
weiteren *Familienmitglieder*, also z. B. die
Geschwister und im Haus lebende Großeltern oder andere Verwandte. Diese Personen haben aufgrund ihrer häufigen oder
auch ständigen Präsenz eine große Bedeutung für die Alltagskommunikation, aber
auch für den Umgang mit den Unflüssigkeiten, da auch sie sich damit auseinandersetzen. Geschwisterkinder lassen sich gut in die
Therapie einbeziehen, indem sie ab und zu
eingeladen werden, mitzukommen. Häufig
erleben wir, dass die Geschwister neidisch auf
die Therapiesituation sind („Da kümmert
sich ein Erwachsener in reizvoller Umgebung
ganz allein um meinen Bruder/meine
Schwester!“) oder auf die Elternbeteiligung
(„Jeden Dienstag hat er/sie die Eltern ganz
für sich alleine!“). Die Konflikte, die dadurch
entstehen können, sollten auf jeden Fall mit
den Eltern angesprochen werden, um auch
hier zu tragfähigen, d. h. auch für die
Geschwister akzeptablen Lösungen zu kommen. Als Kommunikationspartner, die ganz
erheblichen Zeit- und Konkurrenzdruck
erzeugen können, sind die Geschwister ebenfalls nicht zu unterschätzen (vgl. Kap. 4.3).

Auch die subjektiven Theorien der weiteren erwachsenen Familienmitglieder sind für
die Alltagskommunikation bedeutsam. So
haben z. B. die Großeltern oft ganz andere
Ansichten zum Stottern, zur Erziehung oder
zu förderlichen bzw. hinderlichen kommunikativen Verhaltensweisen als die Eltern.
Wenn möglich und/oder nötig, sollten also
auch diese Familienmitglieder zumindest
temporär zu Beratungsgesprächen eingeladen werden, um deren Haltungen und Hand-

lungen in die Beratung und Therapie aufnehmen zu können. Um für mehr Transparenz, Informationen und kommunikative Sicherheit bei den Großeltern sorgen zu können, können auch diese von uns eingeladen werden, das Kind einmal in die Therapie zu begleiten.

Eine besondere Situation ergibt sich im heutzutage recht häufigen Fall der so genannten ,Ein-Eltern-Familie', d. h. wenn ein Elternteil nach Trennung oder Scheidung nicht mehr ständig in der Familie lebt, aber z. B. im Rahmen von Besuchs- und Sorgerechtsregelungen als Kommunikationspartner nach wie vor bedeutsam ist. Die Anzahl dieser Kontakte ist zwar quantitativ meist wesentlich geringer als die zur ,Alltags-Familie', aber ihre Bedeutung ist qualitativ für das Kind sehr groß, eben auch aufgrund ihrer relativen Seltenheit. Daher ist es wichtig, auch hier so viele Verbindungen wie möglich herzustellen, um etwas über die Einstellung des für uns ferneren Elternteils zu erfahren. Das kann z. B. durch Telefongespräche geschehen, aber auch durch persönliche Beratungsgespräche zu Zeiten, die für den außenstehenderen Elternteil realisierbar sind.

Professionelle Erziehungspartner

Die Kooperation mit professionellen Kommunikationspartnern des Kindes (Tagesmutter, Erzieherin, Lehrerin etc.) folgt den gleichen Prinzipien wie die Kooperation mit den Eltern, d. h. unter grundsätzlicher Kompetenzannahme, Wertschätzung, Akzeptanz der subjektiven Theorien etc. Auch hier sind verschiedene Formen und Intensitäten der Beziehungsgestaltung denkbar, die sich von einmaligen telefonischen Kontakten bis zu gegenseitigen Besuchen in der Einrichtung und der Therapie sowie der Teilnahme an umfangreichen Beratungsgesprächen erstrecken können.

Wenn professionelle Erziehungspartner in das Beratungskonzept einbezogen werden, richtet sich eine zentrale Frage auf die Problematik, ob, und wenn ja, wie die Unflüssigkeiten/das Stottern des Kindes im Rahmen der Kindergartengruppe bzw. der Schulklasse thematisiert werden können. Eine Pauschalantwort erscheint kaum möglich, weil eine Vielzahl von Variablen in die *Entscheidung für oder gegen ein offenes Ansprechen* einbezogen werden müssen. Zunächst ist die individuelle emotionale Auseinandersetzung des Kindes mit seiner Symptomatik zu berücksichtigen: Wenn das Kind von den Unflüssigkeiten und den erfolgenden Reaktionen noch relativ unbelastet ist, hilft es ihm wahrscheinlich wenig, wenn sein Problem offen thematisiert wird, im Gegenteil können dadurch Schamgefühle oder Unsicherheiten hervorgerufen werden (vgl. Kap. 1.5). Bei einem Kind jedoch, das selbst bereits deutliche Reaktionen auf sein unflüssiges Sprechen zeigt oder das von seinen Gruppen- oder Klassenkameraden bereits (negative) Reaktionen erfahren hat, ist eine Einflussnahme auf die Gruppe eher zu befürworten. Die Art, in der dies geschehen kann, ist dabei von der Einschätzung der Gruppendynamik und besonders vom pädagogischen Geschick der Erzieherin bzw. Lehrerin sowie der Qualität ihrer Beziehung zum Kind abhängig. Wie auch beim Rat an die Eltern, ob sie die Unflüssigkeiten oder das Stottern gegenüber ihrem Kind ansprechen sollen oder nicht, gilt auch im Rahmen größerer Gruppen, dass eine offene Auseinandersetzung mit Sprechunflüssigkeiten, aber auch mit allen anderen Formen von Abweichungen eine Atmosphäre der *Normalität des Andersseins* schaffen kann, in der Prozesse der Aussonderung und der Stigmatisierung weitgehend vermieden werden können. Das Ziel eines solchen Gruppengesprächs sollte immer sein, eine *Enttabuisierung zu erreichen, ohne das Kind zu belasten.*

Ein besonderes Problemfeld stellt der *Übergang zwischen Kindergarten und Schule* dar. Hier sind sowohl die Eltern als auch die Erzieherinnen oft unsicher, wieviele und welche Informationen man an die zukünftige Grundschullehrerin weitergeben sollte. Wenn das Kind zum Schuleintritt bereits ein relativ großes Maß an Sprechsicherheit und -flüssigkeit erlangt hat, plädieren wir häufig dafür, keine ‚schlafenden Hunde zu wecken‘ und zunächst einmal abzuwarten, ob und in welchem Maße die Unflüssigkeiten des Kindes in der Schule überhaupt auffallen (was sie oft nicht tun, weil viele Kinder zu Schulbeginn noch Sprechunflüssigkeiten bzw. andere sprachliche Probleme zeigen). Die Gefahr einer selbsterfüllenden Prophezeiung wäre in diesem Fall recht groß, wenn die Lehrerin darauf hingewiesen wird, dass sie die Probleme des Kindes wahrnehmen soll. Demgegenüber ist es sicher hilfreich, die zukünftige Lehrerin auf Informationsquellen, Kontaktmöglichkeiten und unser Kooperationsangebot hinzuweisen, wenn das Kind beim Schulbeginn noch deutliche Unflüssigkeiten zeigt. Auf die besondere Situation von Schulkindern und Lehrerinnen gehen wir in Kap. 7.14 genauer ein.

Im *individuellen Beziehungssystem* der Kinder gibt es gewisse *Hierarchien*, d. h. es gibt in seinem Mesosystem Personen, die für es quantitativ und/oder qualitativ wichtiger sind als andere. Zu denen, die dem Kind sehr nah stehen, und die wir daher fast automatisch als Beratungszielgruppe im Blick haben, gehören die Familienmitglieder, ErzieherInnen, LehrerInnen, aber auch der beste Freund, die beste Freundin etc. Weiter weg vom Kind, und dadurch oft auch für unsere Wahrnehmung, sind Personen wie entferntere Verwandte, Bekannte der Eltern, die Mitglieder der Kindergarten-Nachbargruppe, der Fußballtrainer, die locker-zufällige Kindergruppe der Nachbarschaft etc. Auch diese Personen können zeitweilig oder

dauerhaft bedeutsame Kommunikationspartner des Kindes sein und für den Beratungs- und Therapieprozess wichtig werden.

Die *Ziele* der Kooperation mit dem weiteren Umfeld sind vielfältig. Zum einen wird damit angestrebt, das Kind in möglichst vielen kommunikativen Bezügen wirksam zu entlasten, indem viele seiner potentiellen und tatsächlichen Kommunikationspartner informiert und unterstützt werden. Die allgemeinen therapeutischen Zielsetzungen wie kommunikative Sicherheit, Autonomie, Fokussierung der Sprechflüssigkeit etc. sollen daher, soweit es geht, auch im weiteren Umfeld des Kindes etabliert werden. Da wir aber kaum das gesamte Mesosystem des Kindes in die Beratung und Therapie aufnehmen können, geht es immer auch darum, die Eltern in ihrem Umgang mit weiteren Personen oder Gruppen abzusichern und sie z. B. unempfindlicher zu machen gegenüber den neugierigen Blicken, dem Getuschel oder der wohlmeinenden ‚Einmischung‘ von Außenstehenden wie etwa den Mitgliedern der Dorfgemeinschaft, des Sportvereins, Nachbarn o. Ä.

Ein Hauptziel besteht darin, *konsequent gemeinsam mit den Eltern nach unterstützenden, fördernden Beziehungen zu suchen* und diese auszudehnen, und demgegenüber die als belastend, störend oder behindernd erlebten Beziehungen zu verringern oder auch im Einzelfall einmal abzubrechen (z. B. zum hänselnden Nachbarskind, zu Freunden, die sich in dauerhaft belastender Weise verhalten etc.).

Insgesamt betrachtet geht es also bei der Kooperation mit dem weiteren Umfeld darum, dem Kind in möglichst vielfältigen kommunikativen Bezügen positive Bedingungen zu schaffen. Dazu ist der qualitativ und quantitativ unterschiedliche, aber generell bedeutsame Einbezug der Personen, die für das Kind Kommunikationsrelevanz haben, unverzichtbar.

5 Diagnose als dynamischer Prozess

5.1 Diagnostisches Selbstverständnis

Die systemisch-konstruktivistische Grundhaltung, die wir in Kap. 2.1 als Basis unseres therapeutischen Selbstverständnisses erläutert haben, der Kooperationsaspekt und die individualisierte Sichtweise liegen auch unserem diagnostischen Vorgehen zugrunde. Dementsprechend haben wir als professionell Diagnostizierende keinen privilegierten Zugang zu objektiv bestehenden Problemen, sondern erforschen gemeinsam mit den Klienten individuelle Zugänge wie:

- subjektive Theorien und subjektive Problembeschreibungen
- individuelle Kommunikationsbelastungen und Störungsempfinden
- Lösungsversuche und Ressourcen zur Problembewältigung

Im Rahmen des diagnostischen Handelns verstehen wir uns nicht als Fachleute, die das Problem und die notwendigen therapeutischen Schritte zu seiner Lösung bereits kennen und vorgeben. Stattdessen sind wir an einem kooperativen Prozess des Verstehens und Erkennens der jeweils einzigartigen Problemsicht und des individuellen Störungssystems beteiligt. Dabei gehen Diagnose und Therapie Hand in Hand: Therapeutische Tätigkeit ist immer auch diagnostische Tätigkeit, weil die Kommunikation im Rahmen der Therapie immer wieder zu neuer Verständigung darüber führt, was sich aktuell oder überdauernd für die Klienten als Problem darstellt: „Man kann nicht nicht diagnostizieren" (Wiesner/Willutzki 1992, 346).

Daraus leitet sich ab, dass der diagnostische Prozess als Mittel zur Hypothesenbildung und -prüfung den gesamten Therapieverlauf begleitet. Wir verstehen die Diagnose nicht als einmaliges Ereignis zur Erhebung statischer und quantifizierbarer Merkmale, wie es z. B. in Verfahren zur Ermittlung der Stotterrate häufig geschieht (z. B. die Grundratenerhebung von Randoll/Jehle 1990; das Auszählen von Stottersymptomen pro Minute bei Ryan/van Kirk 1982 oder der prozentuale Anteil gestotterter Wörter bei Shine 1984), sondern als *therapieleitenden und -begleitenden Konstruktionsprozess,* der unter Einbezug der jeweils aktuellen Informationen, Beobachtungen und Eindrücke modifiziert werden kann. In diesem Prozess werden die individuellen Merkmale, die die Unflüssigkeiten und das Stottern, aber auch die Problemlösungspotenziale der Klienten kennzeichnen, erforscht.

Um die Entscheidungswege, die unser diagnostisches Vorgehen kennzeichnen, zu veranschaulichen, bezeichnen wir den zugrunde liegenden Prozess als *Analyse des Bedingungsnetzes.* Wir orientieren uns damit an dem ‚Netz'-Begriff, wir er bereits im Kap. 3.2 als Grundlage der therapeutischen Konzeption beschrieben wurde. Da wir uns auch im Bereich der Diagnose im Rahmen dieses Bildes bewegen wollen, bemühen wir uns folglich auch hierbei um die Beobachtung von und die Suche nach ‚Verbindungsfäden' und ‚Knotenpunkten'.

In diesem Sinne ergibt sich das Selbstverständnis einer hypothesengeleiteten, prozesshaften Diagnostik, die sich oszillierend zwischen den Polen der Informationserhebung und der Ableitung und Überprüfung therapeutischer Konsequenzen bewegt.

Werden diese Aussagen ernst genommen und in den Zusammenhang der Individualisierung eingeordnet, so kann es nicht angehen, einseitige oder vermeintlich eindeutige Ursache-Wirkungszusammenhänge herzustellen und diese zur Grundlage eines Therapiekonzepts zu machen. Es wird im individuellen Geschehen nie mit endgültiger Sicherheit zu bestimmen sein, welche und wie viele der denkbaren Dispositions- und Einflussbereiche in der Vergangenheit wirksam waren, aktuell wirken oder in Zukunft wirken werden. Im Rahmen eines integrativen und individualisierten Vorgehens wird Diagnose demgegenüber als *situativer Konstruktionsprozess* verstanden, der für uns therapeutisch handlungsleitende Funktion hat, jedoch durch das Einfließen neuer Informationen jederzeit veränderbar ist.

Die *Diagnose und Differenzialdiagnose* der Sprechflüssigkeit, -unflüssigkeit und des Stotterns bei (Vor-)Schulkindern erfordert vielschichtige Beobachtungen, Analysen und Hypothesenbildungen, die letztlich eine qualitative Beschreibung liefern, aber eben kein statisches ‚Messergebnis‘ darstellen.

Wir stellen im Folgenden einen *mehrdimensionalen Entscheidungsprozess* dar, der über die Art und Häufigkeit der Symptome hinaus individuell bedeutsame Kriterien wie z. B. sprachlich-kommunikative Kompetenzen, das Störungsempfinden (von Eltern und/oder Kind) oder Überlegungen zu präventiven Handlungsebenen einbezieht und zur Grundlage für Therapie-Entscheidungen und Methodenwahl werden lässt.

Mit diesem Vorgehen orientieren wir uns vorrangig an bestimmten Werthaltungen und nicht an quantifizierbaren Störungsparametern. Beispielsweise existiert trotz aller Forschungsbemühungen kein ‚Prüfmittel‘, das anhand interindividuell gültiger, quantifizierbarer Kriterien eine zuverlässige Differenzialdiagnose treffen könnte: Es gibt kein sicheres Testverfahren, das aufgrund allgemein gültiger Werte eine 100 %-ige Abgrenzung zwischen entwicklungsgerechten oder nicht mehr entwicklungsgerechten Unflüssigkeiten ermöglicht. Dazu ist das Phänomen der Unflüssigkeiten individuell und situativ zu unterschiedlich, man wird nie eine objektivierbare Datenbasis für eine solche Messmethode erhalten. Eine alleinige diagnostische Konzentration auf hörbare Symptome (d. h. das Auszählen von Symptomen bzw. gestotterten Wörtern pro 100 gesprochenen Wörtern oder pro Minute und die Erhebung von „Grundraten“ der Stotterhäufigkeit, vgl. Randoll/Jehle 1990, 55 ff) ist der Komplexität von Sprechunflüssigkeiten wenig angemessen, da sie die immens wichtigen Faktoren Kommunikation und Interaktion sowie deren Beeinträchtigungen unberücksichtigt lässt. Sie ist zudem mit der Gefahr verbunden, dass übersehen wird, dass eine geringe Anzahl von Symptomen auch damit zusammenhängen kann, dass sprachliche und soziale Vermeidungsstrategien angewandt werden. Wir müssen als Therapeuten also mit der diagnostischen Unsicherheit leben, dass wir uns dem Phänomen der Sprechunflüssigkeiten nur hypothetisch annähern, es aber nie in all seinen Facetten definieren können.

Ziel des diagnostischen Prozesses ist es, im Sinne eines *Ressourcen-Konzepts* die Handlungsmöglichkeiten des Familiensystems gemeinsam mit den Betroffenen zu ermitteln. Die mit den Klienten gemeinsam vollzogene Konstruktion einer Theorie der individuellen Bedingungen und Ausprägungen des Phänomens Sprechunflüssigkeiten/Stottern und eine an die kindlichen Bedürfnisse angepasste Therapie stehen dabei im Mittelpunkt.

,Knotenpunkte' für die Beurteilung, um welche Art von Sprechunflüssigkeiten es sich bei dem betroffenen Kind überhaupt handelt, welche Sprechflüssigkeitskompetenzen vorhanden sind, welche Belastungsfaktoren bei Kind und Umfeld bestehen, welche Bewältigungsstrategien erprobt wurden und gegebenenfalls erfolgreich waren, zentrieren sich entsprechend den in Kap. 1.4 aufgelisteten Abgrenzungskriterien auf folgende Fragen:

- Welche Kompetenzen bezüglich Sprechflüssigkeit und weiterer sprachlich-kommunikativer Ausdrucksmöglichkeiten bestehen bereits?
- Welche Dispositionen könnten bei der Entstehung der Unflüssigkeiten mitgewirkt haben?
- Welche Entwicklungs- und speziell sprachlichen Auffälligkeiten bestehen aktuell und wie haben sie sich seit ihrem ersten Auftreten verändert?
- Wie reagieren Kind und Umfeld auf die Unflüssigkeiten? Welche subjektiven Theorien bestehen bezüglich der Unflüssigkeiten?
- Welche Faktoren wirken aktuell auf die Symptomatik ein, z. B. als verstärkende oder entlastende Faktoren?
- Welche Hilfestellungen und Unterstützungsmöglichkeiten wurden bereits ausprobiert?
- Welche dieser Lösungsversuche waren erfolgreich?
- Welche Voraussetzungen müssten gegeben sein (und sind evtl. bereits vorhanden), damit problematische Prozesse und negative Selbstkonzeptänderungen verhindert oder umgekehrt werden können und flüssiges Sprechen möglich wird?
(vgl. Hansen/Iven 1992, 246)

Aus diesen Fragestellungen ergeben sich mehrere diagnostische Schwerpunkte, die im Folgenden beschrieben werden.

5.2
Praxis des Diagnoseprozesses

5.2.1
Beginn der diagnostisch-therapeutischen Kontakte

Bei jeglicher Form von Erstkontakt kann man bereits einige Grundinformationen gewinnen, z. B. über das Alter des Kindes, die Art der Symptomatik und die Dauer ihres Bestehens, allgemeine und Sprachentwicklung, Gründe für die Besorgnis der Eltern, begleitende Schwierigkeiten in Kindergarten oder Schule etc. Um als Einstieg in die Beziehungsaufnahme und Diagnostik in einem ersten Elterngespräch sich mit beiden Eltern über ihre individuelle Problemsicht austauschen zu können, empfiehlt es sich, einen Termin auszuwählen, zu dem *beide Eltern* problemlos kommen können. Die Terminwahl sollte dabei z. B. die Berufstätigkeit eines oder beider Partner berücksichtigen, aber auch die Möglichkeiten der Kinderbetreuung, Fahrtzeiten, Zeitrahmen der Eltern, etc. beachten, damit das erste Gespräch nicht als Belastungs-, sondern als *entspannte Situation* empfunden werden kann (vgl. Kap. 4).

Wenn eine Terminvereinbarung für ein Gespräch erfolgt, werden die Eltern gebeten, zur Vorbereitung eine *Kassetten- oder Videoaufnahme* von einer Sprach- und Spielsituation ihres Kindes anzufertigen, in der z. B. ein Spiel mit Eltern, Geschwistern oder Freunden aufgenommen wird oder auch eine Alltagssituation wie das Gespräch am Mittagstisch. Eine solche Aufnahme stellt wichtige Informationen über das alltagsrelevante Kommunikationshandeln innerhalb der Familie bereit (vgl. Hansen/Iven 1992, 246), ohne dass das Kind bereits in dieser Sitzung anwesend sein muss.

5.2.2
Erste Gespräche mit den Eltern

Neben dem Informationsaustausch dienen die ersten Kontakte mit den Eltern primär dem Aufbau einer *vertrauensvollen Beziehung* zwischen Therapeut und Eltern (vgl. Kap. 4). Vor allem in den ersten Gesprächen entsteht eine besondere Eigendynamik durch die von den Eltern in ihrer Problembeschreibung gesetzten Schwerpunkte. Um darauf individuell eingehen zu können und um den Vertrauens- und Beziehungsaufbau nicht zu stören oder zu verhindern, verbietet es sich, einfach einen möglichst umfangreichen Fragenkatalog ‚abzuhaken'.

Die Fragestellungen, die sich aus unserer Therapeutensicht als hilfreich erwiesen haben, haben wir detailliert in Form von *Gesprächsleitlinien* im Anhang wiedergegeben. Die Themenkreise, die dabei angesprochen werden, entsprechen dem derzeitigen Erkenntnisstand über Einflussfaktoren auf Entstehung, Aufrechterhaltung und Entwicklungsprozesse von Sprechunflüssigkeiten und Stottern.

Die im Folgenden beschriebenen Inhalte von Elterngesprächen werden natürlich nicht alle in einer einzigen Sitzung thematisiert, sondern je nach Relevanz im Rahmen der therapiebegleitenden Elternberatung und Diagnostik aufgegriffen (vgl. Kap. 4).

- *allgemeine Entwicklungsinformationen:* anstelle eines Anamnesebogens halten wir es im Sinne unseres kooperativen Konzepts für sinnvoll, die einzelnen Informationsbereiche in ein Gespräch einfließen zu lassen; dabei werden bedeutsame Bereiche der kindlichen Entwicklung angesprochen
- *Entwicklung der Unflüssigkeiten:* Beginn und Art der Symptomatik, Phasen flüssigen Sprechens, jetzige Symptome, Entwicklungen und Verlauf, evtl. Begleitsymptome wie Mitbewegungen, Starter,

Atemdyskoordinationen, Anspannungen, Anstrengungsverhalten, Reaktionen auf die Unflüssigkeiten, Vermeidungsverhalten, Ängste vor Personen/Sprechsituationen etc.
- *Einschätzung der Gefühle des Kindes* bzgl. seiner Einbindung in die Familie und das weitere Umfeld (Integration in Geschwisterreihe, Familie, Freundeskreis, Kindergartengruppe, Schulklasse) und bezüglich seiner Reaktionen auf Belastungen
- *Sichtweisen und Gefühle der Eltern* gegenüber ihrem Kind und gegenüber den vorhandenen Unflüssigkeiten; Beziehung zum Kind, Bedeutung der Unflüssigkeiten in der familiären Kommunikation, Ursachenannahmen, Zukunftsängste, Hilfestellungen und Erfahrungen damit, Umfeldreaktionen etc.

Nicht nur wir als Therapeuten gewinnen in diesen ersten Gesprächen eine Vielzahl an Informationen, sondern auch bei den Eltern, die sicher viele Fragen zum Thema Stottern haben, besteht ein großer Informationsbedarf. Daher empfiehlt es sich, Materialien bereitzuhalten, die Erklärungen erleichtern und Einflussfaktoren veranschaulichen, z. B. das Anforderungs-Kapazitätenmodell nach Starkweather (vgl. Kap. 1.3, Abb. 1.2, 1.3 und 1.4) oder ein Entwicklungsmodell zu Unflüssigkeiten und Stottern, wie es sich z. B. bei Peters/Guitar (1991, 5) findet oder als Abb. 1.5 in Kap. 1.3.

Solche Gesprächsgrundlagen geben die Gelegenheit, über Entstehungsbedingungen von Unflüssigkeiten aufzuklären und die mögliche weitere Entwicklung zu verstärkten Unflüssigkeiten und zum Stottern zu skizzieren. Damit bieten sie den Eltern einen Anlass, über die individuellen Bedingungen in *ihrer* Familie nachzudenken:
- Wie war die Sprachentwicklung *bei unserem Kind?*
- Wie haben *bei unserem Kind* die Unflüssigkeiten angefangen?

- Welche Entwicklungen könnten *bei unserem Kind* zur Aufrechterhaltung der Unflüssigkeiten beigetragen haben?
- Wie haben sich die Unflüssigkeiten verändert?
- Welche Anforderungen wirken auf *unser Kind* und welche Kapazitäten hat es?
- Was sind *unsere* Belastungen und Sorgen?
- Welche positiven Entwicklungen hat es bei *uns* gegeben?

Fast zwangsläufig tritt innerhalb des Erstgesprächs ein für die Eltern enorm bedeutsamer Themenkreis auf, zu dem sie Fragen haben und unsere Antworten erwarten, nämlich zu Ursachen der Unflüssigkeiten/des Stotterns, nach den Einflüssen des elterlichen Handelns auf die Symptomatik und somit nach der von ihnen häufig empfundenen oder ihnen von anderen zugesprochenen schuldhaften Beteiligung am Stotterproblem (vgl. Johannsen/Schulze 1993, 23; Schulze 1992, 83 ff). Schon im ersten Gespräch betrachten wir es als unsere Aufgabe, die Eltern von solchen Schuldgefühlen zu entlasten, indem wir sie über aktuelle Erkenntnisse zur Entstehung von Unflüssigkeiten informieren (vgl. Kap. 1.4 und Kap. 4.3).

Ausführliche Elterngespräche liefern Informationen in sehr großem Umfang und aus vielen Einflussbereichen. Es versteht sich, dass dies auch einen *flexiblen und großzügigen Zeitrahmen* erfordert. Nach unserer Erfahrung erweist es sich als günstig, wenn man den organisatorischen Rahmen so gestalten kann, dass für ein Erstgespräch 60–90 Minuten zur Verfügung stehen und für weitere, eventuell thematisch etwas eingegrenztere oder spezialisiertere Gespräche jeweils ca. 60 Minuten einplanbar sind.

Um die Gesprächssitzungen vorzubereiten und auch den Eltern bereits Anhaltspunkte über die anzusprechende Thematik zu geben, kann man spezielle Fragen schriftlich formulieren und den Eltern zur Bearbeitung mitgeben. Solche Fragenkataloge, die von den Eltern einzeln oder gemeinsam zu Hause beantwortet werden können, finden sich z. B. bei Schulze/Johannsen (1986, 232) oder Randoll/Jehle (1990, 188 ff). Auch Teile aus den im Anhang wiedergegebenen Gesprächsleitlinien oder die Auflistung der Fragen zum Zuhören oder zu den Empfindungen des Kindes sind dafür gut geeignet.

5.2.3
Erste Kontakte mit dem Kind

Die im Folgenden beschriebenen Schritte der Kontaktaufnahme sind nicht nur Mittel zum Zweck des Informationsaustausches, sondern stehen immer unter dem *Primat des Beziehungsaufbaus*. Das bedeutet, dass sich diagnostische Zielsetzungen mit der Vertrauensbildung und der Akzeptanz der kindlichen Wünsche und Bedürfnisse verbinden lassen. *Wir gestalten mit dem Kind gemeinsam einen Kommunikations- und Interaktionsprozess*, in dem wir erste Hypothesen bilden können. Selbst wenn wir nicht explizit nach Diagnoseprogrammen vorgehen oder Tests anwenden, gewinnen wir in dieser natürlichen Kommunikationssituation viele diagnostisch relevante Informationen. Auch hier ist die Bandbreite dessen, worauf wir als Voraussetzung einer kompetenten Therapieentscheidung und Planung achten sollten, zu groß, um in einer einzigen Sitzung abgeklärt zu werden.

Die im Folgenden beschriebenen Schritte sind demnach keine punktuellen Aktivitäten, sondern in den gesamten diagnostisch-therapeutischen Prozess der Anfangsphase einzubetten.

Allgemeine Beobachtungen

Zum ersten Termin kommt das Kind gemeinsam mit einem Elternteil, der es auch in den Therapieraum begleitet und während der gesamten Dauer anwesend ist. Da wir aus den ersten Elterngesprächen das Alter des Kindes und seine Interessen und Vorlieben kennen, können wir bereits eine Auswahl an Spielen, Bastel-, Mal- oder Bau-Materialien, Puppen, Autos o. Ä. bereitlegen, die für das Kind Aufforderungs- und Motivationscharakter haben. Anhand der Kontaktaufnahme des Kindes zum Therapeuten sowie seines Umgangs mit Material und den Spielpartnern lassen sich erste Hypothesen über seine Kommunikationserfahrungen und -fähigkeiten bilden:

- Initiiert das Kind Kommunikationsprozesse? Wie tut es dies?
- Wie nimmt das Kind Kontakt zu der unbekannten Person auf oder wie reagiert es auf deren Kontaktaufnahme?
- Kann das Kind die Perspektive der anderen einbeziehen?
- Wie erschließt sich das Kind den neuen Raum – löst es sich von seiner Begleitung oder braucht und sucht es den ständigen Kontakt zur Mutter oder zum Vater?
- Welches Material wählt das Kind aus: bekanntes, sicher beherrschtes, oder neues, unbekanntes? Bevorzugt es Regel-, Bau-, Konstruktions- oder freie Rollenspiele?
- Wie spielt das Kind – wie viel Ausdauer hat es, wie viel Rückmeldung und Aufmerksamkeit braucht es von den Erwachsenen, wie werden diese in das Spiel einbezogen, wie reagiert es auf Erfolg/Misserfolg, wie strukturiert es sein Spiel etc.?
- Wie löst das Kind Probleme oder Konflikte – braucht es die Hilfe und Unterstützung der Bezugsperson (oder bietet diese solche Hilfen schon an, ohne dazu aufgefordert zu sein?) oder sucht es selbstständig nach Lösungen? Hält es soziale und Spielregeln ein oder ändert es sie nach seinen Wünschen ab? Wie geht es mit Frustrationen wie nicht gelingenden Bauvorhaben, Verlieren eines Spiels etc. um?

Einschätzung der Sprechflüssigkeit

Neben sozial-kommunikativen Handlungsweisen steht natürlich das Sprechen des Kindes im Vordergrund der Betrachtung. Die allgemeine Beobachtung dessen, wie sprechfreudig das Kind ist, wie viel es sagt und welchen Stellenwert das Sprechen in seiner Kommunikation hat, wird dabei von der Einschätzung der Sprechflüssigkeit begleitet. Im Mittelpunkt stehen dabei Kriterien wie Äußerungslänge, Komplexität der Äußerungen, Satzstruktur, Wortwahl, Situationsangemessenheit, emotionale Beteiligung, Kommunikationsbereitschaft etc.

Von besonderer Bedeutung sind in diesem Zusammenhang auch die auftretenden Unflüssigkeiten. Bei den ersten differenzialdiagnostischen Hypothesen darüber, ob es sich dabei um Stottern handelt oder nicht, kann man sich an Leitfragen orientieren, wie sie z. B. bei Johannsen/Schulze (1993, 22) beschrieben werden:

„Handelt es sich um Wiederholungen, Dehnungen oder Blockierungen? In welchem Verhältnis stehen sie zueinander? Was wird wiederholt? Verändern sich Sprechgeschwindigkeit, Lautstärke oder Tonhöhe der Stimmgebung während der Wiederholungen? Welche Vokale, Konsonanten oder Artikulationsstellungen werden gedehnt? Wie lange dauern die Dehnungen? Gehen sie mit oder ohne Phonationsstop in das nächste Phonem über? Steigen Spannung oder Tonhöhe während der Dehnung? Gibt es Hinweise für ein Störungsbewußtsein des Kindes? Weicht es während des Sprechens dem Blickkontakt aus? Welche motorischen und vegetativen Begleitsymptome treten auf? Wie reagiert das Kind auf Stressoren wie Zeitdruck oder Unterbrechungen?"

Darüber hinaus verweisen wir auf die bereits in Kap. 1.4 dargelegten Abgrenzungskriterien für die Unterscheidung von entwicklungsbedingten Unflüssigkeiten, verstärkten Sprechunflüssigkeiten und Stottern.

Um zu untersuchen, welchen Einfluss sprachlich-kommunikative Anforderungen auf die Art und Häufigkeit der Unflüssigkeiten haben, können verschieden hohe Anforderungsniveaus in die Interaktion eingegliedert werden. So kann man z. B. Fragestrukturen verwenden, die zunächst Antworten von sehr geringer kommunikativer Verantwortung erfordern und ansteigend immer komplexere Leistungen ermöglichen. Mit solchen Fragen lässt sich auch ermitteln, auf welcher der untersuchten Stufen das Kind flüssig spricht. Man gewinnt also auch einen ersten Eindruck von dem Anforderungsniveau, bei dem das Sprechkontrollsystem des Kindes – zumindest momentan – relativ stabil ist.

Eine solche Vorgehensweise empfiehlt sich sowohl im Laufe der Eingangsdiagnostik als auch therapiebegleitend. Wendet man sie im Sinne der Verlaufsdiagnostik häufiger an, so gewinnt man jeweils einen Eindruck von den momentanen, aktuellen *Sprechflüssigkeitskompetenzen* des Kindes.

Als Orientierungsmöglichkeit können die fünf Stufen nach Stocker (1980) dienen (nach Schulze/Johannsen 1986, 102 f):

Stufe 1: Entweder-oder-Fragen („Ist das hart oder weich?" „Ist die Puppe groß oder klein?"; Solche Fragen geben die Wortwahl bereits vor und erfordern nur ein Wort als angemessene Antwort)

Stufe 2: Einfache W-Fragen („Wie heißt das?" „Was ist das?"; Einwort-Äußerung ist ausreichend, es erfolgt aber keine Antwort-Vorgabe mehr)

Stufe 3: Anspruchsvollere W-Fragen („Wo lebt das Tier?" „Wo könntest Du das bekommen?"; Hier sind Mehrwort-Äußerungen erforderlich, um eine inhaltlich und formal passende Antwort zu geben)

Stufe 4: Offene Fragen, objektbezogen („Was weißt du alles über …"; Das Kind soll die Merkmale des erfragten Objekts beschreiben)

Stufe 5: Offene Fragen („Erzähl mir eine Geschichte dazu"; Das Kind soll einen persönlichen oder erfundenen Bezug zu dem Objekt herstellen)

Dazu eine Randbemerkung: Diese Frageformen und die von den Kindern produzierten Antworten liefern auch ein Bild davon, welchem Anforderungsniveau sich das Kind *selbst* aussetzt. So hat ein 5-jähriger Junge auf die Frage „Ist dein Bruder größer oder kleiner als du?" (= Stufe 1, Einwort-Antwort „größer" oder „kleiner" wäre ausreichend) geantwortet: „Das weiß ich nicht genau – für mich ist der größer, weil ich ja noch klein bin, aber für dich ist er kleiner, weil du ja schon groß bist." Dieses Beispiel zeigt, dass unsere Vorstellung von der Komplexität einer Antwort nicht immer mit den kindlichen Vorstellungen übereinstimmen muss.

Um zu erfahren, wo die Belastungsgrenze für die Sprechflüssigkeit liegt, können Stressoren in die Kommunikation eingeführt werden, z. B.:

- Konkurrenzdruck („Ich brauche nur noch ein Bild, dann habe ich gewonnen!" „Mein Männchen ist gleich am Ziel!"),
- Zeitdruck („Erzähl mal ganz schnell, wie das geht, sonst haben wir keine Zeit mehr zum Spielen!", „Mach schnell, damit wir wissen, wer gewonnen hat!")
- Unterbrechungen des Sprechens („Das war jetzt genug dazu." „Ich meine aber, das geht anders.")
- Unterbrechungen der Aufmerksamkeit (während einer Äußerung des Kindes ein attraktives Objekt in die Hand nehmen oder dem Kind geben: inhaltlicher Ablenker)

In umgekehrter Hinsicht kann man, falls das Kind sogar auf einer der ersten Stufen Unflüssigkeiten zeigt, noch weitere Angebote machen, um flüssiges Sprechen zu ermöglichen.

Weitere *Reduzierungen des Komplexitätsgrades* erreicht man z. B. durch gemeinsames Sprechen beim Benennen von Bildern, durch

Sprechspiele mit bekanntem Wortlaut („Ich sehe was, was du nicht siehst"), durch gemeinsames oder einzelnes Sprechen von Abzählversen, Sprechreihen wie Monatsnamen, Namen der Wochentage, Zählen, Fingerspielen oder durch Vor- und Nachsprechen. Nach unseren Erfahrungen sind vor allem im Bereich des automatisierten Sprechens auch Kinder, die bereits eine sehr ausgeprägte Symptomatik zeigen, meist sprechflüssig. Auch hierzu eine Beobachtung aus der Praxis: Ein 6-jähriger Junge wollte zeigen, dass er schon bis Hundert zählen kann. Die automatisierten Zahlenreihen konnte er dabei sehr flüssig sprechen, nur bei der „Nnnnneunundzwanzig, … Nnnnneununddreißig, …" usw. kam es regelmäßig zu langen Dehnungen, vermutlich weil er dann bereits mit der Planung des nächsten Zehnerschrittes so beschäftigt war, dass die Konzentration auf die aktuelle Zahl für das flüssige Sprechen momentan nicht ausreichte.

Für die erste Einschätzung der sprachlichen Fähigkeiten bieten sich verschiedene Materialien an:
- eine Sammlung von Realgegenständen in einem Fühlbeutel
- Spiele mit Bildkarten (z. B. Lotto, Memory, Bilder-Domino), die Benennungen in einem Wort erfordern
- Puzzle oder Suchbild
- ein Bilderbuch mit einer vermutlich bekannten Geschichte, z. B. „Die kleine Raupe Nimmersatt" von Eric Carle oder „Drei Freunde" von Helme Heine
- Situationsbilder und Bildgeschichten
- Materialien für Konstruktionsspiele

Außer der Sprechflüssigkeit müssen auch die anderen *Ebenen der Sprachentwicklung* mit berücksichtigt werden. Folglich sollte auch ein Überblick über den Erwerb der Aussprache- und grammatischen Regeln, über Sprachverständnis, Wortschatz und Wortbedeutung sowie prosodische und pragmatische Merkmale der Sprache und des Sprechens gewonnen werden. Ergeben sich auf einer oder mehreren der genannten Ebenen Hinweise auf Beeinträchtigungen, so sind diese hinsichtlich ihrer Wirkung auf die Sprechflüssigkeit genauer zu überprüfen (vgl. Kap. 1.1 und 1.2).

Sichtweisen, Gefühle und Wünsche des Kindes

Über die bereits erhobenen Entwicklungsdaten und die beim Kind beobachtete Sprachproduktion hinaus ist es ebenfalls wichtig, Einstellungen, Gefühle und Wünsche des Kindes kennen zu lernen, um Einblick in sein individuelles (Belastungs-)Erleben zu gewinnen. Dazu kann nach einer Anfangsphase des Spiels und des Vertrautwerdens mit den folgenden Fragen ein Gespräch geführt werden, das sich auf die kindliche Lebenswelt bezieht. Dabei gehen einige Fragen mehr in die emotionale Tiefe und erfordern entsprechend mehr an Auseinandersetzung, sodass nicht alle Fragen für jedes Kind und seine Art Störungsempfinden geeignet sind. Wir sind aufgefordert, sensibel auf die ‚Bewusstseinswilligkeit' des Kindes einzugehen (vgl. Kap. 1.5).

Die folgende Auflistung orientiert sich an einem diagnostischen Leitfaden, der im Michael-Palin-Institute for Stammering Children in London entwickelt wurde (Rustin/Botteril/Kelman 1996, 36 ff).

Themenbereich Kindergarten/Schule
- Gehst du schon in den Kindergarten/die Schule?
- Bist du gerne dort?
- Wer ist deine Erzieherin/Lehrerin?
- Magst du sie?
- Wann ärgert sie sich?
- Wer ist im Kindergarten/in der Schule dein Freund?
- Was macht ihr gerne zusammen?

- Was tust du gerne im Kindergarten/in der Schule?
- Was tust du dort nicht gerne?
- Gibt es Kinder, die du besonders gut leiden kannst?
- Was macht dir am meisten Spaß, wenn du mit ihnen spielst?
- Was gefällt dir besonders gut an ihnen?
- Gibt es Kinder, die du nicht gut leiden kannst? Was machen die denn?
- Was tust du, wenn du dich ärgerst?
- Worüber freust du dich?

Themenbereich Familie
- Wer wohnt mit dir zu Hause?
- Magst du dein Zimmer?
- Womit und mit wem spielst du am liebsten?
- Was magst du an deiner Mama am liebsten?
- Was magst du nicht?
- Was tust du, wenn Mama schimpft?
- Was magst du an deinem Papa am liebsten?
- Was magst du nicht?
- Was tust du, wenn Papa schimpft?
- Was tust du zu Hause gerne?
- Was machst du nicht gerne?
- Magst du deine Schwester/deinen Bruder?
- Habt ihr manchmal Streit? Worüber?
- Was machst du dann?

Wenn man den Eindruck hat, dass das Kind dafür offen ist, oder bei älteren Kindern kann man das Interview ausdehnen:

Themenbereich Sprechen
- Was meinst du, warum du hier bist?
- Wie klappt dein Sprechen jetzt?
- Ist es manchmal einfach zu sprechen? Wann?
- Ist es manchmal schwierig zu sprechen? Wann?
- Wann hat es angefangen, schwierig zu werden?
- Kannst du dir selbst helfen, wenn es nicht klappt?

- Möchtest du Hilfe für das Sprechen haben?
- Was wäre anders, wenn das Sprechen einfacher wäre?
- Hat noch jemand in deiner Familie dasselbe Problem?
- Was tut er/sie dagegen?

Themenbereich Gefühle
- Was ist das Beste, was dir je passiert ist?
- Was ist das Schlimmste, was dir je passiert ist?
- Was tust du, wenn du ein Problem oder Schwierigkeiten hast?
- Was würdest du alles ändern, wenn du zaubern könntest?

Diese Fragen-Sammlung bildet einen Bestandteil eines detaillierten Diagnosekonzepts und steht in einem Verbund aus Informations- und Beratungsgesprächen, Kriterien für die Einschätzung der allgemeinen Entwicklung des Kindes, seiner Sprache, seiner kommunikativen Kompetenzen und seiner Sprechflüssigkeit. Ergänzt wird dieses Konzept durch eine Video-Aufnahme, die über alle diese Faktoren wichtige Informationen bereitstellt.

5.2.4
Video-Aufnahme zur Kommunikationsanalyse

Um die Interaktionen innerhalb des sozialen Systems besser verstehen zu können, ist es empfehlenswert, eine Video-Aufnahme anzufertigen, bei der Eltern und Kind, evtl. auch die Geschwister, *beim gemeinsamen Spiel* aufgenommen werden. Üblicherweise kommt die Familie dazu in den Therapieraum, in dem die Kamera bereits aufgebaut ist. Das Kind kann sich ein Spiel aussuchen, das dann von allen gemeinsam gespielt wird. Es hat sich nach unserer Erfahrung als hilfreich erwiesen, wenn wir als Therapeuten während der Aufzeichnung den Raum verlassen. Dies hat mehrere Gründe: Zum einen kommt zu dem (zumindest für die Erwachsenen) Belastungsfaktor der beobachtenden Kamera nicht auch noch ein persönlich anwesender Beobachter dazu; zum anderen entwickeln sich eher die gewohnten Kommunikationsweisen, wenn kein außenstehender Kommunikationspartner anwesend ist.

Mitunter haben die Eltern anfänglich Bedenken wegen der Videoaufnahme, weil sie damit die Befürchtung verbinden, dass zum einen ihr Erziehungshandeln bewertet und überprüft wird, und dass zum anderen in einer solchen Beobachtungssituation gar keine ‚normale‘ Kommunikation zustande kommen kann.

Diesen Befürchtungen können wir im Vorgespräch gut begegnen:

- Das Gefühl der Bewertung des elterlichen Handelns lässt sich deutlich reduzieren, indem betont wird, dass wir die Aufnahme nicht nach ‚guten‘ oder ‚schlechten‘ erzieherischen Handlungsweisen analysieren, sondern dass wir mit dieser medialen Hilfe mit den Eltern gemeinsam nach Kommunikationshandlungen suchen möchten, von denen anzunehmen ist, dass sie die Sprechflüssigkeit ihres Kindes beeinflussen. Die Aufnahme und das gemeinsame Ansehen bietet uns und den Eltern eine Ausgangsbasis für *wertfreie Beobachtungen* des aktuellen kommunikativen Handelns der Beteiligten und einen Anlass, über Einflussfaktoren der unterschiedlichsten Art nachzudenken, Problembereiche zu erkennen und sich Alternativen zu erschließen. Um die Eltern zu entlasten, können wir ihnen verdeutlichen, dass sie in der Therapie und bei der Video-Aufnahme *nicht auf dem Prüfstand stehen*, um von uns bewertet zu werden und dann gesagt zu bekommen, was sie ‚falsch‘ machen und in Zukunft ‚richtig‘ machen müssen. Um eine symmetrische therapeutische Beziehung herstellen und aufrechterhalten zu können, ist es

im Gegenteil wichtig, dass wir den Eltern vermitteln, dass wir die Aufnahme nicht wertend, sondern beschreibend und vor allem mit ihnen gemeinsam analysieren werden.

- Häufig haben Eltern auch deswegen Bedenken gegenüber der Video-Aufnahme, weil sie die Situation und die Umgebung als sehr unnatürlich empfinden und daher für wenig aussagekräftig halten. Aus Elternsicht sind diese Bedenken durchaus verständlich, für das Ergebnis der Aufnahme und ihre Bedeutung für Diagnose und Therapie stellt sich dieses Problem jedoch kaum. Zum einen vergessen die Kinder die Kamera rasch oder sind es von vielen Gelegenheiten gewohnt, gefilmt zu werden (Urlaub, Familienfeste etc.), sodass sie in ihrer Spontaneität und Handlungsfreiheit kaum oder gar nicht eingeschränkt werden. Zum anderen werden Eltern in einer neuen, ungewohnten und vielleicht etwas unangenehmen Situation zunächst ein wenig anders handeln als im gewohnten häuslichen Kontext, aber sicher zeigen sich keine völlig anderen, vorher nie da gewesenen Interaktionsstrukturen. Vor allem in schwierigen Situationen (z. B. Uneinigkeit über Spielregeln, Frustrationen des Verlierers etc.) werden sie erfahrungsgemäß auf die bewährten Bewältigungsmöglichkeiten zurückgreifen, sodass die Videoaufnahme trotz möglicher Bedenken der Eltern einen Einblick in das alltägliche, kommunikative Handeln der Familie gewährt.

Als Informationsquelle liefert die Video-Aufnahme, vor allem aber die mit den Eltern *gemeinsam* vollzogene Auswertung wichtige Anhaltspunkte über folgende Variablen, die die familiäre Interaktion kennzeichnen.

Problembeschreibung und Lösungsversuche

Wir können mit den Eltern beobachten, wann Sprech(un-)flüssigkeiten oder Stottern auftreten und wie Eltern und Kind darauf reagieren. Häufig werden dabei für uns und die Eltern erste Regelhaftigkeiten erkennbar, z. B. wenn ein Kind immer dann deutliche Symptome zeigt, wenn seine Zuhörer gerade mit etwas anderem beschäftigt sind, oder wenn es etwas sehr Komplexes erklären möchte. Die Beobachtung der Elternreaktionen und die Überlegung, ob diese Reaktionen die Situation entspannen, das Kind entlasten oder die Symptomatik verändern, ermöglicht erste Reflexionen über günstiges oder ungünstiges Zuhörerverhalten und über sprechflüssigkeitsfördernde oder -gefährdende Situationen. Das konkrete Interaktionsbeispiel wirkt wie ein Modell, an dem man exemplarisch Hypothesen darüber entwickeln kann, ob und unter welchen Bedingungen Kommunikation gelingt oder erschwert wird. Damit schafft man eine sehr anschauliche Ausgangsbasis für die Kooperation mit den Eltern (vgl. Kap. 5).

Subjektive Annahmen zur Sprechunflüssigkeitssymptomatik

Die gemeinsame Interpretation der Aufnahme eröffnet Einblicke in die Theorien der Eltern darüber, was sie subjektiv unter Sprechunflüssigkeit oder Stottern verstehen. Der Begriff des Stotterns wird von Eltern bisweilen übergeneralisierend verwendet. Bei der Betrachtung der Videoaufnahme ist mitunter festzustellen, dass sie viel mehr unter dem Begriff Stottern zusammenfassen, als wir dies tun würden. Unter Umständen beschreiben die Eltern Lautfehlbildungen oder grammatische Abweichungen als Stottern, oder sie identifizieren bereits ungespannte Ganzwortwiederholungen oder Satzumstellungen

als problematisch. Auch diese subjektiven Annahmen bilden einen Gesprächsanlass und Themenschwerpunkt (vgl. Kap. 4.3).

Kommunikation und Interaktion

Neben der Beobachtung der Symptomatik und der Reaktionen darauf steht auch die Betrachtung des kommunikativen Handelns allgemein im Mittelpunkt des Interesses. Die folgende Auflistung gibt einen Überblick über mögliche Beobachtungs- und Interpretationspunkte:

- Wer spricht wie lange, wie häufig?
- Ist die sprachliche Ebene der Eltern kindgemäß (Werden einfache Formulierungen benutzt?)?
- Ist das Sprechen der Eltern deutlich?
- Wie ist das Sprechtempo der einzelnen Familienmitglieder?
- Wie gestaltet sich der Sprecherwechsel? Lassen die Gesprächspartner sich gegenseitig ausreden oder unterbrechen sie sich?
- Wer hört dem jeweiligen Sprecher zu? Wie tut er/sie das (Zuhöraktivitäten)?
- Gibt es Rückmeldungen durch korrektes Wiederholen und kleine Erweiterungen (phonetisches, semantisches und grammatikalisches Feedback)?
- Werden die Handlungen des Kindes *sprachlich begleitet*?
- Macht jemand Zeitdruck? Wie tut er/sie das?
- Wie verhalten sich die Familienmitglieder bei Themenwechseln (Wer bestimmt das neue Thema? Wie wird es eingeführt?)?
- Wie hoch ist der Grad der emotionalen Beteiligung? Welche Emotionen begleiten das Sprechen? Wie werden Emotionen vermittelt?
- Gibt es emotionales Feedback (verbal/nonverbal)?
- Können Pausen und Schweigen ausgehalten werden (Pausengestaltung)? Wer ergreift wie erneut das Wort?

- Welche nonverbalen Aktivitäten sind zu beobachten (z. B. Zu- oder Abwendung, gestisch-mimische Unterstützung, Ersatz von Sprechakten durch hinweisende Gesten, Aufnahme und Ausprägung von Körperkontakt etc.)?
- Wer blickt wen unter welchen Bedingungen an (Art und Häufigkeit des Blickkontaktes)?
- Wie zeigt sich in der Familie Unterstützung (durch Lob, Freiheiten lassen, Gewähren, Motivation, Zutrauen etc.)?
- Wie geht die Familie mit Konflikten um (Kompromisssuche)?

Spielhandlungen

Die Art und Weise, in der sich die Familie im Spiel organisiert und der kommunikative Austausch darüber stellen ebenfalls einen wichtigen Faktor zur Einschätzung der sozialen Interaktion dar.

Hierbei rücken folgende Kriterien in den Mittelpunkt der Beobachtung:
- Was wird gespielt?
- Wer bestimmt Dauer, Verlauf, Material etc.? Wie verständigt man sich darüber?
- Ist die Familie solche gemeinsamen Spiele gewohnt?
- Möglichkeiten und Grenzen in der Kommunikation:
  - Was wollte das Kind tun und was konnte es verwirklichen?
  - Ließen Vater/Mutter/Geschwister dem Kind Spielräume oder waren sie stark bestimmend?
  - Worin bestanden Grenzen aufseiten des Kindes (sprachlich, motorisch, emotional)?
- Konzepte und Handlungen:
  - Was wollte die Mutter/der Vater/das Geschwisterkind durchsetzen?
  - Wie setzte er/sie/es dies durch?
  - Wie versuchte das Kind sich einzubringen (verbale/nichtverbale Strategien)?

- Aneignung und Entwicklung:
  - Wie reagiert das Kind auf die Eltern?
  - Wie reagieren die Eltern auf das Kind?
  - Wie gehen sie aufeinander ein?
  - Wann werden welche Rückmeldungen gegeben?

Zusammenfassend ist festzuhalten, dass eine Video-Aufnahme nicht nur viele therapierelevante Informationen liefert, die reproduzierbar und damit für die Therapieverlaufskontrolle verwendbar sind. Sie liefert darüber hinaus eine wertvolle Grundlage für die Beratung mit den Eltern und die Zusammenarbeit mit ihnen, weil hier die gemeinsame Analyse von förderlichem oder hinderlichem (Kommunikations-)Handeln und eine Erarbeitung von Änderungsmöglichkeiten bzw. Unterstützung und Verstärkung von hilfreichen Aktivitäten thematisiert wird.

5.2.5
Abschließende Bemerkungen

Wir sind uns darüber im Klaren, dass das hier vorgestellte diagnostische Konzept sehr umfangreich ist und unter vielen organisatorischen Rahmenbedingungen an Grenzen stoßen kann. Wir halten ein so aufwendiges Vorgehen jedoch aus verschiedenen Gründen für erforderlich: Zunächst verhilft die Quantität und Qualität der Informationen dazu, im Verstehensprozess eine größtmögliche Sicherheit in der Beschreibung der Problematik zu gewinnen. Im Sinne des idiographischen Vorgehens kann nur eine breit gefächerte Analyse der individuellen Bedingungen auch die entsprechenden Hinweise für eine individualisierte Therapie liefern. Eine Diagnostik, die sich nur auf einen oder wenige Parameter beschränkt, wird dieser Zielsetzung und dem komplexen Thema der Sprechunflüssigkeiten und des Stotterns nicht gerecht.

Sicherlich stellt unsere Vorstellung von einem diagnostischen Prozess ein ‚Optimal-

Programm' dar, dem nicht unter allen Bedingungen entsprochen werden kann (und auch nicht muss!). Wir sind jedoch der Meinung, dass es zur Planung einer individualisierten Therapie nicht ausreicht, sich an einem diagnostischen Minimum zu orientieren, sondern dass es immer darum gehen muss, sich dem Ideal im Rahmen der eigenen Möglichkeiten verantwortungsbewusst und kompetent möglichst weit anzunähern. Ist man sich der damit verbundenen Informations-Reduktion bewusst und hat man andere Möglichkeiten, dies zu kompensieren, ist es natürlich denkbar und möglich, nur bestimmte, im eigenen Berufsfeld realisierbare Anteile des von uns beschriebenen Konzepts auszuwählen.

6 Überlegungen zur Prävention des Stotterns

Charles Van Riper, der von vielen als Gründungsvater moderner Stottertherapie angesehen wird, hat in seinen späten Veröffentlichungen mitunter beklagt, dass er zwar vielen erwachsenen ‚Stotternden' helfen konnte, darüber aber die mögliche Verhinderung von ‚Stotterkarrieren' vernachlässigt hat:

„Während ich vielen Erwachsenen dazu verholfen habe, einigermaßen flüssig zu sprechen und ein zufriedenes Leben zu führen, habe ich wenig dazu beigetragen, dem alljährlichen Erscheinen von Horden von neuen Stotterern am Horizont entgegenzuwirken. (…) Ich habe auf das falsche Ziel geschossen" (Van Riper 1994, 168; Erstveröffentlichung des engl. Originals 1977).

Diese bedauernden Worte eines Therapeuten, der das Phänomen Stottern sicher wie kein Zweiter beurteilen konnte, machen den Stellenwert von *präventiven, nicht hinhaltenden Angeboten* bei Sprechunflüssigkeiten im Kindesalter besonders deutlich. Um unser Verständnis eines präventiven Vorgehens in einen theoretischen Rahmen einzuordnen, erfolgt zunächst eine Begriffsbestimmung.

6.1 Was bedeutet Prävention?

Die Übersetzung des lateinischen *praevenire*, das die Grundform des Wortes „Prävention" darstellt, lautet *zuvorkommen*. Im alltäglichen Sprachgebrauch hat sich dieser zunächst wertneutrale Begriff, der lediglich ‚vorab stattfindendes Handeln' bezeichnet, mit dem Begriff der „Prophylaxe" (griechisch-lateinisch mit der Grundbedeutung *verwahren, schützen*) vermischt. Beide Worte werden allgemein und von verschiedenen Fachdisziplinen synonym benutzt, z. B. von der Medizin im Sinne von Verhütung oder Vorbeugung von Erkrankungen, von der Rechtswissenschaft im Sinne der Verhütung oder Vorbeugung strafbaren Verhaltens oder von der Sozialwissenschaft im Sinne der Verhütung oder Vorbeugung sozial abweichenden Verhaltens.

Fachrichtungsübergreifend werden mit „Prävention" die Maßnahmen bezeichnet, die notwendig sind und ergriffen werden, um mögliche Abweichungen von der gesellschaftlich definierten Norm zu verhindern bzw. die Risiken für eine solche Abweichung zu vermindern (vgl. Belschner 1994, 4; Herringer 1986, 6).

Prävention und Prophylaxe gehen somit von einem defizitorientierten Theoriengebäude aus: es gibt definierte Abweichungen (z. B. Straffälligkeit, Krankheit, Verhaltensauffälligkeiten, Lernstörungen, Sprachstörungen), die es zu verhindern gilt. Die Maßnahmen dazu werden allgemein in drei Gruppen kategorisiert: die primäre, sekundäre und tertiäre Prävention.

- *Primäre Prävention* hat zum Ziel, das Auftreten von Störungen oder Abweichungen im Vorfeld zu verhindern und kommt damit dem ursprünglichen Präventionsbegriff vielleicht am nächsten. Beispiele für primäre Prävention sind AIDS-Aufklärungskampagnen, Reihenschutzimpfungen, die private Vorsorge gegen Einbruch o. Ä.

- *Sekundäre Prävention* zielt auf die möglichst frühe Erfassung einer Störung oder Abweichung und eine frühzeitige Intervention, um die Entwicklung eines entsprechend gravierenderen Geschehens zu verhindern, z. B. durch Früherkennungsuntersuchungen oder Screeningtests.
- *Tertiäre Prävention* richtet sich schließlich darauf, eine bereits bestehende Störung oder Abweichung durch gezielte Maßnahmen zu bessern oder zu verändern, damit sich die gegenwärtige Problematik nicht weiter verschlimmert oder ein Wiederauftreten des Problems verhindert werden kann, z. B. durch eine Operation, durch Strafrechtsmaßnahmen etc.
(vgl. Herringer 1986, 7 f; Starkweather 1995, 338)

Prävention des Stotterns

Die obigen, noch sehr allgemein gehaltenen Kategorien lassen sich auch auf die Maßnahmen zur Prävention des Stotterns anwenden. Primäre Prävention wäre demnach, Stottern zu verhindern, bevor es entsteht. Da Stottern jedoch selten schlagartig auftritt, sondern zumeist entwicklungsgerechte Unflüssigkeiten als Basis anzusehen sind, bewegen wir uns mit unseren Präventionsbemühungen häufig in fließenden Übergängen zwischen den Bereichen der primären, sekundären oder tertiären Prävention.

> Um den Ausgangspunkt besonders zu betonen: Prävention des Stotterns kann nicht bedeuten, die zur normalen Entwicklung dazugehörigen Unflüssigkeiten verhindern zu wollen.

Ein solches defizitorientiertes Verständnis kindlicher Entwicklung erscheint ebenso absurd wie eine hypothetisch ebenfalls denkbare Bestrebung, dem Kind die Phase des Krabbelns zu ersparen, um es direkt zur ‚normgerechten‘ Fortbewegungsart des aufrechten Ganges zu bringen.

Prävention des Stotterns bedeutet vielmehr:

- zum einen in verschiedenen Bevölkerungsgruppen (z. B. (Kinder-)Ärzte, Eltern, Erzieherinnen, Lehrerinnen, Sprachtherapeuten etc.) ein Bewusstsein dafür zu wecken, dass ‚normale‘ Unflüssigkeiten zur individuellen Sprechflüssigkeitsentwicklung dazu gehören und nicht automatisch mit Stottern gleichzusetzen sind
- zum anderen diese Entwicklung dann positiv zu beeinflussen, wenn emotionale Reaktionen auftreten und die Gefahr besteht, dass für die Mitglieder des Kommunikationssystems eine dauerhafte Beeinträchtigung entsteht

6.2 Eine notwendige Ergänzung zum Präventionsgedanken

„Prävention braucht unabdingbar und unverzichtbar eine Ergänzung, nämlich die Gesundheitsförderung" (Belschner 1994, 1).

Uns ist bewusst, dass der Begriff der Prävention Teil einer Einstellung ist, die dem Abweichenden, dem Defizitären mehr Beachtung schenkt als der Überlegung, wie Gesundes entwickelt und unterstützt werden kann (vgl. Belschner 1994, 2). Auch wir befinden uns in diesem Zwiespalt, denn wir arbeiten im so genannten Gesundheitswesen, befassen uns aber ständig mit der Diagnose und ‚Heilung‘ von Krankheiten, Störungen, Normabweichungen etc.

Es gibt in letzter Zeit zunehmend Bestrebungen, einer solch pathogenetischen Ausrichtung ein salutogenetisches Modell (Antonovsky 1993, 7) entgegenzusetzen. Dieses Modell löst die Dichotomie *gesund – krank* auf zugunsten eines Kontinuums, in dem wir immer teilweise gesund und teilweise krank sind.

Auf unser Verständnis vom Stottern übertragen bedeutet dies, dass niemand ausschließlich und immer nur ‚Stotterer' ist, sondern dass zu einer Person immer auch unbeschädigte, gesunde, kompetente, sichere Anteile gehören. Diese „heilsamen, gesunderhaltenden" (Belschner 1994, 10) Faktoren werden unter dem Begriff des „Kohärenzgefühls" (Antonovsky 1993, 11) zusammengefasst. Zu diesem Gefühl gehören die Komponenten der Verstehbarkeit von Anforderungen, der Verfügbarkeit von Ressourcen und der Empfindung von Bedeutsamkeit einer Herausforderung.

Wir möchten daraus an dieser Stelle nur den Begriff der „Verfügbarkeit" (Belschner 1994, 10) herausgreifen. Damit werden die Ressourcen einer Person bezeichnet, die sie als verfügbar wahrnimmt, um sich mit den Anforderungen, denen sie sich ausgesetzt sieht, wirkungsvoll auseinanderzusetzen. Eine Person, die sich sicher ist, ein hohes Maß an Ressourcen zur Verfügung zu haben, wird sich „nicht als Opfer von Ereignissen fühlen (…), sondern sie wird ein instrumentelles Vertrauen entwickeln und überzeugt sein, daß sie die sich stellenden Anforderungen gut bewältigen wird" (Belschner 1994, 10 f). Dieses Ressourcenkonzept gilt es in unser Menschenbild zu integrieren und in der Diagnose und Therapie mit in den Blick zu nehmen.

Als Therapeuten sind wir aufgefordert unser Handeln nicht als ‚Reparaturbetrieb' zu begreifen, sondern uns dem salutogenetischen Modell anzunähern, indem wir unsere Denkkategorien und Einstellungen überprüfen: hinsichtlich unseres diagnostischen und therapeutischen Tuns, hinsichtlich unserer Therapeutenpersönlichkeit und unserer Sicht der Klienten. Wir sollten uns nicht der medizinisch orientierten Dichotomie von krank und gesund anschließen, in der diese Parameter von nicht betroffenen

Fachleuten definiert werden. Vielmehr sollten wir uns als Begleiter und Unterstützer von eigenaktiven Entwicklungen begreifen, die für das Individuum die Erweiterung seiner Ressourcen und Handlungsspielräume bedeuten, mit der Zielrichtung der subjektiven Zufriedenheit und des subjektiven Wohlbefindens. Darüber hinaus bietet das Modell einen Anlass, den häufig verwendeten Begriff der Prävention (vor allem als Mittel zur Kostendämpfung, vgl. z.B. Weiler/Friedrich 1995) einmal kritisch zu überdenken. Auch als Gegenpol zu den momentan bestehenden Einschränkungen durch die Gesundheitspolitik halten wir solche Gedankengänge für besonders wichtig und notwendig.

6.3
Ziele und Methoden des präventiven Handelns

Um unser Verständnis von realisierbarer Prävention darzustellen, möchten wir im Folgenden zu den oben idealtypisch getrennten Präventions-Formen einige aussichtsreiche Möglichkeiten der Einflussnahme beschreiben.

Zu den Methoden der *primären Prävention* zählen Angebote des Informationsaustausches, in denen deutlich wird, dass Unflüssigkeiten in der Sprachentwicklung von Kindern auftreten können, sehr wahrscheinlich sind und einen normalen Entwicklungsschritt markieren. Damit werden die entwicklungsgerechten Unflüssigkeiten aus der Interpretation des Auffälligen, Besonderen, Pathologischen herausgelöst, um allen Beteiligten eine entwicklungsorientierte Einschätzung zu ermöglichen. Eine solche Zielsetzung lässt sich z.B. im Rahmen von Eltern- und Erzieherinnen-Informationsabenden im Kindergarten verwirklichen, aber auch bei Fortbildungen im Erzieherinnen-Bereich,

interdisziplinären Informations- und Fort-
bildungsmaßnahmen für Therapeutinnen,
Kinderärztinnen und Beraterinnen, wie dies
z. B. in der Arbeitsgruppe Prävention in Berlin geschieht (vgl. Wendlandt 1992) sowie in
internen Fortbildungen im Sprachtherapeu-
ten-Kollegenkreis und als Inhalt in der
sprachtherapeutischen Ausbildung.

Sekundäre und tertiäre Prävention findet
auf unterschiedlichen Ebenen statt. Die Notwendigkeit dazu besteht in Abgrenzung zur
primären Prävention dann, wenn eine der
unmittelbar beteiligten Personen etwas an
der Sprechflüssigkeit des Kindes als problematisch empfindet oder beschreibt. Diagnose, Therapie und Beratung sind zum einen
möglich, *bevor* sich bestehende Unflüssigkeiten und die damit verbundenen Belastungen
von Kind und Umfeld manifestiert haben;
zum anderen aber auch später, falls sich die
Probleme soweit verfestigt haben, dass eine
Entwicklung zum Stottern absehbar oder
bereits eingetreten ist.

> Entgegen der bei Laien und Fachleuten immer
> noch verbreiteten Meinung ist es nicht nötig,
> mit Diagnose, Therapie und Beratung bei
> Sprechunflüssigkeiten zu warten, bis sich diese
> zum Stottern entwickelt haben und das Kind
> und seine Bezugspersonen ‚in den Brunnen
> gefallen sind‘.

Obwohl viele Therapeuten aus Unsicherheit
davor zurückschrecken, kann man im Rahmen eines methodenintegrierten, mehrdimensionalen Konzepts früh- und rechtzei-
tig tätig werden.

Eine rein hinhaltende Einstellung, die vielen Eltern von Fachleuten vermittelt wird
(„Warten Sie mal ab, das wächst sich noch
aus!"), ist aus präventiven Gesichtspunkten
unzulänglich. Dieser Ratschlag verhilft den
Eltern nicht zu einem entspannteren
Umgang mit Sprechunflüssigkeiten, im
Gegenteil: Sie werden neben der Verunsicherung darüber, was beim Sprechen ihres Kindes offensichtlich nicht gut funktioniert,

auch noch darüber verunsichert, ob ihre Einschätzung des Geschehens überhaupt richtig
ist. Ihre Kompetenzen zur Beurteilung der
Entwicklung ihres Kindes werden dadurch in
Zweifel gezogen, die Besorgnis der Eltern
wird nicht ernst genommen, und die Möglichkeiten zur Beratung von motivierten und
besorgten Eltern werden ebenso wie frühzeitige therapeutische Bemühungen zur Verhinderung der Entstehung einer Stotterproblematik aus bestehenden Unflüssigkeiten
heraus ungenutzt gelassen. In unserem Verständnis von Stotter-Prävention nimmt im
Gegensatz dazu die frühzeitige, kompetente
und individuelle Diagnose, Beratung und
Therapie eine zentrale Stellung ein.

6.4 Konkrete Präventionsmaßnahmen

Die Ziel- und Umsetzungen der sekundären
und tertiären Prävention sind vielfältig. Sie
beziehen sich zum einen auf Möglichkeiten
der Differenzialdiagnose unflüssig sprechender Kinder, zum anderen auf therapeutische
Ansatzpunkte.

Im Rahmen einer qualitativen Diagnostik
reicht eine punktuelle Erhebung des Sprach-
vermögens nicht aus. Viele der Kriterien zur
Abgrenzung der verschiedenen Formen von
Unflüssigkeiten treten nur situativ auf und
eventuelles Vermeidungsverhalten (z. B. ein-
silbige Antworten, vermehrter Einsatz non-
verbaler Kommunikationsstrategien) macht
eine Quantifizierung von Symptomen, wie
sie in vielen Diagnoseverfahren vorgeschlagen wird, als Entscheidungskriterium un-
brauchbar.

Zeigt ein Kind nach unserer Einschätzung
vorrangig entwicklungsgerechte Unflüssigkeiten, so ist zumeist die Elternberatung über
den Verlauf der Sprechflüssigkeitsentwicklung und eine weitere Begleitung mit Bera-

tungsgesprächen ausreichend. Diese Beratung und Begleitung ist keinesfalls mit dem hinhaltenden Beruhigen vieler Fachleute gleichzusetzen, weil es die Sorgen der Eltern ernst nimmt und auf der im Informationsaustausch gewonnenen Hypothese beruht, dass das Kind wahrscheinlich von selbst in ein flüssiges Sprechen finden wird. Wenn das Kind bereits verstärkte Unflüssigkeiten zeigt und die Besorgnis des Umfeldes und/oder des Kindes dementsprechend gestiegen ist, können therapeutische Angebote dem Kind dazu verhelfen, die Phase unflüssigen Sprechens möglichst rasch zu überwinden. Auch wenn davon auszugehen ist, dass es sich bei den sprachlichen Symptomen, die das Kind zeigt, nicht mehr um entwicklungsgerechte oder verstärkte Unflüssigkeiten handelt, sondern um Stottern, ist durch geeignete Therapie-Angebote eine quantitative und qualitative Verringerung der Symptomatik zu erreichen, eine Ausdehnung der vorhandenen flüssigen Sprechanteile oder eine Verflüssigung der Stottersymptomatik, sodass das

Kind sich sprachlich und persönlich wieder sicherer fühlen kann (vgl. Kap. 7).

Die jeweils spezifisch auszuwählende Verbindung von eltern- und kindbezogenen Unterstützungsformen hat zum Ziel, den Aufbau eines negativen Selbstkonzepts („Ich kann nicht sprechen, ich bin ein Stotterer.") zu verhindern oder rückgängig zu machen, indem dem Kind und seinen Eltern möglichst viele *Erlebnisse von Sprachkompetenz, gelungener Kommunikation und Sprechflüssigkeit* geboten werden. Wenn dies gelingt, werden damit auch Prozesse der Aussonderung des Kindes (z. B. durch die Einschulung in eine Sprachheilschule) oder seiner Absonderung aus Kommunikationssituationen verhindert, womit das Ziel einer Stotterprävention erreicht wäre: „Ob Stottern geheilt werden kann, wenn es erst einmal zum Lebens-Stil geworden ist, bleibt eine offene Frage. Ich zweifele jedoch nicht daran, daß es verhindert oder aufgehalten werden kann, wenn es nur früh genug erfaßt wird" (Perkins 1992, 1).

7 Die Bausteine des therapeutischen Handelns

Im Folgenden beschreiben wir verschiedene Aspekte und Schwerpunkte, d. h. die einzelnen Bausteine der Therapie. Wir bezeichnen die hier idealtypisch getrennten Therapieelemente als Bausteine, um zu verdeutlichen, dass wir zwar *ein* „Veränderungsprinzip" (vgl. Wendlandt 1994) näher betrachten, dass dieser einzelne Baustein jedoch nur im Gesamtkontext des therapeutischen Handelns seinen Sinn erhält.

7.1 Baustein „Kontaktaufnahme und Beziehungsaufbau"

Dieser Baustein beinhaltet:
- Vorbereitung des Therapieraumes
- Zeitpunkt der Therapie
- Vertrautes mitbringen
- Begleitperson(-en)
- Gesprächsthemen vorstrukturieren
- Vereinbarungen treffen
- Zeit lassen
- Grenzen akzeptieren
- Beim Kind bleiben
- Therapietransparenz
- Wenn ein Kind nicht gehen möchte
- Wenn Kinder etwas Unentbehrliches mitnehmen wollen
- Brücken zwischen den Erfahrungswelten bauen
- Ideologiefreiheit

Um es dem Kind zu ermöglichen, sich vertrauensvoll an die neue Umgebung, an neue Kommunikationspartner und neue (sprachliche) Anforderungen zu gewöhnen, kann man bewusst günstige Voraussetzungen schaffen. Dabei ist es besonders wichtig, das Kind nicht als Beobachtungs- oder Studienobjekt zu betrachten, sondern es als eigenaktiven Kommunikationspartner ernst zu nehmen. Die einem Erwachsenen-Kind-Gefälle entsprechende Einstellung „Ich weiß, worauf es ankommt und bestimme deshalb, was geschieht" sollte weitgehend aufgelöst werden und dem Aufbau einer tragfähigen therapeutischen Beziehung weichen.

Es folgen konkrete Möglichkeiten, diese therapeutische Grundhaltung für das Kind wahrnehmbar umzusetzen.

Vorbereitung des Therapieraumes
Im Sinne einer vorbereiteten Umgebung können die Räumlichkeiten und die Handlungsangebote so gestaltet werden, dass für das Kind eine überschaubare, angenehme und motivierende Situation entsteht (vgl. Kalde 1995, 102 f). Dazu kann vorab eine Materialauswahl getroffen werden, die sich an der Altersgruppe (z. B. Handpuppen, Kaufmannsladen, psychomotorisches Material, Farbwürfel- oder Zahlenwürfelspiele, Bilderlotto oder komplexere Regelspiele) oder an bekannten Vorlieben des Kindes orientiert. So wird das Kind nicht mit Entscheidungen innerhalb einer unüberschaubaren Fülle von möglichen Spielhandlungen konfrontiert, sondern findet bekannte und vertraute Strukturen wieder.

Zeitpunkt der Therapie

Die Therapiezeit sollte in Absprache mit den Eltern dem Tagesablauf des Kindes entsprechen, damit das Kind mit der Therapie keine negativen Gefühle verbindet, die einem unpassenden Zeitpunkt entspringen.

Zwei Beispiele dazu: Ein Kind, das mittags noch schläft, darf nicht um 14:00 Uhr einbestellt werden. Ebenso wird ein Kind vielleicht sehr schnell ‚therapiemüde‘, wenn es zu diesem wöchentlich wiederkehrenden Termin ständig etwas ebenfalls Wichtiges verpasst, z. B. die Vorschulgruppe oder das Turnen im Kindergarten. Auch auf die organisatorischen Möglichkeiten der Eltern sollte Rücksicht genommen werden: Elternstress bedeutet Kinderstress!

Vertrautes mitbringen

Als Garant dafür, dass nicht *nur* Unbekanntes auf es zukommt, kann sich das Kind ein Lieblingsspielzeug mitbringen. Unbekannte Situationen, die wir schlecht einschätzen können, erzeugen auch bei uns Erwachsenen Unsicherheiten und eventuell Angst. Mit einem vertrauten Objekt wird diese Unsicherheit reduziert und gleichzeitig ein erster Gesprächsanlass geschaffen.

Im Gegenzug dazu kann das Kind später auch etwas aus dem Therapieraum (z. B. eine Feder oder eine Glasmurmel) in seine sonstige Umgebung mitnehmen. Durch diesen zunächst materiellen Austausch werden Beziehungen zwischen beiden Erlebnisräumen geknüpft.

Begleitperson(-en)

Zusätzliche Sicherheit wird dem Kind vermittelt, wenn es nicht auf sich alleine gestellt ist, sondern von einer Person seines absoluten Vertrauens begleitet wird, also meist einem Elternteil. Im weiteren Verlauf der Therapie lässt sich diese Sicherheits- und Beziehungsstruktur öffnen, indem weitere Bezugspersonen (Großeltern, Geschwister etc.) einbezogen werden und mit dem Kind

allein oder in einer Gruppe gearbeitet wird. Ein solches, für alle Beteiligten offenes Therapiesetting erscheint uns notwendig, um den wechselnden Bedürfnissen und Beziehungen gerecht werden zu können.

Gesprächsthemen vorstrukturieren

Es ist hilfreich, sich im Vorfeld Gedanken darüber zu machen, welche Themen und Ideen für das Kind interessant sein können. Dazu gehören auch so banal wirkende Fragen wie die nach dem Alter oder dem Tagesablauf des Kindes („Gehst du schon in den Kindergarten?"). Damit zeigen wir unsere Aufmerksamkeit für die individuelle Lebenssituation. Man kann nach dem zu Hause vorhandenen Spielzeug fragen und gemeinsam mit dem Kind herausfinden, ob im Therapieraum ähnliche oder gleiche Dinge vorhanden sind. Außerdem lässt sich auf ‚Hingucker‘ im Therapieraum verweisen, z. B. ein Poster, ein großes Kuscheltier oder eine Puppe, die Neugierde und Staunen auslösen. Damit wird ein kommunikativer Austausch wahrscheinlich, *ohne dass eine Versprachlichung unbedingt erforderlich ist*, denn darüber, ob das Kind etwas schon kennt, schön findet oder einmal in die Hand nehmen möchte, kann man sich auch nonverbal verständigen.

Die folgenden Aspekte der Therapieplanung und therapeutischen Werthaltungen beziehen sich nicht mehr vorrangig auf die Kontaktaufnahme, sondern sind in jeder Phase von großer Bedeutung für eine vertrauensvolle Beziehung zwischen Therapeut, Kind und Angehörigem.

Vereinbarungen treffen

In einer ungewohnten Situation kann für das Kind Sicherheit geschaffen werden, wenn bestimmte Absprachen getroffen und eingehalten werden, z. B. über den Wechsel von Spielmaterial („Zuerst suchst du dir etwas aus, danach bin ich an der Reihe."), über das zu verwendende Spielzeug („Was brauchen wir, wenn wir mit dem Kasper-Theater spielen wollen?") oder über das Ende der Sitzung („Wenn der große Zeiger auf der Neun steht, hören wir auf."). Die Art und Weise des ‚Ausschwingens', in dem Zeit sein muss für einen gemeinsam gestalteten Ausklang, z. B. Puppe schlafen legen, Bilderbuch angucken o. Ä., sollte ebenfalls abgestimmt werden.

Solche Vereinbarungen, die zuverlässig eingehalten werden müssen und natürlich auch vom Kind initiiert werden können, vermitteln Vertrauen in den Partner und in die Situation.

Zeit lassen

Kinder brauchen ihr persönliches Maß an Zeit, um neue Erfahrungen und Entdeckungen zu machen. Sie sollten, wenn sie sich konzentriert und interessiert mit einem Material beschäftigen, nicht in dieser Aktivität unterbrochen werden. Im Sinne eines therapeutischen Modellverhaltens und im Rahmen eines entwicklungsproximalen Ansatzes ist es möglich, Therapieziele in die kindlichen (Spiel-)Handlungen zu integrieren (vgl. Kap. 2.4, 3.4)

Grenzen akzeptieren

Manche Kinder sind in einer ungewohnten Umgebung sehr scheu und zurückhaltend und wollen zunächst einmal beobachten, was vor sich geht, ohne selbst aktiv zu werden. Diese Kinder dürfen auf dem Schoß der Mutter sitzen bleiben, und wir fordern sie auch nicht auf, sprachlich zu agieren. Es ist wichtig, die Kinder nicht zu etwas zu zwingen, was sie sich noch nicht zutrauen. Deshalb können wir gemeinsam mit der Begleitperson ein möglichst passendes Spiel aussuchen und anfangen zu spielen. Das Kind kann sich zu einem Zeitpunkt in das Spiel integrieren, wenn es sich ausreichend sicher fühlt. Eine weitere Möglichkeit, den kommunikativen Druck für das Kind möglichst gering zu halten, besteht in einer *Stellvertreter-Kommunikation,* in der das mitgebrachte Spielzeug angesprochen wird und die Mutter in dessen Rolle antwortet, oder in der sich zwei Puppen miteinander unterhalten.

Beim Kind bleiben

Die Ebenen der Kommunikation *mit* dem Kind sollten nicht verlassen werden, um mit den Eltern *über* das Kind zu sprechen. Gespräche sollten nicht ‚über das Kind hinweg' geführt werden, sondern müssen es einbeziehen oder auf einen anderen Zeitpunkt verschoben werden.

Therapietransparenz

Therapieplanung und -ablauf müssen für die Angehörigen überschaubar sein. Dazu ist es notwendig, z. B. darauf hinzuweisen, dass im relativ offenen Setting der Anfangsphase auch Zurückhaltung oder Schweigen des Kindes akzeptiert wird. Ansonsten setzen sich die Eltern schnell dem Druck aus, ihrerseits sprachliches Handeln des Kindes initiieren zu müssen („Nun sag doch mal, du weißt doch, wie das heißt!"). Weiterhin tauschen wir uns mit den Eltern über therapeutische Zielsetzungen, Perspektiven und Grundhaltungen aus, damit sie unser gemeinsames Handeln einordnen können und Ruhe gewinnen, den individuellen Entwicklungsschritten des Kindes zu folgen. Diese Form der Therapietransparenz erleichtert den Eltern zum einen die Beobachtung und eventuelle Imitation des therapeutischen Modells. Zum anderen sorgt sie auch dafür, dass die Eltern z. B. einen Sprachhandlungsspielraum nicht nur als ‚zweckfreies' – und in ihren Augen damit oft ‚ineffektives' – Spiel wahrnehmen, sondern erkennen können, welche Ziele und Angebote darin enthalten sind und wie ihr Kind darauf reagiert.

Wenn ein Kind nicht gehen möchte

Viele Kinder haben Schwierigkeiten, sich vom Therapieraum mit all seinen Spielangeboten zu trennen. In einem solchen Fall kann man dem Kind etwas ‚ausleihen', was es beim nächsten Treffen wieder mitbringen soll. Eine andere Möglichkeit besteht in dem Angebot an das Kind, etwas Selbstgebautes, Selbstgemaltes, Selbstgebasteltes an einem festgelegten Platz im Raum zu lassen, sodass es diese Dinge in der nächsten Sitzung wiederfindet. Als günstig erweist sich häufig, für einen Ausblick auf den folgenden Termin zu sorgen, indem ein Anfangsspiel vereinbart oder eine zu verwirklichende Spielidee geplant wird. Außerdem ist es möglich, einen überschaubaren zeitlichen Rahmen bis zum Wiedersehen zu schaffen, indem man kindgemäße Zeitmarken setzt, etwa „Noch siebenmal schlafen" oder „Noch zweimal Turnen im Kindergarten".

Wenn Kinder etwas Unentbehrliches mitnehmen wollen

Mitunter möchten Kinder als ‚Ablösungshilfe' etwas aus dem Therapieraum mitnehmen, was ihnen besonders gut gefallen hat, dort aber ständig verfügbar sein muss. Die Erklärung „Das muss hier bleiben, damit wollen andere Kinder auch noch spielen" zielt in einer solchen Situation deutlich an den Interessen des Kindes vorbei, denn es möchte dieses Spielzeug ja für sich alleine zur Verfügung haben. Wenn Ausleihen nicht möglich ist, müssen dem Kind sinnvolle Alternativen angeboten werden: Puppen oder Tiere können für die Zwischenzeit ‚schlafen gehen'; Spielzeug lässt sich in einer verschlossenen Kiste oder einer Schublade verstecken; man kann sich einen ‚Geheimspruch' ausdenken, ohne den das Spielzeug nicht mehr benutzbar ist und mit dem das Kind in der nächsten Sitzung wieder Zugang zum Material findet: Möglichkeiten, dem Kind den Abschied und das Wiederkommen zu erleichtern, gibt es viele.

Brücken zwischen den Erfahrungswelten bauen

Eine Möglichkeit, die Erlebnisräume von Therapie und Alltag zu verknüpfen, liegt z. B. darin, dem Kind etwas aus den später wichtigen Therapie-Inhalten mitzugeben (z. B. Federn,

,Zaubergummibänder', Murmeln). Dieser Austausch von bedeutsamen Gegenständen wird auch im Zusammenhang mit der Transferunterstützung wichtig (vgl. Kap. 7.12).

Ideologiefreiheit

Mit der in Kap. 2 beschriebenen grundlegenden Akzeptanz der subjektiven Wirklichkeit der Klienten geht auch das Respektieren von Wertvorstellungen und Erziehungshaltungen einher, auch wenn sie von den persönlichen Präferenzen der Therapeutin abweichen. Fragen des persönlichen Geschmacks dürfen nicht zu einer Abwertung des Kindes oder seiner Angehörigen führen: So können z. B. Spielzeugwaffen, Barbie-Puppen, Plastik-Roboter, Tele-Tubbies oder Furbys etc. für das Kind eine durchaus wichtige Funktion erfüllen, obwohl sie nicht immer den Vorlieben der Therapeuten entsprechen.

7.2
Baustein „Begriffe begreifen können"

Dieser Baustein beinhaltet:
- Weich versus hart
- Leicht versus schwer
- Lang versus kurz
- Langsam versus schnell
- Pferderennen
- Reise in das Reich des Löwen
- Die Entdeckung der Langsamkeit

Eine Grundlage für therapeutische Angebote bildet die Einführung von bedeutsamen Begriffen. In unserem Therapiekonzept soll eine Diskriminationsfähigkeit aufgebaut werden zwischen den Eigenschaften weich und hart, leicht und schwer, lang und kurz, langsam und schnell (vgl. Kap. 7.3). Diese Begriffe „sind in therapeutischer Hinsicht nicht nur als stimm- und sprechtechnische Charakteristika anzusehen, sondern als gesamtkörperlich erfahrbare Qualitäten, so wie auch das Stottern seinen gesamtkörperlichen Ausdruck findet" (Hansen/Iven 1992, 265). Um die Qualitäten der jeweiligen Gegensatzpaare erfahrbar zu machen, arbeiten wir mit Materialien, Bildern, Symbolen, Visualisierungshilfen und Vorstellungen.

Weich versus hart

Feder	Stein
Watte	Metall
Wolle	Holz
Fell	Tannennadeln
Sand	Kieselsteine
Samt	Sandpapier
Kissen	Bettgestell
Haut	Knochen
Jutetasche	Koffer
Banane	Knäckebrot
Kuscheltier	Roboter
Wasser	Eiswürfel
Schnee	Hagel
Weintrauben	Kokosnuss
Quark	Zwieback
Frischhaltefolie	Glas
gekochte Nudeln	ungekochte Nudeln
Pfirsich	Pfirsichkern
Apfelmus	Apfel
Teppich(-boden)	Parkett, Fliesen
Qualle	Krebs
Wackelpudding	Keks
halb gefülltes Sandsäckchen	prall gefülltes Sandsäckchen

Leicht versus schwer

Federn	Stein
Watte	Metallgewicht
Styroporkugeln	Gong-Kugeln
Tischtennisball	Medizinball
Papiertaschentuch	Vorhangstoff
Luftballon	Wasserballon
Seidentuch	Wolldecke
‚Luft' tragen	Koffer tragen
Seifenblasen	Glasmurmeln
leere Tüte tragen	volle Tüte tragen
Papier	Hantel
Wollfaden	Bleiband
leerer Plastikbecher	voller Plastikbecher
leere Schüssel	gefüllte Schüssel (Wasser, Erbsen)

Lang versus kurz

lange Papprohre	kurze Papprohre
lange Seile	kurze Seile
lange Fäden	kurze Fäden
lange Ketten	kurze Ketten
gedehntes Gummiband	ungedehntes Gummiband
Rolle Toilettenpapier	Stück Toilettenpapier
lange Ohren (Hase)	kurzer Schwanz (Hase)
langer Rüssel (Elefant)	kurzer Schwanz (Elefant)
Feuerwehrleiter	Treppenleiter
Jahr	Sekunde
fallende Feder	fallender Stein
Kaugummi kauen	Stück Schokolade essen
Weltreise machen	einkaufen gehen
Geschichte erzählen	Witz erzählen
langes Wort sagen	kurzes Wort sagen
Schulstunde	Pause
Kugel in langem Rohr hören	Kugel in kurzem Rohr hören
Marathonlauf	100-m-Lauf
Perlenkette auffädeln	Perlenkette auflösen
Bauklotzturm aufbauen	Bauklotzturm umwerfen

Langsam versus schnell

Nilpferd	Pferd
Kutsche	Rennwagen
Müllauto	Feuerwehr
Dreirad	Motorrad
Zeppelin	Düsenjet
Schnecke	Maus
Schildkröte	Katze
Bär	Wiesel
Stundenzeiger	Sekundenzeiger
Zeitlupenbewegungen	Zeitrafferbewegungen
Bergsteiger	100-m-Läufer
Wal	Hai
Regenwurm	Klapperschlange
Maikäfer	Fliege
fallende Feder	fallender Stein
Ruderboot	Motorboot
Dampflok	ICE-Lok
Riesenbewegungen	Zwergenbewegungen

Eine jeweilige Auswahl dieser Materialien kann das Kind zunächst handelnd erfahren, indem es sie anfasst, in ihrer Funktion ausprobiert, in Bewegung versetzt, schmeckt, mit den Füßen berührt, mit verbundenen Augen ertastet etc. Dabei kann durchaus auch *eine* der Erfahrungsebenen in den Vordergrund rücken, indem z. B. Federn, Styroporkugeln, Watte, Papierbälle, Luftballons, Seidentücher, Seifenblasen etc. nur mit Sandsäcken und einigen Metallgewichten kombiniert werden, um die Qualität der ‚Leichtigkeit‘ und ‚Schwere‘ besonders deutlich zu machen.

Neben dem gemeinsamen Umgang mit dem Material, beispielsweise dem Bauen einer Kugelbahn aus verschieden langen Papprohren oder dem Aufbau eines Irrgartens durch das Spannen von Gummibändern im Raum, erweist es sich als sinnvoll, die handelnde Auseinandersetzung in einen situativen spielerischen Zusammenhang zu stellen, d. h. nicht nur die Dinge und Begriffe anzubieten, sondern sie in eine *Spielhandlung* zu integrieren. Auf der Ebene der Begriffsdifferenzierung bieten sich dabei verschiedene Möglichkeiten an:

- weich/hart: Die bereit liegenden Gegenstände werden von den Mitspielern sortiert; die harten Dinge werden von einem Spielzeuglaster als ‚Sperrmüll‘ abtransportiert, mit den weichen Dingen kann man sich streicheln, abtupfen, bewerfen etc.
- leicht/schwer: Ein ‚fauler‘ Hotel-Page sucht sich aus einer Auswahl von Taschen, Koffern, Tüten, Paketen, Schuhkartons etc. nur die leichten heraus, um sie in den Zimmern zu verteilen, die schweren Gepäckstücke lässt er für seine Kollegen stehen, die sich dann lauthals beschweren können.
- lang/kurz: Zwei Brückenbauer wollen die Ufer eines Flusses (z. B. zwei Stühle) miteinander verbinden und haben dazu verschieden lange Seile zur Verfügung: zu kurze und solche, die lang genug sind. Durch das Zuwerfen der Seile finden sie

heraus, welche sie brauchen können. An einem ganz langen Verbindungsseil kann anschließend weiteres Brückenbau-Material (z. B. Holzbrettchen) von einem Ufer zum anderen transportiert werden, indem man es hinüber und herüber zieht.
- langsam/schnell: Ein langes Seil auf dem Boden markiert die Grenze zum Zeitlupenland, in dem sich alle nur sehr langsam bewegen, was durch das Aufsetzen von ‚Schlafmützen‘ symbolisiert wird. Beim Austritt aus dem Zeitlupenland werden die Mützen abgesetzt und es sind wieder ‚normale‘ Bewegungen möglich.

Eine besonders für Gruppen geeignete Möglichkeit, die Begriffe ‚schnell‘ und ‚langsam‘ als *Gesamtkörper-Erfahrung* kennen zu lernen, ist ein Pferderennen.

Pferderennen
Kinder und Erwachsene hocken sich in einem engen Kreis oder nebeneinander, Schulter an Schulter, auf den Boden, sodass sie den Rhythmus des Hufschlages mit den Händen auf den Boden trommeln können. Nun kann es losgehen:

Die Pferde befinden sich zuerst im Führring und zeigen sich: stolz, langsam, elegant und behutsam. Dazu wiehern sie lang und laut. Danach traben sie langsam in die Startboxen. Sie werden still und halten einen Moment inne. Dann geben alle Reiter gemeinsam das Kommando: „Achtung – Fertig – Los!“ und das Rennen ist gestartet.

Die Pferde galoppieren schnell die Startgerade herunter (alle Mitspieler trommeln mit den Händen auf den Boden). Es folgen Kurven (etwas langsameres Trommeln, Körperbewegungen nach links und rechts), Sprünge (Arme nach oben vorne strecken, mit lang gezogenem „Hopp“ begleiten) und ein Tunnel (‚Tauch‘-Bewegung mit den Armen). Plötzlich steht an der rechten Seite eine Zeitlupenkamera, und um gut ins Fernsehbild zu kommen, bewegen wir uns eine Zeit lang nur noch ganz langsam. Zuletzt führt die Strecke noch versehentlich durch ein Feld mit Champignons, die alle zertreten werden (mit den gefalteten, hohlen Händen ‚Plopp'-Geräusche machen). Beim Endspurt werden die Pferde noch einmal richtig schnell, bevor sie das Ziel erreichen und ruhig austraben bis zum Stillstand. Mit langsamen Schritten geht es zurück in den Stall.

Weitere Ideen für *Mitmach-Geschichten*, in denen Lautmalereien und Körper-Erfahrungsebenen verknüpft werden, finden sich in den folgenden Vorschlägen.

Reise in das Reich des Löwen

Ein starker, gefährlicher Löwe (Stofftier oder großes Löwenbild) hat uns Gegenstände gestohlen und in seiner Höhle versteckt. Nun ist er eingeschlafen, sodass wir es wagen können, uns die gestohlenen Sachen wiederzuholen (Vorbereitung: harte Gegenstände werden an kurze Bänder, Seile, Schnüre etc. gebunden, weiche Gegenstände an lange Bänder; diese Dinge werden auf den Boden gelegt und so von einem Tuch bedeckt, dass die Enden der Befestigungsschnüre herausschauen). Nach einer langen und beschwerlichen Reise (über Stühle hinweg, unter Tischen hindurch …) sind wir angekommen und beginnen, ganz vorsichtig die Gegenstände zu befreien (Nicht den Löwen aufwecken!), indem wir an den Schnur-Enden ziehen. Diese anstrengende Arbeit kann durch leise, weiche Lautmalereien begleitet werden, die der Länge des erwischten Bandes entsprechen (z. B. „Uuui!", „Ooooooooh!"). Wenn alle Gegenstände aus dem Versteck geholt sind, können wir uns auf den Heimweg machen. Weil wir jetzt so viel zu transportieren haben, werden Pferde bestiegen (hinhocken, den Hufschlag mit den Händen auf den Boden trommeln). Zunächst, um den schlafenden Löwen nicht aufzuwecken, reiten wir langsam, leise und vorsichtig. Nachdem wir ihn hinter uns gelassen haben, reiten wir

schnell und laut! Zu Hause angekommen fallen wir mit einem tiefen Seufzer auf unser Bett (Matte, Kissenberg, Decken o. Ä.) und ruhen uns aus.

Absprachen und begleitende Kommentare geschehen leise flüsternd, um den Löwen nicht zu wecken. Damit wird für das Kind eine veränderte Sprechweise zum sinnvollen Spielinhalt.

Die Entdeckung der Langsamkeit

In der heutigen Zeit, die von einer allgemeinen Beschleunigung der Lebensbedingungen geprägt ist, fällt es Kindern mitunter schwer, sich mit einem langsameren, gelasseneren Tempo von Sprach- und Spielhandlungen anzufreunden. Manchmal können sie sich nicht auf Anhieb mit dem Ziel der Ruhe und Langsamkeit identifizieren. Um ihnen dies zu erleichtern, ist es möglich, das Thema ‚Langsamkeit' positiv zu besetzen, indem die Qualität dessen hervorgehoben wird. Man kann z. B. mit dem Kind das Spiel „Tempo, kleine Schnecke" (Ravensburger Spiele) spielen, dabei jedoch die Spielregel so umkehren, dass diejenige Schnecke gewonnen hat, die als Letzte ins Ziel kommt. Dadurch wird Langsamkeit zum Erfolgskriterium und für die Kinder zum ungewohnten, aber gut nachvollziehbaren Spielanreiz. Auch das Spiel mit Stofftieren oder Handpuppen, die Langsamkeit verkörpern (Schnecke, Schildkröte, Raupe, Kasper mit Schlafmütze etc.), erleichtert eine positive Identifikation mit den Merkmalen der Langsamkeit und Ruhe. Viele Anregungen für Angebote zur Langsamkeit und für Stille- und Ruheübungen finden sich bei Faust-Siehl u. a.: Mit Kindern Stille entdecken (1993) oder Vopel: Bewegung im Schneckentempo (1991).

7.3
Baustein „Weiches, leichtes und langsameres Sprechen"

Dieser Baustein beinhaltet:
- Keine Sprechtechnik für Kinder: Einführung des WLL-Sprechens
- Experimentieren und Ausprobieren
- Einbettung in Sprechhandlungen
- Spiele für die Wortebene
  - Das Zaubergummiband
  - Noch mehr Gummibänder
  - Alles durcheinander
  - Nebel!!!
  - Die Piratenreise
  - Die Zeitlupenkamera
- Spiele für die Satzebene
  - Die Mondreise
  - Im Schneckenland
  - Bären im Winterschlaf
  - Geisternacht
  - Die Zeitlupenbande
  - Roboter
  - Unter Wasser
- Zusätzliche Bedingungen, Materialien und Medien
  - Die ‚Soft-Box'
  - Die Kuschelecke
  - Dunkelheit und Höhlenatmosphäre
  - Pustespiele
  - Vorstellungsebene
  - Bewegungserfahrungen
  - Abgrenzende Erfahrungen

Keine Sprechtechnik für Kinder: Einführung des WLL-Sprechens

Wir können nicht oft genug betonen, dass es sich bei den von uns hier vorgestellten Therapieangeboten *nicht um eine Sprechtechnik oder ein Sprechkontrollierungsverfahren* handelt, wie sie aus der Therapie des Stotterns mit Jugendlichen oder Erwachsenen bekannt sind.

Therapiekonzepte, die den systematischen und konsequenten *Ersatz* des Stotterns durch sprechtechnische Alternativen fordern, sind auf Kinder kaum übertragbar (vgl. Kap. 3.). Stattdessen brauchen Vorschul- und Grundschulkinder die Möglichkeit, sich spielerisch, eigenaktiv und kommunikationsbetont an eine veränderte Sprechweise anzunähern. Diesem Prinzip der „sprachheilenden Interaktionen" (Baumgartner 1995, 126) folgend machen wir den Kindern ein Angebot von sprechflüssigkeitsfördernden Spielhandlungen. Die Kinder brauchen hierbei ihre Unflüssigkeiten oder ihr Stottern nicht unbedingt bewusst wahrzunehmen, um sie dann ebenso bewusst durch eine vorgeschriebene Sprechtechnik zu ersetzen. Sie erhalten vielmehr als Gegenimpuls die Möglichkeit, umfangreiche Erfahrungen mit flüssigem Sprechen zu sammeln. Diese erweiterten Kompetenzen führen letztendlich zu einer Wahlfreiheit, in der flüssigeres Sprechen möglich, aber nicht erzwungen wird.

Dem Prinzip der Wahlfreiheit folgend gestalten wir *für* und vor allem *mit* den Kindern individuelle, entwicklungs- und kommunikationsorientierte Sprachhandlungsspielräume, in denen sie ein verändertes, leichteres Sprechen ausprobieren können. Für diese offene Form des Vorgehens erscheint uns der Begriff der *flüssigen Sprechweise* treffender als die eher starren Vorgaben, die mit dem Begriff der Sprechtechnik verbunden werden. Die konkreten Schritte, mit denen wir uns therapeutisch einem weichen, leichten und langsamen Sprechen annähern, können sich an einem hierarchischen Aufbau der Anforderungen orientieren, der sich aus den Kompetenzen und Nicht-Kompetenzen des Kindes ergibt. Diese Therapiekonzeption ermöglicht es dem Kind, von sehr kleinen sprechflüssigen Einheiten bis zur flüssigen Gestaltung von komplexen sprachlichen und kommunikativen Situationen fortzuschreiten.

Das Ziel in der Therapie mit unflüssig sprechenden Kindern ist immer, soviel an Sprechflüssigkeit zu erreichen, wie unter den jeweiligen Bedingungen möglich ist. Dazu gehört auch, die vorhandene Anstrengungsbereitschaft des Kindes zu verringern. Den Weg zu flüssigerem Sprechen können wir nicht allgemein gültig oder verbindlich vorgeben, weil er von zu vielen persönlichen Aspekten bei Klienten und Therapeuten abhängt. Wir stellen jedoch im Folgenden die Bandbreite der Möglichkeiten dar, aus denen dann die für alle Beteiligten stimmigen Formen und Inhalte des Vorgehens ausgewählt werden können.

Wenn man beginnen möchte, die im vorangegangenen Kapitel beschriebenen Erfahrungsebenen auf das Sprechen zu übertragen, d.h. ein *weiches*, *leichtes*, *langsames* Sprechen zu ermöglichen, bietet sich ebenfalls eine Fülle von Optionen. Nachfolgend stellen wir einige der Medien und Aktivitäten vor, die einen Einstieg in den Gebrauch eines weichen Stimmeinsatzes, gedehnter Vokale, einer leicht gebundenen Sprechweise und eines langsameren Sprechtempos ermöglichen.

Im Einzelnen steht das Kürzel *WLL* für folgende Merkmale flüssigen Sprechens:

W – weich: weicher Stimmeinsatz und weiche Stimmführung, druckfreier Sprechbeginn, ‚fließende' Phonation ohne Stopps

L – leicht: anstrengungsfreies Sprechen ohne Zeit- oder Kommunikationsdruck und mit wenig Krafteinsatz, leicht gebundenes Sprechen

L – langsam: Verlangsamung des Sprechtempos durch Dehnung der (betonten) Vokale

Experimentieren und Ausprobieren

Erste Erfahrungen mit einer weichen Stimmführung und mit gedehnten Sprachlauten können Kinder machen, wenn sie Bewegungen mit Lauten begleiten. Das können Vokale sein, aber auch stimmlose und stimmhafte Frikative oder Nasale.

Als Bewegungen, die man lautierend begleiten kann, eignen sich beispielsweise:

- Murmeln in einem Rohr oder auf der Kugelbahn
- Federn während des Fluges
- das Schweben von Seifenblasen
- Sand, der durch eine Sanduhr rinnt
- ein Luftballon im Flug
- Pendelbewegungen, z.B. einer Uhr oder einer Schaukel

Bewusstes Variieren von Stimme und Lauten veranschaulichen wir z.B., indem wir mit den Kindern:

- durch unterschiedlich große Flüstertüten sprechen oder rufen (winzig kleine Flüstertüte: leise, ‚kleine' Stimme; riesengroße Flüstertüte: laute, ‚große' Stimme)
- leise oder laut durch Schleuderhörner sprechen oder uns flüsternd damit unterhalten
- eine Sirene imitieren mit auf- und abschwellendem Ton
- leise und laut auf einen aufgeblasenen Luftballon als Resonanzkörper summen
- abwechselnd flüstern und mit normaler Stimme sprechen
- die manuelle Dehnung eines Gummibandes mit Lauten begleiten
- das Heulen eines Sturms und das Säuseln eines leichten Windes nachmachen
- Tierlaute imitieren
- als Gespenster „Hui"-Dialoge führen

Einbettung in Sprechhandlungen

Die in der soeben beschriebenen Experimentierphase gemachten Erfahrungen mit alternativen Arten der Stimmbildung und führung werden im zweiten Schritt auf Sprechanlässe übertragen. Ein solcher Übergang kann und sollte recht schnell erfolgen, da die Kinder meist von sich aus anfangen, neben bewegungsbegleitenden Lauten auch kurze Worte zu produzieren, die sie dann durch das Rohr schicken, auf den Luftballon sprechen, durch die Flüstertüten rufen etc. Es besteht also nicht grundsätzlich die Notwendigkeit für ein intensives Experimentieren auf der Laut- oder Silbenebene, da dies nicht dem alltäglichen Sprachhandeln der Kinder entspricht. Sie lassen sich nach unseren Erfahrungen meist gerne auf das Experimentieren mit Geräuschen und Lauten ein, aber suchen schnell den Umgang mit Worten und Sätzen, um auch konkrete Inhalte übermitteln zu können.

Diese Tendenz können wir in den Sprachhandlungsspielräumen nutzen. Innerhalb dieser Spielhandlungen werden alternative Sprechweisen angeboten, die sich aus dem Spielinhalt ergeben. Eine verlangsamte, weiche und anstrengungsfreie Sprechweise gehört hier sinnvoll zum Spiel dazu, ohne dass wir darüber in Meta-Kommunikation treten müssen wie etwa: „Beim nächsten Spiel wollen wir schön langsam sprechen!" Auch müssen wir nicht verhindern, dass zwischenzeitlich schnell und hart gesprochen wird. Wir nutzen vielmehr diese Gelegenheiten, um über Kontraste das Lernen der Kinder anzuregen.

Die folgenden Spielvorschläge geben Anregungen dazu, wie man auf der Wort- und Satzebene ein flüssiges Sprechmuster einführen und festigen kann.

Alle diese Vorschläge erfordern ein wenig Vorbereitungsaufwand. Passende Spielgegenstände müssen ausgewählt werden, gemeinsame Bastelarbeiten sind erforderlich, Verkleidungen müssen hergestellt und angelegt werden usw. Dadurch ergibt sich bereits die Möglichkeit des kommunikativen Austausches.

Spiele für die Wortebene

Das Zaubergummiband
Für dieses Spiel benötigt man eine Zauberer(Hand-)Puppe und normale Haushalts-

Gummiringe. Der Zauberer verzaubert nun mithilfe des Gummibandes die Wörter, die jemand sagen möchte. Jedes Wort wird so lang gezogen wie das Gummiband. Wichtig ist dabei, das Band tatsächlich bei jedem Wort langsam zu dehnen! Das fängt schon beim Zauberspruch an: aus Hokus-Pokus wird Hooookus-Pooookus. Entsprechend wird auch alles andere gedeeeeehnt. Gibt man dem Kind ein Gummiband, das ebenfalls verzaubert ist, in die Hand, daaaaann kaaaaann eeeees daaaaas aaaaauch - und man kann sich wortweise in Zaubersprache unterhalten. Ein schöner längerer Zauberspruch, der zum einen Modellfunktion hat, zum anderen das Kind dazu animiert, mit einem Wort in „Zaubersprache" zu antworten, lautet: „Hoookus-Poookus, Guuummiband, weeer weiß das lääängste Wooort im Laaand?"

Noch mehr Gummibänder
Auch ohne Zauberer lässt sich ein entspanntes, gedehntes Sprechen mit Gummibändern ausprobieren. Dazu sind Gummibänder in möglichst vielen unterschiedlichen Längen und Stärken erforderlich. Als Grundausstattung empfehlen sich verschieden lange und breite Haushaltsgummis, Einmachgummis, breite Hosengummis und verschiedene Gymnastik-Gummibänder/Therabänder. Zunächst kann man mit den Kindern die unterschiedlichen Dehnqualitäten der Gummis ausprobieren: Manche Bänder lassen sich leicht und lang dehnen, manche brauchen viel Kraft für eine nur geringe Dehnung. Manche können mit zwei Fingern gedehnt werden, für manche brauchen wir zwei Personen und den ganzen Raum. Zur Übertragung auf die Wortebene werden Bildkarten benötigt, die verdeckt auf dem Boden liegen. Mit einer Gummibandschleuder werden nun Papierkügelchen auf die Bilder geschossen und die getroffenen werden benannt, indem man sich die Unterstützung eines passenden Gummis sucht: lange Gummis für lange Worte, ein kürzeres für kurze.

Alles durcheinander

Dies ist eine Idee, die sich sehr gut in zwei aufeinander folgenden Therapiesitzungen realisieren lässt. In der ersten Sitzung wird ein Tastspiel durchgeführt, bei dem weiche Gegenstände in einem Grabbelsack und harte Gegenstände in einer Grabbelkiste erfühlt und benannt werden. Wenn möglich, werden die Kriterien *hart* und *weich* auch auf das Sprechen bezogen und es wird versucht, die Namen der weichen Dinge weich auszusprechen, die der harten Dinge hart. Man kann auch ausprobieren, ob es gelingt, harte Dinge weich zu sprechen (Keks, Knäcke, Auto, Bauklotz etc.) und weiche Dinge hart (Wolle, Samt, Fell, Feder).

Vor Beginn der folgenden Sitzung wird dann der Inhalt von Grabbelsack und -kiste auf einen Haufen geschüttet und wir bitten das Kind (nach gebührender gemeinsamer Entrüstung über den Unbekannten, der das Durcheinander angerichtet hat), uns beim Sortieren zu helfen, damit beide Behälter wieder einsatzfähig sind. Dabei werden alle Gegenstände nochmals benannt und ihren Qualitäten entsprechend zugeordnet. Auch diese Handlung lässt sich wieder mit dem Ausprobieren von weichem und hartem Sprechen verknüpfen.

Nebel!!!

Zuerst bastelt sich jeder Teilnehmer aus Plakatkarton ein Nebelhorn, indem er den Karton zu einer spitzen Tüte zusammendreht und verklebt. Dabei ist darauf zu achten, dass am spitzen Ende eine Öffnung für das Sprechen bleibt! Die Nebelhörner werden an verschiedenen Stellen im Raum deponiert.
Jetzt kann das Spiel beginnen:

Die Mitspieler werden zu Schiffskapitänen und steuern ihr Schiff über das weite Meer (indem sie frei im Raum umhergehen oder -laufen; vielleicht macht ein Dampfschiff dazu passende Zisch-Geräusche oder man hört das Rauschen des Windes in den Segeln eines Segelschiffs …). Plötzlich zieht dichter Nebel auf – man kann nichts mehr sehen! Nun gilt es, rasch ein Nebelhorn zu finden, mit dem Kontakt zu anderen Schiffen aufgenommen werden kann (durch einen lang gedehnten „Hallo"-Ruf oder kleine Dialoge: „Wo bist du?" – „Hier!") oder mit dem laut und ausdauernd getutet wird, um nicht mit einem anderen Schiff zusammenzustoßen. Wenn der Nebel sich verzogen hat, kann man mit den Kapitäns-Kollegen wieder ‚auf Sicht' kommunizieren und sich seine Nebel-Erlebnisse erzählen.

Die Piratenreise

Ein Tisch wird umgedreht, sodass seine vier Beine in die Luft ragen (evtl. eine Schnur um die Beine spannen und Tücher darauf hängen, sodass eine ‚Bordwand' entsteht), und bildet so ein Piratenschiff, das im Hafen liegt. An Bord steht der Kapitän (das Kind), der sein Schiff für die nächste Reise ausrüsten muss. Ein Matrose (der Therapeut) steht an Land und fragt, was alles für die Reise benötigt wird. Da die Entfernung zwischen Schiff und Hafenmauer ziemlich groß ist, braucht man eine Flüstertüte zur Verständigung. Die Fragen und Antworten („Was brauchst du noch?" – „Brot", „Wasser", „Zwieback", „Kerzen", „Kochtöpfe" und, und, und …) werden rufend gedehnt, damit sie sicher bis zum Partner kommen. Die gewünschten Ausrüstungsartikel werden in einem Beiboot (eine Kiste, die an zwei Seilen zwischen Kind und Therapeut hin und her gezogen werden kann) zum Schiff gebracht, entweder in realer Form oder in symbolisierter Form als Bauklötze oder Abbildungen. Wenn alles an Bord ist, muss nur noch der Matrose hinterherkommen und das Schiff kann losfahren. Bei starkem Wind schaukelt das Schiff sehr heftig (an den Händen fassen und auf und ab wippen), bei ruhiger See kann man sich getrost auf den Schiffsboden setzen und den mitgebrachten Proviant aufessen.

Die Zeitlupenkamera

Aus einem kleinen Karton fertigen wir mit dem Kind gemeinsam eine ‚Kamera' an, indem in der Mitte ein Loch ausgeschnitten wird, durch die das Papp-Innenrohr einer Toilettenpapierrolle gesteckt wird. Mit dieser Kamera wird nun im Telegrammstil beschrieben, was es alles zu sehen gibt: „Ein Bilderbuch", „Ein Stuhlbein" etc. Es ist günstig, wenn der Therapeut mit diesen Beschreibungen anfängt, denn dann hat das Kind die Gelegenheit, sich an unserem Modell zu orientieren. Auf ein vorher vereinbartes Signal des Kindes hin (z. B. Klatschen, mit einer Glocke klingeln, auf den Tisch pochen, auf ein Tamburin schlagen) geht die Kamera ‚kaputt' und läuft nur noch im Zeitlupentempo. Auch die Beschreibungen werden jetzt entsprechend langsam, in deutlicher Dehnung geliefert. Auf ein erneutes Signal hin läuft die Kamera wieder ‚normal'. Ein Rollenwechsel bringt das Kind dazu, ebenfalls den Wechsel zwischen normalem Sprechtempo und Zeitlupensprechen zu vollziehen.

Ergänzend kann man mit dem Kind Videoaufnahmen von Fußballberichten kommentieren, bei denen der Ton ausgeschaltet ist und sich Echtzeit- und Zeitlupenaufnahmen abwechseln.

Spiele für die Satzebene

Die Mondreise

Die Vorbereitung für diese Spielsituation kann auf verschiedene Weise erfolgen: Entweder verwandeln sich die Teilnehmer in Mondraketen (spitzer, mit Alufolie beklebter Pappkegel auf dem Kopf als Raketenspitze, oben und unten offener Pappkarton, der mit Bändern an den Schultern befestigt wird, als ‚Raketenkörper', hinhocken, beim Raketenstart nach dem Countdown hochspringen und mit ausgebreiteten Armen losfliegen) oder alle verkleiden sich als Astronauten (mit ausrangierten Motorradhelmen und dünnen (und billigen!) Maler-Overalls aus dem Baumarkt). Nach einem kraftvollen Start schwebt man zunächst eine Weile durch das All (als Vorstellungshilfe kann man ‚sehen', wie die Erde immer kleiner wird und der Mond näher kommt; eine gute Unterstützung bildet auch das Abspielen einer Kassette mit ‚Sphärenmusik') und landet dann auf dem Mond. Dort (unter einem großen Tuch/einer Decke, d. h. unter ‚Mondstaub' versteckt) gibt es nun einiges zu entdecken, z. B. Einzelteile, aus denen man ein Mondauto zusammenbauen kann, harte Mondsteine und weiche Mondwolken (große Wattebäusche), Proviant für den Rückflug (Kekse und Weingummis) oder Ähnliches. Die Bewegungen, die im All und auf dem Mond durchgeführt werden, sind alle ganz langsam und weich, wie in der Schwerelosigkeit (die die Kinder zumeist aus Fernsehaufnahmen von Space-Shuttle-Flügen kennen). Auch die Unterhaltung über die gefundenen Gegenstände und die Verständigung über die weitere Planung wird von weichem, langsamem Sprechen getragen.

Im Schneckenland

Für eine Schneckenreise kann man entweder Schnecken-Handpuppen benutzen, oder man fertigt sich kleine Papierschnecken an, die man auf dem Handrücken befestigen kann. Dazu schneidet man ein ca. 2 cm breites und 20 cm langes Stück Papier zu, rundet dies an einem Ende ab, malt dort zwei Augen auf und wickelt das lange Ende fest um einen Bleistift. Zieht man den Stift heraus, springt die gewickelte Spirale etwas auf, sodass man ein Schneckenhaus erhält. (Auf ähnliche Art lassen sich auch Schildkröten herstellen und befestigen: Schildkröten-Umriss auf Pappe aufzeichnen, ausschneiden, mit einem Panzer-Muster bemalen und mit einem Gummi auf den Handrücken setzen.) Mit den so hergestellten Tieren können sich die Mitspieler auf Reisen begeben.

Dazu sind im Therapieraum verschiedene Stationen aufgebaut, an denen es für die Schnecken etwas zu entdecken gibt: leckeren Salat (grünes Ostergras), einen Igel als Mitbewohner (Stofftier), eine Schnecken-Rennbahn (ein Spielplan mit Würfelfeldern; wer als *Letzter* im Ziel ankommt, hat gewonnen!), einen Sandkasten, in dem die Schnecken noch langsamer vorwärts kommen (eine Spülschüssel mit Sand reicht dazu aus), einen Laub- oder Reisig-Haufen, unter dem es sich gut schlafen lässt (kleine Äste und zerrissenes Packpapier).

Das sprachliche Modellverhalten des Therapeuten hat hierbei die entscheidende Bedeutung: im gemeinsamen Handeln, Entdecken und Verbalisieren wird die langsame Sprechweise der einen Schnecke zum Modell für die andere – eine gedehnte, langsame, flüssige Sprechweise ist selbstverständlicher Bestandteil der Schneckenkommunikation.

Bären im Winterschlaf

Die Bären (Teddybären oder Handpuppen) versammeln sich, um gemeinsam den Winterschlaf zu beginnen. Sie sind schon sehr müde, haben sich schon ganz satt gefressen und bewegen sich deshalb langsam und bedächtig. Aber sie möchten, bevor sie einschlafen, noch etwas Süßes naschen gehen und machen sich auf den Weg in den Wald, um Beeren zu suchen. Auf dem Weg begegnen sie einem Tier nach dem anderen (Hase, Fuchs, Schnecke, Maus, Ente …) und sie erzählen diesem Tier jeweils, warum sie noch unterwegs sind und was sie suchen. Dieses Tier schickt sie dann weiter zum nächsten; das letzte Tier hat dann einen Beeren-Vorrat (in Form von frischem Obst oder z. B. Gelee-Früchten), den die Bären aufessen dürfen. Anschließend tapsen die Bären zurück und legen sich in ihrer Höhle (mit Decken verhängter Tisch) schlafen.

Thematisch lässt hier eine zweite Sitzung anschließen, in der nach der inzwischen verstrichenen Zeit die Bären aus dem Winterschlaf erwachen und, noch ganz müde und benommen, aufstehen, sich recken und strecken, und sich auf die Suche nach etwas Essbarem, einer neuen Behausung, neuen Freunden o. Ä. machen.

Geisternacht

Aus einem alten Halstuch, einem Stück Bettlaken, einer Stoffwindel o. Ä. wird zunächst für jeden Teilnehmer ein Gespenst gebastelt. Dazu zuerst an zwei Enden einer Längsseite mit Knoten kleine Zipfel herstellen, das sind die Hände des Gespenstes. In der Mitte zwischen den Zipfeln ein kleines Wollknäuel mit dem Stoff überziehen und unten mit einem Wollfaden abbinden, das ist der Kopf. Das Gesicht kann man je nach Stofffarbe aufmalen oder mit Filz- oder Papierstücken aufkleben. Mit einer Nadel je einen Faden durch die Hände und den Kopf ziehen und an einer Stricknadel oder einem Holzstab befestigen – fertig ist die Gespensterpuppe! Nun können die Gespenster durch die Nacht schweben (Raum verdunkeln, so gut es geht!) und sich erzählen, was sie mit ihren Gespensteraugen (Taschenlampen) alles sehen können, wo sie hinfliegen möchten etc. So lassen sich auch kleine Rate-Dialoge führen: „Hui, ich sehe einen Teddybär – findest du den auch?" „Huu, da ist er, und ich sehe ein rotes Auto – findest du das?"

Die Zeitlupenbande

Die Zeitlupenbande ist im Dienste der Rettung z. B. der kleinen Zwerge unterwegs (dies können mit Gesichtern bemalte Toilettenpapierrollen sein). Die kleinen Zwerge werden von einem Krokodil im Gefängnis gefangen gehalten. Da das Krokodil ‚schnelle Augen' hat, nimmt es nur schnelle Bewegungen wahr. Die Zeitlupenbande tarnt sich dadurch, dass sie mit langsamen Bewegungen unsichtbar wird. In einem Brief wird der Zeitlupenbande mitgeteilt, welche Aufgaben sie lösen muss, um an den Gefängnisschlüssel zu kommen (z. B. mit dem Motorrad über die Berge fahren: bergauf ganz langsam, bergab ganz schnell nach zusammengestellter Musik, z. B. CD „Local Hero" von den Dire Straits, ein Holzstock dient als Lenker; schnelle Musik bedeutet schnelles Fahren (Laufen), langsame Musik bedeutet sich Einfinden an einem festgelegten Treffpunkt und langsames Bewegen). Alle Aufgaben werden in Zeitlupe gelöst. Am Ende wird der Weg zum Schlüssel freigegeben, mit dem die Zwerge befreit werden können. Da die Rückfahrt ebenfalls mit dem Motorrad geschieht, müssen die Zwerge auf dem Kopf transportiert werden (erfordert vorsichtige, langsame Bewegungen). Bei der Ankunft zu Hause wird ein großes Fest gefeiert.

Die Zeitlupenbande kann als Format, d. h. als ritualisierte Spielhandlung in mehreren Therapiesitzungen aktiv werden und jeweils neue Aufgaben lösen. Der Austausch über die Aufgaben und darüber, wie sie zu lösen sein könnten, geschieht bereits in Zeitlupenbanden-Sprache und macht die Sprechmodifikation für die Kinder sinnvoll.

Roboter

Die Vorstellung, ein Roboter zu sein, bietet die Gelegenheit, auch einmal eine Bewegungs- und Sprechweise zu erproben, die *nicht* weich und fließend ist. Die Erfahrung des Gegensatzes dient hier zur Verdeutlichung und Abgrenzung verschiedener (Sprech-)Modalitäten.

Therapeut und Kind können sich als Roboter verkleiden, indem sie sich Arme, Beine und Körper mit Alufolie umwickeln. Eventuell können sie sich ergänzend noch eckige, klobige Roboterschuhe und einen Roboterkopf mit Seh- und Sprechschlitzen aus Kartons herstellen, die ebenfalls mit Alufolie beklebt werden. Diese Verkleidung bewirkt, dass die Körperbewegungen steif und eckig werden. Die dazugehörige Sprechweise ist abgehackt und monoton. ‚Die-Ro-bo-ter-spre-chen-zak-kig-und-oh-ne-Be-to-

nung'. Es lohnt sich, diesen Effekt einmal auszuprobieren.

Um das Spiel noch attraktiver zu gestalten, kann sich einer der Spieler einen An-/Aus-Knopf ausdenken, der sich irgendwo am Körper befindet und vom Partner gesucht werden muss.

Mit vielen Kindern kann im Anschluss an die Spielsequenz besprochen werden, was sich angenehmer anfühlt und anhört: zackig und abgehackt oder weich und fließend. Dieser Effekt lässt sich verstärken, wenn im Anschluss an das Roboter-Spiel mit der Vorstellung gespielt wird, eine Schlenkerpuppe zu sein.

Unter Wasser

Man kann die Vorstellung, sich unter Wasser zu befinden und sich entsprechend langsam und schwebend zu bewegen, auch ohne Hilfsmittel verwirklichen. Aber anschaulicher und faszinierender wird es für die Kinder und uns Therapeuten mit etwas Vorbereitung: Fensterscheiben kann man mit blauem Seidenpapier bekleben (das sorgt für die entsprechende Unterwasser-Beleuchtung), und wer den Effekt auf die Spitze treiben will und genügend Zeit zur Vorbereitung hat, kann im Raum in Kopfhöhe eine dünne Abdeckfolie aus dem Baumarkt befestigen, die die Wasseroberfläche darstellt. Diese Vorbereitung ist aufwendig, aber der Effekt ist magisch, wenn man mit den Kindern den so ‚verzauberten' Raum betritt.

Im Unterwasser-Raum sind verschiedene Fische, Frösche, Muscheln, Pflanzen, Seesterne etc. versteckt, die entdeckt werden können. Eine Flaschenpost weist den Weg (Beschreibung oder gemalter Plan, je nach ‚Lese'-Alter des Kindes) zu einem versteckten Schatz. Wenn man diesen Spielraum mit einer Möglichkeit der Sensibilisierung für Atmungsvorgänge verbinden möchte, können in einer Ecke des Raumes verschieden dicke Strohhalme, Rohre, Schläuche o. Ä. zur Verfügung gestellt werden, durch die Luft geholt werden kann. Beim bewussten Ein- und Ausatmen spüren die Kinder die unterschiedlichen Widerstände durch die verschiedenen Querschnitte der Röhren und suchen sich dasjenige Hilfsmittel aus, welches ihnen am angenehmsten ist und ein entspanntes Atmen ohne Widerstand ermöglicht.

Damit können sie dann in aller Ruhe weiter durch den Raum ‚schnorcheln'.

Die Spiele, die das Kind auf der Wortebene besonders angesprochen haben, sind auf alle anderen Ebenen übertragbar (vgl. Kap. 7.4), indem man die Dialogstrukturen und -inhalte erweitert. Wenn sich das Kind z. B. für den Zauberer und die Gummibandsprache besonders empfänglich zeigt, lässt sich diese Idee auf der Satzebene wieder aufgreifen und erweitern, was ebenso für alle anderen Angebote der Wortebene gilt.

Darüber hinaus sind die meisten der hier beschriebenen Sprachhandlungsspielräume sehr gut mit Fantasiereisen, Atmungs- und Entspannungsübungen oder Elementen zum autogenen Training für Kinder zu verbinden, indem Zeit und Raum für das Erzählen einer Entspannungsgeschichte geschaffen wird und Wahrnehmungs- und Übungsanteile in das Spiel integriert werden. Anregungen dazu finden sich im Therapiebaustein „Stimme, Atmung und Entspannung".

Zusätzliche Bedingungen, Materialien und Medien

Weitere Möglichkeiten der Unterstützung und als Vorstellungshilfen zur Verdeutlichung von weichen, koordinierten Bewegungsabläufen bieten folgende Anregungen:

Die ‚Soft-Box'
Das ist ein Karton oder Korb, in dem viele weiche Materialien gesammelt sind und ständig für alle möglichen Spielideen zur Verfü-

gung stehen (Federn, Felle, Stoffe, Plüschtiere, Perücken, Kostüme, Kissen, Decken, Wollknäuel etc.). Günstig zur Betonung der Weichheit ist es, wenn die Box mit einem weich fallenden oder dicken Stoff innen ausgekleidet und/oder von außen bezogen ist. Als Kontrast dazu kann es natürlich auch eine ‚Hard-Box' geben.

Die Kuschelecke
In der Kuschelecke aus Decken, Kissen und Matratzen können Weichheit und Entspannung als Ganzkörpererfahrung erlebt werden. Hier können sich die Kinder ausruhen, einer (Entspannungs-)Geschichte zuhören, einfach nur vor sich hinträumen, oder mit den vorhandenen Materialien (z. B. Kuscheltiere, weiche Puppen, Tücher) spielen.

Dunkelheit und Höhlenatmosphäre
Sie vermitteln den meisten Kindern (Vorsicht ist bei Kindern mit Dunkelängsten geboten) das Gefühl von Geborgenheit und Ruhe und lassen sich mit Möglichkeiten der Raumverdunkelung oder durch das Abtrennen von kleinen Räumen durch Decken leicht herstellen. In einer selbstgebauten Höhle werden die meisten Kinder ruhiger, leiser und vorsichtiger. Ihr Sprechen wird in einer solchen Atmosphäre weniger, druckfreier, flüssiger und langsamer.

Pustespiele
Pustespiele etwa mit Bällen, Wattebäuschen, kleinen Plastikautos, Papierschiffen oder Flugzeugen dienen der Unterstützung der Atemkoordination.

Hierbei sind alle Spiele sinnvoll, die eine *gezielte Atemführung* statt reiner Atemkraft erfordern, z. B.: eine Kerze zum Flackern bringen, ohne sie auszupusten; einen Gegenstand durch einen Hindernisparcours oder eine vorher festgelegte Strecke weit pusten; einen Flötenton so leise oder so lange wie möglich aushalten; ein Papierkügelchen mit einem Pusterohr in die Mitte einer auf den

Tisch geklebten Zielscheibe pusten; ein Sei-
denpapierbällchen mit einem Knick-Stroh-
halm in der Luft balancieren; einen Watte-
bausch bis an die Tischkante pusten, ohne
dass er herunterfällt.

Bei diesen Spielen sind alle Formen ge-
fragt, in denen es um Koordination und
Steuerung des Atemstroms geht und *nicht
um Kraft, Anstrengung oder Druck.* Also nicht
„Wer pustet am weitesten?", sondern „Wer
kann genau bis hierher pusten?"

Vorstellungsebene
Auf der Vorstellungsebene kann man ein
Gespür für die Wirksamkeit und den sinnvollen Einsatz von weichen Bewegungen
schaffen, z. B.: mit Bildergeschichten oder
Erzählungen über eine Katze, die sich in
einem Baum verstiegen hat und nun ganz
langsam und vorsichtig wieder herabsteigen
muss; über ein Krokodil, das sich den
Schwanz unter einem Stein eingeklemmt hat
und sich nun ganz langsam und vorsichtig
befreit; über ein Auto, das auf enger Straße
auf ein Hindernis stößt und nun ganz vorsichtig und langsam zurückfahren muss.

Solche Geschichten kann man mit dem
Kind auch gemeinsam in einem Rollenspiel
oder als Theaterstück nachspielen. Grundlegend ist hierbei die Erfahrung, dass in manchen Situationen, in denen man sich (sprachlich) festgefahren hat, der Einsatz von mehr
Druck oder Kraft nicht weiterhilft, sondern
die Blockaden nur noch verschlimmert. Dem
Kind wird hier auf der Symbolebene eine
Lösungsmöglichkeit angeboten, nämlich in
Blockadesituationen mit bewusster Druck-
und Anspannungsreduzierung zu reagieren.

Bewegungserfahrungen
Durch eigene Bewegungserfahrungen auf der
Ganzkörperebene können die Kinder sich
mentale Repräsentationen schaffen für die
Einschätzung, ob eine Bewegung hart oder
weich war, z. B. bei einem Billardspiel (auf
dem Therapie-Tisch, der mit Holzleisten

umlegt wird oder mit einem kleinen Tisch-
Billard): Harte und weiche Stöße werden
vorgemacht und ausprobiert und werden
anschließend im Hinblick auf die Kriterien
hart/weich beurteilt. Auf der Ebene der
Bewegungserfahrung lassen sich hier Grundlagen für die Wahrnehmung und Beurteilung
von Sprechbewegungen schaffen.

Abgrenzende Erfahrungen
Im Gegensatz zu den bisher betonten Erfahrungen mit verlangsamtem Sprechen führen
abgrenzende Erfahrungen mit sehr schnellem Sprechen dazu, dass die Kinder den
Wert von etwas langsamerem, entspannte-
rem, ruhigerem, stressfreierem, planbarerem
Sprechen erfahren. Schnelles Sprechen ist
z. B. erforderlich, wenn unter Zeitdruck
gesprochen wird („Erzähl mir in einer
Minute soviel wie möglich darüber") oder
eine Geschwindigkeitskonkurrenz auftritt
(„Ich kann das schneller sagen als du!"). Bei
absichtlichem Schnell-Sprechen können die
Kinder die Anstrengung des Sprechens selbst
erproben und das Auftreten von Unflüssigkeiten spüren, sie können aber auch dem
schnellen Sprechen zuhören und so den
Zuhör-Stress bemerken.

7.4
Baustein „Ausdehnung und Automatisierung der flüssigen Sprechanteile"

Dieser Baustein beinhaltet:
- Ein-Wort-Ebene
- Ergänzungssatzebene
- Aussagesatzebene
- Nacherzählungen
- Monolog
- Dialog
- In-Vivo-Übungen
- Weitere Hilfen

Dieser Baustein orientiert sich vorrangig an den Konzepten zum Fluency-Shaping und gründet auf der Erkenntnis, dass in der Sprache des unflüssig sprechenden Kindes immer auch flüssige Sprechanteile vorhanden sind. Alle Kinder sind in der Lage, sich auf bestimmten Anforderungsebenen flüssig zu äußern und diese Ebenen werden auch im diagnostischen Prozess erfasst (vgl. Kap. 5).

Von besonderer Bedeutung erweist sich auch in diesem Zusammenhang das sprachliche Modellverhalten des Therapeuten. Das Modell für flüssiges Sprechen, das wir als Therapeuten vorgeben, ermöglicht dem Kind oft erst die Anpassung an eine der weniger komplexen, aber flüssigeren Sprechleistungsstufen (vgl. Kap. 7.10).

Zur *Reduzierung der sprachlichen Komplexität* und zum *Erproben von sicherem, flüssigem Sprechen* bieten sich auf verschiedenen Ebenen der kommunikativen Anforderungen beispielsweise folgende Spiele und Ideen an.

Ein-Wort-Ebene

Für die Ein-Wort-Ebene eignen sich alle Spiele, in denen Bilder, Gegenstände oder Handlungen mit jeweils einem Begriff benannt werden können, z. B.:
- „Memory" (Ravensburger Spiele)
- „Lotto" (Ravensburger Spiele)
- „Schnipp-Schnapp" (Ravensburger Spiele)
- „Blinde Kuh" (Ravensburger Spiele)
- „Bilderjagd" (Ravensburger Spiele)
- „Kunterbunte Tierparade" (Ravensburger Spiele)
- Kimspiele, z. B. „Stibitz" (Ravensburger Spiele)
- „Wörterschlange" (Ravensburger Spiele)
- „Na logo" (Trialogo-Verlag)
- Geräusche raten
- Berufe/Tiere raten bei pantomimischer Darstellung

- Grabbelbeutel
- Stille Post
- verschiedene Spielformen mit Einzelbildern, z. B. Taschenlampen leuchten im Dunkeln Bilder an, Bilder von einer Wäscheleine abreißen, Bilder im Raum verstecken und suchen
- Tastspiele oder Fühlbücher wie z. B. „Kuschelgelbe Enten" (Ars-Edition)
- „Stadt-Land-Fluß"

Ergänzungssatzebene

Für die Ergänzungssatzebene eigenen sich alle Spiele, in denen feststehende Formulierungen, Fragen etc. durch ein jeweils wechselndes Element erweitert werden, z. B.:
- „Koffer packen" (Ravensburger Spiele)
- „Ich sehe was, was du nicht siehst, und das ist …"
- Teekesselchen
- Quartett-Spiele (z. B. vom Piatnik-Verlag)
- Einkaufsspiele („Ich möchte …", „Was kostet …?")
- Sprechspiele und Lieder mit wechselnden Elementen: („Ich hab gefischt …", „Auf der Mauer, auf der Lauer")
- Angelspiel
- „Rategarten" (Ravensburger Spiele)
- Bilderbücher wie „Pony, Bär und …" von S. Heuck (Thienemann)

Aussagesatzebene

Für die Aussagesatzebene eigenen sich alle Spiele, die mit wenigen, aber frei formulierten Sätzen, Fragen oder Antworten verbunden sind, z. B.:
Ratespiele, in denen Tipps gegeben werden, wie etwa:
- „Ratefüchse" (Ravensburger Spiele)
- „Nanu, ich denk, da liegt der Schuh" (Ravensburger Spiele)

• Pantomimische Rätsel

Für ältere Kinder können Spiele, in denen Anweisungen oder Rätselfragen gelesen werden, wie bei:

• „Quiz" (Ravensburger Spiele)
• „Wissensquiz für Kinder" (Noris-Spiele) verwendet werden.

Nacherzählungen

Hier können Geschichten und Bilderbücher nacherzählt und nachgespielt, -gemalt oder -gebaut werden.
    Materialien dazu sind z. B.:

• Märchen in Kurzform (z. B. vom Ravensburger Verlag)
• Bildergeschichten, z. B. „Der kleine Herr Jakob" von H.-J. Press oder „Vater und Sohn" von E.O. Plauen. Colour-Cards-Bildergeschichten (Schubi-Verlag)
• „Hast du Worte?" von R. u. M. Rettich (Ravensburger Verlag)

Monolog

Hier sind alle Spielhandlungen gemeint, in denen zunächst ein Partner die sprachliche Führung übernimmt. Dabei ist für den Therapeuten als Sprecher eine gute Möglichkeit für das Modeling enthalten und für das Kind ein großes Maß an Entlastung, weil es in seinem monologischen Sprechen vor Zeitdruck und Unterbrechungen weitgehend sicher ist.
    Möglichkeiten für monologisches Sprechen ergeben sich z. B. bei:

• Malen nach Anweisung
• Tastspielen
• „Was-ist-falsch"-Bildern (LDA-Materialien)

Dialog

Diese Spielformen stellen den wechselseitigen Dialog in den Mittelpunkt:

• Handpuppenspiele
• Rollenspiele
• gemeinsam basteln
• Spiele/Spielregeln selbst erfinden
• Kasperltheater
• Märchen und Geschichten nachspielen

Die gilt auch für die hier genannten Kooperationsspiele:

• „Ene-mene-Müll" (Ravensburger Spiele)
• „Drachenspiel" (Herder-Spiele)
• „Obstgarten" (Haba-Spiele)
• „Feuerwehr" (Herder-Spiele)
• Mitmach-Bilderbücher, z. B. „Moritz kann:" (J. Spohn, Ravensburger Verlag)

In-Vivo-Übungen

Die höchste Stufe der kommunikativen Anforderungen bilden Situationen, die außerhalb der üblichen Therapieform stehen:

• telefonieren
• einkaufen
• Freunde besuchen oder in die Therapie mitbringen
• fremde Personen um Auskunft fragen (Uhrzeit, Weg, Preis einer Ware o. Ä.)
• Reportage in der Fußgängerzone
• Hörspiel/Film auf Kassette aufnehmen

Falls es erforderlich ist, bieten wir dem Kind Hilfen an, die den Komplexitätsgrad und die Kommunikationsverantwortung weiter reduzieren, z. B.:

• Phonomatopoetica (Lautmalereien)
• Gestik, Mimik
• gemeinsames Sprechen
• Vor- und Nachsprechen
• rhythmische Spiele, Reime, Verse etc.
• Fingerspiele
• Sprechzeichnen

Weitere Hilfen

Eine gute Hilfe zur Ermöglichung von flüssigen Sprecherfahrungen bieten auch Bilderbücher, in denen immer die gleichen Formulierungen auftreten, z. B.:

- „Die kleine Raupe Nimmersatt" (E. Carle, Gerstenberg-Verlag)
- „Der kleine Käfer Immerfrech" (E. Carle, Gerstenberg-Verlag)
- „Heti und der Fuchs" (M. Fox, Coppenrath-Verlag)
- „Komm, wir gehen auf Bärenjagd" (M. Rosen/H. Oxenbury, Verlag Sauerländer)
- „Plötzlich!" (C. McNaughton, Aare-Verlag)

> Allen diesen Anregungen und Spielvorschlägen ist gemeinsam, dass sich in ihnen die Aufmerksamkeit nicht auf die Vermeidung von Unflüssigkeiten richtet, sondern auf die Erfahrung von Sprechflüssigkeit.

Die Anforderungsstufe wird dazu so gewählt, dass das Kind im Rahmen der Sprach-Spielhandlung möglichst häufig flüssig sprechen kann. Diese Erfahrung kann während des Spiels oder anschließend dadurch unterstützt werden, dass die Sprach- bzw. Sprechkompetenz des Kindes hervorgehoben wird, indem wir ihm z. B. sagen, wie schön es erzählt hat, wie angenehm sich seine Wörter anhören, etc. Auch hier ist die Wortwahl von entscheidender Bedeutung: Wir betonen nicht die Abwesenheit von Unflüssigkeiten, sondern die Anwesenheit von Sprechflüssigkeit. Es ist also nicht erforderlich, das Kind mit seinen Problemen zu konfrontieren, sondern im Gegenteil möglich, sein Kompetenz-Gefühl zu verstärken.

7.5 Baustein „Konkrete und offene Auseinandersetzung mit Unflüssigkeiten und Stottern"

Dieser Baustein beinhaltet:
- Unempfindlich werden
  - Roboter-Spiel
  - So sprechen wie …
  - Aufgabenparcours
  - Stimmexperimente
  - Wettbewerb der Unflüssigkeiten
  - Rollenspiele mit Handpuppen
  - Erfahrungen mit Hochgeschwindigkeitssprechen
  - Spiegelspiel, Doppelgänger und Echo
  - Micky-Maus-Sprache
  - Würfel- oder Lottospiel mit Unflüssigkeiten
  - Mein Stottern gestalten
- Selbstwahrnehmung
  - Symptome finden
  - Aufnahmen machen
  - Unterstützung durch Handpuppen
- Veränderung von Unflüssigkeiten
  - Stoppen
  - Grabbelsack
  - Bilder und Vorstellungen
  - Fußballreporter
  - Zaubern
  - Briefkasten
  - Stabilisierung

Neben der Ausdehnung der vorhandenen flüssigen Sprechanteile haben wir auch viele Möglichkeiten, in der Therapie konkret an den vom Kind gezeigten Unflüssigkeiten bzw. an seinen Stottersymptomen anzusetzen und damit die Auseinandersetzung des Kindes mit diesen anzuregen. Das ist vor allem dann empfehlenswert, wenn deutlich wird, dass das Kind zumindest situative, eventuell aber auch schon intensivere Aufmerksamkeitsreaktionen auf sein Sprechen und die darin auftretenden Unflüssigkeiten zeigt. Die Notwendigkeit für einen direkten, aber angstfreien Umgang mit dem Stottern besteht besonders dann, wenn sich diese Reaktionen dynamisch weiterentwickeln und das Kind zunehmend aktiv (d. h. in der Regel mit ,untauglichen' Mitteln, z. B. vermehrtem Druck, erhöhter Sprechgeschwindigkeit, größerer Anspannung) gegen die Unflüssigkeiten ankämpft.

> Die Zielsetzung dieses Therapiebausteins ist es, den Kindern durch einen spielerischen, entspannten Umgang mit allen möglichen Formen von Unflüssigkeiten die Angst vor dem Stottern zu nehmen, das Stottern zu enttabuisieren und damit zum Abbau von Anstrengungs- und Vermeidungsverhalten beizutragen.

Wir sind uns bewusst, dass im Rahmen dieses Therapiebausteins einige Aspekte aufgegriffen werden, die in ähnlicher Form aus der Non-Avoidance-Therapie für Erwachsene bekannt sind, welche auf Charles Van Riper gründet. Elemente wie Identifikation und Modifikation des Stotterns, Desensibilisierung und Stabilisierung sind hier durchaus enthalten. Wir möchten diese Therapieprinzipien jedoch nicht leicht modifiziert (d. h. ,spielerisch' aufbereitet) auf Kinder übertragen, sondern den Bereich der *Desensibilisierung* in den Vordergrund stellen, weil wir überzeugt sind, dass damit eine weitgehende Enttabuisierung des Stotterns erreicht werden kann. Dies beinhaltet auch, dass das Kind gegenüber seinen Symptomen und den damit verbundenen Reaktionen und Emotionen unempfindlicher und es dadurch von Sprech- und Kommunikationsdruck entlastet wird.

Durch die Desensibilisierung erreichen wir, dass die Kinder anstrengungsfreier, ruhiger und unverkrampfter mit Unflüssigkeiten in ihrem Sprechen umgehen können. Dazu ist es oft nicht erforderlich, die *eigenen* Symptome in allen Details bewusst und kognitiv zu identifizieren und zu modifizieren – im Gegenteil: Die Bewusstmachung der eigenen Symptomatik *kann* von Kindern oft noch gar nicht geleistet werden und sollte nicht unreflektiert von allen Kindern verlangt werden.

Gemäß den Prinzipien einer entwicklungsorientierten Therapie werden wir dem Kind eher gerecht, wenn wir sein noch nicht so verfestigtes Bewusstseinsniveau, seine begrenzten Möglichkeiten und seine Bereitschaft zur Selbstreflexion berücksichtigen. Kinder erleben die Unflüssigkeiten und die damit möglicherweise verbundenen negativen Erfahrungen, Gefühle und Einstellungen anders als Erwachsene und können und wollen sie oft noch nicht bewusst reflektieren. Es reicht unserer Meinung nach bei kleineren Kindern aus, wenn sie hartes von weichem Sprechen und harte Unflüssigkeiten von weichen unterscheiden können. Eine Forderung nach bewusster Identifikation und Definition der eigenen Symptomatik kann leicht zur *Über*forderung führen. Ein eher spielerischer, experimenteller Umgang mit Unflüssigkeiten und Stottern gibt dem Kind die Möglichkeit, sich kreativ und fantasievoll dem Thema zu nähern, ohne dabei in seinem Selbstkonzept verunsichert zu werden. Dadurch gelingt es ihm leichter, Sprechängste und Vermeidungsverhalten abzubauen und, wenn es das selbst zulassen möchte, Selbstwahrnehmungs-, Veränderungs- und Stabilisierungspotenziale zu aktivieren.

Folgende Ideen und Spielformen können dazu dienen, diese Zielrichtungen zu verwirklichen.

Unempfindlich werden

Bei der Desensibilisierung spielt unser eigener begrifflicher Umgang mit den Unflüssigkeiten eine bedeutende Rolle, d. h. wie wir sie im Gespräch mit dem Kind benennen. Die Begriffe ,Stottern' oder ,Sprechunflüssigkeit' erweisen sich für Kinder bisweilen als untauglich, weil ,Stottern' stigmatisierend wirken kann und eventuell angstbesetzt ist und ,Sprechunflüssigkeit' für Kinder häufig zu unkonkret bleibt. Es empfiehlt sich, stattdessen neutrale *Begriffe aus der Erfahrungs-welt der Kinder* zu verwenden, mit denen sie analoge Erlebnisse verbinden können, wie z. B.:

- *hüpfen, hopsen, stolpern* für Sprechunflüs-sigkeiten, die durch Wiederholungen von Lauten, Silben, Wörtern gekennzeichnet sind
- *stecken bleiben, Handbremse ziehen, sto-cken, festklemmen, hängen bleiben* für Unflüssigkeiten, die durch Blockaden gekennzeichnet sind
- *lang ziehen, draufbleiben* für Unflüssigkei-ten, die durch Prolongationen gekenn-zeichnet sind (vgl. Dell 1994, 53 f)

Auch wenn das Kind den Begriff ‚Stottern' kennt und selbst verwendet, haben wir mit diesen Analogien die Möglichkeit, mit ‚Stot-tern' verbundene Ängste zu reduzieren und die Symptome anschaulicher zu beschreiben.

Kinder können im Rahmen dieses Thera-piebausteins Erfahrungen mit verschiedenen Formen von Sprech**un**flüssigkeiten machen (Wiederholungen, Dehnungen, Stockun-gen), oder auch mit Sprechweisen, die die Sprechflüssigkeit gefährden können (wie erhöhtes Tempo, größere Lautstärke, harter Stimmeinsatz).

Beispiele für den spielerischen Einsatz sol-cher Sprechflüssigkeits-Unterbrecher sind:

Roboter-Spiel

Ein Partner spricht wie ein Roboter (abge-hackt und monoton) immer wieder eine Silbe/ein Wort, der andere Partner muss den „Aus"-Schalter suchen, indem er verschie-dene Punkte des Körpers drückt; der Roboter verstummt, wenn die richtige Stelle, die er sich vorher ausgedacht hat, getroffen wurde; anschließender Rollentausch.

So sprechen wie …

Beide Spielpartner versuchen so zu sprechen, wie sich bestimmte Bewegungen oder bewegte Gegenstände, die man ausprobieren kann, anhören, z. B. ein hüpfender Flummi oder Ball, das Hüpfen auf einem Trampolin, Sackhüpfen. Darüber hinaus kann man Vor-stellungshilfen verwenden, z. B. die Känguru-sprache oder die Imitation eines Spechtes. Zur Verdeutlichung kann ein Holzspecht dienen, der sich hämmernd an einer Stange herabbewegt.

Aufgabenparcours

Verschiedene Aufgaben müssen sprachlich und ganzkörperlich ‚hüpfend' bewältigt wer-den, z. B. in Reifen springen, oder in der Vor-stellung von Stein zu Stein einen imaginären Fluss zu überqueren, in dem sich gefährliche Krokodile befinden.

Stimmexperimente

Stimmaufgaben, in denen sofort und mit Kraft Stimme produziert werden muss, z. B. stimmlich ‚knallen' wie ein zerplatzender Luftballon oder eine zerplatzende Papier-tüte.

Wettbewerb der Unflüssigkeiten

Wer kann am häufigsten, am härtesten, am schönsten, am längsten ‚stecken bleiben', ‚hüpfen' …? Hier erfährt das Kind einen positiven Wert von Unflüssigkeiten: Sie sind nichts, wofür es sich schämen müsste oder wovor es Angst haben muss, sondern etwas, womit es spielen kann und worüber man auch einmal kichern darf.

Rollenspiele mit Handpuppen

Dialoge mit Handpuppen spielen, von denen eine stottert (Wichtig: Das Kind darf aus-wählen, ob es z. B. das ‚Klapper-Krokodil' spielen oder den flüssig sprechenden Part übernehmen möchte: Auch das Hören und Kommentieren von Stottern macht unemp-findlicher!) oder eine das Stottern lernen möchte: Hier kann das Kind die Position des stotter-kompetenten Partners übernehmen, der etwas kann, was die anderen nicht kön-

nen. Die Möglichkeit, nicht nur ,glatt', sondern auch ,hüpfend' sprechen zu können,
gewinnt so eine positive Qualität und gelangt
aus der Tabuzone heraus.

Erfahrungen
mit Hochgeschwindigkeitssprechen

Sehr schnelles Sprechen unter Zeitdruck verhilft dem Kind zu der Erfahrung, dass ein zu
hohes Sprechtempo die Sprechflüssigkeit
gefährdet. Alle Gegenstände, deren Bewegungen eine bestimmte Zeitvorgabe beinhalten,
z. B. der Holzspecht, der an der Stange herab
,hämmert', eine Sanduhr o. Ä., bilden den
zeitlichen Rahmen für die Aufgabe, jemandem den Weg zum Bahnhof oder ein Spiel zu
erklären etc.

Spiegelspiel, Doppelgänger und Echo

Die Unflüssigkeiten, die der eine Spielpartner
vormacht, werden vom anderen ,gespiegelt',
nachgeahmt. Diese Partnerübung eignet sich
sowohl zum Ausprobieren von vielen verschiedenen Arten von Unflüssigkeiten als
auch zur Reflexion darüber, was sich davon
angenehmer oder unangenehmer anfühlt,
und ist somit auch im Rahmen der Selbstwahrnehmung gut einsetzbar.

Micky-Maus-Sprache

Die Imitation des schnellen, piepsigen Sprechens der Micky-Maus übt sowohl auf das
Sprechtempo als auch auf die Tonhöhe
Druck aus und führt rasch zu Sprechunflüssigkeiten. Das anschließende Nachlassen dieses übergroßen Drucks wirkt entspannend,
macht aber auch sensibel für Druckerhöhun-
gen im alltäglichen Sprechen.

Würfel- oder Lottospiel
mit Unflüssigkeiten

Symbole für verschiedene Formen von Unflüssigkeiten werden auf Würfelseiten, Bildkarten o. Ä. gemalt oder geschrieben und in
das Spiel einbezogen: z. B. gibt ein Farbwürfel
an, von welchem Feld ein Bild gezogen wer-

den kann, der ,Stotterwürfel' zeigt, *wie* die
Bildbenennung erfolgen soll oder Bilder wer-
den entsprechend ihrer Qualitäten auf Lotto-
Bögen einsortiert und benannt (weiche versus harte Gegenstände, langsame versus
schnelle Fahrzeuge oder Tiere). Auf dem
Stotterwürfel werden als Symbole für die
Unflüssigkeiten z. B. eine lange Linie für
Dehnungen aufgemalt, eine unterbrochene
Wellenlinie für Wiederholungen und eine
dünne Linie mit einem dicken senkrechten
Strich am Ende für Blockaden. Auf den rest-
lichen Würfelseiten können auch Symbole
für flüssiges Sprechen aufgemalt werden, wie
etwa ein W für weiches Sprechen oder eine
fließende Wellenlinie.

Mein Stottern gestalten

Auch auf gestalterischer Ebene können die
Kinder sich mit ihrem Stottern auseinandersetzen, indem sie es malen (so wurde das
Stottern von den bei uns in Therapie befind-
lichen Kindern zum Beispiel als Zickzack-
muster oder unterbrochene Linie, als Krokodil oder Wäscheklammer, als Blitz im Mund
oder als Wolke über dem Kopf symbolisiert)
oder mit Ton bzw. Knetgummi kneten, eine
Stotterpuppe basteln o. Ä. Ältere Kinder
können ihr Stottern auch verschriftlichen,
indem sie aufschreiben, wie sich ihr Stottern
anhört (z. B.: „Wa-wa-wa-warum?") oder wie
es sich anfühlt.

Selbstwahrnehmung

Kennenlernen der Körperteile und -funktio-
nen, die man zum Sprechen braucht: Der
ganze Körper oder nur der Kopf werden
gezeichnet, die am Sprechen beteiligten Teile
werden bunt ausgemalt und benannt. Eventuell kann das Kind sagen oder zeigen, wo das
Stottern sitzt oder herkommt (vgl. Scheidegger 1996, 623).

Symptome finden

Die Fremd- und Eigenwahrnehmung werden gefördert, indem das Kind zunächst beim Therapeuten, später dann auch bei sich selbst Unflüssigkeiten wahrnehmen und markieren soll, z. B. durch Klingeln mit einem Glöckchen, Rasseln mit einer Streichholzschachtel, ‚Verbessern' des unflüssigen Wortes durch ein weich gesprochenes o. Ä.

Aufnahmen machen

Bei einigen Kindern ist es möglich, die Wahrnehmung von Unflüssigkeiten durch Kassettenaufnahmen zu unterstützen. Das Prinzip ist hier ähnlich wie beim Symptome finden: Auf (eigene oder fremde) gehörte Unflüssigkeiten soll deutlich reagiert werden.

Unterstützung durch Handpuppen

Man kann das Stottern des Kindes durch eine Handpuppe transparenter machen, indem man sie als Imitator einsetzt: „Mal sehen, ob Teddy das genauso gut kann wie du!" Hier werden darüber hinaus die Unflüssigkeiten positiv bewertet (als etwas, was es nachzuahmen gilt) und nicht negativ (als Fehler, der gefunden werden muss).

Veränderung von Unflüssigkeiten

Stoppen

Bewegungen und Sprechvorgänge werden auf ein Zeichen hin (Klingeln, Klatschen, Rasseln, Pfiff etc.) abgebrochen, auf ein erneutes Zeichen hin wieder aufgenommen. Ein Beispiel ist „Die Reise nach Jerusalem". Auch das Spiel „Schildkröte – Katze – Vogel" eignet sich gut: Zunächst stellen sich alle Mitspieler vor, Schildkröten zu sein und bewegen sich entsprechend. Auf ein Zeichen hin stoppen sie in der Bewegung und werden mit dem nächsten Zeichen in ein anderes Tier verzaubert und bewegen sich nun wie dieses bis zum nächsten Stopp-Signal.

Auf sprachlicher Ebene lassen sich Stopp-Spiele mithilfe von verschiedenen Tonsignalen ebenfalls durchführen: Lesen oder Erzählen werden unterbrochen, wenn ein Signal ertönt und dürfen erst nach erneutem Signal wieder aufgenommen werden.

Grabbelsack

Die Gegenstände im Grabbelsack werden in Bezug auf ihre Qualitäten als hart oder weich identifiziert und sollen dementsprechend verbalisiert werden: Die Namen der harten Gegenstände sollen knallhart ausgesprochen werden, die weichen Gegenstände weich und fließend.

Bilder und Vorstellungen

Hier werden Vorstellungshilfen gegeben, die es dem Kind erleichtern, gegensätzliche Sprechqualitäten zu erproben und fließendere Übergänge zu finden. Als Hilfe dient z. B. die Bewegung zu Trommelmusik im Wechsel mit fließender Musik oder eine ‚Reise mit dem Auto': Am Beginn fährt das Auto leicht und gut (fließendes, weiches Sprechen). Dann fährt es den Berg hinauf (angestrengtes Sprechen) und wieder hinab (schnelles Sprechen). Immer wieder muss auf die Bremse getreten werden (Stoppen, langsameres Sprechen), und danach geht es dann wieder schneller weiter. Wir fahren auf der Autobahn (schnelles Sprechen), wir fahren durch die Stadt (langsames Sprechen), das Benzin wird knapp und der Motor „stottert", etc.

Diese Vorstellung lässt sich auch im Führen-Folgen-Prinzip gestalten, indem wir als Therapeuten das Auto darstellen und das Kind den Fahrer, der uns durch die Welt lenkt, und umgekehrt.

Fußballreporter

Der Therapeut/das Kind stellt sich vor, ein Fußballspiel im Fernsehen/Radio zu kommentieren (evtl. kann man eine Videoaufnahme eines Fußballspiels ohne Ton zeigen).

Dieser Kommentar wird von der Regie mit Anweisungen gesteuert, indem der jeweilige Partner Schrifttafeln („Schneller", „Langsamer", „Härter", „Aufgeregter", „Zeitlupe", „Wiederholung" etc.) hochhält oder für die jüngeren Kinder Symboltafeln (Schnecke für „Langsamer", Rennpferd für „Schneller" etc.). Auch hier sollte anschließend ein Rollenwechsel erfolgen.

Zaubern

Das Kind und der Therapeut ‚verzaubern' sich abwechselnd in verschiedene Tiere und imitieren dann jeweils deren Bewegungen und die Laute, die sie von sich geben. Die nächste Verzauberung des Partners geschieht dann in einer Sprechweise, die dem jeweiligen Tier angemessen wäre (z. B. langsam und in tiefer Stimmlage für den Bären, schnell und piepsig für die Maus, mit viel Gequake für den Frosch, mit stimmlosen Mundbewegungen für den Fisch etc.). Ein Zauberspruch wie: „Abrakadabra, du bist ein …" erleichtert hierbei die Konzentration auf die Sprechweise, weil keine eigenständigen Formulierungen erforderlich sind.

Briefkasten

In einer Kiste befinden sich Briefumschläge, in denen Anweisungen für Sprechqualitäten stecken. Das Kind darf einen Umschlag ziehen, und in der darin aufgeschriebenen oder symbolisierten Sprechweise (schnell, langsam, hektisch, laut, leise, aber auch Känguru-Sprache, Indianersprache, Bärensprache, Flummisprache …) wird dann die nächste Spielrunde durchgeführt.

Im Bereich der Veränderung von Unflüssigkeiten lassen sich darüber hinaus auch viele der Spielvorschläge, die wir im Baustein „Weiches, leichtes und langsameres Sprechen" beschrieben haben, integrieren, da es auch in diesem Baustein darum geht, verschiedene Sprechhandlungsweisen zu erproben und zu erfahren.

Stabilisierung

Hier steht die *Festigung der neuen Sprechqualitäten* im Vordergrund und die Anwendung in möglichst vielen und vielfältigen Situationen, die für das Kind bedeutsam sind. Dies geschieht in Analogie zum Baustein „Weiches, leichtes und langsameres Sprechen" in inszenierten Sprachhandlungsspielräumen ebenso wie in Sprach- und Kommunikationssituationen außerhalb des Therapieraums. Zur Stabilisierung gehört auch der Umgang mit Störreizen, in dem die Beibehaltung einer weichen, flüssigen Sprechweise unter ungünstigen Bedingungen eingeübt wird (z. B. wenn das Kind unterbrochen wird, in lauter Umgebung, unter großer emotionaler Beteiligung, etwa wenn etwas ‚gebeichtet' werden muss, im Streitgespräch, am Telefon mit fremden Personen etc.). Auch die Veränderung der Kommunikationsbedingungen in der Therapie gehört dazu, indem Freunde oder Verwandte mitgebracht werden oder indem in Kleingruppen gearbeitet wird. Wir verweisen hierzu auf den Baustein „Transfer", in dem viele der hier angesprochenen Kriterien detailliert beschrieben werden.

7.6 Baustein „Stimme, Atmung und Entspannung"

Dieser Baustein beinhaltet:
- Gegensätze erfahren
- Fantasiereisen
- Ganzkörperwahrnehmung, -entspannung und -handlung
  - Der fliegende Teppich
  - Das Ritterturnier
- Entspannung der Stimme
  - Das Bauernhofspiel
- Abbau von körperlicher Anspannung
- Entspannungsrituale einführen

Häufig empfinden wir es als notwendig, angespannt und nervös wirkenden Kindern Erfahrungen zu ermöglichen, wie sie sich entspannen können, damit sich Anstrengung, Druck und Krafteinsatz insgesamt, aber besonders auch beim Sprechen verringern. In der Therapie kann solch ein Druckabbau wichtig werden, wenn die Kinder Ängste, Sorgen und Spannungen aus ihrem Alltag mitbringen. Diese Anspannungen müssen nicht immer aus negativen Erlebnissen resultieren: So stellt beispielsweise auch die Vorfreude auf Weihnachten, auf den Geburtstag oder auf die Einschulung eine Form von Anspannung dar und kann die Gefühls- und Gedankenwelt der Kinder so intensiv beanspruchen, dass für andere Impulse wenig Raum bleibt. Mit gezielten und kindgerechten Entspannungsangeboten ist es hier möglich, Kinder wieder mehr Ruhe finden zu lassen.

Kognitiv orientierte Entspannungseinheiten, wie sie z. B. aus dem Autogenen Training für Erwachsene bekannt sind und die vorwiegend sprachlich vermittelt werden, sind für Kinder oft nicht unmittelbar nachzuvollziehen. Viele Kinder können sich kaum durch Hinlegen und Augenschließen entspannen, sondern eher durch Bewegung und die Wahrnehmung des Wechsels von Anspannung und Entspannung. Für den Einsatz von Entspannungssequenzen gilt dasselbe wie für alle anderen Angebote im Rahmen der Therapie: Sie müssen entwicklungs- und kommunikationsorientiert sein und Bezug zur Lebenswirklichkeit der Kindes haben.

Kindgemäße Formen der Entspannung werden mittlerweile vielfältig angewandt und beschrieben (vgl. u. a. Dörner/Nebel/Redlich 1995; Faust-Siehl u. a. 1993; Friedrich/Friebel 1989; Müller 1991, 1995; Vopel 1994). Im Vordergrund stehen hierbei eigenaktive Erfahrungen des Kindes mit Bewegungen, Wahrnehmungen und Vorstellungen.

Im Folgenden stellen wir einige der Spielanregungen und Vermittlungsformen vor, in denen Atmungs-, Stimm- und Entspannungsanteile häufig Hand in Hand gehen.

Gegensätze erfahren

Durch Vorstellungshilfen gelingt es den Kindern, bestimmte Körpererfahrungen nachzuvollziehen (vgl. Kap. 7.2). Sie spüren, wie es sich anfühlt, abwechselnd hart wie Stein und weich wie Wasser zu sein, langsam wie eine Schildkröte und schnell wie ein Gepard, sie bewegen sich im Wechsel zu schneller und langsamer Musik u.v.m. Durch diese Bewegungen wird der Wechsel von Anspannung und Entspannung deutlich. Dabei erweist es sich als hilfreich, die aus der Progressiven Muskelentspannung (vgl. Jacobson 1990) bekannten Prinzipien ebenfalls mit Bildern und Vorstellungshilfen zu verknüpfen, z. B. das Ausdrücken einer Zitrone mit der Hand oder Druck und Anspannung real erfahrbar zu machen, beispielsweise beim Kartoffeldruck, beim Druck auf Bohnensäckchen oder mit Sand gefüllten Luftballons, beim Armdrücken, mit nackten Füßen Abdrücke im Lehm hinterlassen, Fingerabdrücke in Knetmasse hinterlassen, ‚Fahrradfahren' Fuß an Fuß, einen großen Ball Bauch an Bauch oder Rücken an Rücken festhalten und transportieren, Tauziehen, breite Gymnastik-Gummibänder lang ziehen und wieder entspannen, etc.

Fantasiereisen

Das Vorlesen oder besser noch das Erzählen von Fantasiereisen, Entspannungsmärchen oder Gutenacht-Geschichten, in denen auch Anteile aus dem Autogenen Training eingebunden werden können, bewirken beim Zuhörer eine vertiefte Konzentration auf die eigenen inneren Bilder. Durch die entspannte und ruhige Atmosphäre des Vorlesens oder Erzählens erlebt das Kind emotionale

Zuwendung und die beruhigenden Szenarien, die in diesen Geschichten aufgebaut werden, verhelfen dazu, den Stress des Alltags abzubauen, ein wenig zu träumen und die Gedanken fließen zu lassen (vgl. u. a. Müller 1995). Besonders beliebte Fantasiereisen kann die Therapeutin dem Kind auch auf Kassette vorlesen, damit es seine ‚Entspannungsinsel' mit nach Hause nehmen kann.

Ganzkörperwahrnehmung, -entspannung und -handlung

Auch hier helfen Bilder und Vorstellungen, sich in einen entspannten Zustand zu versetzen, so z. B. die Vorstellung, ein Wackelpudding zu sein und so wie dieser zu zittern und zu wackeln (Kindergruppen bilden gute Riesen-Wackelpuddings!).

Der fliegende Teppich
Eine sehr angenehme Art der Entspannung ist der ‚Fliegende Teppich', bei dem das auf einem Tuch liegende Kind von Eltern und Therapeut (oder den Mitgliedern einer Kindergruppe) hochgehoben und leise gewiegt wird. Es ist auch möglich, das Kind auf den Händen zu tragen und es so durch den Raum zu bewegen. Dadurch entsteht ein Gefühl der Leichtigkeit und des Schwebens. Weitere Anregungen zu diesem Bereich finden sich bei Vopel (1996).

Das Ritterturnier
Ein anderes Beispiel der Entspannung in Sprachhandlungsspielräumen bietet das Ritterturnier, in dem die Kinder den angenehmen Wechsel von Anspannung und Entspannung erfahren können. Hierbei können die Kinder evtl. von Karneval vorhandene Ritterrüstungen, Helme, Schwerter, Schilde etc. mitbringen oder man kann Rüstungsteile aus mit Alufolie beklebten Pappstücken, die mit Bindfäden an Armen, Beinen und Körper befestigt werden, herstellen. Ein Steckenpferd

hat man schnell aus einem längeren Papprohr und einem aus dicker Pappe ausgeschnittenen und bemalten Pferdekopf gebastelt. Nun geht es los: Zuerst muss die Rüstung angelegt werden, die, wenn sie festgezurrt ist, die Bewegungsmöglichkeiten etwas einschränkt (wie bei einer echten Ritterrüstung auch). Danach besteigen die Ritter ihre Pferde und reiten um die Wette. Schließlich sind die Ritter erschöpft und legen sich auf den Boden und spüren nochmals, wie schwer die Rüstung ist und wie gut es tut, sich hinlegen und ausruhen zu können.

Entspannung der Stimme

Für die Entspannung der Stimme ist es notwendig, Stimmdruck zu reduzieren. Um sich diesem Ziel mit Kindern annähern zu können, ist es auch hier hilfreich, mit der Erfahrung von Gegensätzen zu arbeiten. In Spielsituationen, in denen die Kinder ein *Sirenengeheul* an- und abschwellen lassen oder mit *Flüstertüten* und *Nebelhörnern* mal laut, mal leise rufen, können sie erfahren, wie groß der Stimmdruck ist, wenn sehr laute und hohe Töne produziert werden, und wie wenig Druck für leise, tiefere Töne erforderlich ist. Zum Experimentieren mit Stimmklängen ist auch das Sprechen und Summen auf einen Luftballon geeignet oder auch das *Flüstern* und leise Sprechen durch ein Flüsterrohr. Darüber hinaus lässt sich ein leiseres (und damit entspannteres) Sprechen oft schon dadurch erreichen, dass der Raum leicht verdunkelt wird oder das Kind sich mit dem Therapeuten zum Spiel in eine dunkle Höhle zurückziehen kann (vgl. Baustein „Weiches, leichtes und langsameres Sprechen").

Einen Einstieg in Erfahrungen mit dem weichen Stimmeinsatz bietet z. B. ein Ratespiel, bei dem Kinderlieder geraten werden sollen, die wechselweise gesummt werden. Darüber hinaus ist für einen weichen Stimmeinsatz alles an Bildern und Realgegenständen gut geeignet, dessen Benennungen mit Nasalen oder auch stimmhaften Frikativen beginnen. Ein Beispiel dazu ist das Bauernhofspiel.

Das Bauernhofspiel

Eine Gruppe von Kindern (mindestens 6 Personen) wird gebeten, sich vorzustellen, sie seien Tiere auf einem Bauernhof, auf dem es Kühe, Schafe und Katzen gibt. Jedes Kind soll für sich nun im Stillen entscheiden, welches dieser Tiere es sein möchte und sich auf Händen und Knien niederlassen. Nun wird es Nacht auf dem Bauernhof und die Tiere möchten in ihre Ställe bzw. Schlafstellen: Die Kühe in den Kuhstall, die Schafe in den Schafstall und die Katzen in die Küche neben den Herd. Die Kinder schließen die Augen (denn es ist ja bereits dunkel) und fangen an, ihre Artgenossen zu rufen, damit man sich am gemeinsamen Schlafplatz versammeln kann: Die Kühe rufen „Muuuh", die Schafe „Määäh", die Katzen „Miiiau", um sich im Dunkeln zusammenzufinden. Das Spiel ist beendet, wenn sich die drei Tiergruppen nach anfänglichem Durcheinander gefunden und an verschiedenen Orten versammelt haben (vgl. Vopel 1996).

Abbau von körperlicher Anspannung

Viele Kinder bringen nach einer langen Autofahrt, einem anstrengenden Tag oder in belasteten Situationen große körperliche Energie mit in die Therapie. Wenn Kinder sehr unruhig oder angespannt wirken, kann man sie oft zu Beginn der Therapiestunde gut durch ein ‚wildes' Spiel entlasten. Manche Kinder hüpfen in einer solchen Situation z.B. gerne auf einem Zimmertrampolin. Auch ein kurzes Wettrennen über den Flur, ein paar Würfe auf einen Basketballkorb oder mit dem Schaumgummiball auf eine Zielscheibe an der Wand können dazu beitragen, dass körperliche Anspannungen in einem Wettbewerb kanalisiert und abgebaut werden können.

Entspannungsrituale einführen

Immer wiederkehrende Entspannungs- und Ruhesituationen können in die Therapie eingeführt und zu Hause fortgesetzt werden, z.B. der Flüstergruß, bei dem im „Stille-Post"-Prinzip ein Gruß weitergereicht wird, oder beim Suchen eines leise tickenden Weckers, der im Therapieraum, Klassenzimmer, Wohnraum versteckt wurde (vgl. Faust-Siehl u.a. 1993, 77 ff).

7.7 Baustein „Selbstaktualisierung und Kreativität"

Die Entwicklung der kindlichen Selbstwahrnehmung und eines stabilen Selbstwertgefühls sind Voraussetzungen dafür, dass Kinder zu kommunikationsstarken Persönlichkeiten werden können. Diese Selbstkompetenz trägt dazu bei, dass sie Verantwortung für sich selbst und für andere übernehmen können. Das bedeutet auch, dass sie sich abgrenzen können, ohne gleichzeitig den Kontakt zu anderen Gesellschaftsmitgliedern zu verlieren. Damit wird es ihnen auch möglich einzuschätzen, ob sie Belastungen alleine bewältigen können oder ob sie sich Hilfe suchen möchten. Dies bedeutet im therapeutischen Sinne, dass Kinder zusätzliche Wahlfreiheit erleben, wenn sie entsprechende Selbstkompetenzen aktualisieren können. Die Konsequenzen aus dem ‚ernst nehmen' der kindlichen Persönlichkeit sind unter dem Stichwort der therapeutischen Beziehung bereits ausführlich dargestellt worden (vgl. Kap. 2).

Der Begriff „Selbstaktualisierung" stammt ursprünglich aus der humanistischen Psychologie und wurde von Rogers im Rahmen seiner Persönlichkeitstheorie ausdifferenziert (vgl. Kriz 1994, 201 ff). Das „Selbst", das sich im Verlauf der frühkindlichen Entwicklung aus den Körperwahrnehmungen und Emotionen in Interaktionen mit der Umwelt herausbildet, organisiert und strukturiert Erfahrungen. „Aktualisierung" bezeichnet den Prozess, mit dem der Mensch die immer wieder neu auftretenden Erfahrungen und Gefühle in einmal gewonnene Strukturen und Einordnungsmöglichkeiten integrieren kann und so eine subjektive Wirklichkeit konstruiert (vgl. Kap. 2.1).

Als Aktualisierungstendenz bezeichnet Rogers die Tendenz, die „den Menschen in Richtung auf das bewegt, was als Wachsen, Reife, Lebensbereicherung bezeichnet wird" (Rogers 1983, 491). Entscheidend ist dabei, dass die ‚Aktualisierung' eines dem Individuum angemessenen psychischen und physischen Klimas seiner Umwelt bedarf, damit Organismus und Selbst in sich stimmig in die gleiche Richtung streben.

Wenn diese Vorannahmen berücksichtigt werden sollen, bieten gestalttherapeutisch orientierte Vorgehensweisen einen Handlungsrahmen für die Sprachtherapie. Sie bieten dem Kind durch die intensive Verknüpfung von Emotionalität, Körperarbeit und Umstrukturierung von kognitiven Bewertungsmustern die Möglichkeit, kreativ und gestalterisch zu handeln. Auf diese Weise kann das Selbst seinen individuellen Ausdruck finden. Durch die erfahrene Selbstbestimmung können stotternde Kinder Bedürfnisse, Interessen und Gefühle entdecken und sie auch akzeptieren lernen (vgl. Kap. 1.5).

Die folgenden Hinweise zeigen, wie die Eigenwahrnehmung, das Selbstbild und das Selbstwertgefühl des Kindes unterstützt und verändert werden können. Das Konzept von Oaklander (1996) ermöglicht es den Kindern, unterschiedliche Zugänge zu ihrer Fantasie und Kreativität zu finden. Dazu gehören z. B. das Malen mit verschiedensten Materialien, plastisches Gestalten, Handpuppenspiele und auch sensorische Erfahrungen. Der Einsatz von Theaterspielen, Körperbewegung in Verbindung mit Musik und spieltherapeutische Vorgehensweisen bietet die Grundlage für eine größtmögliche Individualisierung.

Gerade das Ansprechen der Kreativität von Kindern stärkt das Gefühl von Selbstkompetenz und Selbstwert. Kreativ handelnd kann sich das Kind auf das Erfahren, Fühlen und Denken im ‚Hier und Jetzt' konzentrieren. Die Uhr des Kindes tickt naturgemäß anders als unsere. Wir müssen uns im therapeutischen Kontext daher fragen, welche Uhr gerade *für das Kind* läuft und wie wir mit dieser synchron werden können. Als therapeutische Qualitäten werden hier auch das Loslassen der Kinder, das Abwarten der kindlichen Initiativen und das Erschließen kindlicher Bedürfnisse unter weitgehendem Verzicht auf gut gemeinte, aber vorschnelle Unterstützung wichtig. Dadurch lernt das Kind sein *eigenes* Tun als bedeutend kennen. Durch Gespräche vor, während und nach dem Handeln erfährt es vieles über sich selbst und im Dialog auch über seinen Wert als Beziehungspartner.

Kreativität als Selbstausdruck und Selbsterfahrung verstanden bietet die Möglichkeit der Entdeckung einer verborgenen Welt. Dies gilt sowohl für das Kind als auch für das Umfeld und natürlich auch für die TherapeutInnen.

Nach Pommerin et al. (1996, 50) ist Kreativität durch folgende Merkmale gekennzeichnet:

• *Originalität*: Etwas nie da gewesenes Neues wird geschaffen. So können sich Kinder, z. B. indem sie ihre Welt neu ‚konstruieren', völlig anders mit Daseinsthemen auseinandersetzen (das Stottern kneten, die Geschichte vom lieben Stottermonster entwickeln o. Ä.)

- *Erfindungs- und Entdeckungsgabe*: etwas nie da gewesenes wird erdacht oder etwas Unbekanntes, schon immer da gewesenes wird erfunden (Was wäre, wenn alle Menschen stottern? Wie der Strudel in der Badewanne entsteht, wenn der Stöpsel gezogen wurde.)
- *Offenheit*: offene, aufnehmende Haltung des Individuums der Umwelt gegenüber
- *Produktivität und Gedankenflüssigkeit*: z. B. Assoziationen und Einfälle zu einem Thema oder Reizwort (z. B. Märchen vom Fischer und seiner Frau: Wenn sie in der heutigen Zeit leben würde, hätte sie bestimmt ganz andere Wünsche. Was kann man Tolles mit Stottern in der Stadt machen? Wenn alles weich wäre, die Autos, die Häuser, die Schule, wie würde die Welt dann aussehen?)
- *Flexibilität*: Kompetenz, in neuen Situationen auf neue Art und Weise handeln und gedanklich umstrukturieren zu können (z. B. Ich-Geschichten aus der Sicht eines Kleidungsstückes, eines Bleistiftes oder eines Hundes)

Wichtig zu betonen ist, dass das Kind im Rahmen von kreativen Prozessen immer auch in der Lage sein muss, auf Wissen, Erfahrungen, Fähigkeiten und Fertigkeiten zurückgreifen zu können. Die Kinder haben das Recht, im Rahmen der Therapie Erlebnisse ermöglicht zu bekommen, mit denen in vertrauensvoller Atmosphäre ihre Stärken aufgegriffen und auch Lücken geschlossen werden können, die als intrapsychische Bedürfnisse unter Umständen durchaus vorhanden sind und aus welchen Gründen auch immer bisher nicht zum Ausdruck kommen konnten (z. B. Wutbilder malen, die Geschichte vom Schreihals spielen, mit den Füßen Ton kneten).

7.8 Baustein „Einstellungen und Selbstkonzept"

Dieser Baustein beinhaltet:
- (Bilder-)Bücher zum Anders-Sein und Selbstbewusstsein
- (Bilder-)Bücher zu Selbstbewusstsein und Mut
- (Bilder-)Bücher zu Freundschaft und Geborgenheit
- (Bilder-)Bücher zum Thema Angst und Konfliktlösung
- Vorlese- und erste Lesebücher, die den gesamten Themenkomplex von Anderssein, Selbstbewusstsein, Freundschaft und Konfliktlösung ansprechen

Die Frage, ob Elemente dieses Bausteins im Rahmen der therapeutischen Begleitung eines unflüssig sprechenden Kindes erforderlich sind, hängt entscheidend von der Art und Ausprägung der emotionalen Reaktionen ab (vgl. Kap. 1.5). Viele, vor allem jüngere Kinder werden von ihren Sprechunflüssigkeiten in ihrer Ich-Entwicklung und ihrem Selbstbild kaum oder gar nicht beeinträchtigt, da sie bisher wenige oder keine negativen Reaktionen der Umwelt erlebt oder unangenehme Eigenerfahrungen gemacht haben. Wenn Kinder jedoch anfangen, sich Sorgen zu machen, weil sie etwas nicht so gut können wie andere (und das muss sich nicht unbedingt nur auf das Sprechen beziehen) oder wenn sie ein Selbstkonzept entwickelt haben, in dem Gefühle der Inkompetenz oder Unzulänglichkeit enthalten sind, empfiehlt es sich, diesem Baustein besondere Aufmerksamkeit zu widmen.

Einen Einstieg in die Thematik des Selbstkonzepts können Bilder- und Vorlesebücher darstellen, in denen angesprochen wird, dass es gut ist, so zu sein, wie man ist, und dass es auch natürlich ist, dass jeder ein bisschen anders ist als alle anderen: Verschiedenartigkeit kann interessant sein und neugierig machen. Diese Bücher und die darin handelnden Figuren können als Gesprächsanlass dienen, sodass ähnliche Erfahrungen des Kindes aufgegriffen werden können.

Im Folgenden haben wir eine Auswahl von Büchern zusammengestellt, die natürlich keinen Anspruch auf Vollständigkeit erhebt. Die Auflistung versteht sich vielmehr als Anregung dazu, in Kinderbüchern nach den Themen Anderssein, Selbstbewusstsein und Mut, Freunde und Geborgenheit, Konfliktlösung etc. zu suchen. Die Wirkung der Betrachtung eines Bilderbuchs zu diesem Thema sollte jedoch nicht überschätzt werden: Sie kann sich nur entfalten, wenn sie im Zusammenhang zum kindlichen Lebensalltag steht und sich das Kind in seinem So-Sein akzeptiert fühlt.

(Bilder-)Bücher zum Anders-Sein und Selbstbewusstsein

- „Irgendwie anders" (K. Cave/C. Riddell, Oetinger)
- „Das Kleine Ich bin Ich" (M. Lobe, Jungbrunnen)
- „Komm, sagte die Katze" (M. Lobe, Jungbrunnen)
- „Zicke-Zacke, jedem seine Macke" (H. Balthun, Mausebär-Verlag)
- „Alter Hund, na und?" (H. Balthun, Mausebär-Verlag)
- „Elmar" (D. McKee, D. Mc Kee-Verlag)
- „Irma hat so große Füße" (I. und D. Schubert, Sauerländer)
- „Immer Ärger mit Mama" (B. Cole, Carlsen)
- „Vampir Mona", (S. Holleyman, Parabel)
- „Ätze, das Tintenmonster" (U. Scheffler, Ravensburger Verlag)
- „Charly Brown" (C.M. Schulz, AAR-Cartoon)
- „Käpten Knitterbart und seine Bande" (C. Funke, Loewe)

(Bilder-)Bücher zu Selbstbewusstsein und Mut

- „Vom kleinen Maulwurf, der wissen wollte, wer ihm auf den Kopf gemacht hat" (W. Holzwarth/W. Erlbruch, Hammer)
- „Das Traumfresserchen" (M. Ende/A. Fuchsberger, Thienemann)
- „Wo die wilden Kerle wohnen" (M. Sendak, Diogenes)
- „Ein Krokodil unterm Bett" (I. und D. Schubert, Artemis)
- „Lotta kann fast alles" (A. Lindgren, Oetinger)
- „Prinzessin Pfiffigunde" (B. Cole, Carlsen)
- „Plötzlich" (C. McNaughton, Aare-Verlag)

(Bilder-)Bücher zu Freundschaft und Geborgenheit

- „Freunde" (H. Heine, Middelhauve)
- „Tiger und Bär"-Bücher (Janosch, Beltz)
- „Weißt du eigentlich, wie lieb ich dich hab?" (S. McBratney/A. Jeram, Sauerländer)
- „Wir können noch viel zusammen machen" (F.K. Wächter, Parabel)
- „Findus und der Hahn im Korb" (S. Nordquist, Oetinger)
- „Wuschelbär hat keine Lust" (I. Korschunow/R. Michl, Oetinger)

(Bilder-)Bücher zum Thema Angst und Konfliktlösung

- Kirsten Boie: „… erzählt vom Angsthaben" (Oetinger)
- „Der tapfere Theo" (E. Dietl, Thienemann)
- „Nur Mut, Willi Wiberg" (G. Bergström, Oetinger)
- „Der Spatz in der Hand" (A. Fuchshuber, Thienemann)

Vorlese- und erste Lesebücher, die den gesamten Themenkomplex von Anderssein, Selbstbewusstsein, Freundschaft und Konfliktlösung ansprechen

- „Die kleine Hexe" (O. Preußler, Thienemann)
- „Das kleine Gespenst" (O. Preußler, Thienemann)
- „Der kleine dicke Ritter" (R. Bolt, dtv)

Nach wie vor ist auch ein schon älteres Buch zu empfehlen, in dem alle handelnden Figuren (d. h. Tiere) einen Sprechfehler haben: In dem Buch „Urmel aus dem Eis" von Max Kruse ist es normal, nicht perfekt sprechen zu können und durch die unterschiedlichen Sprech-Probleme der Tiere ergeben sich sogar sehr lustige Formulierungen, die überhaupt nicht peinlich oder unangenehm sind: „Ich sitsche in meiner Muschel" zischt der Waran, und „Ich will auch in deine Mupfel" antwortet der Pinguin.

Vielen Kindern hilft es auch, wenn sie feststellen, dass die Erwachsenen auch nicht alles perfekt können. Die Gelegenheit dazu ergibt sich häufig im gemeinsamen Spiel oder beim gemeinsamen Basteln, Malen etc.: „Das kannst du mit deinen kleinen Händen viel besser als ich mit meinen großen!", „Du hast einen viel schöneren Hund gemalt als ich!", „Kannst du mir mal helfen, ich schaffe das nicht alleine!"

Auch ein Gespräch darüber, was man selbst als Kind nicht gut konnte oder als Erwachsener immer noch nicht kann oder nicht gerne tut, kann den Kindern helfen, ihr Gefühl der Unterlegenheit und Inkompetenz abzubauen: „Ich habe zwei Jahre gebraucht, bis ich endlich Rad fahren konnte!", „Ich kann nicht Schlittschuh laufen!", „Ich kann gar nicht gut singen!" „Ich verhaspele mich auch schon einmal!" Solche Gesprächsinhalte können auch in ein Spiel eingebettet werden, in dem sich zwei gegenübersitzende Teilneh-

mer einen Ball zurollen und dabei abwechselnd etwas aufzählen, was sie gut und was sie nicht gut können. Die dabei entstehende Mischung aus Fähigkeiten und Unzulänglichkeiten bei *beiden* Partnern trägt dazu bei, dass das Kind eine ‚Nobody's perfect'-Haltung entwickeln kann und die Bereiche, in denen es sich unterlegen fühlt, in einem etwas anderen, gelasseneren Zusammenhang sehen kann.

Es bleibt festzuhalten, dass sich eine Aussage wie „Ich verhaspele mich auch schon einmal." jedoch nicht als Reaktion auf eine Äußerung des Kindes zu seinem Stottern eignet, da sich das Kind damit nicht in seinen Gefühlen ernst genommen fühlt.

7.9 Baustein „Frustrationstoleranz"

Zu einer grundlegenden kommunikativen Sicherheit gehört als Basis ein Selbstwertgefühl, das von momentanen Niederlagen oder Frustrationen nicht substanziell erschüttert werden kann. Viele Kinder mit Sprechunflüssigkeiten sind in diesem Selbstwertgefühl jedoch verunsichert, und zwar vorrangig aus zwei Gründen:

- Vor allem ältere Kinder mit Sprechunflüssigkeiten haben oft Erfahrungen des Nichtverstandenwerdens, des Nichtzuhörens, der Gesprächsabbrüche etc. gemacht, eventuell noch verbunden mit Hänseleien oder anderen unangenehmen Erfahrungen in Sozialkontakten. Diese Erlebnisse können dazu führen, dass sich die Kinder als sprachlich oder sozial-kommunikativ inkompetent empfinden und Situationen oder Handlungen vermeiden, in denen sie erneute Belastungen befürchten. Wenn bereits viele negative Erfahrungen gemacht wurden, sind wiederholte unangenehme Situationen umso schwerer zu ertragen – die Angst vor erneuten Frustrationen lässt die Frustrations*toleranz* ganz erheblich sinken und kann zu sozialem Rückzug und verstärktem Vermeidungshandeln führen.

- Im Gegensatz zu den erlebten Kommunikationshemmnissen erfahren viele unflüssig sprechende Kinder in anderen Wettbewerbs- oder Konfliktsituationen von ihren Kommunikationspartnern häufig viel Nachsicht. Zahlreiche Eltern berichten, dass sie es kaum wagen, mit ihrem Kind zu schimpfen oder ihm Grenzen zu setzen, weil sie befürchten, dass dadurch die Unflüssigkeiten verstärkt würden. Durch eine solche Konfliktvermeidung können die Kinder jedoch nur unzureichend lernen, mit Frustrationen, Niederlagen oder Bestrafungen umzugehen: Sie erwerben kaum ausreichende Konfliktbewältigungsstrategien und reagieren daher in trotzdem auftretenden Frustrationssituationen vielfach sehr heftig oder verunsichert.

Möchte man Kindern ein *größeres Maß an Frustrationstoleranz* ermöglichen, sind folglich Angebote in zweierlei Richtungen wichtig:

- Zum einen können die Kinder ermutigt werden, sich auf neue Situationen und Anforderungen einzulassen, mit denen sie zwar Niederlagen riskieren können, mit denen jedoch auch die Möglichkeit zum Erfolg und zur positiven Erfahrung verbunden ist. Durch Erfolgserlebnisse soll die Misserfolgs- und Frustrationserwartung abgebaut werden *zugunsten einer positiven Selbstwirksamkeitserwartung.*
- Zum anderen können die Kinder lernen, mit immer wieder in den verschiedensten Zusammenhängen auftretenden Frustrationen umzugehen. Da sie nicht vor allen negativen Erfahrungen beschützt werden können, sollten sie Handlungsmöglichkeiten erwerben, die ihnen erlauben, die Frustrationen nicht als Gefährdung ihres Selbstwertes zu empfinden, sondern als

‚normale‘ Kommunikationssituation, die auf verschiedenste Art bewältigt und ausgehalten werden kann.

Handlungsmöglichkeiten für frustrierende Situationen lassen sich am besten *präventiv* erarbeiten, d. h. in einer entspannten Atmosphäre, und nicht in der aktuellen Situation, in der das Kind gerade sehr betroffen und emotional aufgewühlt ist, weil es z. B. ein Spiel verloren hat. Auch hier ist das therapeutische Modellverhalten von entscheidender Bedeutung, um dem Kind neue, alternative Umgangsweisen mit Negativ-Erlebnissen näher zu bringen. Der modellhafte eigene Umgang mit Frustrationen und das Ansprechen von Gefühlen und Empfindungen durch den Therapeuten ermöglichen eine Erfahrungsebene, auf der das Kind zunächst einfach nur beobachten kann, ohne selbst agieren zu müssen. Die Verbalisierung von negativen Gefühlen und die gelassene Reaktion des Therapeuten („Ich glaube, mein Männchen verliert heute!“, „Ich habe schon wieder vergessen, wo das Pärchen liegt!“, „Ich habe erst so wenig Bilder!“) bildet erste Modelle für eine sprachliche Entlastung.

Darüber hinaus kann eine positive Umbewertung eigentlich negativer Zustände oder Gefühle dazu beitragen, dass ein Ereignis der Niederlage nicht so gravierend ist, z. B.: „Oh, ein unsichtbarer Fisch!“ beim Heraufziehen der leeren Angel im Angelspiel, oder „Mal sehen, wie lange ich es schaffen kann, kein Pärchen zu finden!“ oder „Du hast schon alle deine Bilder zusammen, ich bekomme jetzt alle, die noch übrig sind!“ Diese Modellhandlungen sind nicht als ‚Technik‘ zu verstehen, sondern funktionieren nur auf der Basis einer echten, wertschätzenden Grundhaltung und einer tragfähigen Therapeut-Kind-Beziehung (vgl. Kap. 3.4).

Für die Erarbeitung von neuen Handlungsmöglichkeiten ist es hilfreich, wenn die Kinder eine *Vielfalt von Reaktionsformen und*

Gefühlen zunächst einmal entspannt ausprobieren können. Dadurch können sie unterschiedliche Gefühlsqualitäten kennen- und unterscheiden lernen, bevor eine Frustrations-Situation aktuell wird.

Eine Möglichkeit dazu bietet das folgende Spiel.

Gesichter verstecken

Alle Mitspieler verstecken ihre Gesichter hinter den Händen. Abwechselnd kann nun einer der Teilnehmer bestimmen, wie das Gesicht aussehen soll, das gleich gezeigt wird, wenn die Hände weggenommen werden, z. B. „Ich stelle mir vor, es ist Weihnachten und ich sehe unter dem Tannenbaum das Geschenk, das ich mir am allermeisten gewünscht habe – was mache ich dann für ein Gesicht?", „Ich habe gerade in eine Zitrone gebissen!", „Auf meinem Knie sitzt eine große Spinne!", „Ich soll etwas essen, das ich nicht mag!" etc. Wichtig ist es, dass auch solche Situationen eingeführt werden, in denen dem Kind ruhige, gelassene Reaktionen ansonsten schwer fallen und in denen es sich nun zunächst am Modell des Therapeuten bzw. der anderen Mitspieler orientieren kann, also z. B. „Ich habe mich gerade über meine Schwester geärgert, die mir ein Spielzeug kaputt gemacht hat!", „Ich bin wütend, weil ich schon wieder verloren habe!", „Der große Junge aus der dritten Klasse hat mich geärgert!", „Ich habe Fernsehverbot, obwohl ich nichts angestellt habe!" etc.

In dem Buch „Sag's, tu's, aber freundlich" von A. Brandenberg (1993) finden sich darüber hinaus viele Anregungen für Diskussionen und Spiele rund um die eigenen Gefühle, die der anderen und die Möglichkeiten der Auseinandersetzung.

Auch *Symbole* können dazu beitragen, Gefühle kennen- und identifizieren zu lernen und haben darüber hinaus den Vorteil, dass sie Mitteilungs-Charakter haben, ohne auf Sprache angewiesen zu sein. Die momentane Befindlichkeit lässt sich so z. B. durch ‚Smilies' mit lachendem/traurigem/weinendem/fragendem Gesicht darstellen, mit ‚Wetterbildern' wie Sonne, Wolken vor der Sonne, Regen, Gewitter etc., mit Händen, deren Daumen nach oben oder unter zeigt usw.

Kooperative Spiele, in denen das gesamte Team entweder gemeinsam gewinnt oder gemeinsam verliert, tragen viel dazu bei, dass das Kind sich in der Gemeinschaft mit anderen an deren Modellverhalten orientieren kann und mit seinen Gefühlen nicht alleine ist. Auch eine Mannschaftsbildung (Kind und Therapeut gegen Elternteil, Eltern und Kind gegen Therapeutin und Praktikantin, Kind und Freund gegen Therapeut, ‚Männer' gegen ‚Frauen' etc.) führt dazu, dass das Kind sich in der Allianz aufgehoben fühlt und sich an den Reaktionen der Teamgefährten orientieren kann. In solchen Team-Situationen fällt es auch oft leichter als in der direkten Auseinandersetzung, sich darüber zu verständigen, worüber oder über wen man sich besonders geärgert hat (z. B. über den Würfel, der nicht auf das richtige Symbol fällt, über den Drachen, der alle Schätze einsammeln konnte, über die gegnerische Mannschaft, die bestimmt geschummelt hat usw.). Darüber hinaus kann man im Schutz der Gemeinschaft auch einmal spielerisch übertreiben und sich maßlos ärgern, z. B. sich furchtbar aufregen, sich die Haare raufen, die Gegner anschreien oder mit Papierbällen bewerfen, beleidigt sein und mit keinem mehr sprechen, eine Handpuppe oder ein Stofftier schlagen, um auch einmal andere, ungewohnte Reaktionen ganz bewusst zu erleben und sich von ihnen abgrenzen zu können. Eine bewusste und humorvolle Auseinandersetzung mit den negativen Gefühlen kann auch erreicht werden, wenn wir mit den Kindern z. B. ‚Frust-Monster' malen oder basteln, die dann verhauen, zerrissen, vom Tisch oder aus dem Fenster geworfen werden können, um den Frust im wahrsten Sinne des Wortes loszuwerden.

Wie bereits angesprochen ist es oft auch sehr entspannend, bei einer drohenden Frustration des Kindes die *Leistungsanforderungen bzw. Erfolgsmerkmale umzukehren oder zu verändern*, z. B.: „Wer die wenigsten Karten hat, hat gewonnen", „Die langsamste Schnecke ist Sieger", „Wer den schwarzen Peter behält oder als Letzter ankommt, gewinnt", „Wer gewinnt, muss zur Strafe einmal um den Tisch hüpfen". Solche Umkehrungen gewohnter Regeln bringen starre Handlungsmuster und Reaktionsschemata in Bewegung.

7.10 Baustein „Reduzierung der kommunikativen Verantwortung"

Dieser Baustein beinhaltet:
- Reduzierung von Kommunikationsanforderungen
- Ausgiebiges Erproben und Spielen mit nonverbalen Kommunikationsformen

Um eine Kommunikationssituation zu schaffen, in der ein entspanntes und flüssiges Sprechen wahrscheinlich wird, genügt es meist nicht, die Sprechgeschwindigkeit und den Stimmdruck zu reduzieren. Eine Anwendung einer flüssigeren Sprechweise gelingt vielmehr oft erst dann, wenn sie unter den Bedingungen der reduzierten kommunikativen Verantwortung geschieht. In Anlehnung an das Modell der Sprechleistungsstufen (Stoll 1992) wird daher in der therapeutischen Kommunikation auf ein sprachliches Anforderungsniveau geachtet, in dem das Kind nicht überfordert wird (vgl. Kap. 7.4).

Aber auch andere Bedingungen tragen dazu bei, dass das Kind entspannter und sprechflüssiger kommunizieren kann.

Reduzierung von Kommunikationsanforderungen

Im Rahmen der Kommunikation mit dem Kind können die Therapeutin und andere anwesende Erwachsene durch ihr eigenes Modell viel dazu beitragen, dass die kommunikativen Anforderungen an das Kind nachlassen. Eine gute Möglichkeit dazu besteht darin, sich mit dem Kind vermehrt über konkrete, anschauliche, unmittelbar zugängliche Dinge und Situationen zu unterhalten, die weniger Vorstellungskraft und sprachliches Abstraktionsvermögen erfordern. Auch ein weitgehender Verzicht auf sehr umfassende Fragen verringert das Anforderungsniveau. So stellt z. B. die Frage: „Wie war es denn heute im Kindergarten?" eine enorm große Anforderung dar. „Das Kind steht dann vor der Aufgabe, sich das vergangene Ereignis, das zudem ein sehr komplexes Geschehen umfaßt, vorzustellen und in einem zweiten Schritt die dafür passenden sprachlichen Repräsentanzen zu finden" (Kannicht 1995, 48).

Statt solcher globalen Fragen ist es oft günstiger und für die Kinder anregender, nach Details aus dem Alltag zu fragen, z. B.: „Dein Freund Dennis war doch krank – ist er heute wieder im Kindergarten gewesen?" oder „Ich habe früher mit meiner Freundin immer das Frühstücksbrot getauscht. Hast du das auch schon mal gemacht?", „Du hast mir in der letzten Woche erzählt, dass ihr im Kindergarten auch eine Turnhalle habt. Dürft ihr da Nachlaufen spielen?" etc.

Auch so genannte ‚Setzungen' können für Entlastung sorgen: Auf eine Aussage wie „Du hast bestimmt schöne Spielsachen zu Hause." kann das Kind mit einem „Ja" antworten, mit „Ja, ganz viele Autos." oder mit einer langen Aufzählung, d. h. auf dem Anforderungsniveau, das ihm angenehm ist. Auch hier bekommt das Kind eine gewisse Wahlfreiheit zugestanden. Für Anregungen, wie die Eltern unflüssig sprechender Kinder den Sprech-, Zeit- und Konkurrenzdruck im häuslichen Umfeld verringern können, verweisen wir auf das Kap. 4.3.

Ausgiebiges Erproben und Spielen mit nonverbalen Kommunikationsformen

Kommunikation besteht nicht nur aus Sprechen. Daher ist es für viele Kinder entlastend, wenn nicht alles immer verbalisiert werden muss, sondern man sich im Spiel mit einer Fantasie-Sprache verständigt, eine Tiersprache spricht, Gestik, Mimik und Pantomime benutzt etc. Eine erste Annäherung bietet sich z. B. im Tierlaute-Memory aus dem „Wuschelbär"-Material (Frank/Grziwotz, Sprachheilzentrum Ravensburg), bei dem die abgebildeten Tiere nicht benannt werden, sondern deren ‚Sprache' nachgeahmt wird („Wau" und „Quiek" sind kein Pärchen, aber „Quak" und „Quak" auch nicht, wenn man einen Frosch und eine Ente gefunden hat.). Das hier eingeleitete Spielen mit Tierlauten kann in Handpuppen-Dialogen oder dem Nachspielen von Tiergeschichten fortgeführt werden.

Weitere Spielideen ergeben sich aus der Möglichkeit der pantomimischen Darstellung von Berufen, Tieren, Gegenständen, Tätigkeiten etc., die geraten werden können. Auch ein ‚Spiegelspiel', bei dem die Bewegungen, die Gestik und Mimik des Gegenübers möglichst genau nachgeahmt werden müssen, beruht auf dem Prinzip der Verständigung ohne Worte.

7.11
Baustein „Aufgreifen weiterer (Sprach-)Entwicklungs-rückstände"

Betrachtet man Sprechunflüssigkeiten und Stottern bei Kindern als ein momentanes oder länger andauerndes Ungleichgewicht zwischen Anforderungen und Kapazitäten (vgl. Kap. 1.3), so kann therapeutisch in zwei Richtungen gedacht werden: Zum einen können überhöhte Anforderungen reduziert werden, zum anderen können noch nicht ausreichend entwickelte Kapazitäten unterstützt und gefördert werden, um das Entwicklungs-Gleichgewicht und damit die Sprechflüssigkeit wieder herzustellen.

In diesem Baustein soll es vorrangig um die zweite Frage gehen, d. h. wie man Kindern helfen kann, die neben ihren Sprechunflüssigkeiten auch noch in anderen sprachlichen oder nichtsprachlichen Entwicklungsbereichen Förderbedarf haben.

Im Kap. 1 zur Entstehung von Sprechflüssigkeit, Unflüssigkeiten und Stottern haben wir bereits ausführlich dargestellt, welchen großen Einfluss die allgemeine sprachliche Entwicklung des Kindes auf seine Fähigkeiten zur flüssigen Sprechablaufsteuerung hat. Viele der Unflüssigkeiten, die wir bei Kindern beobachten, sind Anzeichen der sich aktuell vollziehenden Sprachentwicklung und „gehören als *Übungs-, Rückmelde- und Korrekturprozesse* notwendigerweise zu diesem Entwicklungsgang dazu" (Hansen/Iven 1998, 94). Wir möchten betonen, dass nach unserem Verständnis die Entwicklung von Sprechflüssigkeitskompetenzen genauso eine gleichberechtigte Ebene der Sprachentwicklung ist wie die Ebenen der Phonetik/Phonologie, Morphologie/Syntax, Semantik, Lexikon, Pragmatik und Kommunikation. Diese Bereiche stehen alle in einem Gesamt-Entwicklungszusammenhang und können nicht losgelöst voneinander betrachtet werden. Ein Kompetenzzuwachs auf *einer* dieser Ebenen wird folglich mit großer Wahrscheinlichkeit die anderen positiv beeinflussen.

Daher gehen wir davon aus, dass sich entwicklungsbedingte Unflüssigkeiten und auch Stottern in dem Maße reduzieren können, in dem das Kind in seinen psycholinguistischen Kompetenzen sicherer wird und einen immer weiter automatisierten Zugriff auf seine Sprech- und Sprachstrukturen entwickelt. Was ist aber zu tun, wenn Kinder im Bereich der Sprachentwicklung deutliche Rückstände aufweisen und Störungen im Bereich der Aussprache, der Grammatik und/oder der Semantik zeigen?

In der älteren Literatur und von den Verfechtern einer ausschließlich indirekten Therapiegestaltung (vgl. z. B. Bindel 1992; Fernau-Horn 1973; Iwert 1992; Kannicht 1995; Wirth 1990) wurde der Einsatz einer ‚klassischen‘ Sprachentwicklungstherapie bei unflüssig sprechenden Kindern, die daneben z. B. phonetisch-phonologische oder grammatische Störungen zeigen, abgelehnt. Als Begründung wurde und wird dabei stets angeführt, dass das konkrete Arbeiten an der Sprache und dem Sprechen dazu führen würde, dass sich das Kind seiner abweichenden, stotternden Sprechweise nun erst recht bewusst wird (vgl. z. B. Schoor 1992, 115; Wirth 1990, 387). Die Therapie würde hier also zur Verstärkung eines angenommenen ‚Störungsbewusstseins‘ und der Gesamtproblematik führen.

Dieser Sichtweise möchten wir uns nicht anschließen, und zwar aus mehreren Gründen:

- Zunächst zeugt es von einem zumindest merkwürdigen therapeutischen Selbstverständnis, wenn davon ausgegangen wird, dass einerseits förderliches Handeln in einem anderen Bereich der Entwicklung großen Schaden anrichten würde. Wir sind im Gegensatz dazu überzeugt, dass eine einfühlsame Therapie auf der Basis einer vertrauensvollen Beziehung und einer pädagogischen Grundhaltung *immer* dazu beiträgt, das Kind sprachlich *sicherer* zu machen, und zwar unabhängig davon, welcher Sprachentwicklungsbereich gerade fokussiert wird.
- Sprachentwicklungsverzögerungen oder -störungen beeinträchtigen die Entwicklung von flüssigem Sprechen in ganz

erheblichem Ausmaß: Ein Kind, das bei seiner Sprachproduktion noch häufig nach der richtigen Artikulationsposition sucht oder in der Anwendung phonologischer Regeln unsicher ist, wird mit hoher Wahrscheinlichkeit nicht immer flüssig sprechen *können*. Auch die Suche nach der grammatikalisch richtigen Form oder nach dem richtigen Wort an der richtigen Stelle irritiert einen flüssigen Sprachaufbau und -ablauf, ebenso wie semantische Störungen. Solange auf einer oder mehrerer der Sprachentwicklungsebenen noch Unsicherheiten bestehen, ist die Sprechflüssigkeit des Kindes gefährdet, weil ein automatisiertes Sprechen oftmals erschwert ist und die Kommunikation häufig von Unsicherheiten oder Nichtverstehen geprägt ist.

- Solange noch nicht ausreichend automatisierte Aussprachemuster, grammatikalische oder semantische Unsicherheiten den Aufbau des flüssigen Sprechens beeinträchtigen, wäre die alleinige therapeutische Konzentration auf die Unflüssigkeiten geradezu kontraindiziert: Es würde etwas gefordert, was das Kind noch gar nicht leisten kann. Die gezielte Förderung bei Sprachentwicklungsrückständen und das bewusste Erleben von steigenden sprachlichen und kommunikativen Fähigkeiten kann jedoch viel dazu beitragen, die Entwicklung von angemessenen Sprechflüssigkeitskompetenzen zu unterstützen.

Natürlich verschließen wir uns nicht der Problematik, dass im Verlauf einer Sprachentwicklungsförderung vermehrte Sprechunflüssigkeiten auftreten können. Dies wird am Beispiel der Therapie phonologischer Prozesse besonders deutlich. Yaruss/Conture (1996) stellen fest, dass das Auftreten phonologischer Prozesse nicht mit vermehrten Sprechunflüssigkeiten korrelierte. Die Beobachtung, dass während des Aufgreifens dieser Prozesse in der Therapie einige der Kinder merklich unflüssiger sprachen, legt die Vermutung nahe, dass die Kinder vor der Therapie ihre systematischen Abweichungen nicht als ‚Fehler' wahrgenommen haben und dass im Verlauf der Therapie ein anderes Bewusstsein für phonologische Regeln entsteht. Wenn beispielsweise im Rahmen eines Minimalpaar-Ansatzes die Kinder häufig auf inszenierte Missverständnisse treffen („Ich möchte eine Kasse kaufen." statt: „Ich möchte eine Tasse kaufen.") treten im Sinne der Covert-Repair-Hypothese (vgl. Conture/ Yaruss/Edwards 1995; Postma 1995; Kap. 1.2) vermehrt verdeckte und offene Korrekturen auf, die die Wahrscheinlichkeit für das Auftreten von Sprechunflüssigkeiten erhöhen. Aus diesen Erkenntnissen lässt sich schließen, dass es eher zu einem Anstieg von *Sprach*bewusstheit kommt, die für die weitere Entwicklung durchaus notwendig ist, als zu einer Erhöhung von *Störungs*empfinden.

Wovon wir uns deutlich abgrenzen möchten, ist der Ausschluss der Sprachentwicklungsförderung bei gleichzeitig auftretenden Sprechunflüssigkeiten: Sprechflüssigkeitstherapie *ist* Sprachentwicklungsförderung. Auch hier plädieren wir für eine Auflösung des Entweder-oder-Denkens zugunsten einer Sowohl-als-auch-Prämisse, in der es möglich wird, individuell zu entscheiden, was das Kind braucht. Wir halten es für einen therapeutischen Teufelskreis, wenn wir Sprachentwicklungsstörungen nicht mit aufgreifen dürften, denn damit würden wir einen wichtigen Aspekt der Kompetenzerhöhung aus dem Auge verlieren. Das würde bedeuten, dass wir einen zentralen Punkt der Sprechflüssigkeitsförderung vernachlässigen würden, infolgedessen wieder auf ausschließlich indirekte Verfahren und die Arbeit mit den Eltern angewiesen wären und im Grunde unserer eigenen Richtung der Individualisierung, Entwicklungsorientierung und dem Kompetenzmodell nicht trauen würden.

Häufig rückt die Sprachentwicklungsförderung zunächst in den therapeutischen Mittelpunkt, um dem Kind den Aufbau von erforderlichen Strukturen für flüssiges Sprechen zu ermöglichen. Der Erwerb von Aussprache-, Grammatik-, Semantik- und Kommunikations-Kompetenzen geht mit der Entwicklung des flüssigen Sprechens Hand in Hand, und häufig genug können wir erleben, dass mit wachsender Sicherheit in den anderen Sprachentwicklungsbereichen die Sprechflüssigkeit erheblich zunimmt (vgl. Hansen/Iven 1998).

Dies gilt insbesondere für den Bereich der Sprechmotorik, der neben dem Gesamtbereich der psycholinguistischen Entwicklung als ein bedeutsamer Kapazitätsbereich hervorgehoben werden muss. Phonetische Störungen im Sinne von abweichenden oder noch nicht ausreichend automatisierten Sprechbewegungsmustern unterbrechen den Sprechfluss permanent und machen eine bewusste oder unbewusste Korrektur erforderlich, die sich dann als zweiter, dritter oder vierter Anlauf zur Lautproduktion als Laut-, Silben- oder Wortwiederholungen bzw. in Stockungen oder Dehnungen zeigen kann. Solange die Sprechmotorikkontrolle noch nicht ausreichend gelingt und solange ein Kind noch nicht automatisch auf Lautbildungsmuster zugreifen kann, ist von einer Labilität der Sprechflüssigkeit auszugehen (vgl. Conture/Yaruss/Edwards 1995; Gordon 1995; Hansen/Iven 1998; Howell/Sackin/ Rustin 1995; Kloth et al. 1995; St. Louis 1991).

Wir möchten nicht verschweigen, dass es auch Kinder gibt, bei denen die Ausspracheproblematik so weit in den Hintergrund rückt, dass vorrangig und mit allem Nachdruck auf der Ebene der Sprechunflüssigkeiten für Entlastung gesorgt werden muss. Dies war z. B. bei einem 5-jährigen Mädchen der Fall, das neben einem Sigmatismus und Schetismus extrem starke und häufige Stottersymptome zeigte. Das Mädchen war für Außenstehende aufgrund seiner sehr unflüssigen Sprechweise kaum zu verstehen, die Aussprache war tatsächlich ein marginales

Problem. Die Kommunikationsbehinderung durch das Stottern war viel zu groß, als dass eine vorrangige Beeinflussung der Aussprache gerechtfertigt gewesen wäre. Auch haben wir einen 5-jährigen Jungen mit Unflüssigkeiten und einer starken phonetisch-phonologischen Störung erlebt, der nach einigen Sitzungen der Aussprachetherapie eine Änderung der Therapieziele einforderte: „Du wolltest mir doch mein Stottern wegmachen!!!" Er hat also subjektiv das deutliche Bedürfnis, dass an der Sprechflüssigkeit gearbeitet wird. Diesem so klar formulierten Bedürfnis sollte dann auch nachgegangen werden.

7.12
Baustein „Transfer"

Dieser Baustein beinhaltet:
- Unterstützung durch Spiele
- Stressoren einführen zur Desensibilisierung und Stabilisierung
- In-Vivo-Situationen
- Erinnerungshilfen

Bisweilen stellt der Transfer in der therapeutischen Praxis weniger einen Bau- als einen Stolperstein dar. In der Therapie mit unflüssig sprechenden oder stotternden Kindern ist dies nach unseren Erfahrungen oft nicht der Fall. „Im Gegensatz zum Erwachsenen scheinen Kinder keine weitgehende Stabilisierung (…) zu benötigen. Oft schmilzt die ganze Störung in sich zusammen, wenn man dem Kind erst einmal gezeigt hat, wie man leicht stottern kann. Die glatte, zeitlupenartige Stotterform wandelt sich schnell in normales Sprechen um, da ihre motorischen Abfolgen so ähnlich sind" (Van Riper 1986, 256).

Neben dem Angebot einer weichen, leichten und langsamen Sprechweise und der Entwicklung von ‚flüssigen Unflüssigkeiten' tragen eine Vielzahl von weiteren Bedingungen zu einem meist raschen und unmittelbaren

Bezug zwischen Therapie und Alltagswelt des Kindes bei:
- Stottern oder Unflüssigkeiten bei Kindern sind noch nicht so habitualisiert wie bei Erwachsenen. Oft haben die Kinder nur wenige oder noch gar keine negativen Erfahrungen im Zusammenhang mit den Unflüssigkeiten gemacht, oder die Unflüssigkeiten haben bei ihnen wenig Einfluss auf die generelle Sprech- und Kommunikationsfreude gewonnen. Vermeidungs- und Anstrengungsreaktionen können zwar situativ vorhanden sein, erweisen sich jedoch als nicht so komplex und überdauernd wie bei Erwachsenen (vgl. Van Riper 1986, 235 f).
- Kinder sind eher bereit, mit den eigenen Sprechmöglichkeiten zu spielen, neue Sprechweisen auszuprobieren und ihr eigenes Sprechen unbefangen und spielerisch zu variieren. Bei der Einbettung von Sprechalternativen in einen für das Kind sinnvollen Sprachhandlungsspielraum geschieht die Umsetzung von Therapiezielen in der kindgemäßen Lernebene des Spiels, in der es auch alle anderen Entwicklungsschritte vollzieht.
- Therapieziele und -gestaltung orientieren sich an der kindlichen Lebenswirklichkeit (vgl. Kap. 2 und 3.1). Da keine sprachsystematischen Übungen ohne Bezug zum Alltag angeboten werden, sondern die Vermittlung sprachlicher Alternativen in einem lustvollen, motivierenden Kontext geschieht, gelingen Transfer und Generalisierung häufig spontan und ohne weitere Anstöße.
- Die Kommunikationspartner des Kindes werden so weit wie möglich in die Therapie eingebunden und können dazu beitragen, dass auch im weiteren Umfeld und im kommunikativen Alltag des Kindes möglichst oft positive Bedingungen für flüssiges Sprechen bestehen.
(vgl. Hansen/Iven 1992, 1994; Starke 1994; Van Riper 1986)

Zusammenfassend lässt sich festhalten, dass unflüssig sprechende oder stotternde Kinder es leichter haben mit dem Transfer als stotternde Erwachsene. Die unmittelbar entlastenden Erfahrungen mit einer flüssigeren Sprechweise und mit flüssigkeitsfördernden Kommunikationsbedingungen werden oft sowohl vom Kind als auch von seinen Kommunikationspartnern in den Alltag übernommen. In dem Maße, in dem das Kind und/oder sein Umfeld in der Lage sind, Sprechflüssigkeitsunterbrecher wahrzunehmen und Alternativen zu entwickeln, werden sich die flüssigen Sprechanteile ‚automatisch' steigern.

Neben dem Einbezug des kommunikativen Umfeldes (vgl. Kap. 4) lassen sich viele Elemente in der Therapie aufgreifen, die zur Erleichterung und Unterstützung des Transfers dienen.

Unterstützung durch Spiele

Um die in der Therapie erreichte Sprechflüssigkeit ‚mit nach Hause zu nehmen' ist es hilfreich, auf schematische Übungsaufgaben zu verzichten und stattdessen Spiele vorzuschlagen, die durch die in ihnen enthaltene Kommunikationsstruktur eine Sprechflüssigkeit auf natürlicher Basis fördern, z. B. „Schnipp-Schnapp", „Rategarten", „Nanu, ich denk, da liegt der Schuh", „Ich sehe was, was du nicht siehst", „Teekesselchen", „Kofferpacken" etc. (vgl. Kap. 7.4). Auch die Anregung zum gemeinsamen Lesen von Bilderbüchern kann dazu verhelfen, in der Alltagskommunikation *Inseln der Sprechflüssigkeit* zu schaffen, die durch ihren positiven Erfahrungswert rasch im Rahmen der individuellen Möglichkeiten ausgedehnt werden.

Stressoren einführen zur Desensibilisierung und Stabilisierung

In der Therapiesituation dafür zu sorgen, dass die erreichte Sprechflüssigkeit gegen äußeren oder inneren Druck aufrechterhalten werden kann, bildet eine wichtige Voraussetzung dafür, dass dies auch in der Alltagskommunikation gelingt. Dazu werden in die therapeutische Kommunikation vermehrt Stressoren integriert (vgl. Kap. 5.2.3). Das Einführen von Sprechflüssigkeitsunterbrechern und das Ziel ihres Einsatzes werden mit den Kindern vorher besprochen, damit die therapeutische Vertrauensbeziehung nicht von diesen ‚Störimpulsen' beeinträchtigt wird. Für viele Kinder ist es eine positive Herausforderung, wenn wir ihnen vermitteln, dass wir so viel Vertrauen in ihre (sprachlichen) Fähigkeiten haben, dass ihnen zugetraut wird, Widerstand gegen solche ‚Zankereien' zu leisten (vgl. Kap. 7.5).

In-Vivo-Situationen

Die Angebote zum Einbezug von so genannten In-Vivo-Situationen beziehen sich auf zwei Richtungen: zum einen wirkt die Therapie in den Alltag hinein, zum anderen wird der Alltag in die Therapie geholt.
　　Für beide Richtungen gibt es praktikable Ansätze:
- *‚Außenkontakte' herstellen:* Mit der neu erworbenen Sprechflüssigkeit lassen sich vielfältige Unternehmungen gestalten, die für Außenkontakte und neue Sprechflüssigkeitserfahrungen sorgen (und die sich für Kinder, die noch unsicher sind, gut im Rollenspiel vorbereiten lassen), so z. B. das *Telefonieren* mit dem zu Hause gebliebenen Elternteil, mit den Großeltern, mit Freunden, aber auch mit dem Therapeuten oder mit Fremden, etwa bei der Auskunft oder in einer „Entschuldigung, ich habe mich verwählt"-Situation; *Einkaufen* in

Begleitung des Therapeuten, der ebenfalls bewusst weich und langsam spricht, oder der Stottersymptome produziert, damit das Kind die Reaktionen der Kommunikationspartner beobachten kann; *Fremde* auf der Straße ansprechen und etwa nach der Uhrzeit oder dem Weg zur Bushaltestelle fragen; als Steigerung kann man mit einem Kassettenrekorder in der Fußgängerzone eine *Umfrage* oder *Reportage* durchführen, die dann später gemeinsam in Bezug auf die Sprechflüssigkeit aller Sprecher (vor allem der überraschten Umfrageteilnehmer!) ausgewertet wird etc.

- *Alltag in die Therapie hineintragen:* Dieses Ziel bezieht sich zum einen auf *materielle Dinge*, die das Kind mitbringen kann, z. B. Spielsachen, die im Alltag des Kindes wichtig sind. Dazu kann auch ein hektisches, schnelles Spiel zählen, bei dem es immer wieder Probleme mit der Sprechflüssigkeit gibt und das dann in der Therapie z. B. durch die Umgestaltung von Regeln ‚entschärft' wird.
Zum anderen sind damit jedoch vor allem *Personen des kommunikativen Alltags* des Kindes gemeint, die es in die Therapie begleiten können, also z. B. der beste Kindergartenfreund, die Schulfreundin, die Lehrerin, der Opa, der kleine Bruder etc. Diesen Personen gegenüber ist das Kind in der Therapiesituation sehr kompetent, weil es sich im Raum und mit den hier geltenden Regeln, den zur Verfügung stehenden Spielen etc. gut auskennt und den Begleiter herumführen kann. Darüber hinaus ist das Kind auch sprachlich kompetent, weil es seine Begleitperson – mit mehr oder weniger Unterstützung durch den Therapeuten – z. B. in die ‚Geheimnisse' des weichen, flüssigen Sprechens einweihen kann, also auch hier mehr weiß als der Begleiter. Durch das gemeinsame Erlebnis und das gemeinsame Handeln entsteht die Gelegenheit, sich außerhalb der Therapie an diese Erfahrung zu erin-

nern, sie zu verbalisieren und anderen davon zu erzählen, sodass sie präsent bleibt.

Kinder haben erfahrungsgemäß wenig Hemmschwellen, was das Mitbringen und Informieren von Personen ihres Umfeldes angeht. Für die meisten Kinder scheint es fast selbstverständlich zu sein, dass sie zur Sprachtherapie gehen, so wie viele ihrer Freunde aus Schule oder Kindergarten andere Förderbedürfnisse in Form von z. B. physiotherapeutischer oder ergotherapeutischer Betreuung haben. Für manche Kinder ist die Sprachtherapie ein ähnlicher Termin wie die Klavierstunde oder das Fußballtraining, also keinesfalls etwas, worüber man nicht spricht. Darüber hinaus haben wir schon oft die Erfahrung gemacht, dass die Teilnahme an der Sprachtherapie als etwas Positives gesehen wird, weil das Kind dabei mindestens den Therapeuten und ein Elternteil ganz für sich allein hat. Das kann etwas sehr Bedeutsames sein und hat darüber hinaus für die Kinder noch den ‚strategischen' Vorteil, dass sie damit bei den Geschwistern oder Freunden mitunter erheblichen Neid erzeugen können.

Erinnerungshilfen

Um es den Kindern zu erleichtern, sich an die Merkmale des flüssigen Sprechens oder flüssigeren Stotterns zu erinnern und sie im Alltag möglichst oft zu berücksichtigen, kann man ihnen Erinnerungshilfen an die Hand geben. Das können z. B. Gegenstände sein, die im therapeutischen Spiel benutzt wurden und die mit nach Hause gegeben werden, wie das Gummiband des Zauberers, eine Feder, eine Glasmurmel etc. Ein Gespräch über diesen Gegenstand mit Personen, die nicht in der Therapie anwesend waren, macht die damit verbundenen Sprechqualitäten erneut zum Inhalt und regt eine weitere Auseinandersetzung damit an. Auch die Aufgabe, zu Hause z. B. nach weiteren weichen Gegenständen oder Abbildungen davon zu suchen, die Namen von Dingen zu ‚hüpfen' oder mit dem Gummiband ganz lang zu ziehen, erfüllt diesen Zweck der erneuten Beschäftigung mit Therapie-Inhalten.

Etwas abstraktere und reflektiertere Erinnerungshilfen stellen beispielsweise Klebepunkte dar, die auf alle möglichen Gegenstände geklebt werden (Federmäppchen, Badezimmer-Spiegel, Uhrarmband, Schuhspitze, Türklinke, Busfahrkarte etc.) und das Kind an Sprechflüssigkeitsmerkmale erinnern. Für Gesprächssituationen im Kreis der Familie kann es eventuell sehr hilfreich sein, wenn Mutter oder Vater mit dem Kind ein ‚geheimes' Handzeichen vereinbaren (etwa ein langsames Auseinanderziehen von Daumen und Zeigefinger oder das Senken der flachen Hand), das bestimmte Sprechqualitäten symbolisiert, ohne dass die anderen Kommunikationspartner diesen Hinweis direkt mitbekommen.

7.13
Baustein „Nachsorge und Ende der Therapie"

> **Dieser Baustein beinhaltet:**
> • Wie kann das allmähliche Therapieende gestaltet werden?
> • Wie können eventuelle ‚Rückfälle' präventiv aufgefangen werden?

Der Erfolg jeglicher Therapie ist davon abhängig, ob die gemeinsam gesetzten Ziele, auch wenn sie zwischenzeitlich überarbeitet worden sind, erreicht wurden. Die Bewertung dieses Kriteriums ist jedoch immer subjektiv und unterliegt persönlichen Annahmen, Werthaltungen und Wünschen. Trotz der stets individuellen Bewertung des Therapieerfolges lassen sich einige übergreifende Zielsetzungen in der Therapie mit unflüssig

sprechenden Kindern und ihren Bezugspersonen formulieren:

• größtmögliche kommunikative Sicherheit und Kompetenz aller Beteiligten
• größtmögliche Sprechflüssigkeit des Kindes
• Wahlfreiheit beim Aufgreifen und Anwenden von Therapie-Inhalten
• subjektive Zufriedenheit mit dem Erreichten bei allen Beteiligten
• Verminderung der bisher vorhandenen Anstrengungsbereitschaft beim Kind und seinen Kommunikationspartnern
• Sprechflüssigkeit als Mittelpunkt des Interesses, wenig oder keine Aufmerksamkeit auf ‚normale' Unflüssigkeiten
• Anforderungen und Kapazitäten stehen sich in größtmöglicher Balance gegenüber, unausbalancierte Entwicklungsebenen haben sich aufeinander zubewegt
• Autonomie des Kommunikationssystems: Eltern, Kind und weitere Kommunikationspartner können mit der erreichten Sprechflüssigkeit und evtl. verbliebenen Unflüssigkeiten umgehen und brauchen keine weitere therapeutische Unterstützung mehr

Diese Auflistung macht deutlich, dass sich der Therapieerfolg nicht nur anhand einer Symptomreduzierung festmachen lässt. Erfolg in der Stottertherapie ist in diesem Sinne kaum quantifizierbar, eine ausschließliche Orientierung am Sprechen führt in eine therapeutische Sackgasse.

> Beeindruckend dafür ist das Beispiel eines fiktiven Briefes eines Stotternden an seinen ehemaligen Therapeuten: „Merkwürdig, von Angesicht zu Angesicht ging's Sprechen so schön, so glatt. Doch meine Mißerfolge hinter Ihrem Rücken ließen mich zweifeln, machten mich ärgerlich. Und Sie reagierten darauf mit immer neuen Tricks, mit dem Klopfen, den Bögen, dem Stoppen. Es war echt beeindruckend für mich, was Sie alles drauf haben. Aber trotzdem alles für die Katz.

> Heute weiß ich, daß Sie wohl genauso ehrgei-
> zig sind wie ich. Sie haben meinen Ehrgeiz
> gespürt und sich von mir antreiben lassen.
> Haben sich im Stottern verbissen und wollten
> siegen.
>   Sie haben einen Leistungsfimmel." (Wend-
> landt 1984, 29)

Sprach- und Kommunikationstherapie ist
ein umfassendes Geschehen. Der unflüssig
sprechende Mensch, der zu uns kommt,
besteht nicht nur aus Symptomen, die es zu
‚eliminieren' gilt. Das Problem des unflüssigen Sprechens bildet nur einen geringen Teil
der Persönlichkeit und des kommunikativen
Systems und kann nicht isoliert ‚wegthera-
piert' werden. Sowohl in der Therapie als
auch in der Bewertung des Therapieerfolgs
greift eine alleinige Konzentration auf die
Sprechfähigkeiten zu kurz.

Dazu noch ein Abschnitt aus dem oben
zitierten Brief, in dem der Schreiber die (in
der Therapie wohl nicht berücksichtigte)
Welt außerhalb der Sprechtechnik entdeckt:

> „Mühsam lerne ich zu spüren, was ich selbst
> will, was mich zu anderen zieht, welche Gefühle
> und Bedürfnisse meine ureigenen sind. Das
> alles steht vor jedem Sprechen, ist viel wich-
> tiger für meine Kommunikation als die Flüssig-
> keit der Aussprache.
>   Ich schaue, ich lächle, ich streichle, ich
> schubse ... Wie ich sitze, wie ich gehe, wie ich
> mich auf jemanden zubewege ... Ich bin laut,
> ich schweige, ich schlage die Tür zu – ich
> beginne zu ahnen, wie intensiv sich Kontakt zu
> anderen Menschen auch ohne Sprechen her-
> stellen läßt.
>   ‚Verbesserung der Redefähigkeit' – welch
> popeliges Ziel, wie einseitig und eng!" (a. a. O.,
> 36)

Wie man sieht, ist die Zielformulierung und
Erfolgsbestimmung sehr variabel. Was getan
werden soll, was erreicht werden soll und wie
man dorthinkommen kann, kann und wird
sich im Verlauf der Therapie ändern. Um
die grundlegende Zufriedenheit mit dem

Erreichten verwirklichen zu können, ist es in
diesem Prozess wichtig, immer wieder
gemeinsam nach den Zielen und möglichen
Schritten auf dem Weg dorthin zu fragen,
aber auch nach den Vorstellungen und
Wünschen über das ‚Angekommensein'.

Wenn die individuell größtmögliche kommunikative Sicherheit erlangt wurde und alle
Beteiligten mit dem Erreichten zufrieden
sind, kann die therapeutische Beziehung
schrittweise aufgelöst werden. Jeder therapeutische Kontrakt beinhaltet selbstverständlich auch sein eigenes Ende, weil sonst
die Gefahr von sehr langfristigen Abhängig-
keitsverhältnissen bestehen würde. Eigenverantwortung, Selbstwirksamkeitserwartung
und Zuversicht gedeihen auch ohne perma-
nente therapeutische Unterstützung.

Im Folgenden schildern wir, wie diese
Phase der Ablösung sinnvoll gestaltet werden
kann.

Wie kann das allmähliche Therapieende gestaltet werden?

Mit dem Begriff ‚Therapie-Ende' ist kein
plötzlicher Abbruch der Therapie gemeint
– etwa weil gerade eine verordnete Stunden-
zahl erreicht wurde – oder die Übergabe der
alleinigen Verantwortung für den weiteren
Verlauf an die Eltern und das Kind, sondern
ein gezieltes, geplantes und verantwortungs-
volles Geschehen zwischen Kind, Therapeut
und Bezugspersonen. Dazu kann man zunächst die zeitliche Intensität der Therapie
reduzieren, indem die Intervalle vergrößert
werden (2-wöchig, 4-wöchig, ¼-jährlich).
Durch diese Abstände *lassen wir der Familie
Zeit und Ruhe für Erfahrungen mit ihren eigenen Kompetenzen und vermitteln ihr unser
Zutrauen für künftige Entwicklungen.* Wir
beginnen damit, uns überflüssig zu machen.
Gleichzeitig trägt der langsame Verlauf des
Therapie-Endes dazu bei, das ursprüngliche
Thema ‚Stottern und Sprechunflüssigkeit'

weiter aus dem Fokus der Aufmerksamkeit zu rücken, sodass es sich Stück für Stück aus dem kommunikativen Alltag herausschleicht.

Zur Absicherung der Familie gehört in dieser Ablösungsphase unbedingt dazu, dass wir weiterhin als Ansprechpartner zur Verfügung stehen. Dies beinhaltet die Möglichkeiten zur telefonischen oder persönlichen Kontaktaufnahme durch das Kind oder die Eltern. Darüber hinaus können wir auch vereinbaren, dass *wir* zwischen den Terminen anrufen – nicht, um Eltern und Kind zu kontrollieren, sondern um auch von uns aus den Kontakt zu halten. Die Zusage, jederzeit wieder in eine intensivere Form der Unterstützung eintreten zu können, wenn dies erforderlich und erwünscht ist, verstehen wir als einen Teil des ‚Sicherheitsnetzes‘, das wir im Hintergrund für alle Beteiligten aufspannen. Eine solche Gestaltung des Therapie-Endes hat sich in der Praxis als sinnvoll erwiesen und trägt nach unserem Verständnis zur Erfüllung des therapeutischen Kontrakts und zur Qualitätssicherung der Therapie bei.

Wie können eventuelle ‚Rückfälle‘ präventiv aufgefangen werden?

Dauerhafte, stabile Veränderungen sind in der Therapie mit unflüssig sprechenden Kindern kaum auf geradem Weg zu erreichen. Die Entwicklung der Sprechflüssigkeit – wobei es unerheblich ist, ob sie sich ohne therapeutische Unterstützung vollzieht oder mit ihr – verläuft phasenhaft und ist durch häufige Schwankungen gekennzeichnet. Daher stellen auch die so genannten *Rückfälle* keine Form des therapeutischen Misserfolgs dar, sondern sind „Ausdruck einer üblichen Schwankung in einem langwierigen Veränderungsprozeß" (Wendlandt 1994, 53). Dies können wir den Beteiligten transparent machen und so der Angst vor dem ‚Rückfall‘ vorbeugen. Es darf vorkommen, dass ein

Kind während oder nach der Therapie phasenweise auch wieder unflüssiger spricht. Solche Phasen sind zum Beispiel dann zu erwarten, wenn sich die *Balance von Anforderungen und Kapazitäten wieder verschiebt*, weil z. B. viel emotionale Anspannung herrscht (etwa vor Weihnachten). Gerade bei Kindern gehört das Auf und Ab zum natürlichen Entwicklungsverlauf dazu, weil sie in Zeiten größerer Belastungen die Sicherheit des Rückzugs auf eine bereits durchlaufene Entwicklungsstufe brauchen. Als Beispiel dafür kann man sich vor Augen führen, dass es für Kinder, die gerade laufen gelernt haben, manchmal wichtig werden kann, auf die Kapazitäten des Krabbelstadiums zurückgreifen zu können, z. B. zur sicheren Überwindung von Treppenstufen.

Natürlich können frühere Emotionen wie beispielsweise Angst oder Unsicherheit wieder auftreten, wenn sich nach einer längeren Phase der sprachlichen Stabilität erneut Unflüssigkeiten bemerkbar machen. Bereits während der Therapie und in der Phase der Ablösung wird vieles getan, damit es während dieser Zeit nicht zu größeren Problemen kommt, weil die Beteiligten schon das Auf und Ab der Sprechflüssigkeit kennen- und bewältigen gelernt haben. Aufgrund der hinzugewonnenen Wahlfreiheit sind sie in der Lage, flexibel und *selbststeuernd* mit Schwierigkeiten umzugehen. Gleichzeitig ist es auch ein Faktor der Therapietransparenz, die Möglichkeit späterer Schwankungen anzusprechen. Dabei kann im Rahmen der Beratung die Orientierung an den eigenen Stärken sowie das Durchdenken der bereits bewältigten Schritte zum Thema gemacht werden. Die Suche nach Verbündeten aus dem sozialen Umfeld kann ebenfalls wertvolle Dienst leisten (Freunde, Verwandte, andere betroffene Eltern, Selbsthilfegruppen etc.) und trägt darüber hinaus zur Enttabuisierung und Entlastung bei.

Das Ende der Therapie und die Nachsorge sind komplexe Aufgaben und erfordern eine gezielte Planung und genaue Absprachen. Diese Phase leistet einen entscheidenden Beitrag dazu, dass die Zufriedenheit mit dem Erreichten sich bei allen Beteiligten einstellen kann.

7.14 Ein zweiter Exkurs: Unterstützung für ältere Schulkinder

Die Schule ist ein entscheidender Teil der kindlichen Lebenswelt und stellt für unflüssig sprechende Kinder und Jugendliche eine besondere Herausforderung dar, bietet jedoch auch spezielle Bewältigungsmöglichkeiten. Im Folgenden werden wir beschreiben, wie es stotternden Kindern in der Schule gehen kann, welche Belastungen, aber auch therapeutischen Möglichkeiten sich durch den Eintritt in die Schule oder den weiteren Schulbesuch ergeben und welche Möglichkeiten der therapeutischen Kooperation es mit den LehrerInnen des Kindes geben kann.

Auf die besondere Problematik des Übergangs vom Kindergarten zur Schule haben wir im Kapitel 4.6 bereits hingewiesen. Zur Frage der ‚richtigen‘ Schulwahl schließen wir uns Schindler (1997, 57) an: „Die Diagnose ‚Stottern‘ allein ist aus meiner Sicht kein hinreichendes Kriterium für die Notwendigkeit sonderschulischer Maßnahmen. Die Frage einer angemessenen Förderung in der Schule kann erst auf Basis einer sorgfältigen Kind-Umwelt-Analyse differenziert beantwortet werden. Eine Entscheidung muß den Einzelfall und seine individuelle Bedingungskonstellation berücksichtigen." Eine Pauschal-Lösung für die Form und den Ort der Förderung stotternder Kinder gibt es nicht, die angemessene Form der Unterstützung ergibt sich immer aus den Bedingungen des einzelnen Kindes, seiner Familie und der entsprechenden Schule.

Zunächst ist es erforderlich zu betrachten, in welcher Kommunikations-Situation sich stotternde Schulkinder, ihre Mitschüler und ihre LehrerInnen befinden. Schulkinder, die stottern, sind unter Umständen einer Vielzahl unangenehmer Erfahrungen und Bewertungen ausgesetzt. Da Sprache und sprachliche Leistungsfähigkeit einen hohen Stellenwert in der (Leistung-)Bewertung von Schülern haben, fühlen sich stotternde Kinder mit ihren sprachlichen Problemen häufig als Gesamtpersönlichkeit beeinträchtigt, missachtet oder unverstanden, da sie mit ihrer stotternden Sprechweise immer wieder als nicht vollständig sprachkompetent erscheinen. Zusätzlich kann die Unterrichtsgestaltung dazu beitragen, dass viele angstbesetzte Situationen auftreten, wenn z. B. häufig der Reihe nach vorgelesen oder erzählt werden muss, wenn viele Sprechsituationen alleine vor der Klasse entstehen, wenn in der Klasse oft Sprechkonkurrenz herrscht oder schnelles Antworten einen hohen Stellenwert hat. Wenn im Unterrichtsgeschehen übertriebene Rücksicht genommen wird, indem das Kind von mündlichen Beiträgen vermeintlich befreit, tatsächlich aber ausgeschlossen wird, erfährt es eine Missachtung seiner Leistungsfähigkeit: Obwohl es eine Antwort weiß, kann oder darf es sie nicht sagen. Die wiederkehrenden Gefühle sprachlicher Inkompetenz können zu Vermeidungsreaktionen führen: „Wenn ich nicht drankomme, sag ich eben überhaupt nichts mehr." oder „Ich krieg das sowieso nicht raus, dann brauche in mich auch nicht zu melden." Auch das Erleben der Tabuisierung des Stotterns – alle bemerken das Stottern, aber keiner spricht darüber – trägt zu Verunsicherungen im Dialog und im mündlichen Unterricht bei und erzeugt Gefühle der Hilflosigkeit beim Kind: Es können sich keine unterstützenden, hilfreichen Kommunikationsstrukturen entwickeln, das Kind kann die Kommunikation nicht beeinflussen, es hat keine Kontrolle über ihren Verlauf und kann daher auch kaum Selbsthilfsversuche anbringen („Wenn ich bei der Antwort stecken bleibe, dann tut der Lehrer so, als wenn nichts wäre und nimmt ganz schnell einen anderen dran.").

Es bleibt zu betonen, dass die hier aufgezeigten, möglichen negativen Erfahrungen und Gefühle keinen Dauerzustand im Erleben stotternder Schulkinder darstellen. Es gibt Kinder, die sehr selbstbewusst mit ihren Erlebnissen und ihren Kommunikationspartnern umgehen, z.B. Michael, 9 Jahre: „Wenn ich stockend etwas sage, tut die Lehrerin so, als wenn sie mich anguckt. Sie guckt mich aber gar nicht an, sondern guckt auf einen Punkt hinter mir an der Wand. Sie hat aber auch ziemlich viele private Probleme zu Hause." Phasen von unangenehmen Erlebnissen wechseln immer wieder mit Phasen des Wohlbefindens und des unbeeinträchtigten Alltags ab, Kompetenzgefühle stehen den Gefühlen der Inkompetenz gegenüber, gelingende Sozialkontakte gleichen unangenehme Erfahrungen aus.

Ein sehr anschauliches Beispiel dafür, dass der Schüleralltag nicht auf das Stottern fixiert ist und wie der ganz ‚banale' Alltag eines stotternden Schülers aussehen kann, findet sich in dem vom Demosthenes-Verlag der Bundesvereinigung Stotterer-Selbsthilfe e.V. herausgegebenen Comic „Benni. U-und? Wwwo ist das P-problem?" (1998).

Auch die Mitschüler erfahren vielfältige Verunsicherungen, Irritationen und Ambivalenzen bezüglich der Wahrnehmung und Beurteilung ihrer eigenen Kommunikationsrolle und des stotternden Mitschülers. Dabei können je nach Situation und beteiligten Kindern unterschiedliche Gefühlsebenen in den Vordergrund rücken, z.B. Mitleid, Hilfsbereitschaft, Toleranz, Ungeduld, Gewöhnung, Überdruss oder Desinteresse. Oft gewöhnt sich die Klassengemeinschaft relativ schnell an die Sprechweise des stotternden Mitschülers und nimmt die Sprech-Charakteristika kaum noch als störend wahr. Auch

für diesen eher reibungslosen Umgang miteinander liefert der oben angesprochene Benni-Comic viele Beispiele. Natürlich bedeutet das nicht, dass unterschwellig vorhandene oder offensichtliche Konflikte innerhalb des Klassenverbandes nicht auch durch Hänseleien oder Abwertungen des stotternden Kindes ausgetragen werden. Trotzdem ist das stotternde Sprechen immer nur *eine* Ebene, auf der das Kind von seinen Mitschülern wahrgenommen wird: Es wird nie ausschließlich als ‚Stotterer' gesehen, sondern immer auch auf seinen anderen Persönlichkeitsebenen betrachtet und eingeschätzt.

Für LehrerInnen ist der Umgang mit stotternden Schülern ebenfalls mit vielen widerstreitenden Gefühlen verbunden. Zum einen sind sie für die gesamte Klasse zuständig, zum anderen verspüren sie dem Thema Stottern gegenüber eine besondere Herausforderung. Vielfach sehen sie sich der Frage ausgesetzt, wie sie das stotternde Kind angemessen unterstützen können, ohne dass das Thema Stottern permanent in den Vordergrund rückt. Auch Lehrer können sich ihren eigenen Gefühlen, die von Sorge, Mitleid, Ungeduld, Wut geprägt sein können, nicht entziehen. Eine oft gestellte Frage ist, was sie selbst zu der erschwerten Kommunikationssituation beitragen. Der Wunsch, unterstützend tätig zu sein, kollidiert mit den eigenen Informationslücken über das Stottern

Sollen sie einen stotternden Schüler mündlich prüfen, abfragen, vorlesen lassen? Sollen sie seine stockenden Wörter oder Sätze fortführen? Sollen sie ihn aufmerksam anblicken oder besser wegsehen? Die Aufgabe, mit dem eigenen Handeln Modell für die Klasse zu sein oder als Berater für andere Lehrer tätig zu werden, kann so zur zusätzlichen Belastung werden. Darüber hinaus erfordert es viel Fingerspitzengefühl, das stotternde Kind angemessen mündlich zu fördern *und* zu fordern und in der Klasse mit Konflikten umzugehen, die durch Hänselei entstehen. Aus diesen Unsicherheiten heraus reagieren LehrerInnen bisweilen mit soge-nannten Patentrezepten, z. B. das Kind beim Sprechen nicht anzusehen, es nicht vor der Klasse sprechen zu lassen, ihm bei einer Blockade das ‚Wort aus dem Mund zu neh-men' oder es ganz von der mündlichen Betei-ligung zu befreien. Dies zeigt die Aussage einer Grundschullehrerin: „Schön, dass Sie anrufen: Ich habe mich gerade entschlossen, ab morgen etwas für Florian zu tun: Immer wenn er sich meldet, werde ich den anderen Kindern sagen, dass sie sich wegdrehen und ihn nicht angucken sollen." Aus unserer eige-nen Arbeit wissen wir, dass solche Patentre-zepte nicht funktionieren, weil sie die indivi-duellen Bedingungen der betroffenen Person nicht angemessen berücksichtigen und eher noch weiter zur Verunsicherung beitragen.

Sinnvolle Unterstützungsmöglichkeiten ergeben sich im Gegensatz dazu immer dann, wenn es den Lehrern gelingt, *in einer vertrau-ensvollen Atmosphäre mit zentralen Elemen-ten wie Freundlichkeit, Respekt und Höflich-keit* zur Entlastung des Kindes, aber auch der gesamten Klassenkommunikation beizutra-gen.

> Was im einzelnen in der jeweiligen Klasse des stotternden Kindes passiert und welcher Umgang mit dem Stottern gepflegt wird, hängt auch hier wieder von den jeweils ganz eigenen, speziellen Bedingungen, Normsetzungen, Wert-vorstellungen etc. ab, die in dieser Klasse gelten. So wie es sein kann, dass ein stottern-des Kind sehr viele unangenehme Erlebnisse in der Schule hat, gibt es ebenso Kinder, die wenig negative Erfahrungen machen, gut im Klassenverband integriert sind und deren Sprechsymptomatik ihr Schulleben kaum be-einträchtigt.

Aus den oben gemachten Aussagen ergibt sich für uns die Aufforderung, nicht nur die stotternden Kinder und ihre Eltern zu unter-stützen, sondern auch Lehrpersonen im Sinne einer Kooperation zu beraten (vgl. Kap. 4.6).

Mit Wendlandt (1984, 158) sind wir der Meinung, dass eine Therapie eher zufrieden-stellend zu gestalten ist,
„wenn es gelingt,
• Lehrer und Erzieher des stotternden Kindes über das Wesen des Stotterns aufzuklären,
• bei ihnen eine günstige Einstellung zu den sprachlichen Problemen des Kindes zu bewirken,
• ihnen Unsicherheiten und Befangenheiten bezüglich des Stotterns zu nehmen,
• und auch das konkrete Verhalten dem Stotternden gegenüber positiv zu beein-flussen."

Handlungsalternativen, Einstellungsverän-derungen und der Abbau von Unsicherheiten gelingen am leichtesten, wenn die dazu not-wendigen Informationen vorhanden sind. Erreichen können wir dies, wenn wir den Lehrern als Informationspersonen zur Verfü-gung stehen, d. h. von uns aus Kontakt mit ihnen aufnehmen und ihre Anfragen beant-worten. Zu bedenken ist dabei, dass wir die Lehrer nicht überfordern dürfen, indem wir sie zu Ko-Therapeuten machen, sondern dass sie angemessene, *schulalltagstaugliche* Infor-mationen brauchen, die sich in ihren Organi-sationsrahmen integrieren lassen.

Als besonders geeignet haben sich darüber hinaus die beiden Lehrer-Ratgeber der Bundesvereinigung Stotterer-Selbsthilfe e.V. erwiesen:
• Baumgartner: Wenn Ihr Schüler stottert … (1988)
• Schindler: Stottern und Schule (1997)

Die Ratschläge, die dort und in anderen Fachbüchern gegeben werden, kommen nicht nur dem unflüssig sprechenden Kind zugute, sondern können die gesamte Klas-sen-Kommunikation entspannen, entlasten und angenehmer gestalten.

Hilfreiche Unterstützungsmöglichkeiten ergeben sich zum Beispiel durch folgende Vorschläge:

- Sich der eigenen Gefühle und Reaktionen, wie Verspannungen, Ungeduld usw., bewusst werden und auch dazu stehen. Damit erscheint es leichter, dem stotternden Schüler zuzuhören und ihm offen und zugewandt zu begegnen, weil das Bewusstwerden und Akzeptieren dieser Gefühle die Bereitschaft zur Erweiterung der eigenen Handlungsmöglichkeiten erhöht. Das eigene Mit-Gefühl beeinträchtigt die Kommunikation dann nicht mehr, sondern ermöglicht unter Umständen den Mut zu einem Satz wie: „Ich nehme mir Zeit und lasse dich ausreden. Du darfst ruhig stottern.“

- Die Schüler erleben lassen, dass Stottern erlaubt ist und toleriert wird. Durch das ‚Nicht-Vermeiden-Müssen‘ des Stotterns wird der betroffene Schüler von einem permanenten Druck entlastet und findet so eher Zutrauen zur Beteiligung am mündlichen Unterricht.

- Das Kind fragen, wie es sich das Handeln des Lehrers wünscht, z. B. ob und wann es vorlesen soll, ob es nur nach vorherigem Melden drangenommen werden möchte oder auch spontan aus dem Unterricht heraus, ob es eher bei einer bekannten oder unbekannten Aufgabe zur Antwort aufgefordert werden möchte, lieber am Anfang der Stunde oder später im Verlauf des Unterrichts etc.

- Durch das eigene Modell verdeutlichen, dass Zeit für Redebeiträge und Antworten vorhanden ist, selbst ruhig und ohne Zeitdruck sprechen, Pausen zwischen den Redebeiträgen zulassen, nicht auf schnelle Antworten drängen.

- Die Kinder nicht nach alphabetischer Reihenfolge oder der Sitzordnung drannehmen oder vorlesen lassen, weil dies den Erwartungsdruck unnötig steigert.

- Beim Stottern einen natürlichen Blickkontakt halten, also weder angestrengt wegschauen noch das Kind mit den Augen fixieren.

- Das Kind auch bei stärkerer Symptomatik nicht unterbrechen, ihm das Wort nicht aus dem Mund nehmen.

- Bei einem schwer stotternden Kind oder im Rahmen einer situativ stark unflüssigen Phase die Fragen so stellen, dass das Kind mit Ja oder Nein antworten kann, oder über Alternativfragen („Ist der Druck 8 bar oder 12 bar?“, „War es 1814 oder 1815?“) die Antwortkomplexität deutlich herabsetzen, um auf diese Weise zu gewährleisten, dass das Kind am Gruppengeschehen beteiligt werden kann (vgl. Kap. 7.10).

- Besonders in Phasen verstärkter Sprechunflüssigkeiten keine langen Monologe fordern („Was hatten wir denn gestern in Physik?“).

- Je nachdem, ob damit Stress verbunden ist oder nicht, kann man zur Entlastung des Kindes Aufgaben, die Sprechen erfordern, vorher ankündigen. Bei Kindern, die dadurch unter antizipatorischen Druck geraten, sollte man darauf besser verzichten.

- Bei auftretenden Konflikten oder Hänseleien versuchen, im Einzelgespräch und ohne Schuldzuweisung die Situation zu klären, die Gefühlsebenen der beteiligten Personen zu verdeutlichen und Verständnis für die Gefühle des ‚Opfers‘ zu wecken. Durch ein Gespräch mit beiden beteiligten Kindern kann anschließend erreicht werden, dass sie gemeinsame Strategien für zukünftiges Handeln entwickeln, so dass der Entwurf von Konfliktlösungen Vorrang vor einer eventuell nur oberflächlichen ‚Täter‘-Bestrafung hat.

- Beachtung individualisierter und offener Unterrichtsformen (Stationslernen, Gruppenarbeit, Wochenplanarbeit, Projektarbeit), in denen statt des Leistungswettbewerbs das kooperative Handeln gefördert wird und in denen sich stressfreie Kommunikationsformen ergeben. Alle Kinder erfahren so Selbstinitiative und Selbstbestimmung.

- Beim Vorlesen wäre es möglich, durch ein leises, langsames, pausenbetontes Mitlesen das Kind zu unterstützen oder es in einer Klein- oder Zweiergruppe lesen zu lassen. Auch das Lesen eines bekannten, bereits mehrfach gelesenen Textes erleichtert die Aufgabe.
- Sprache und Kommunikation als kreatives Handeln erfahrbar machen. Wichtig ist dabei, auch die nonverbalen Ausdrucksmöglichkeiten auszuschöpfen.
- Einbau von Entspannungs- und Bewegungsphasen zur gesamtkörperlichen Entlastung und Spannungsabbau (Anregungen finden sich z. B. bei Faust-Siehl (1993): „Die Stille entdecken").
- Stärken und Kompetenzen des Kindes hervorheben, besonders sprachliche Stärken, z. B. in sprechflüssigen Phasen, beim schriftlichen Sprachgebrauch, bezüglich sprachlicher Phantasie und Kreativität, nach erfolgreicher Bewältigung einer (sprachlichen) Aufgabe etc.

Über diese Themen hinaus, die in der Beratung der Lehrerinnen und Lehrer wichtig werden können, kann es in Absprache mit allen Beteiligten auch sinnvoll sein, mit dem Kind in seine Schulklasse zu gehen und sich dort als Therapeutin vorzustellen, Fragen der Lehrer und Mitschüler zu beantworten, das Kind in seiner Transferleistung zu unterstützen etc. Inhalte für einen solchen Klassenbesuch könnten z. B. sein:

- Befragung der Mitschüler, was für sie Stottern ist
- überlegen, wann bei ihnen selbst Empfindungen von Angst, Anspannung, Vermeidung o. Ä. vorkommen
- Bericht über Inhalte der Therapie
- eigenes Ausprobieren von Sprechunflüssigkeiten
- Alternativen wie weiches, langsames, pausenbetontes Sprechen erproben

- günstige und weniger günstige Reaktionsformen auf das Stottern gemeinsam erarbeiten
(vgl. Wendlandt 1984, 161 ff)

Diese Hinweise sind nicht auf den Klassenlehrer beziehungsweise die Klassenlehrerin beschränkt. Zwar ist der Klassenlehrer oft unser erster Ansprechpartner, häufig hat das Kind in der Schule aber einen ganz anderen Lehrer, mit dem es am besten zurecht kommt und zu dem es das größte Vertrauen hat, so dass wir durchaus beachten sollten, wie wir *diesen* Lehrer in unsere Beratung einbeziehen können. Bei dem oben geschnürten ‚Informationspaket' kann sich durch das Ansprechen der Lehrpersonen des Kindes darüber hinaus auch eine Multiplikator-Funktion ergeben, indem *ein* Lehrer seine Erfahrungen, Handlungsmöglichkeiten und Vorgehensweisen an andere KollegInnen weitervermittelt.

Neben den oben angesprochenen Beratungsaspekten gibt es auch in der Therapie mit dem Kind sinnvolle und nützliche Methoden der Unterstützung, die sich erst nach dem Eintritt in die Schule und dem Beginn des Schriftspracherwerbs verwirklichen lassen.

Für jüngere Kinder, die gerade erst mit der Schule beginnen, kann sich das Lesenlernen als Vorteil für die Sprechflüssigkeit erweisen, weil sich das Erlesen relativ langsam und kleinschrittig vollzieht, weil nur wenig Wortmaterial und kurze Sätze gebildet werden, so dass sich der Komplexitätsgrad erheblich reduziert, und weil die Schriftsprache generelle Strukturierungshilfen anbietet, die sich auf das Sprechen übertragen lassen (vgl. Osburg 1997). Wir gehen davon aus, dass durch den Schriftspracherwerb der Kompetenzbereich der Kinder erweitert wird, und sich eine gute Unterstützung der Sprechflüssigkeit ergeben *kann*.

Dies ist ein Beispiel dafür, dass der Schuleintritt und der Beginn schulischen Lernens nicht unbedingt negative Konsequenzen und sprachliche Verunsicherungen nach sich ziehen *müssen*. Andererseits zeigen die therapeutischen Erfahrungen durchaus auch, dass diese Faktoren bei einigen Kindern dazu führen können, dass kurz- oder längerfristig erhöhte Anforderungen bestehen, die das Kind momentan nicht bewältigen kann, so dass auch verstärkte Unflüssigkeiten auftreten können.

Letztendlich können wir an dieser Stelle nicht abschließend klären, welche konkreten Zusammenhänge zwischen Sprechflüssigkeitsentwicklung, der Entwicklung der Aussprache im phonologischen Bereich und der erhöhten Sprachbewusstheit, wie sie der Schriftspracherwerb mit sich bringt, bestehen. Hier existiert sicherlich noch intensiver Forschungsbedarf.

Für die Therapie ergeben sich durch die ansteigende Lesefähigkeit erweiterte Handlungsmöglichkeiten. Wie oben bereits erwähnt, erlaubt der Einsatz der Schriftsprache, zusätzliche Angebote in die Therapie zu integrieren, z. B. als Lesekrokodil, mit Lesespielen und Lückentexten etc.

Insgesamt erwerben die Kinder mit der Schriftsprache nicht nur mehr an Sprachbewusstheit und metasprachlichem Wissen, sondern auch einen großen Zuwachs an Selbstbewusstheit und Selbstreflexionsfähigkeit. In der Therapie zeigt sich dies daran, dass man z. B. im Rahmen der offenen Auseinandersetzung mit dem Stottern vermehrt und differenzierter auf Faktoren wie Identifikation, Desensibilisierung, Modifikation und Stabilisierung eingehen kann. So lassen sich in der sogenannten Phase der Identifikation zunehmend Aspekte wie Vermeidungs- oder Aufschubhandlungen und emotionale Reaktionen wie Angst oder Scham aufgreifen. Auch der Einsatz von audiovisuellen Medien zur Selbstbeobachtung und Selbstkontrolle findet hier seine adäquate Verwendung. Die dadurch mögliche Distanz, das von außen Beobachten und somit das

Einnehmen einer Metaebene haben den entscheidenden Vorteil, dass die Kinder neue Perspektiven gewinnen und weniger emotional beteiligt sind.

Für ältere, bewusster reflektierende Schulkinder besteht darüber hinaus die Möglichkeit, Elemente aus den klassischen Stottertherapien für Jugendliche oder Erwachsene in die Therapie zu übernehmen, z. B. aus der Non-Avoidance-Therapie (vgl. Dell 1994; Van Riper 1986, 235 ff; Wendlandt 1987a, 1987b). So können eventuell Visualisierungen von Emotionen und Kognitionen genutzt werden, z. B. als Stotterkuchen, Angstleiter oder Powerleiter, oder Symbole für Annäherungs- oder Vermeidungshierarchien. Baumgartner (1991, 24) spricht in diesem Zusammenhang von „Teletherapie", in der das Stottern selbst erforscht wird, und der „Weitwinkeltherapie", in der die Aufmerksamkeit auf das umfangreiche sprachliche und nichtsprachliche Können des Kindes gerichtet wird.

Innerhalb und außerhalb der Therapie können die Kinder zunehmend mehr Eigenverantwortung übernehmen und Eigeninitiative zeigen. So ist es beispielsweise möglich, in einer Art Tagebuch oder auf einem Wochenplan die Sprechmerkmale zu beschreiben, die mit dem Sprechen gemachten Erfahrungen aufzuschreiben oder durch Symbole zu verdeutlichen (z. B. Sonne oder Smilie für flüssiges Sprechen). Diese Notierungen bieten nicht nur einen therapeutisch nutzbaren Gesprächsanlass, sondern lenken die Eigenwahrnehmung und Aufmerksamkeit des Kindes immer mehr auf die Wahrnehmung flüssigen Sprechens.

Zur Unterstützung der Akzeptanz und der Auseinandersetzung mit dem Stottern bieten sich zusätzlich verschiedene Bücher für ältere Schulkinder an, von denen wir hier eine kleine Auswahl auflisten:

- Klare, M.: Hallo, hier ist Felix. Beltz-Verlag, 1996
- Sobo: Fische im Kopf. Altberliner Verlag, 1998

- Wenn das Sprechen klemmt. Ein Ratgeber für Jugendliche. Demosthenes-Verlag der Bundesvereinigung Stotterer-Selbsthilfe e.V., Köln 1996

- Benni. U-und? Wwwo ist das P-problem? Demosthenes-Verlag der Bundesvereinigung Stotterer-Selbsthilfe e.V., Köln, 1998

8 Die Bausteine in der Praxis: David zeigt, wie's gehen kann

Sprachtherapie ist ein kommunikativer Prozess und ein interaktionales Geschehen, in dem Individualität, Subjektivität, Persönlichkeit, Sinnhaftigkeit, Alltagsorientierung sowie vorhandene Selbst-, Sozial-, Sach- und Methodenkompetenzen zu einem integrierten Konzept zusammenfinden. Die Sprachhandlungsspielräume, die wir in der Therapie mit Kindern gestalten, und die Formate und Rituale, die in der Spielhandlung entstehen, bilden die Erfahrungswelt des Kindes ab und stellen eine Voraussetzung für seine weitere Entwicklung dar (vgl. Kap. 3.1).

In der Therapie mit unflüssig sprechenden Kindern werden die sprachlichen Angebote folglich in ein gemeinsames, sinnvolles Spiel eingebettet. „Die absichtsvolle Forcierung sprachlichen Lernens setzt mithin übergreifend pragmatisch an, Verstehen- und Sprechenlernen wird initiiert durch einen für das Kind sinnvoll veranlaßten, erfahrungsbezogenen und dialoggerichteten Sprachgebrauch, der auch die Ausgangsbasis von Bedeutungseruierung und -vermittlung darstellt" (Kleinert-Molitor 1989, 227). Darüber hinaus enthält ein methodenintegrierendes Konzept immer die Anteile der Kooperation mit den Eltern und dem weiteren Umfeld, der diagnostischen Prozesse und der zielorientierten Auswahl von Therapiebausteinen. All diese Anteile müssen miteinander verknüpft werden, um therapeutische Wirkung entfalten zu können.

Wie diese Methodenintegration im Alltag der sprachtherapeutischen Praxis realisiert werden kann, stellen wir im Folgenden am Beispiel von David (Name geändert) vor. In kurzen Therapiesequenzen, die die Einheit von sprachtherapeutischem Handeln und dem Handeln des Kindes in natürlichen, sinnstiftenden Kontexten verdeutlichen, werden der Therapieverlauf und die Auswahl der einzelnen Bausteine nachvollziehbar. Selbstverständlich können wir an dieser Stelle nur Ausschnitte und Teilinformationen bereitstellen, die den Ablauf der Therapie verdeutlichen. Diese exemplarische Darstellung soll zur weiteren Konkretisierung der von uns beschriebenen Therapiekonzeption beitragen.

David war zu Beginn der Therapie 5;6 Jahre alt und besuchte seit einem Jahr den Kindergarten. Die Anmeldung zur Therapie erfolgte auf Initiative der Eltern hin. Der Kinderarzt, den sie bereits ein Jahr zuvor wegen Davids Sprechunflüssigkeiten aufgesucht hatten, hatte zur Gelassenheit und zum Abwarten der weiteren Entwicklung geraten.

Das erste Gespräch mit beiden Eltern erfolgte eine Woche nach der telefonischen Anmeldung. Die emotionalen Belastungen durch die Sprechunflüssigkeiten standen bei diesem Gespräch im Mittelpunkt. Besonders die hinhaltende Reaktion des Kinderarztes und die trotzdem stetig wachsende Sorge um ihr Kind wurde von den Eltern als Problem beschrieben.

Auf die Frage, was sie tun, um ihrem Kind zu helfen, antworteten beide Eltern, dass sie versuchten, „David immer zuzuhören und anzugucken" und ansonsten so tun würden, „als wenn nichts wäre." Im Anschluss an die Frage, wie es ihnen damit gehe, begann die

Mutter zu weinen und beide Eltern verbalisierten eine hohe psychische Belastung des gesamten Kommunikationssystems, nämlich sowohl zwischen ihnen und David als auch bei Gesprächen der Eltern untereinander, mit den Erzieherinnen des Kindergartens oder mit Davids Großmutter. Die eigenen Gefühle beschrieben sie mit Hilflosigkeit und Scham; auch Zukunftsängste wurden formuliert. Das Stottern war für die Eltern „riesengroß und alles bestimmend".

Die Eltern schilderten, dass die Sprechunflüssigkeiten seit zwei Jahren bestanden und sich zunehmend sowohl quantitativ als auch qualitativ verändert hätten. In unserer Interpretation entsprach dies einer Symptomveränderung in Richtung Stottern. Davids Außenkontakte nahmen immer mehr ab und auch im Kindergarten zeigte er zunehmende Rückzugstendenzen, die sich darin ausdrückten, dass er im Morgenkreis schwieg und bei anderen Gruppenspielen nur noch am Rande dabei stand, was die Mutter direkt miterlebt hatte. Auch die Erzieherinnen hatten darauf hingewiesen, dass David sich aus immer mehr Kommunikationssituationen zurückzog. Trotz der Hinweise, die die Eltern von ihrem Kinderarzt erhalten hatten und die in Richtung Zuhören, Abwarten, Aussprechen lassen etc. gingen, erlebten sie, dass die Unflüssigkeiten nicht weniger wurden, sondern sich im Gegenteil noch verstärkten. Daraus resultierten intensive Gefühle der Hilflosigkeit und des Zweifels. In unserer Interpretation zeigte sich hier eine Beeinträchtigung des Kohärenzgefühls der Eltern (vgl. Kap. 6.2), die besonders durch das Gefühl der fehlenden Verfügbarkeit von Ressourcen und als eingeschränkte Verstehbarkeit der Anforderungen beschrieben wurde. Der Vater sprach zusätzlich an, dass er das Gefühl hatte, immer mehr den Kontakt zu David zu verlieren, weil sie kaum mehr Berührungspunkte im Alltag hatten: „Ich komme immer schwerer an ihn ran, ich weiß nicht mehr, wie ich mich verhalten soll."

Auf die Frage nach Kompetenzen und Ressourcen („Was funktioniert aus Ihrer Sicht gut?") antwortete die Mutter, dass es sowohl in der Mittagszeit als auch beim Zubettgehen durchaus Situationen gab, in denen sie und David entspannt miteinander kommunizieren konnten. Auch bei gemeinsamen Regelspielen gab es Momente der vermehrten Sprechflüssigkeit. Mit seiner einzigen festen Spielgefährtin aus dem Haus gegenüber konnte David ebenfalls ohne erkennbare Belastungen spielen. Die Sprechunflüssigkeiten waren in diesen Situationen gering ausgeprägt.

Als Erwartungen an die Therapie formulierten die Eltern nicht Symptomfreiheit, sondern „dass es ein bisschen besser wird und er wieder ein bisschen fröhlicher wird".

Am Ende des Erstgesprächs wurde ein nächster Termin zur Anfertigung einer Videoaufnahme (vgl. Kap. 5.2.4) vereinbart. Zu dieser Aufnahme erschienen beide Eltern mit David. In der aufgenommenen Spielsequenz waren vor allem zwei Szenen bemerkenswert: Nachdem die Drei zunächst ein Überraschungsei zusammengebaut hatten, fragte die Mutter David, was er als nächstes spielen wolle. Er schaute in das Regal mit den Regelspielen und nahm das Spiel „Obstgarten" heraus.

Mutter: „Woher kennst du das denn?"

David: „D-d-d-d-das haben wir im [*Pause*] Kindergarten mal im Morgenkreis gespielt."

Mutter: „Dann kannst du uns das Spiel ja mal erklären, wir kennen das ja noch gar nicht."

David: „Weißt du, weißt du, weißt du, i- weißt du, weißt du, i- ich- weißt du (*ca. 30 Wiederholungen, er beugt sich mit dem Spiel in der Hand immer weiter vor, bis er das Spiel auf den Boden legt. Während dieser Zeit schaut er die Eltern nicht an; der Vater dreht sich während der Wiederholungen zur Kamera um, die Mutter schaut David an ohne gestisch-mimische Reaktionen*) weißt du, i-weißt du ich kenn das auch nicht mehr."

Diese Äußerung „Ich kenn das auch nicht mehr", obwohl David vorher eindeutig bekundet hatte, das Spiel zu kennen, wurde von uns dahingehend interpretiert, dass es sich hierbei um einen Versuch handelte, den hohen kommunikativen Anforderungen auszuweichen.

Direkt im Anschluss an diese Szene öffneten Vater und Mutter gemeinsam den Deckel des Spiels und begannen, es anhand der Anleitung aufzubauen. Dabei kam es zu folgendem Dialog:

Mutter: „Hier kommen die …"
David: „Pflaumen hin!"
Mutter: „Und die grünen?"
David: „Das sind die Äpfel."
Mutter: „Und hier?"
David: „Hier kommen die Kirschen hin."

David sprach in diesen teilweise ritualisierten Antworten, die eine eher geringe kommunikative Anforderung darstellten, symptomfrei.

Im zweiten Gespräch mit den Eltern wurde das Video gemeinsam angeschaut. Auf die Frage „Ist es zu Hause auch so ähnlich?" antworteten beide, dass die Videoaufnahme zwar eine ungewohnte Situation gewesen sei, dass die Kommunikationssituationen zu Hause jedoch sehr ähnlich verlaufen würden. Zu der ersten Szene, in der David die vielen Wiederholungen des „Weißt du" produzierte, sagte der Vater, dass er vor lauter Peinlichkeit nicht wusste, wo er hinschauen sollte. Die Mutter beschrieb sich als diesbezüglich „immer sehr starr" und erläuterte, dass sie sich oft bei Davids Symptomen nichts zu sagen traute oder keine Reaktionen zeigen konnte.

Die zweite Szene, in der viel Sprechflüssigkeit möglich war, nahmen die Eltern hingegen kaum als bemerkenswert wahr. Auf den Hinweis „Was war in dieser Szene anders als in der vorherigen?" bemerkten die Eltern eine ganz andere Stimmung bei David und seine zunehmende Sprechflüssgkeit. Sich

selbst erlebten sie als aktiver und handlungsfähiger.

Der im Folgenden zusammengefasste Dialog verdeutlicht noch einmal, wie das in Kap. 4 beschriebene ressourcen- und lösungsorientierte Vorgehen in ein Gespräch einfließen kann.

Therapeut: „Wann haben sie dieses Gefühl von Aktivität und Handlungsfähigkeit zu Hause?"
Vater: „Am meisten, wenn ich mich mit meinen Kaninchen beschäftige."
Mutter: „Wenn ich alleine bin oder wenn wir zu Dritt etwas machen."
…
Therapeut: „Was wünschen Sie sich?"
Vater: „Ich wünsche mir mehr Kontakt zu David, es würde mich erleichtern zu wissen, wie das gehen könnte."
Mutter: „Ich wünsche mir eine Entlastung von dem Gefühl, dass ich für alles alleine zuständig bin, dass alles bei mir bleibt."

Was die Eltern hier als Wünsche äußern, war im Laufe des Gesprächs immer wieder Thema, um zu gemeinsamen Lösungen und zielorientierten Auswahlprozessen zu kommen. Ein Vorschlag dazu wurde vom Vater gemacht, der berichtete, dass David sich ebenfalls für die Kaninchenzucht interessiere: „David könnte ja selbst ein Kaninchen bekommen, ihm einen Namen geben, und es mit mir zusammen pflegen." Aus dieser Idee wurden die entsprechenden Handlungsschritte von den Eltern direkt eingeleitet, über deren Ergebnis David beim ersten Treffen berichtete.

Aus den vorliegenden Informationen (Gespräche mit den Eltern, Videoaufnahme) ergab sich die Entscheidung, die Therapie nicht allein auf die Kooperation mit Davids Eltern zu beschränken, sondern David selbst einzubeziehen. Er wurde in der ersten Sitzung von seiner Mutter begleitet. Entsprechend den in Kap. 7.1 im Baustein „Kontakt-aufnahme und Beziehungsaufbau" geschilderten Inhalten lag für die vermuteten Spielvorlieben ein Fußball bereit. David hatte seinen Stoffhasen mitgebracht und durfte sich aussuchen, was er spielen wollte. David erzählte ausführlich, dass er seit einigen Tagen zwei Kaninchen hätte, die er gemeinsam mit seinem Vater betreute.

Folgende Beobachtungen konnten bezüglich seines Sprechens gemacht werden:

Blockaden mit und ohne Phonation und zum Teil mit weit geöffnetem Mund; Parakinesen; Sprechen mit weit in den Nacken gelegtem Kopf; Laut- und Silbenwiederholungen; inspiratorische Geräusche, die er als Starter benutzte; beim Sprechen häufige Handbewegungen in Richtung des Mundes. Kurze Floskeln (z. B. „Der da") und Einwortäußerungen konnten flüssig gesprochen werden, mitunter gelang dies auch für einen ganzen Satz.

Auf den unterschiedlichen Sprechleistungsstufen (vgl. Kap. 5.2.3) war zu beobachten, dass er auf eine offene Frage wie „Was machst du mit deinen Kaninchen?" viele Sprechunflüssigkeiten zeigte. Fragen, die Antworten mit deutlich reduziertem Komplexitätsgrad zuließen (z. B. „Wie heißen die Kaninchen denn?"), wurden hingegen flüssig beantwortet.

Kontakt und Dialog waren insgesamt entspannt, David wirkte interessiert, aufgeschlossen und erzählte viel. Die anderen Sprachebenen erschienen entwicklungsgerecht und unauffällig.

Die folgenden Sitzungen mit den Eltern wurden mit Fragen nach Veränderungen seit dem letzten Gespräch eingeleitet. Die Eltern berichteten dabei z. B. darüber, dass David bereits mehr erzählte und dass sie eindeutig mehr Sicherheit in der Kommunikation mit ihm gewonnen hatten. Dies bemerkten sie daran, dass während der gemeinsamen Aktivitäten und bei den Gesprächen das Stottern nicht mehr das bestimmende Thema war, sondern die gemeinsamen Interessen im Vordergrund standen. Besonders die Mutter hatte aus der Analyse der Videoaufnahme das Gefühl gewonnen, dass die Kommunikation oft gelang, sodass sie David sehr viel freier begegnen konnte. Das lähmende Gefühl der Hilflosigkeit war zunehmendem Selbstvertrauen gewichen.

Die Gespräche konzentrierten sich auf den Informationsaustausch u. a. auch, um die Perspektiven der Eltern bezüglich ihres Sohns kennen zu lernen (vgl. Kap. 4.2, 4.3 und Gesprächsleitfaden im Anhang). Im Sinne der Ressourcenaktivierung wurden die Eltern dazu angeregt, Unterschiede in den Bedingungen für flüssiges und unflüssiges Sprechen bei David wahrzunehmen, flüssige und flüssigere Sprechanteile zu erkennen und sie später auch aktiv zu verstärken. Ein Thema, das die Veränderung der interaktiven Prozesse verdeutlicht, war das im Video ersichtliche und von den Eltern angesprochene Problem des Blickkontakts. Zum einen konnten die Eltern beobachten, *wie* sie selbst den Blickkontakt aufrechterhielten (bis hin zum ‚Anstarren', wie es von den Eltern benannt wurde) oder abbrachen; zum anderen bekamen sie ergänzende Informationen zur natürlichen Kommunikation und dem darin enthaltenen natürlichen Blickkontakt, der durchaus flexibel ist und die Möglichkeit offenlässt, den Blick auch einmal abzuwenden.

Die Informationen zum Anforderungs- und Kapazitäten-Modell (vgl. Abb. 1.2–1.4) führten dazu, dass die Eltern auch Davids Fähigkeiten differenzierter betrachten konnten. Weil sie dadurch Davids Kompetenzen besser erkennen konnten, fiel es ihnen leichter, die Sprechunflüssigkeiten zu akzeptieren und nicht mehr als Hauptmerkmal seiner Gesamtpersönlichkeit zu betrachten. Diese sachliche Auseinandersetzung verhalf dazu, eine weitergehende Enttabuisierung des Themas vorzubereiten.

In den parallel zu den Elterngesprächen stattfindenden Therapiesitzungen mit David war die Mutter zunächst nicht anwesend. Dies war vereinbart worden, um David eine Alternative zu den in der Familie bestehenden Kommunikationsmustern zu bieten. In der ersten Stunde, in der erprobt wurde, wie David in einer solchen Konstellation agieren würde, zeigte er sich im Gegensatz zu den bisherigen Informationen und Beobachtungen auch in der Lage, seine Stimme dynamisch einzusetzen, raumgreifend zu agieren und sich zu trauen, eine Puppe zu schlagen. Um ihm diese freien emotionalen Äußerungsformen im Sinne der Selbstaktualisierung (vgl. Kap. 7.7) weiterhin zu ermöglichen, wurden auch die nächsten Therapiesitzungen ohne die Eltern durchgeführt. Teile aus den Therapiesequenzen wurden auf Kassette aufgenommen und mit den Eltern mit Davids Erlaubnis besprochen, um die Therapietransparenz zu erhöhen.

In der folgenden Therapiesitzung brachte David vereinbarungsgemäß erneut seinen Stoffhasen mit. Der Therapeut hatte eine Schnecken-Handpuppe im Raum versteckt, die zunächst mit langem Rufen hervorgelockt wurde. Der Therapeut modellierte dieses Rufen in unterschiedlichen Formen (laut, leise, lang, kurz; zu den Möglichkeiten des Modellierens vgl. Kap. 3.4). Als die Schnecke zum Vorschein gekommen war, stellte David fest, dass er sie nicht gut leiden konnte („Die sind doof und schleimig"). Er wandte sich stattdessen einer weiteren Handpuppe zu, dem Nilpferd ‚Nili'. In der Übernahme der Nili-Rolle senkte der Therapeut seine Sprechstimmlage und sprach langsam und ‚gemütlich'. Auch dies entspricht den Prinzipien des Modellierens (vgl. Kap. 3.4) und diente zur Einführung des WLL-Sprechens (vgl. Kap. 7.3).

Ein erster Versuch des Therapeuten, Informationen zu Davids Perspektive bezüglich seines Sprechens zu erhalten, indem er Nili fragen ließ, warum David denn hier sei, beantwortete dieser mit einem Achselzucken und der Bemerkung: „Lass uns mal das da hinten noch holen." Auch wenn vermutet werden konnte, dass bei David durchaus ein Störungsempfinden vorhanden war, war er offenbar noch nicht zu einem direkten Gespräch darüber bereit. Um diese Grenze des Kindes ernst zu nehmen, wurde hier nicht weiter insistiert (vgl. Kap. 5.2.3, 7.1 und 7.5), sondern beachtet, dass Kinder nicht immer auskunftswillig sind (vgl. Kap. 1.5.1).

In den sich anschließenden Sitzungen wurden viele Spielhandlungen zum langen und weichen Sprechen angeboten, die sehr gut zur Nilpferd-Handpuppe passten. Aus Matratzen und Decken mit Nili gemeinsam eine Höhle zu bauen, war lange Zeit das jeweilige Einstiegsformat, aus dem heraus unterschiedliche Spiel- und Dialogthemen entstanden, z. B. Schiffsreise in Nilis Heimat Afrika, Fahrt mit dem Ruderboot (mit „Haaaaaau-Ruck" begleitet), die Umgebung wurde durch das Fernrohr betrachtet, das Entdeckte wurde über die Entfernung zugerufen (vgl. Kap. 7.2 und 7.3). Es wurden Gegenstände gesucht und gefunden, die so weich waren wie Nili, es wurde probiert, wer so langsam sprechen konnte wie Nili und wer schneller sprechen konnte. Aus der Erkenntnis heraus, dass David auf der Einwort-Ebene flüssig sprechen konnte, wurden zusätzliche Elemente zum systematischen Ausbau der Sprechflüssigkeit aufgenommen (vgl. Kap. 7.4: Baustein „Ausdehnung und Automatisierung der flüssigen Sprechanteile").

Im Laufe der Therapie zeigte David erheblich mehr Eigeninitiative in Bezug auf den Ablauf der Spielhandlungen und eine deutliche Ausdehnung des flüssigen Sprechens. Besonders am Anfang von Sinnabschnitten setzte er das weiche, gedehnte Sprechen eigenaktiv ein (ohne dazu aufgefordert zu werden), um danach in etwas schnellerem Tempo und sprechflüssig fortzufahren. Gleichzeitig begann er auch im Kindergarten wieder, sich an den Gruppenspielen zu beteiligen und hin und wieder etwas beim Morgenkreis zu erzählen.

Um für einen weiteren Transfer zu sorgen, wurden später seine Mutter und auch seine Freundin mit in die Therapie einbezogen. Die Sprachspielhandlungen wurden wie gewohnt weitergeführt, um David in dieser Situation Sicherheit zu geben. David übernahm hierbei eine helfende und steuernde Funktion, in der er z. B. seiner Freundin den Raum zeigte und die Spiele erklärte, sodass er zusätzliche Handlungs- und Sprechsicherheit gewann. So wurden Sprechflüssigkeitserlebnisse in einen neuen Rahmen übertragen. Auch das Thema „weich, leicht und lang" erlangte hier mehr Natürlichkeit.

Ein Memoryspiel mit den Kindern und Nili wurde von folgendem Gespräch begleitet:

Nili: „Und denkt dran, bitte nicht so schnell, ich bin doch soooooo laaaangsam."

David: „Jaaa, gaaaaaanz laaaaaangsam."

Lene: „Ja, ganz langsam."

David: „Nein, ganz falsch: Viiiiiiiiiiiel lääää-ääääänger!"

Lene: „Soooooooo laaaaaang?"

Nach mehreren Monaten hatte Davids Sprechflüssigkeit auf allen Anforderungsebenen zugenommen. Symptome wie Blockaden und Parakinesen traten immer seltener auf. Die Ebene der Unflüssigkeiten hatte sich immer mehr in Richtung auf ungespannte Wort- oder Satzteilwiederholungen verschoben, was von uns als sehr positives Teilziel bewertet wurde.

Das als Aufschub-Floskel dienende „Weißt du, weißt du …" stand noch manchmal am Beginn von Davids Äußerungen und wurde von Therapeutenseite so interpretiert, dass es sich als Automatismus habitualisiert hatte und keine Vermeidungsfunktion mehr hatte. Aufgrund von Davids psychischer Stabilität und der vertrauensvollen Beziehung zwischen ihm und dem Therapeuten wurde im Sinne einer konkreten und offenen Auseinandersetzung mit den Unflüssigkeiten

(vgl. Kap. 7.5) diese Symptomatik in den Spielablauf einbezogen.

Bei einem Quartettspiel zählte David seine Quartette:

Therapeut: „Wieviele Quartette hast du denn?"

David: „Acht."

Therapeut: „Und jetzt ist Nili dran: Wieviel hast du denn?"

Nili: „Weißt du, weißt du, weißt du …"

David: *spontanes lautes Lachen*

Therapeut: „He, Nili! *(zu David gewandt:)* Ich glaub, wir müssen Nili mal helfen! Was meinst du?"

David: *(lachend)* „Nein!"

Therapeut: „Pass mal auf, Nili, das geht so: „Weißt du" *(lang und weich gesprochen)* Hör dir das nochmal bei David an."

David: „Weißt du." *(ebenfalls lang und weich gesprochen)*

Nili: „Weißt du." *(ebenfalls lang und weich gesprochen)*

Danach setzte sich das Spiel weiter fort, ohne dass diese Situation nochmals verbalisiert wurde.

Vorsichtig interpretiert deutet die Reaktion von David an, dass er die Symptomatik wieder erkennt, dies gut aushalten kann und in der Lage ist, sie zu modifizieren. Das Ansprechen von Stottern durch den Therapeuten stellt für ihn offenbar keine Bedrohung mehr dar (vgl. Kap. 7.5: Baustein „Konkrete und offene Auseinandersetzung mit Unflüssigkeiten und Stottern"). Diese sowohl direkte als auch indirekte Konfrontation (indirekt deshalb, weil es hier oberflächlich um Nilis Symptomatik geht und Nili geholfen wird) mit seinen Symptomen führte dazu, dass David sich aktiv mit ihnen auseinandersetzen konnte und sie in der Folge nicht mehr als Habit verwendet hat.

Das Modellieren von Sprechflüssigkeit und Unflüssigkeiten hat in Davids Therapie stets einen großen Raum eingenommen, da er, wie sich in der Therapie zeigte, auf diese natürlichen Angebote immer wieder positiv reagierte. Sowohl weiches, leichtes und langes Sprechen als auch das offene Ansprechen und Modellieren von Unflüssigkeiten waren nach der oben beschriebenen Therapiesitzung möglich. Dies wird im folgenden Dialogbeispiel deutlich.

David, das Nilpferd und der Therapeut gehen in den Zoo, Nili ist ziemlich aufgeregt, weil er dort seine Verwandten treffen möchte. Im Therapieraum sind an verschiedenen Stationen ein Kassenhäuschen und unterschiedliche Tiere platziert.

An der Kasse entsteht folgender Dialog:

Nili: „I-i-i-ich bin so a-a-aufgeregt, heu-heu-heute zeig i-i-i-ich dir meine ga-ga-ga-ganze Familie! Puh, ist das spannend! Wenn ich so aufgeregt bin, fällt mir das Sprechen auch so schwer. Geht dir das auch manchmal so?"

David: „Jaaaa, manchmal" *(weich und langsam)*.

Nili: „Kannst kannst kannst – jetzt geht es schon besser – kannst *du* dann die Karten kaufen?"

David: „Wo wo hast du denn dein Geld? Ich hab keins."

Nili: „Iiiiin meiner Tasche, schau mal hier" *(weich und langsam)*.

David nimmt sich Spielgeld aus der Tasche

Nili: „Ich glaub, wenn wir das ganz langsam und deutlich sagen, dann klappt das auch. Das das das das kannst du du du im Moment viel besser als als als ich."

David: „Zwei Kaaarten bitte füüüür mich und Niiiili" *(weich und langsam)*.

Nili: „Mann, wie weich!"

Nach Betreten des Zoos besuchen sie die Tiere.

Nili: „Schön hast du das gemacht, danke, dass du die Karten gekauft hast. Das hat ja prima geklappt."

David: „Lass uns jetzt mal zu den Nilpferden gehen!"

In dieser Sequenz wird deutlich, wie gelassen David auf die präsentierten Unflüssigkeiten reagierte. Auch dies stellt eine Form der Ent-

tabuisierung dar. David war gut in der Lage, die bisher erworbene Sprechflüssigkeit aufrechtzuhalten, sodass hier sowohl das Ziel der Desensibilisierung als auch der weiteren Stabilisierung erreicht wurde (vgl. Kap. 7.5).

Gegen Ende der Therapie hat David an einer Kleingruppe (drei Kinder) teilgenommen, sodass er auch in anderen sozialen Kontexten weitere Erfahrungen mit seiner Sprechflüssigkeit machen konnte, nämlich sich auch unter Konkurrenz- und Zeitdruck sowie beim Problemlösen in der Gruppe sprachlich durchzusetzen. Auch der Schulbeginn und der Leselernprozess haben dazu beigetragen, dass er sprachlich immer sicherer wurde. Die anfänglichen Befürchtungen der Eltern, dass der Schulbeginn mit Problemen verbunden sein könnte, wurden entkräftet: David fühlte sich in der Schule gut aufgehoben und die Kooperation mit der Lehrerin verlief sehr positiv, wie bereits vorher auch die Kooperation mit der Erzieherin (vgl. Kap. 4.3, 4.6 und 7.14).

Das Therapieende wurde nach den von uns in Kap. 7.13 dargelegten Prämissen gestaltet: Nach ca. 1½ Jahren wurden die Abstände zwischen den Therapiesitzungen vergrößert, bis schließlich nur noch ein regelmäßiger Telefonkontakt mit den Eltern vereinbart wurde. Nach insgesamt zwei Jahren konnte die Therapie beendet werden.

Abschließend lässt sich festhalten, dass eine sinnvolle Methodenintegration immer unter Einbezug und Beachtung der Sprechfreude, der kommunikativen Kompetenzen, der Dialogfähigkeit und der Konfliktfähigkeit geschehen muss. Die Therapie zielt immer auf die größtmögliche kommunikative Sicherheit und auf die Freiheit in der Wahl der kommunikativen Mittel.

Wir hoffen, dass auch anhand des Beispiels von David deutlich geworden ist, dass immer wieder eine flexible Neuorientierung notwendig ist, die sich an den jeweils aktuellen diagnostischen und therapeutischen Informationen orientiert. Dies betrifft sowohl die Zielbestimmung als auch die Auswahl von Therapiebausteinen.

Mit der vorliegenden Veröffentlichung haben wir versucht zu begründen, wie und warum wir in der Therapie mit unflüssig sprechenden Kindern die Wege beschreiten, die wir dargestellt haben. Wir möchten den Therapeutinnen und Therapeuten Mut machen, sich mit den vielen Formen von Sprechunflüssigkeiten bei Kindern auseinanderzusetzen, mit den Menschen, die zu ihnen kommen, nach deren Kompetenzen und Ressourcen zu suchen und gemeinsam Lösungswege und Ziele zu entwerfen. Dass dies ein langer Weg ist, wissen wir aus eigener Erfahrung, aber wir wissen auch, dass dieser Weg sich lohnt.

Literaturverzeichnis

Antonovsky, A.: Gesundheitsforschung versus Krankheitsforschung. In.: Franke, A./Broda, M. (Hrsg.): Psychosomatische Gesundheit. Tübingen 1993, S. 3–14

Ayres, J.: Bausteine kindlicher Entwicklung. Berlin/Heidelberg ²1992

Bahr, R./Nondorf, H.: Sprach-Handlungs-Spielräume als pädagogisch-sprach- therapeutische Angebote zur Erschließung phonetischer und phonologischer Strukturen. In: Grohnfeldt, M. (Hrsg.): Handbuch der Sprachtherapie. Bd.2: Störungen der Aussprache. Berlin ²1996, S. 169–191

Baumgartner, S.: Wenn Ihr Schüler stottert … Herausgeber: Bundesvereinigung Stotterer-Selbsthilfe e.V., Solingen 1988

Baumgartner, S.: Die Behandlung des kindlichen Stotterns in Anlehnung an Van Riper: Gedanken und Erfahrungen eines Sprachheilpädagogen. In: Deutsche Gesellschaft für Sprachheilpädagogik, Landesgruppe Hessen (Hrsg.): Behinderung – Pädagogik – Sprache. Staufenberg 1991, S. 18–42

Baumgartner, S.: Sprechflüssigkeit. In: Baumgartner, S./Füssenich, I.(Hrsg.): Sprachtherapie mit Kindern. München/Basel ³1997, S. 204–289

Baumgartner, S./Krifka, M.: Wenn Ihr Kind stottert. Bundesvereinigung Stotterer-Selbsthilfe e.V., Köln ¹¹1992

Baumgartner, S.: Kinder lernen sprechen: Vom (un-)aufhaltsamen Weg in die Sprechflüssigkeit. In: Deutsche Gesellschaft für Sprachheilpädagogik e.V. (Hrsg.): Sprache – Verhalten – Lernen. Kongreßbericht der 20. Arbeits- und Fortbildungstagung der dgs. Würzburg 1993, S. 54–85

Baumgartner, S.: Sprachheilende Interaktionen in der pädagogischen Moderne. Die Sprachheilarbeit 40 (1995), S. 126–135

Baumgartner, S./Füssenich, I. (Hrsg.): Sprachtherapie mit Kindern. München/Basel ³1997

Bell-Berti, F./Chevrie-Muller, C.: Motor levels of speech timing: evidence from Studies of ataxia. In: Peters, H.F.M./Hulstijn, W./Starkweather, C.W.(Ed.): Speech Motor Control and Stuttering. Amsterdam/Oxford/New York 1991, S. 293–301

Belschner, W.: Gesundheitsförderung: eine notwendige Ergänzung der Prävention. Vortrag zur IVS-Konferenz, Darmstadt 1994. Unveröffentlichtes Manuskript

Bindel, W.R.: Stottern beim Vorschulkind: Funktionale Theorie und Therapie. Sprache-Stimme-Gehör 20 (1996), S. 32–45

Boberg, E./Kully, D.: Comprehensive Stuttering Program. San Diego 1985

Brandau, H./Schüers, W.: Spiel- und Übungsbuch zur Supervision. Salzburg ²1995

Brandenberg, A.: Sag's, tu's, aber freundlich! München 1993

Braun, O.: Der pädagogisch-therapeutische Umgang mit stotternden Kindern und Jugendlichen. Berlin 1997

Braun, A.R./Varga, M./Stager, S./Schultz, G./Selbie, S./Maisog, J.M./Carson, R.E./ Ludlow, C.L.: A typical lateralization of hemispheral activity in developmental stuttering: An H2150 positron emission tomographic study. In: Hulstijn, W./Peters,

H.F.M./Van Lieshout, P. (Ed.): Speech Production: Motor Control, Brain research and Fluency Disorders. Amsterdam 1997, S. 279–292

Bronfenbrenner, U.: Die Ökologie der menschlichen Entwicklung. Stuttgart 1981

Bruner, J.: Wie das Kind sprechen lernt. Bern 1987

Bundesvereinigung Stotterer-Selbsthilfe e.V. (Hrsg.): Wenn das Sprechen klemmt. Ein Ratgeber für Jugendliche. Köln 1996

Bundesvereinigung Stotterer-Selbsthilfe e.V. (Hrsg.): Benni. U-und? Wwwo ist das P-problem? Köln 1998

Coën, R.: Beitrag zur Therapie des Stotterns. Medizinisch-pädagogische Monatsschrift für die gesamte Sprachheilkunde 1891a, S. 312–315

Coën, R.: Zur Technik der Athemgymnastik bei der Therapie des Stotterns. Medizinisch-pädagogische Monatsschrift für die gesamte Sprachheilkunde 1891b, S. 177–181 und 233–236

Conture, E.G.: Stuttering. Englewood Cliffs ²1990

Conture, E.G.: Young stutterers' speech production: a critical review. In: Peters, H.F.M./Hulstijn, W./Starkweather, C.W. (Ed.): Speech Motor Control and Stuttering. Amsterdam/Oxford/New York 1991, S. 365–384

Conture, E.G./Yaruss, J.S./Edwards, M.: Childhood Stuttering and Disordered Phonology. In: Starkweather, C.W./Peters, H.F.M. (Ed.): Stuttering: Proceedings of the First World Congress on Fluency Disorders. Nijmegen 1995, S. 181–184

Dallos, R.: Family Belief Systems. Therapy and Change. Milton Keynes ²1992

Dann, H.-D.: Subjektive Theorien zum Wohlbefinden. In: Abele, A./Becker, P. (Hrsg.): Wohlbefinden. Theorie - Empirie - Diagnostik. Weinheim/München 1991, S. 97–117

Dannenbauer, F.M.: Anmerkungen zu Fragen der Sprachtherapie mit dysgrammatisch sprechenden Kindern. In: Füssenich, I./Gläß, B. (Hrsg.): Dysgrammatismus. Theoretische und praktische Probleme bei der interdisziplinären Beschreibung gestörter Kindersprache. Heidelberg 1985, S. 142–164

Dannenbauer, F.M.: Vom Unsinn der Satzmusterübungen in der Dysgrammatismustherapie. Die Sprachheilarbeit 36 (1991), S. 202–209

Dannenbauer, F.M.: Grammatik. In: Baumgartner, S./Füssenich, I.(Hrsg.): Sprachtherapie mit Kindern. München/Basel ³1997, S. 123–203

Dannenbauer, F.M./Künzig, A.: Aspekte der entwicklungsproximalen Sprachtherapie und des Therapeutenverhaltens bei entwicklungsdysphasischen Kindern. In: Grohnfeldt, M.(Hrsg.): Handbuch der Sprachtherapie. Bd. 3: Störungen der Grammatik. Berlin 1991, S. 167–190

Dehnhardt, Chr./Ritterfeld, U.: Modelle der Elternarbeit in der sprachtherapeutischen Intervention. Die Sprachheilarbeit 43 (1998), S. 128–136

Dell, C.: Therapie für das stotternde Schulkind. St. Augustin 1994

Dörner, K./Nebel, Chr./Redlich, A.: Geschichten für gestresste Kinder. Freiburg 1995

Donaldson, M.: Wie Kinder denken. München/Zürich 1991

Dornes, M.: Der kompetente Säugling. Frankfurt/Main 1993

Eberling, W./Hargens, J.(Hrsg.): Einfach kurz und gut. Zur Praxis der lösungs-orientierten Kurztherapie. Dortmund 1996

Efran, J.S./Lukens, M.D./Lukens, R.J.: Sprache, Struktur und Wandel. Bedeutungsrahmen der Psychotherapie. Dortmund 1992

Faust-Siehl, G./Bauer, E.-M./Bauer, W./Wallaschek, U.: Mit Kindern Stille entdecken. Frankfurt/M. ⁴1993

Fernau-Horn, H.: Die Sprechneurosen. Stuttgart ²1973

Fiedler, P.: Neuropsychologische Grundlagen des Stotterns. In: Grohnfeldt, M. (Hrsg.): Handbuch der Sprachtherapie. Bd.5: Störungen der Redefähigkeit. Berlin 1992, S. 43–60

Fiedler, P./Standop, R.: Stottern. Ätiologie, Diagnose, Behandlung. München/Weinheim [2]1986

Finitzo, T./Pool, K.D./Freeman, F.J./Devous, M.D./Watson, B.C.: Cortical dysfunction in developmental stutterers. In: Peters, H.F.M./Hulstijn, W./ Starkweather, C.W. (Ed.): Speech Motor Control and Stuttering. Amsterdam/Oxford/New York 1991, S. 251–261

Fischer, E.P.: Die Welt im Kopf. Konstanz 1985

v. Foerster, H.: Das Konstruieren der Wirklichkeit. In: Watzlawick, P. (Hrsg.): Die erfundene Wirklichkeit. Wie wissen wir, was wir zu wissen glauben? München [7]1991, S. 39–60

Frank, G./Grziwotz-Buck, P.: Wuschelbär. Hilfen zum flüssigen Sprechen für stotternde Kinder. Sprachheilzentrum Ravensburg, o.J.

Friedrich, S./Friebel, V.: Entspannung für Kinder. Reinbek b. Hamburg 1989

Füssenich, I.: Gestörte Kindersprache aus interaktionistischer Sicht. Heidelberg 1987

Füssenich, I.: „Ich weiß nicht, was soll es bedeuten!“ Analyse kindlicher Äußerungen in der Interaktion. Die Sprachheilarbeit 35 (1990), S. 56–63

Füssenich, I.: Semantik. in: Baumgartner, S./Füssenich, I. (Hrsg.): Sprachtherapie mit Kindern. München/Basel [3]1997, S. 80–122

Füssenich, I./Heidtmann, H.: Formate und Korrekturen als zentrale Elemente in der Sprachtherapie: Das Beispiel Mirco. In: Wagner, K.R. (Hrsg.): Sprechhandlungs-Erwerb. Essen 1995, S. 102–122

v. Glasersfeld, E.: Einführung in den radikalen Konstruktivismus. In: Watzlawick, P.(Hrsg.): Die erfundene Wirklichkeit. Wie wissen wir, was wir zu wissen glauben? München [7]1991, S. 16–38

Goebel, M.D.: CAFET for kids[TM]. A computer aided fluency establishment trainer for children between five and ten years old. Annandale 1989

Gordon, P.: Development of Normal Fluency and Its Relation to Language Acquisition. In: Starkweather, C.W./Peters, H.F.M. (Ed.): Stuttering: Proceedings of the First World Congress on Fluency Disorders. Nijmegen 1995, S. 81–86

Graichen, J.: Organismische Fehlregulation als direkte Ursache von Redefluß- störungen (Stottern) in neuropsychologischer Differentialdiagnostik. Sprache – Stimme – Gehör 9 (1985), S. 34–40

Grawe, K./Donati, R./Bernauer, F.: Psychotherapie im Wandel. Von der Konfession zur Profession. Göttingen [4]1995

Grohnfeldt, M.: Störungen der Sprachentwicklung. [6]1993

Gutzmann, A.: Das Stottern und seine gründliche Beseitigung durch ein methodisch geordnetes und praktisch erprobtes Verfahren. Berlin 1910

Gutzmann, A./Gutzmann, H.: Zu unserer Methode der Stotterheilung. Medizinisch-pädagogische Monatsschrift für die gesamte Sprachheilkunde 1891, S. 361–367

Gutzmann, H.: Nochmals die psychogenen Sprachstörungen. Medizinisch-pädagogische Monatsschrift für die gesamte Sprachheilkunde 1910, S. 204–210 und 241–247

Gutzmann, H.: Sprachheilkunde. Vorlesungen über die Störungen der Sprache mit besonderer Berücksichtigung der Therapie. Berlin 1912

Hacker, D.: Phonologie. In: Baumgartner, S./Füssenich, I.(Hrsg.): Sprachtherapie mit Kindern. München/Basel [3]1997, S. 15–79

Haffner, U.: „Gut reden kann ich“ Das Entwicklungsproximale Konzept in der Praxis. Dortmund 1995

Hansen, B.: Wenn Mutter und Kind von einer Gaumenspalte betroffen sind: Ein Beispiel für die Bedeutung von Belastungs- und Bewältigungsprozesse im Rahmen sprachtherapeutischer Unterstützung. In: Grohnfeldt, M. (Hrsg.): Lebenslaufstudien und Sprachheilpädagogik. Dortmund 1996, S. 37–55

Hansen, B./Heidtmann, H.: Sprache lernen und Sprache lehren. Vortragsmanuskript, Kiel 1998

Hansen, B./Iven, C.: Stottern bei Kindern im (Vor-)Schulalter. Dynamische Prozesse und individualisierte Sichtweisen in Diagnostik und Therapie. Die Sprachheilarbeit 37 (1992), S. 240–246, S. 263–267

Hansen, B./Iven, C.: Methodenintegrierende Therapie von stotternden Vorschulkindern. Vortrag zur IVS-Konferenz Darmstadt 1994. Unveröffentlichtes Manuskript

Hansen, B./Iven, C.: Ist Stottern verhinderbar? Grundlagen der Prävention des Stotterns. L.O.G.O.S. interdisziplinär 1996, S. 164–177

Hansen, B./Iven, C.: Prävention des Stotterns als interdisziplinäre Aufgabe. In: Deutsche Gesellschaft für Sprachheilpädagogik (dgs) (Hrsg.): Interdisziplinäre Zusammenarbeit: Illusion oder Vision? Herausforderung und Chance in der Rehabilitation Sprachbehinderter. Kongressbericht, Münster 1997, S. 589–598

Hansen, B./Iven, C.: Sprachentwicklung, Sprechmotorikentwicklung und Sprechflüssigkeitsentwicklung - zum Zusammenhang zwischen Sprechmotorik und flüssigem Sprechen. Sprache – Stimme – Gehör 22 (1998), S. 92–97

Hargens, J.: Ideengeschichte und Schlüsselbegriffe konstruktivistischer Therapie und Beratung … In: Spiess, W. (Hrsg.): Die Logik des Gelingens. Dortmund 1998, S. 55–78

Hargens, J./Grau, U.: Systemisch orientierte Gruppensupervision: Eine theoretische Grundlage praktischer Möglichkeiten. In: Spiess, W. (Hrsg.): Gruppen- und Team-Supervision in der Heilpädagogik. Bern 1991, S. 79–101

Hargens, J./Grau, U.: Sprache: Sprechen, versprechen, versprochen. Theoretische Anmerkungen zur lösungsorientierten Kurztherapie. In.: Eberling, W./Hargens, J. (Hrsg.): Einfach kurz und gut. Dortmund 1996, S. 225–244

Hartmann, B.-T.: Response to John Van Borsel's Review. Journal of Fluency Disorders 22 (1997), S. 71

Heap, R. (Hrsg.): Wenn mein Kind stottert – Ein Ratgeber für Eltern. Bundesvereinigung Stotterer-Selbsthilfe e.V., Köln 1995

Heidtmann, H.: Die Bedeutung der vorsprachlichen Kommunikation für die Sprachentwicklung – Bruners interaktionistischer Ansatz. Der Sprachheilpädagoge 22 (1990), S. 1–35

Heidtmann, H.: Entwicklung interaktiver Fähigkeiten - wichtige Termini und Definitionen. Unveröffentlichtes Seminarpapier 1992

Heidtmann, H.: Zusammenfassung erkenntnistheoretischer Grundlagen zu Konstruktivismus und Systemtheorie in Hinblick auf integrative/nichtaussondernde Prozesse. Unveröffentlichtes Manuskript. Kiel 1995

Heidtmann, H./Lorbeer-Andresen, M./Piepgras, M.: Planung, Beobachtung und Analyse von Sprachtherapie. Unveröffentlichtes Seminar-Skript der Fachrichtung Pädagogik für Sprach- und Kommunikationsstörungen des Heilpädagogischen Institutes der Erziehungswissenschaftlichen Fakultät der Universität zu Kiel 1993

Herringer, N.: Präventives Handeln und soziale Praxis. Weinheim/München 1986

Holtz, A.: Kindersprache. Ein Entwurf ihrer Entwicklung. Hinterdenkenthal 1989

Howell, P./Sackin, S./Rustin, L.: Comparison of Speech Motor Development in Stutterers and Fluent Speakers Between 7 and 12 Years Old. Journal of Fluency Disorders 20 (1995), S. 243–255

Hülshoff, T.: Emotionen. München/Basel 1999

Hulstijn, W./Peters, H.F.M./Van Lieshout, P.: Higher and lower order influences on the stability of the dynamic coupling between articulators. In: Hulstijn, W./Van Lieshout, P./Peters, H.F.M. (Ed.): Speech Production: Motor Control, Brain research and Fluency Disorders. Amsterdam 1997, S. 161–170

Irwin, A.: Mein Kind fängt an zu stottern. Ein Selbsthilfeprogramm für Eltern, die ihrem Kind helfen möchten, das Stottern zu überwinden. Stuttgart 1990

Iven, C.: Methodenkombination in der Stottertherapie – Konzept oder Kapitulation? Die Sprachheilarbeit 38 (1993), S. 116–127

Iven, C.: „Ich kann doch nichts dafür!" Von der Bedeutung systemtheoretischer Grundlagen in heilpädagogischer Beratung und Therapie. Die Sprachheilarbeit 1994, S. 220–227

Iven, C.: Individualisierte Förderpläne – ein Konzept zwischen Anspruch und Wirklichkeit. In: Grohnfeldt, M. (Hrsg.): Handbuch der Sprachtherapie. Bd. 8: Sprachstörungen im sonderpädagogischen Bezugssystem. Berlin 1995, S. 243–260

Iven, C.: Deine Eltern und das Stottern. In: Weikert, K.(Hrsg.): Stottern – Ein Ratgeber für Jugendliche. Bundesvereinigung Stotterer-Selbsthilfe e.V., Köln 1997, S. 61–68

Iwert, H.: Atmung und Entspannungstraining bei Sprechneurosen. In: Grohnfeldt, M.(Hrsg.): Handbuch der Sprachtherapie. Bd.5: Störungen der Redefähigkeit. Berlin 1992, S. 307–327

Jacobson, E.: Entspannung als Therapie. Progressive Relaxation in Theorie und Praxis. München 1990

Jäncke, L.: Die Lateralisierungshypothese des Stotterns: Zusammenfassung und kritischer Überblick. Sprache – Stimme – Gehör 1987, S. 91–99

Jäncke, L.: Stimmeinsatz und Phonationsdauer bei stotternden und nichtstottern-

den Personen. Sprache – Stimme – Gehör 1989, S. 101–106

Johannsen, H.S.: Stottern und Sprache oder linguistische Aspekte des Stotterns. Forschungsbericht Nr.34, Phoniatrische Ambulanz der Universität Ulm 1991

Johannsen, H.S.: Konzeptionelle Darstellung der idiografischen Sichtweise des kindlichen Stotterns und ihre Begründung. In: Johannsen, H.S./Schulze, H. (Hrsg.): Praxis der Beratung und Therapie bei kindlichem Stottern. Werkstattbericht. Ulm 1993, S. 4–14

Johannsen, H.S./Schulze, H.: Stotternde Kinder in der Praxis des Kinderarztes. Forschungsbericht Nr.13, Phoniatrische Ambulanz der Universität Ulm 1987

Johannsen, H.S./Schulze, H.: Abgrenzungsphänomene: Prävention und Prognose. In: Grohnfeldt, M.(Hrsg.): Handbuch der Sprachtherapie. Bd.5: Störungen der Redefähigkeit. Berlin 1992, S. 61–82

Johannsen, H.S./Schulze, H.: Diagnostik und Therapie des kindlichen Stotterns im Rahmen einer Phoniatrischen Ambulanz: Konzeptionelle Darstellung im Überblick. In: Johannsen, H.S./Schulze, H. (Hrsg.): Praxis der Beratung und Therapie bei kindlichem Stottern. Werkstattbericht. Ulm 1993, S. 15–27

Johnson, W.: The Onset of Stuttering. Minneapolis 1959

Kalde, M.: Vom spielerischen zum sprachlichen Dialog mit behinderten Kindern. Ein Buch zur handlungsorientierten Spiel- und Sprachmotivation. Dortmund [2]1995

Kannicht, A.: Systemische Therapie und Beratung bei beginnendem Stottern. In: Hahn, K./Müller, F.-W. (Hrsg.): Systemische Erziehungs- und Familienberatung. Mainz [2]1995, S. 38–56

Kalveram, K. Th.: How pathological audiophonatoric coupling induces stuttering: a modell of speech flow control. In: Peters, H.F.M./Hulstijn, W./Starkweather, C.W. (Ed.): Speech Motor Control and Stuttering. Amsterdam/Oxford/New York 1991, S. 163–170

Katz-Bernstein, N.: Aufbau der Sprach- und Kommunikationsfähigkeit bei redefluß- gestörten Kindern. Ein sprachtherapeutisches Übungskonzept. Luzern [5]1992

Katz-Bernstein, N.: Therapiebegleitende Elternarbeit bei stotternden Kindern. In: Grohnfeldt, M. (Hrsg.): Handbuch der Sprachtherapie. Bd.5: Störungen der Rede- fähigkeit. Berlin 1992a, S. 378–398

Keeney, B.P. (Hrsg.): Konstruieren therapeutischer Wirklichkeiten. Praxis und Theorie systemischer Therapie. Dortmund 1987

Keidel, W.-D.: Biokybernetische Aspekte bei Hör-, Sprach- und Stimmstörungen. Spra- che – Stimme – Gehör 1 (1977), S. 6–17

Kelly, E.M./Conture, E.G.: Speaking rates, response time latencies, and interrupting behaviors of young stutterers, nonstut- terers, and their mothers. Journal of Speech and Hearing Research 35 (1992), S. 1256–1267

Kiese-Himmel, C.: Der gegenwärtige Dis- kussionsstand zum Thema Stottern. L.O.G.O.S interdisziplinär 4 (1996), S. 186–193

Kleinert-Molitor, B.: Das Spielgeschehen als Sprachlernort - Psychomotorisch orien- tierte Sprachentwicklungsförderung. In: Grohnfeldt, M. (Hrsg.): Handbuch der Sprachtherapie Bd. 1: Grundlagen der Sprachtherapie. Berlin 1989, S. 222–251

Kloth, S.A.M./Janssen, P./Kraaimaat, F.W./ Brutten, G.J.: Speech Motor and Linguistic Skills of Young Stutterers Prior to Onset. Journal of Fluency Disorders 20 (1995), S. 157–170

Kocks, U.: Eine persönlichkeitsorientierte Stottertherapie auf der Basis der Individual- psychologie Alfred Adlers. In: Grohnfeldt, M.(Hrsg.): Handbuch der Sprachtherapie. Bd.5: Störungen der Redefähigkeit. Berlin 1992, S. 328–347

Kriz, J.: Grundkonzepte der Psychotherapie. Weinheim [4]1994

Laubi, O.: Die psychischen Einflüsse bei der Aetiologie und Behandlung des Stotterns. Medizinisch-pädagogische Monatsschrift für die gesamte Sprachheilkunde 1907, S. 411–418

Laubi, O.: Nochmals die psychogenen Sprachstörungen. Medizinisch-pädago- gische Monatsschrift für die gesamte Sprachheilkunde 1910, S. 193–204

Lehweß, J.: Radicale Heilung des Stotterns unter Verwendung der Respirations- und Sprachgymnastik. Braunschweig 1868

Luria, A.R.: Die höheren kortikalen Funktio- nen des Menschen und ihre Störungen bei örtlichen Hirnschädigungen. Berlin (Ost) 1970

Molnar, A./Lindquist, B.: Verhaltensprob- leme in der Schule. Dortmund [5]1995

Motsch, H.-J.: Sprach- oder Kommunika- tionstherapie? Kommunikationstheore- tische Grundlagen eines geänderten sprachtherapeutischen Selbstverständnis- ses. In: Grohnfeldt, M. (Hrsg.): Hand- buch der Sprachtherapie. Bd.1: Grund- lagen der Sprachtherapie. Berlin 1989, S. 73–95

Motsch, H.-J.: Die idiographische Betrach- tungsweise – Metatheorie des Stotterns. In: Grohnfeldt, M. (Hrsg.): Handbuch der Sprachtherapie. Bd.5: Störungen der Rede- fähigkeit. Berlin 1992, S. 21–42

Motsch, H.-J.: Kommunikationstheore- tisches Verständnis von Sprache und Sprachbehinderung – Basis kommunika- tionstherapeutischer Ziel- und Methoden- orientierung sprachbehindertenpädago- gischen Handelns. Unveröffentlichtes Papier zur 28. Fortbildungstagung der Dozentenkonferenz für Sprachbehinder- tenpädagogik, Kiel 1993

Müller, E.: Hilfen gegen Schulstress. Reinbek b. Hamburg 1991

Müller, E.: Träumen auf der Mondschaukel

Mutzeck, W.: Von der Absicht zum Handeln. Rekonstruktion und Analyse Subjektiver Theorien zum Transfer von Fortbildungsinhalten in den Berufsalltag. Weinheim 1988.

Mutzeck, W.: Kooperative Beratung. Grundlagen und Methoden der Beratung und Supervision im Berufsalltag. Weinheim 1996

Nagl-Jancak, E./Thabet, E.: Laß dir Zeit. Stottern will verlernt sein. Frankfurt a. M. 1989

Natke, U.: Die audio-phonatorische Kopplung und ihre Bedeutung für das Auftreten von Silbeniterationen während des Spracherwerbs. Unveröffentlichtes Manuskript des Vortrags zu den ivs-Werkstattgesprächen 1996

Natke, U./Kalveram, K. Th./Jäncke, L.: The electroglottographic signal as a device for stuttering evaluation. In: Hulstijn, W./Peters, H.F.M./Van Lieshout, P. (Ed.): Speech Production: Motor Control, Brain research and Fluency Disorders. Amsterdam 1997, S. 429–437

Nudelman, H. B./Herbrich, K.E./Hoyt, B.D./Rosenfeld,D. B.: A neuroscience approach to stuttering. In: Peters, H.F.M./Hulstijn, W./Starkweather, C.W.(Ed.): Speech Motor Control and Stuttering. Amsterdam/Oxford/New York 1991, S. 157–162

Oaklander, V.: Gestalttherapie mit Kindern und Jugendlichen. Stuttgart [10]1996

Oertle, H.M.: Therapie des Stotterns. Ein Ratgeber. Köln 1998

Oksaar, E.: Spracherwerb im Vorschulalter. Stuttgart/Berlin/Köln/Mainz 1977

Olbrich, I.: Die Integrierte Sprach- und Bewegungstherapie. In: Grohnfeldt, M. (Hrsg.): Handbuch der Sprachtherapie Bd 1: Grundlagen der Sprachtherapie. Berlin 1989, S. 252–266

Orthmann, W./Scholz, H.-J.: Stottern. Ein Kompendium ausgewählter Theorien. Berlin [3]1983

Osburg, C.: Gesprochene und geschriebene Sprache. Hohengehren 1997

Pallasch, W./Reimers, H./Kölln, D./Strehlow, V.: Das Kieler Supervisionsmodell (KSM).

Manual zur unterrichtlichen Supervision. Weinheim/München 1993

Pallasch, W./Reimers, H./Rottmann/Kölln, D./Lerchner: Theoretische Splitter für den Einstieg in die Wahrnehmungsproblematik aus der Sicht unterschiedlicher, sich aber nahestehender Denkrichtungen. Unveröffentlichtes Arbeitsblatt zur unterrichtlichen Supervision. Kiel 1995

Palmowski, W.: Der Anstoß des Steines. Systemische Beratungsstrategien im schulischen Kontext. Dortmund 1995

Pape, U.: Erlernen neuer Sprechformen als Stottertherapie. In: Grohnfeldt, M. (Hrsg.): Handbuch der Sprachtherapie. Bd. 5: Störungen der Redefähigkeit. Berlin 1992, S. 261–272

Papousek, M.: Vom ersten Schrei zum ersten Wort. Anfänge der Sprachentwicklung in der vorsprachlichen Kommunikation. Bern 1994

Perkins, W.H.: Stuttering Prevented. San Diego 1992

Peters, T.J./Guitar, B.: Stuttering. An Integrated Approach to Its Nature and Treatment. Baltimore 1991

Petzold, H. (Hrsg.): Die Rolle des Therapeuten und die therapeutische Beziehung. Paderborn [2]1987

Pomerin, G./Kupfer-Schreiner, C./Lamprecht, S./Meyer, U./Schloß, I./Akman, I./Mayr, J./Quitz, H.-M.: Kreatives Schreiben. Weinheim/Basel 1996

Postma, A.: The Covert Repair Hypothesis: Dysfluencies and Error Monitoring Processes. In: Starkweather, C.W./Peters, H.F.M. (Ed.): Stuttering: Proceedings of the First World Congress on Fluency Disorders. Nijmegen 1995, S. 103–106

Prüß, H.: In: Grohnfeldt, M.: Was ist Erfolg in der Stottertherapie? Die Sprachheilarbeit 37 (1992), S. 227–239

Randoll, D./Jehle, P.: Therapeutische Interaktion bei beginnendem Stottern. Elternberatung und direkte Sprechförderung beim Kind. Dortmund 1990

Rechtien, W.: Beratung im Alltag. Psychologische Konzepte des nichtprofessionell beratenden Gesprächs. Paderborn 1988

Reimann, B.: Im Dialog von Anfang an. Die Entwicklung der Kommunikations- und Sprachfähigkeit in den ersten drei Lebensjahren. Neuwied/Berlin/Kriftel 1993

Richter, H.E.: Eltern, Kind und Neurose. Reinbek bei Hamburg 1969

Richter, E.: Wenn ein Kind anfängt zu stottern. Ratgeber für Eltern und Erzieher. München/Basel ²1990

Riley, G./Riley, J.: Treatment implications of oral motor discoordination. In: Peters, H.F.M./Hulstijn, W./Starkweather, C.W. (Ed.): Speech Motor Control and Stuttering. Amsterdam/Oxford/New York 1991, S. 471–476

Riley, G./Riley, J.: Speech Motor Improvement Program For Children Who Stutter. In: Starkweather, C.W./Peters, H.F.M. (Ed.): Stuttering: Proceedings of the First World Congress on Fluency Disorders. Nijmegen 1995, S. 269–272

Rogers, C.R.: The Directive Versus the Nondirective Approach. Counselling and Psychotherapy 1942, S. 118–128

Rogers, C.R.: The Charakteristics of a Helping Relationship. Personnel and Guidance Journal (37) 1958, S. 6–16

Rogers, C.: Klientenzentrierte Psychotherapie. In: Corsini, R.J. (Hrsg.): Handbuch der Psychotherapie. Weinheim 1983, S. 471–512

Rogers, C.R.: A Client Centered/Person Centered Approach to Therapy. In: Kutash, I./Wolf, A.: Psychotherapist's Casebook. Jossey-Bass 1986, S. 197–208

Ruff, J.: Das Stottern, seine Ursachen und seine Heilung. Leipzig 1885

Rustin, L. (Ed.): Parents, Families, and the Stuttering Child. Kibworth 1991

Rustin, L./Botteril, W./Kelman, E.: Assessment and Therapy for Young Dysfluent Children: Family Interaction. London 1996

Ryan, B.P./van Kirk, B.A.: Monterey Sprechtrainingsprogramm. Palo Alto 1982

Scheidegger, B.: Therapie für das stotternde Kind in Anlehnung an die Non-Avoidance-Therapie nach van Riper. In: Deutsche Gesellschaft für Sprachheilpädagogik (Hrsg.): Interdisziplinäre Zusammenarbeit: Illusion oder Vision? Kongreßbericht der 22. Arbeits- und Fortbildungstagung der dgs. Münster 1996, S. 617–630

Scherer, A.: Elternkurs: Mein Kind stottert! München/Basel 1995

Schindler, A.: Stottern und Schule. Ein Ratgeber für Lehrerinnen und Lehrer. Demosthenesverlag Bundesvereinigung Stotterer-Selbsthilfe e.V., Köln 1997

Schönberger, F.: Kooperation als pädagogische Leitidee. In: Schönberger, F./Jetter, K./Praschak, W.: Bausteine der Kooperativen Pädagogik. Teil 1: Grundlagen, Ethik, Therapie, Schwerstbehinderte. Stadthagen 1987, S. 69–139

Schoor, U.: Stottern im Vorschulalter. In: Grohnfeldt, M.(Hrsg.): Handbuch der Sprachtherapie. Bd. 5: Störungen der Redefähigkeit. Berlin 1992, S. 105–134

Schoor, U.: Über den (fehlenden) Zusammenhang von Ätiologie- und Therapietheorie in der Behandlung des Stotterns. In: Giesecke, T. (Hrsg.): Integrative Sprachtherapie. Tendenzen und Veränderungen in der Sprachheilpädagogik. Berlin 1995, S. 93–108

Schulz von Thun, F.: Miteinander reden 1: Störungen und Klärungen. Psychologie der Kommunikation. Reinbek bei Hamburg 1992

Schulze, H.: Stottern und Interaktion. Ulm 1989

Schulze, H.: Stottern und familiäre Interaktion. In: Grohnfeldt, M.(Hrsg.): Handbuch der Sprachtherapie. Bd.5: Störungen der Redefähigkeit. Berlin 1992, S. 83–102

Schulze, H.: Praxis der Elternarbeit: Fragestellungen, Probleme, Lösungen. In:

Johannsen, H.S./Schulze, H. (Hrsg.): Praxis der Beratung und Therapie bei kindlichem Stottern. Werkstattbericht. Ulm 1993, S. 112–127

Schulze, H./Johannsen, H.S.: Stottern bei Kindern im Vorschulalter. Ulm 1986

Schwab, R.: Die Rolle des Therapeuten und die therapeutische Beziehung in der Gesprächspsychotherapie. In.: Petzold, H. (Hrsg.): Die Rolle des Therapeuten und die therapeutische Beziehung. Paderborn 1980, S. 57–82

deShazer, S.: Wege der erfolgreichen Kurztherapie. Stuttgart [3]1991

deShazer, S.: „… Worte waren ursprünglich Zauber". Lösungsorientierte Therapie in Theorie und Praxis. Dortmund 1996

Shine, R.E.: Assessment and fluency training with the young stutterer. In: Peins, M. (Ed.): Contemporary approaches in stuttering therapy. Boston 1984, S. 173–216

Starke, A.: Vorwort zur deutschen Ausgabe von Dell, C.: Therapie für das stotternde Schulkind. St. Augustin 1994, S. 7–10

Starke, A.: Stottern vereinfachen. Modifikationstechniken nach Charles Van Riper. Begleitschrift zum gleichnamigen Film der Videoreihe Sprechtechniken. Bundesvereinigung Stotterer-Selbsthilfe e.V., Köln 1996

Starkweather, C.W.: Fluency and Stuttering. Englewood Cliffs 1987

Starkweather, C.W.: The language-motor interface in stuttering children. In: Peters, H.F.M./Hulstijn, W./Starkweather, C.W.(Ed.): Speech Motor Control and Stuttering. Amsterdam/Oxford/New York 1991, S. 385–391

Starkweather, C.W./Gottwald, S.R.: Stuttering Prevention. In: Starkweather, C.W./Peters, H.F.M. (Ed.): Stuttering: Proceedings of the First World Congress on Fluency Disorders. Nijmegen 1995, S. 338–339

Starkweather, C.W./Gottwald, S.R./Halfond, M.M.: Stuttering Prevention – A Clinical Method. Englewood Cliffs 1990

St. Louis, K.O.: The stuttering/articulations disorders connection. In: Peters, H.F.M./Hulstijn, W./Starkweather, C.W.(Ed.): Speech Motor Control and Stuttering. Amsterdam/Oxford/New York 1991, S. 393–399

Stoll, A.: Sprechleistungsstufen. In: Grohnfeldt, M.(Hrsg.): Handbuch der Sprachtherapie. Bd.5: Störungen der Redefähigkeit. Berlin 1992, S. 273–284

Struck, P.: Die Kunst der Erziehung. Ein Plädoyer für ein zeitgemäßes Zusammenleben mit Kindern und Jugendlichen. Darmstadt 1996

Szagun, G.: Sprachentwicklung beim Kind. München [4]1991

Van Borsel, J.: Media Review: The Neuropsychology of Developmental Stuttering, by B. T. Hartmann. Journal of Fluency Disorders 20 (1997), S. 69–70

Van Riper, Ch.: Die Behandlung des Stotterns. Bundesvereinigung Stotterer-Selbsthilfe e.V., Solingen 1986

Van Riper, Ch.: Der Stotterspezialist in der Schule (engl. Erstveröffentlichung 1977). In: Dell, C.: Therapie für das stotternde Schulkind. St. Augustin 1994, S. 168–177

Vopel, K.: Bewegung im Schneckentempo. Hamburg [2]1991

Vopel, K.: Reise mit dem Atem. Salzhausen [3]1994

Vopel, K. W.: Hallo Ohren! Bewegungsspiele für Kinder zwischen 3 und 6 Jahren. Salzhausen 1996

Vopel, K. W.: Von Kopf bis Fuß. Bewegungsspiele für Kinder zwischen 3 und 6 Jahren. Salzhausen 1996

Walter, U.: Qualitätssichernde Beratung – neue Perspektiven und Versionen. In: Homburg, G./Iven, C./Maihack, V. (Hrsg.): Qualitätsmanagement in der Sprachtherapie – Kontrollmechanismus oder Kompetenzgewinn? Köln 2000, S. 72–82

Watzlawick, P.: Selbsterfüllende Prophezeiungen. In: Watzlawick, P.(Hrsg.): Die erfundene Wirklichkeit. Wie wissen wir, was wir zu wissen glauben? München [7]1991, S. 91–110

Watzlawick, P./Beavin, J.H./Jackson, D.D.: Menschliche Kommunikation. Bern/Stuttgart/Toronto 1969

Webster, R.L.: Establishing Links Between Theory and Practice in Stuttering Therapy. In: Healey, E.C.:/Peters, H.F.M. (Ed.): Stuttering: Proceedings of the Second World Congress on Fluency Disorders. Nijmegen 1997, S. 239–245

Weikert, K.: Stottern im Erwachsenenalter – Sprechkontrollierungsverfahren und ihr Stellenwert in der Stottertherapie. Die Sprachheilarbeit 37 (1992), S. 268–277

Weiler, G./Friedrich, R.: Prävention aus Sicht einer Krankenkasse – neue Konzepte im Kommunikationsbereich. L.O.G.O.S. interdisziplinär 1995, S. 18–23

Weiss, T./Haertel-Weiss, G.: Familientherapie ohne Familie. Kurztherapie mit Einzelpatienten. München/Zürich [3]1995

Welling, A.: Aussprachestörungen und Schriftspracherwerb als pädagogisches Problem. Die Sprachheilarbeit 33 (1988), S. 167–177

Wendlandt, W.: Verhaltenstherapie des Stotterns. Denkansätze, Zielsetzungen, Behandlungsmethoden. Weinheim 1980

Wendlandt, W.: Zum Beispiel Stottern. Stolperdrähte, Sackgassen und Lichtblicke im Therapiealltag. München 1984

Wendlandt, W.: Nicht vermeiden – Stottern zeigen! Teil 1: Grundsätzliches zum Non-avoidance-Konzept in der Behandlung des Stotterns. Die Sprachheilarbeit 32 (1987a), S. 145–153

Wendlandt, W.: Nicht vermeiden – Stottern zeigen! Teil 2: Symptomorientierte Behandlungsbausteine im Rahmen meiner Nicht-Vermeidungs-Therapien bei Stotternden. Die Sprachheilarbeit 32 (1987b), S. 193–205

Wendlandt, W.: Sprachstörungen im Kindesalter. Stuttgart 1992

Wendlandt, W.: Stottern ins Rollen bringen. Die Kiesel des Demosthenes. Bundesvereinigung Stotterer-Selbsthilfe e.V., Köln 1994

Wendlandt, W.: Sprachstörungen im Kindesalter. Materialien zur Früherkennung und Beratung. Stuttgart/New York [2]1995

Westrich, E.: Zum personenzentrierten Verständnis der Redeauffälligkeiten. Das Gespräch als Therapie. In: Grohnfeldt, M.(Hrsg.): Handbuch der Sprachtherapie. Bd. 5: Störungen der Redefähigkeit. Berlin 1992, S. 359–377

Wiesner, M./Willutzki, U.: Sozial-konstruktivistische Wege in der Psychotherapie. In: Schmidt, S. J. (Hrsg.): Kognition und Gesellschaft. Der Diskurs des Radikalen Konstruktivismus 2. Frankfurt/M. 1992, S. 337–379

Wirth, C.: Sprachstörungen, Sprechstörungen, kindliche Hörstörungen. Köln [3]1990

Wygotzki, L.S.: Denken und Sprechen. Frankfurt/M. [5]1977

Yaruss, J.S./Conture, E.G.: Stuttering and Phonological Disorders in Children: Examination of the Covert Repair Hypothesis. Journal of Speech and Hearing Disorders 39 (1996), S. 349–364

Zebrowski, P.: Maternal Speech Rate and Childhood Stuttering: Is Slower Always Better? In: Starkweather, C.W./Peters, H.F.M. (Ed.): Stuttering: Proceedings of the First World Congress on Fluency Disorders. Nijmegen 1995, S. 242–244

Zollinger, B.: Spracherwerbsstörungen. Bern/Stuttgart [3]1991

Zollinger, B.: Die Entdeckung der Sprache. Bern/Stuttgart/Wien 1996

Anhang

Materialien für die Kooperation mit den Eltern

Leitlinien für erste Elterngespräche

Die folgende Auflistung enthält Fragen, die man für Elterngespräche zum Thema Unflüssigkeiten/Stottern als Strukturierungshilfe nutzen kann. Die Fragen sind bewusst sehr offen gehalten, damit die Eltern ihre individuellen Sichtweisen und Erfahrungen schildern können. Es versteht sich von selbst, dass aus diesen Fragen die für den Einzelfall relevanten Themen ausgewählt werden und andere dafür entfallen können. So bleibt Raum genug, auf im Einzelfall besonders bedeutsame Themen ausführlich und beratend einzugehen. Die Fragen, die bei aller Offenheit von zentraler Bedeutung sind, haben wir durch *Kursivdruck* hervorgehoben.

Manchmal beantworten Eltern eine Frage sehr ausführlich. Wenn wir ergänzende Informationen haben möchten, empfiehlt es sich, die mit Gliederungszeichen markierten, detaillierteren Zusatzfragen zu stellen.

Themenbereich: Therapie- oder Beratungsanlass

Warum sind Sie gekommen?
Sind Sie von jemandem an uns verwiesen worden?

Themenbereich: Entwicklung der Unflüssigkeiten

Wann hat Ihr Kind angefangen, unflüssig zu sprechen?
Wem sind die Unflüssigkeiten zuerst aufgefallen? Bei welcher Gelegenheit?
Gab es ein auslösendes Ereignis?
Was waren das für Unflüssigkeiten? Bitte nennen Sie Beispiele oder beschreiben Sie sie so genau wie möglich.
Was hat Sie daran besorgt gemacht?
Wie haben sich die Unflüssigkeiten entwickelt?
- Sind sie in Art und Intensität gleich geblieben?
- Phasenweiser Wechsel mit flüssigem Sprechen?
- Kontinuierliche Verschlechterung?
- Symptomveränderungen?

Waren die Symptome früher anders als sie jetzt sind?
Wie zeigen sich die jetzigen Symptome? Bitte nennen Sie Beispiele oder beschreiben Sie sie so genau wie möglich. (Hier: in Verbindung mit der Kassettenaufnahme; Symtome können zusätzlich vom Therapeuten vorgemacht oder beschrieben werden)
- Laut- oder Silbenwiederholungen?
- Wiederholungen einsilbiger Wörter?
- Wiederholungen mehrsilbiger Wörter?
- Vokaldehnungen?
- Verkrampfungen/Blockaden?
- Anstrengungs- und Druckverhalten im Symptom?
- Benutzt das Kind Starter („Äh-ich-äh-ich will …", „Mmmm – ich will …")?

Treten Begleitsymptome auf?
- Mitbewegungen
  - Kopfnicken
  - Senken oder Wegdrehen des Kopfes
  - Aufstampfen mit dem Fuß
  - Augenzwinkern
  - rhythmisches Schaukeln des Körpers
  - Klopfen oder Klatschen der Hände
  - großräumige Armbewegungen
- Atmungsprobleme
  - inspiratorisches Sprechen
  - schnelle, gehetzte Atmung
  - angespannte Hochatmung
  - unökonomische, sinnentstellende Atempausen

Gibt es Anzeichen für Vermeidungsstrategien?
- Vermeidung von z.B.:
  - ,schwierigen Wörtern' durch Synonymeinsatz, durch Satzumstellungen oder -abbrüche
  - sprachlichen Anforderungen durch Rückzug („Ich weiß das nicht.", „Sag' du mal.")
  - Sprechsituationen durch Schweigen (z.B. im Stuhlkreis im Kindergarten, bei großer Zuhörerschaft etc.) oder durch völligen Rückzug aus der Situation (nicht einkaufen gehen, nicht telefonieren, nicht die Eltern des Freundes ansprechen etc.)

Hält das Kind Blickkontakt während der Symptome?
Wie häufig sind die von Ihnen beschriebenen Symptome?
- Bei fast jeder Äußerung?
- Jeweils als einmaliges Ereignis oder gehäuft?
- Nur einige Male täglich?
- Noch seltener?

Wann treten diese Symptome auf?
- Immer gleichmäßig?
- Situationsabhängig? Wenn ja, in welchen besonders? In welchen nicht?

- Zeitdruck?
- Konkurrenzdruck?
- Anspannung?
- Bestimmte Zuhörer oder Zuhörermengen?
- Im Spiel ohne Zuhörer (Puppenspiel o. Ä.)?
- Tageszeitabhängig (Müdigkeit, Entspannung, Hunger etc.)?
- Abhängig vom Gesundheitszustand?
- Stimmungsabhängig (Nervosität, freudige Erwartung, Ungeduld, schlechte Laune, gute Laune etc.)?
- Beim Singen?

Bemerkt das Kind seine Unflüssigkeiten selbst?
Wie reagiert das Kind auf die Unflüssigkeiten?
- Spricht es einfach weiter, als ob nichts gewesen wäre?
- Bemüht es sich weiter, bis das Wort „raus ist"?
- Bricht es sein Sprechen ab?
- Sucht es nach sprachlichen Alternativen (Synonymen)?
- emotionale Reaktionen: Treten Gefühle wie Scham, Peinlichkeit, Ungeduld, Wut, Traurigkeit oder andere auf?

Was tut das Kind, um sich über die Unflüssigkeiten hinwegzuhelfen?
- Mitbewegungen?
- Lauter/leiser sprechen?
- Flüstern?
- Noch mehr anstrengen, mehr Druck?
- Pause, neu ansetzen?
- Langsamer Sprechen?
- Rhythmisch oder besonders melodisch sprechen?
- Singen?
- Vermeiden? Abbrechen?

Hat das Kind sich schon einmal ganz direkt über seine Unflüssigkeiten und seine Gefühle dazu geäußert („Die Wörter wollen nicht raus!", „Der Mund kann das nicht sagen!",

„Warum kann ich nicht sprechen?") oder sogar um Hilfe gebeten?
Wie haben Sie darauf reagiert?

Themenbereich: psychosoziale und emotionale Situation des Kindes

Wie sieht ein normaler Tagesablauf des Kindes aus?
Wie kommt das Kind mit seinen Geschwistern zurecht?
Spielen die Kinder gemeinsam? Was spielen sie?
Worüber streiten sie sich?

Wie sieht die gemeinsame Freizeitgestaltung der Familie aus? Was unternehmen Sie nachmittags, abends, an Wochenenden, im Urlaub?
Spielen Sie mit Ihren Kindern? Was spielen Sie?
Können Sie dem Kind kleine Aufträge anvertrauen (Tisch decken, Brötchen holen o. Ä.)? Kann das Kind Verantwortung übernehmen, z.B. für ein Haustier, ein wertvolles Geschenk?

Zu wem in der Familie hat das Kind die engste Bindung?
Mit wem würde das Kind ein Geheimnis teilen wollen?

Geht das Kind gerne in den Kindergarten/die Schule?
Wie sind seine Kontakte zu den Gleichaltrigen dort?
Wie ist der Kontakt zu seiner Erzieherin/Lehrerin?
Hat es Freunde außerhalb des Kindergartens/der Schule?
Was spielt das Kind mit seinen Freunden?
Worüber gibt es Streit?

Hat das Kind Hobbys oder feste Freizeitaktivitäten, z.B. im Verein?
Wie reagiert das Kind gegenüber fremden Personen?
War das Kind schon einmal ohne Sie von zu Hause fort (Besuch bei Freunden/Verwandten, Krankenhausaufenthalt o. Ä.)? Wie war das für Ihr Kind/für Sie?

Wie reagiert es auf:
• *Niederlagen,*
• *Frustrationen,*
• *Einschränkungen,*
• *Bestrafung/Schimpfen,*
• *Lob?*

Was belastet Ihr Kind?
Worüber ärgert es sich? Wie reagiert es dann?
Wovor hat Ihr Kind Angst? Wie reagiert es dann?
Worüber ist Ihr Kind traurig? Wie reagiert es dann?
Worüber freut sich Ihr Kind? Wie reagiert es dann?
Wie äußert das Kind seine Wünsche und wie kann es sie durchsetzen?
Wie reagiert es, wenn es etwas (noch) nicht kann?

Wie löst Ihr Kind Konflikte?
Worüber streiten Sie sich mit Ihrem Kind? Gibt es immer wiederkehrende Reibungspunkte?
Wie drückt es seine Gefühle aus?
Woran merken Sie, wenn Ihr Kind bedrückt ist?

Wann fühlt Ihr Kind sich besonders wohl? Woran merken Sie das?

Themenbereich: Erziehungshaltungen und Einstellung der Eltern gegenüber ihrem Kind

Was ist Ihnen in der Erziehung des Kindes wichtig?
Setzen Sie gleiche Schwerpunkte in der Erziehung?
Gibt es feste Regeln in Ihrer Familie, die eingehalten werden sollen (Schlafenszeiten, Nein heißt Nein o. Ä.)?
Wie regeln Sie den Fernsehkonsum?
Was wird untersagt? Wie geschieht das?
Wie reagiert das Kind darauf?
Was tun Sie, wenn Ihr Kind ungehorsam ist?

Gibt es Situationen, in denen Sie mit Ihrem Kind schimpfen müssen?
Wie kann Ihr Kind Sie wütend oder ärgerlich machen?
Wie reagieren Sie und Ihr Partner dann – lösen Sie das Problem gemeinsam oder gibt es eine Form der „Arbeitsteilung"?
Was tun Sie, wenn Ihr Kind nicht ins Bett gehen will?
Wie reagieren Sie auf Streit unter den Geschwistern/zwischen Freunden?

Wann freuen Sie sich über Ihr Kind?
Was mögen Sie an Ihrem Kind?
Hat Ihr Kind Eigenschaften, die Sie besonders schätzen?

Was mögen Sie nicht an Ihrem Kind?
Hat Ihr Kind Eigenschaften oder Angewohnheiten, die Sie nicht leiden können?

Was wünschen Sie sich für Ihr Kind?
Was erwarten Sie für die Zukunft Ihres Kindes?
Was kann Ihr Kind besonders gut?
Wobei braucht Ihr Kind Hilfe? Woran merken Sie das? Wie helfen Sie ihm?
Gibt es Entwicklungsbereiche, die Ihnen zusätzlich Sorgen machen?

Themenbereich: Perspektiven bezüglich der Unflüssigkeiten

Was bedeuten die Unflüssigkeiten für Sie?
Was verstehen Sie unter Stottern?
Meinen Sie, dass es Charakterzüge gibt, die für Stotternde typisch sind?

Wie wirkt sich das Stottern auf die Entwicklung Ihres Kindes aus?
Wie wirkt es sich auf Ihr Familienleben aus?

Welche Ursachen könnten die Unflüssigkeiten haben?
Was meinen Sie, warum sich das Stottern so entwickelt hat, wie es ist?
Meinen Sie, dass Sie Einfluss auf die Entstehung der Unflüssigkeiten hatten?
Machen Sie sich manchmal Vorwürfe, nicht richtig damit umgegangen zu sein?
Hat Ihnen jemand aus Ihrem Umfeld schon einmal die Schuld am Stottern Ihres Kindes gegeben?

Haben Sie Ratschläge von Ihnen nahe stehenden Personen bekommen? Welche?

Themenbereich: Handlungen und Hilfestellungen

Was tun Sie, wenn Ihr Kind stottert?
Wie helfen Sie Ihrem Kind?
• Nicht reagieren?
• Auffordern, langsam und konzentriert zu sprechen?
• Wiederholen lassen?
• Verbale Hilfen, z.B.: „Hol tief Luft, denk erst, bevor du sprichst!"
• Wort oder Satz für das Kind zu Ende sprechen?
• Sich dem Kind besonders zuwenden?
• Wegsehen?

Welche Erfahrungen haben Sie mit diesen Hilfestellungen gemacht?
Was tun Sie, wenn Sie keine Zeit oder Möglichkeit haben, auf das Kind einzugehen, es aber etwas von Ihnen möchte?
Haben Sie Ihrem Kind schon einmal Sprechsituationen erspart, damit die Unflüssigkeiten nicht auffallen?

Wie reagieren wichtige Bezugspersonen (Großeltern, Erzieherin, Lehrerin o. a.) auf das Stottern? Welche Hilfestellungen geben diese Personen?
Haben Sie mit Ihrem Kind schon einmal über das Stottern gesprochen?

Themenbereich: Gefühle zum Stottern

Was fühlen Sie, wenn Ihr Kind stottert?
Fühlen Sie sich mitunter hilflos, wenn Ihr Kind unflüssig spricht?
Ist Ihnen das Stottern manchmal peinlich? Wenn ja, in welchen Situationen?

Können Sie in einer solchen Situation Blickkontakt halten?
Wie groß ist Ihre Besorgnis? Worüber machen Sie sich die größten Sorgen?

Welche Einflüsse wird das Stottern auf die Zukunft Ihres Kindes haben?
Was wäre anders, wenn Ihr Kind nicht stottern würde?

Abschließende Fragen

Welche Wünsche und Erwartungen haben Sie an die Therapie?
Was wäre für Sie als Therapie-Erfolg oder -Resultat wichtig?
Weiß das Kind, dass Sie heute hier sind?
Was haben Sie dem Kind gesagt, weshalb es hierher kommen soll?

Zusätzliche anamnestische Informationen

Sollten grundlegende Informationen zur Entwicklung des Kindes nicht bereits im Zusammenhang mit den obigen Fragestellungen angesprochen worden sein, muss dies zusätzlich geschehen.

Im groben Überblick gehören folgende Themen dazu:
• Verlauf von Schwangerschaft und Geburt
• allgemeiner Entwicklungsverlauf
• Sprachentwicklung
• Hörentwicklung und mögliche otologische Störungen
• Erkrankungen
• familiäre Belastung: weitere stotternde Personen in der Familie

| **Arbeitsblätter**

Gedanken zum Zuhören

Wie genau und wie oft höre ich meinem Kind zu?

Welche Gesprächsinhalte gewinnen meine Aufmerksamkeit?

Lasse ich mein Kind aussprechen?

Welchen Teil des Gesprochenen höre ich wirklich?

Halte ich Blickkontakt?

Wie oft und worüber spricht mein Kind mit mir?

Wie reagiere ich, wenn ich gerade etwas tue oder sage, was für mich wichtig ist, und mein Kind unterbricht mich?

Welche Empfindungen und Gedanken könnten das Kind beschäftigen?

Kind: Lass mich in Ruhe, ich schaffe das schon alleine!

K.: Wenn Peter umzieht, habe ich keinen Freund mehr!

K.: Muss ich denn zum Zahnarzt?

K.: Bist du bei mir, wenn ich nach der Operation wach werde?

K.: Klaus bekommt schon Taschengeld. Dabei bin ich doch älter als er!

K.: Schau mal, Mami, das habe ich ganz allein gemacht!

K.: Glaubst du, dass Petra sich über das Geschenk freuen wird?

K.: Kommt mit verweintem Gesicht nach Hause und weigert sich zu essen.

K.: Ich glaub', ich schaff' das nie! Ich bin einfach zu blöd!

Welche Gefühle drückt das Kind aus?

Versuchen Sie einmal, eine Antwort auf die Aussagen des Kindes zu finden!

Welche anderen Reaktionsmöglichkeiten (außer Sprache) wären denkbar?

Kontaktadressen der Autoren

Wenn Sie Fragen zu unserem Buch haben, können Sie uns unter folgenden Adressen erreichen:

Bernd Hansen
Hasselkamp 32
24119 Kronshagen
Fax: 04 31/88 05 49 5
e-Mail: hansenb@freenet.de

Dr. Claudia Iven
Am Spelzgarten 12
50129 Bergheim-Glessen
Fax: 02 23 8/94 23 70
e-Mail: c.iven@t-online.de

Über Anregungen oder Rückmeldungen würden wir uns freuen!

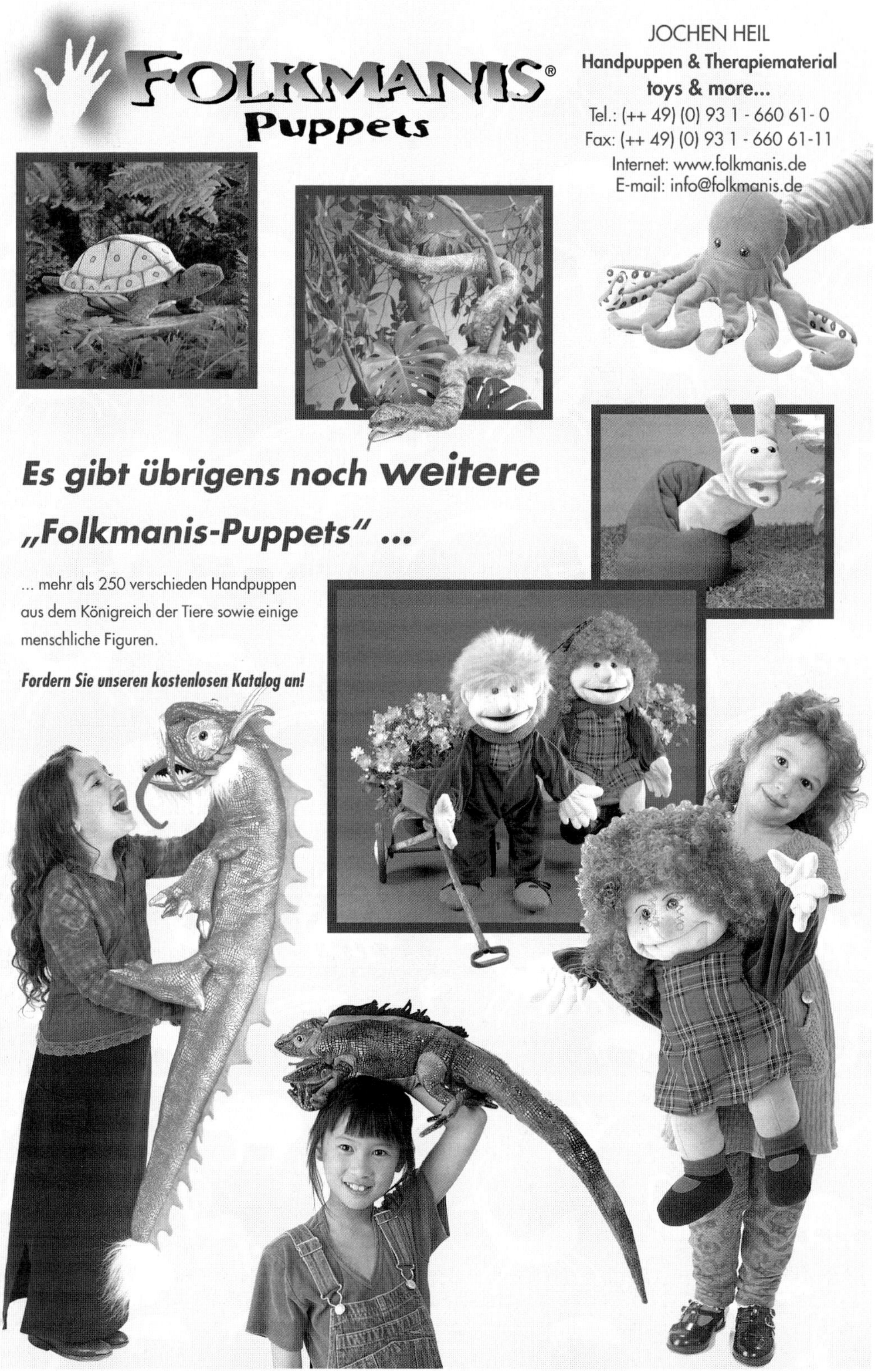

FOLKMANIS® Puppets

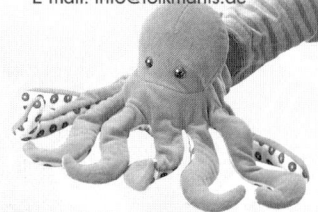

Es gibt übrigens noch *weitere* „Folkmanis-Puppets" ...

... mehr als 250 verschieden Handpuppen
aus dem Königreich der Tiere sowie einige
menschliche Figuren.

Fordern Sie unseren kostenlosen Katalog an!